建筑施工现场管理人员一本通系列丛书

劳务员一本通

本书编委会 编

中国建材工业出版社

图书在版编目(CIP)数据

劳务员一本通/《劳务员一本通》编委会编. —北京:中国建材工业出版社,2013.5(2018.1重印)
(建筑施工现场管理人员一本通系列丛书)
ISBN 978-7-5160-0429-6

Ⅰ.①劳… Ⅱ.①劳… Ⅲ.①建筑工业—劳务—管理—基本知识 Ⅳ.①F407.94

中国版本图书馆 CIP 数据核字(2013)第 084016 号

劳务员一本通
本书编委会 编

出版发行:	中国建材工业出版社
地　　址:	北京市海淀区三里河路1号
邮　　编:	100044
经　　销:	全国各地新华书店
印　　刷:	北京紫瑞利印刷有限公司
开　　本:	850mm×1168mm　1/32
印　　张:	14
字　　数:	403 千字
版　　次:	2013 年 5 月第 1 版
印　　次:	2018 年 1 月第 2 次
定　　价:	49.00 元

本社网址：www.jccbs.com.cn
本书如出现印装质量问题,由我社市场营销部负责调换。电话:(010)88386906
对本书内容有任何疑问及建议,请与本书责编联系。邮箱：dayi51@sina.com

内 容 提 要

本书根据《建筑与市政工程施工现场专业人员职业标准》(JGJ/T 250—2011)，结合最新劳务管理法律法规进行编写，详细阐述了建筑工程施工现场劳务管理人员应知应会的基础知识和专业技能。全书内容包括概论、建筑业企业资质管理、建筑业劳务管理专业技能、建筑业劳务管理相关知识、劳务分包招标投标、劳动合同管理、劳务分包管理、劳务纠纷管理、农民工权益保护、劳务统计和劳务资料管理等。

本书内容丰富，条理清楚，既可供建筑工程施工现场劳务员使用，也可作为建筑施工企业劳务管理人员的培训教材。

劳务员一本通
编委会

主　编：未翠霞
副主编：陈爱连　许斌成
编　委：黄志安　蒋林君　孟秋菊　秦大为
　　　　毛　娟　何晓卫　贾　宁　华克见
　　　　马　静　王艳丽　张才华　赵艳娥
　　　　汪永涛　李良因

出版说明

目前,我国建筑业发展迅速,城镇建设规模日益扩大,建筑施工队伍不断增加,建筑工地(施工现场)星罗棋布。工地施工现场的施工员、质量员、安全员、造价员(过去称为预算员)、资料员等是建设工程施工必需的管理人员,肩负着重要的职责。他们既是工程项目经理进行工程项目管理的执行者,也是广大建筑施工工人的领导者。他们的管理能力、技术水平的高低,直接关系到千千万万个建设项目能否有序、高效率、高质量地完成,关系到建筑施工企业的信誉、前途和发展,甚至是整个建筑业的发展。

近些年来,为了适应建筑业的发展需要,国家对建筑设计、建筑结构、施工质量验收等一系列标准规范进行了大规模的修订。同时,各种建筑施工新技术、新材料、新设备、新工艺已得到广泛的应用。在这种形势下,如何提高施工现场管理人员的管理能力和技术水平,已经成为建筑施工企业持续发展的一个重要课题。同时,这些管理人员自己也十分渴望参加培训、学习,迫切需要一些可供工作时参考用的知识性、资料性读物。

为满足施工现场管理人员对技术和管理知识的需求,我们组织有关方面的专家,在深入调查的基础上,以建筑施工现场管理人员为对象,编写了这套《建筑施工现场管理人员一本通系列丛书》。

本套丛书主要包括以下分册:

1.《质量员一本通》   2.《安全员一本通》
3.《造价员一本通(建筑工程)》   4.《造价员一本通(安装工程)》
5.《资料员一本通》   6.《现场电工一本通》
7.《施工员一本通》   8.《材料员一本通》
9.《机械员一本通》   10.《监理员一本通》
11.《合同员一本通》   12.《甲方代表一本通》

13. 测量员一本通 14. 项目经理一本通
15. 标准员一本通 16. 劳务员一本通

与市面上已经出版的同类图书相比,本套丛书具有如下特点:

1. 紧扣一本通。何谓"一本通",就是通过一本书能够解决施工现场管理人员所有的问题。本丛书将施工现场管理人员工作中涉及的的工作职责、专业技术知识、业务管理和质量管理实施细则以及有关的专业法规、标准和规范等知识全部融为一体,内容更加翔实,解决了管理人员工作时需要到处查阅资料的问题。

2. 应用新规范。本套丛书各分册均围绕现行《建筑工程施工质量验收统一标准》和与其配套使用的 14 项工程质量验收规范、《建设工程工程量清单计价规范》以及现行建筑安装工程预算定额、现行与安全生产有关的标准规范和最新的工程材料标准等进行编写,切实做到应用新规范,贯彻新规范。

3. 体现先进性。本套丛书充分吸收了在当前建筑业中广泛应用的新材料、新技术、新工艺,是一套拿来就能学、就能用的实用工具书。

4. 使用更方便。本套丛书资料丰富、内容翔实,图文并茂,编撰体例新颖,注重对建筑工程施工现场管理人员管理能力和专业技术能力的培养,力求做到文字通俗易懂,叙述内容一目了然,特别适合现场管理人员随查随用。

由于编写时间仓促,加之编者经验水平有限,丛书中错误及不当之处,敬请广大读者批评指正。

编 者

目　　录

第一章　概论 …………………………………………… (1)
第一节　建筑劳务市场与劳务用工制度 ……………… (1)
一、建筑劳务市场 ………………………………………… (1)
二、劳务用工制度 ………………………………………… (2)
第二节　劳务员职业能力标准与评价 …………………… (4)
一、劳务员相关名词解释 ………………………………… (4)
二、劳务员职业能力标准 ………………………………… (5)
三、劳务员职业能力评价 ………………………………… (8)
第三节　劳务管理流程 …………………………………… (11)
一、劳务管理总体规划 …………………………………… (11)
二、劳务管理总体流程 …………………………………… (11)
三、现场劳务管理详细流程 ……………………………… (12)
四、现场劳务管理 ………………………………………… (14)
五、"双卡"管理 …………………………………………… (14)
六、劳务管理常用资料与表格 …………………………… (15)

第二章　建筑业企业资质管理 ………………………… (26)
第一节　建筑业企业资质管理概述 ……………………… (26)
一、建筑业企业资质管理的概念 ………………………… (26)
二、建筑业企业资质类别和等级 ………………………… (26)
三、建筑业企业资质管理 ………………………………… (27)
第二节　建筑业企业资质等级标准 ……………………… (28)
一、施工总承包企业资质等级标准 ……………………… (29)
二、专业承包企业资质等级标准 ………………………… (34)
三、劳务分包企业资质标准 ……………………………… (58)
第三节　建筑业企业资质申请和审批 …………………… (64)
一、建筑业企业资质申请 ………………………………… (64)

二、建筑业企业资质审批 …………………………………… (67)
　第四节　建筑业企业资质监督管理 ………………………… (69)
　　一、资质动态监管 …………………………………………… (69)
　　二、记分标准与积分处理 …………………………………… (70)
第三章　建筑业劳务管理专业技能 …………………………… (73)
　第一节　劳动力需求计划编制 ……………………………… (73)
　　一、劳动力需求计划编制原则 ……………………………… (73)
　　二、劳动力需求计划编制要求 ……………………………… (73)
　　三、劳动力需求计划编制方法 ……………………………… (73)
　第二节　人力资源配置计划 ………………………………… (76)
　　一、人力资源配置计划编制依据 …………………………… (76)
　　二、人力资源配置计划编制内容 …………………………… (76)
　　三、人力资源配置计划编制方法 …………………………… (76)
　　四、劳动生产率计划 ………………………………………… (77)
　第三节　农民工培训管理 …………………………………… (79)
　　一、农民工技能培训示范工程 ……………………………… (79)
　　二、农民工安全教育培训 …………………………………… (84)
　　三、建筑工人安全技术操作培训 …………………………… (95)
　第四节　劳务用工实名制管理 ……………………………… (98)
　　一、劳务工人实名制管理的作用 …………………………… (98)
　　二、劳务用工实名制管理程序 ……………………………… (99)
　　三、劳务用工实名制管理政府监管 ………………………… (101)
第四章　建筑业劳务管理相关知识 …………………………… (103)
　第一节　流动人口管理 ……………………………………… (103)
　　一、流动人口从业管理 ……………………………………… (103)
　　二、地方政府部门流动人口管理职责 ……………………… (103)
　第二节　人力资源开发与管理 ……………………………… (104)
　　一、人力资源管理及其内容 ………………………………… (104)
　　二、人力资源的选择 ………………………………………… (106)
　　三、人员招聘与录用 ………………………………………… (115)
　　四、绩效管理 ………………………………………………… (119)

五、薪酬管理 ·· (122)
　　六、保险管理 ·· (123)
　　七、人员培训 ·· (125)
　　八、人力资源动态管理与考核 ································ (129)
　　九、建筑业工人职业技能等级考核鉴定 ····················· (134)
　第三节　建筑工程费用项目组成与计算 ························ (137)
　　一、建筑安装工程费用项目组成 ······························ (137)
　　二、建筑安装工程费用组成内容 ······························ (139)
　　三、建筑安装工程费用参考计算方法 ························ (146)
　第四节　工程财务管理 ··· (150)
　　一、财务管理的目标 ··· (150)
　　二、成本费用 ··· (151)
　　三、收入与利润 ·· (153)

第五章　劳务分包招标投标 ·· (159)
　第一节　劳务招标投标概述 ······································ (159)
　　一、招标、投标的概念 ··· (159)
　　二、劳务分包方式 ·· (159)
　第二节　施工招标投标管理 ······································ (160)
　　一、招标投标活动概述 ··· (160)
　　二、招标程序 ··· (163)
　　三、招标组织形式和招标代理 ································ (170)
　　四、投标的要求 ·· (171)
　　五、开标、评标与定标 ·· (176)
　第三节　劳务招标投标管理 ······································ (184)
　　一、劳务招投标的目的 ··· (184)
　　二、劳务招投标工作内容 ······································ (184)
　　三、劳务招投标工作流程 ······································ (184)
　　四、劳务招投标备案管理 ······································ (186)

第六章　劳动合同管理 ··· (193)
　第一节　劳动合同概述 ··· (193)
　　一、劳动合同的概念 ··· (193)

二、劳动合同的种类 …………………………………………… (193)
　　三、劳动合同的特征 …………………………………………… (195)
　　四、劳动合同应当具备的条款 ………………………………… (195)
　第二节　劳动合同的约定条款 …………………………………… (196)
　　一、劳动用工模式 ……………………………………………… (196)
　　二、劳动合同的试用期限 ……………………………………… (198)
　　三、劳动合同期限 ……………………………………………… (199)
　　四、劳动工资报酬的确定与支付 ……………………………… (199)
　　五、劳动者基本权益的保护条款 ……………………………… (200)
　第三节　劳动合同的订立、变更与解除 ………………………… (201)
　　一、劳动合同的订立 …………………………………………… (201)
　　二、劳动合同的履行和变更 …………………………………… (206)
　　三、劳动合同的解除和终止 …………………………………… (207)
　第四节　劳动合同的违约责任 …………………………………… (213)
　　一、涉及用人单位的违约责任 ………………………………… (214)
　　二、涉及个人的违约责任 ……………………………………… (215)
　　三、涉及双方的违约责任 ……………………………………… (216)
　　四、涉及其他方面的违约责任 ………………………………… (216)

第七章　劳务分包管理 ……………………………………………… (226)
　第一节　劳务分包合同概述 ……………………………………… (226)
　　一、劳务分包合同签订流程 …………………………………… (226)
　　二、劳务分包合同条款 ………………………………………… (226)
　　三、劳务分包合同价款确定 …………………………………… (234)
　　四、劳务分包合同履约过程管理 ……………………………… (241)
　第二节　劳务分包作业管理 ……………………………………… (243)
　　一、劳务分包队伍进出场管理 ………………………………… (243)
　　二、劳务合同管理与分包策划 ………………………………… (244)
　　三、劳务分包质量管理 ………………………………………… (248)
　　四、劳务分包进度管理 ………………………………………… (254)
　　五、劳务分包成本管理 ………………………………………… (263)
　第三节　劳务费用结算与支付 …………………………………… (285)

一、劳务费结算支付要求 …………………………………… (285)
　　二、劳务费结算与支付工作程序 …………………………… (286)
　　三、劳务费结算与兑付的制度要求 ………………………… (287)
第八章　劳务纠纷管理 ……………………………………………… (288)
　第一节　劳务纠纷常见类型与特征 …………………………… (288)
　　一、劳务纠纷的概念 ………………………………………… (288)
　　二、劳务纠纷的范围 ………………………………………… (288)
　　三、劳务纠纷的特征 ………………………………………… (289)
　第二节　劳务纠纷常见类型 …………………………………… (289)
　　一、劳务分包合同纠纷 ……………………………………… (289)
　　二、劳务分包中劳动争议纠纷 ……………………………… (302)
　第三节　劳务纠纷解决方式 …………………………………… (304)
　　一、劳务纠纷解决原则 ……………………………………… (304)
　　二、解决劳务纠纷的合同内方法 …………………………… (308)
　　三、解决劳务纠纷的合同外方法 …………………………… (309)
第九章　农民工权益保护 …………………………………………… (320)
　第一节　农民工的就业服务及享有权益 ……………………… (320)
　　一、农民工的就业服务 ……………………………………… (320)
　　二、农民工享有的权益 ……………………………………… (321)
　第二节　农民工权益保护 ……………………………………… (323)
　　一、农民工工资保障 ………………………………………… (323)
　　二、农民工社会保险 ………………………………………… (327)
　　三、农民工工伤认定 ………………………………………… (333)
　　四、农民工的其他权益保护 ………………………………… (339)
　第三节　农民工权益保护监督与保障 ………………………… (342)
　　一、农民工合法权益受损的现状 …………………………… (342)
　　二、农民工合法权益未得到保障的主要原因 ……………… (344)
　　三、保护农民工合法权益的主要措施 ……………………… (346)
第十章　劳务统计和劳务资料管理 ………………………………… (356)
　第一节　劳务统计 ……………………………………………… (356)
　　一、建筑劳动统计 …………………………………………… (356)

二、统计资料整理 …………………………………………… (367)
三、统计分析 ………………………………………………… (371)
第二节　劳务管理资料收集、整理 ……………………………… (382)
一、劳务管理资料的种类与内容 …………………………… (382)
二、劳务资料管理 …………………………………………… (385)
第三节　劳务管理资料档案编制 ………………………………… (388)
一、劳务管理资料档案编制要求 …………………………… (388)
二、劳务管理资料档案保管 ………………………………… (389)

附录 …………………………………………………………………… (390)

参考文献 ……………………………………………………………… (435)

第一章 概 论

第一节 建筑劳务市场与劳务用工制度

一、建筑劳务市场

建筑劳务市场是指利用市场机制调节建筑领域劳动力供求关系,引导劳动力合理流动,实现劳动力合理配置的场所,并体现建筑劳务交换关系的总和。建筑劳务市场与建筑中其他要素市场相比,具有很明显的复杂性、特殊性和能动性。建筑劳务市场主体及相关者为:

1. 政府管理部门、行业协会

政府管理部门在完善相关的配套法律法规、建立和完善建筑劳务分包有形交易市场、加强对建筑劳务市场的监管、建立健全建筑劳务分包服务配套机制等方面起到至关重要的作用。建立和完善建筑劳务分包制度、发展建筑劳务企业是一项复杂的、系统的社会工程,它牵涉建设行政、工商注册、劳动保障、税收等多个政府部门。同时,也不能忽视相关的社会机构的积极作用。相关的行业协会在联合建筑界各方面力量,积极反映企业诉求,维护企业合法权益,规范企业行为,加强行业自律,促进建筑劳务市场持续健康发展等方面也发挥着积极的作用。

2. 建筑劳务市场平台

目前我国的建筑劳务市场还是以无形市场交易平台为主。由于劳务市场的供求方式的复杂性和供求信息的不对称,单纯地依靠无形市场调节建筑劳务交易,导致了供求市场操作不规范、工程质量难以控制、劳工权益难以保障、市场信誉不足,并出现大量包工头用工、市场难以约束和恶性竞争等情况。因此,积极的开发建设有形的建筑劳务交易平台势在必行。

3. 建设施工单位、用工单位及包工头

目前,我国庞大的建筑劳务分包市场仍被以包工头为核心的无资质劳务分包队伍所占据,建筑劳务市场比较混乱。各地建设行政主管部门应加强对劳务带头人、召集人、包工头等的政策培训和分类指导,对具备条件的队伍,引导他们合资入股成立建筑劳务分包企业;引导现有成建制的建筑劳务队伍进行工商注册,按照《建筑劳务分包企业资质等级标准》获取资质证书;引导建筑业企业进行内部机制创新,通过参股、入股等方式,对信誉良好但不具备建立企业条件的劳务队伍进行收编,促使"包工头"转为合法的企业职工或股东;引导大型施工总承包企业分离富余职工,成立建筑劳务分包企业;引导低资质等级的施工总承包企业向建筑劳务分包企业转化,为其生存发展创造良好的外部环境。

4. 劳务工队伍

"十一五"期间,我国建筑业保持快速发展的态势,建筑业产值由2005年的3.47万亿元增长到2010年的9.52万亿元,建成一大批举世瞩目的重大工程,中国建筑业已经跻身世界先进行列。这些辉煌成就是全国建筑业4000多万从业人员努力拼搏的结果,其中占从业人员80%的农民工功不可没,但另一方面,庞大的建筑劳务队伍也给我国建设市场带来了许多问题,扰乱了我国建设市场的秩序,以至出现了一些较严重的社会问题。

二、劳务用工制度

在计划经济体制下,我国建筑业一直实行以固定工为主,临时工为辅的单一的、"铁饭碗"式的用工制度。伴随着国家经济体制向社会主义市场经济体制的转变与建筑业施工管理体制的改革,建筑业用工制度的演变发展大致经历了四个阶段。

1. 单一固定工制度

在传统的计划经济体制下,国家实行统一分配、统一安置的劳动管理制度,建筑企业从业人员多为固定工,作为产业工人和国营职工,享受国家统一的工资福利制度和劳动保障制度。

2. 以合同制为特征的用工制度

20世纪80年代初,随着国民经济和建筑业的发展,建筑劳务用工也展现了新局面,1984年10月颁布的《关于广开门路、搞活经济、解决城镇就业问题的若干决定》中指出"要实行合同工、临时工、固定工等多种形式的用工制度,逐步做到人员能进能出"。1984年10月,经国务院批准,劳动人事部和城乡建设环境保护部门联合颁布了《国营建筑企业招用农民合同制工人和使用农民建筑队的暂行办法》,固化的劳务用工制度开始被打破,形成了多元化的用工方式。

1986年7月国务院发布了《国营企业实行劳动合同制暂行规定》等系列文件,提出在国营企业实行劳动合同制。随着1994年7月5日全国人大常委会通过并公布《中华人民共和国劳动法》、1999年1月22日国务院发布《失业保险条例》、1997年7月16日国务院发布《国务院关于建立统一的企业职工基本养老保险制度的决定》等,则进一步明确了企业以合同制为特征的用工制度。

3. 管理层与作业层"两层分离"的用工制度

随着基建规模波动,农民合同制工人的改革配套措施的不完善等诸多因素的影响,阻碍了合同制用工制度优越性的发挥。实行工程总承包、管理层与作业层"两层分离",是中国建筑业学习鲁布革水电站项目的宝贵经验,实施施工管理体制改革以实现项目产出最大化的重大举措。这种新型的劳动用工制度在实践中显现出的优点如下:

(1)劳务基地往往建立在输出劳务较多的市、县,两级政府统一对其进行宏观的管理,输出、输入都由企业法人签订劳动合同,这种有组织、成建制的劳务输出,减少以往靠包工头招揽建筑劳务,私招滥雇的现象,避免盲目发展出现的市场失控,有效地实现多种形式的劳务管理及成建制劳务企业化管理。

(2)符合建筑产品单件性、多样性和灵活性的特点,解决了国有大中型建筑施工企业用工长期不稳定的现象。

(3)形成和发展了建筑市场的良好秩序,从管理制度上解决了建筑劳务用工的混乱局面;劳务队伍稳定性加强,保证了施工生产的连续性,避免了劳务队伍的盲目流动。

(4)新型建筑劳务用工制度培养和造就了一批技术纯熟、稳定性强的作业大军,使建筑劳务队伍的整体素质提高,保证了用工企业的经济效益,调高了工程质量和施工安全。

(5)充分发挥了乡镇劳动力资源丰富的优势,开辟了农村剩余劳动力转移的新路,不仅扩大了当地政府管理部门的财政收入,也促进了劳动力素质的提高、家庭收入的增加。

4. 以劳务分包企业为特征的用工制度

2006年,原建设部颁布《建筑业企业资质管理规定》及相关文件,设置了施工总承包、专业承包、劳务分包三个层次,提出了劳务分包企业的概念。新的建筑业企业资质管理规定提出,在全国逐步形成以总承包企业为核心,专业承包公司为主要施工组织者,大量劳务分包企业为基础的"金字塔形"建筑企业组织结构,大力推动劳务分包企业的发展和劳务分包市场的建立,促进劳务用工的正规化建设。

第二节　劳务员职业能力标准与评价

一、劳务员相关名词解释

(1)职业标准 occupational standards

在职业岗位分类的基础上,对从业人员应履行的工作职责、所需专业知识和专业技能及其考核评价的方式、方法的规范性要求。

(2)工作职责 roles

职业岗位的工作范围和责任。

(3)专业技能 technical skills

通过学习训练掌握的,运用相关知识完成专业工作任务的能力。

(4)专业知识 technical knowledge

完成专业工作应具备的通用知识、基础知识和岗位知识。

(5)通用知识 general knowledge

在建筑与市政工程施工现场从事专业技术管理工作,应具备的相关法律、法规及专业技术与管理知识。

(6)基础知识 basic knowledge

与职业岗位工作相关的专业基础理论和技术知识。

(7)岗位知识 job knowledge

与职业岗位工作相关的专业标准、工作程序、工作方法和岗位要求。

(8)职业能力评价 competency assessment guidelines

通过考试、考核、鉴定等方式,对专业人员职业能力水平进行测试和判断。

(9)施工现场专业人员 site technicians

在建筑与市政工程施工现场从事技术与管理工作的人员。

(10)劳务员 labourer supervisor

在建筑与市政工程施工现场从事劳务管理计划、劳务人员资格审查与培训、劳动合同与工资管理、劳务纠纷处理等工作的专业人员。

二、劳务员职业能力标准

1. 职业能力标准一般规定

(1)建筑与市政工程施工现场专业人员应具有中等职业(高中)教育及以上学历,并具有一定实际工作经验,且身心健康。

(2)建筑与市政工程施工现场专业人员应具备必要的表达、计算、计算机应用能力。

(3)建筑与市政工程施工现场专业人员应具备下列职业素养:

1)具有社会责任感和良好的职业操守,诚实守信,严谨务实,爱岗敬业,团结协作;

2)遵守相关法律法规、标准和管理规定;

3)树立安全至上、质量第一的理念,坚持安全生产、文明施工;

4)具有节约资源、保护环境的意识;

5)具有终生学习理念,不断学习新知识、新技能。

(4)建筑与市政工程施工现场专业人员工作责任,标准规定分为"负责"、"参与"两个层次。

1)"负责"表示行为实施主体是工作任务的责任人和主要承担人。

2)"参与"表示行为实施主体是工作任务的次要承担人。

(5)建筑与市政工程施工现场专业人员教育培训的目标要求,本标准规定,专业知识的认知目标要求分为"了解"、"熟悉"、"掌握"三个层次。

1)"掌握"是最高水平要求,包括能记忆所列知识,并能对所列知识加以叙述和概括,同时能运用知识分析和解决实际问题。

2)"熟悉"是次高水平要求,包括能记忆所列知识,并能对所列知识加以叙述和概括。

3)"了解"是最低水平要求,其内涵是对所列知识有一定的认识和记忆。

2. 劳务员职业能力标准要求

(1)劳务员的工作职责宜符合表 1-1 的规定。

表 1-1 劳务员的工作职责

项次	分类	主要工作职责
1	劳务管理计划	(1)参与制定劳务管理计划。 (2)参与组建项目劳务管理机构和制定劳务管理制度
2	资格审查培训	(1)负责验证劳务分包队伍资质,办理登记备案;参与劳务分包合同签订,对劳务队伍现场施工管理情况进行考核评价。 (2)负责审核劳务人员身份、资格,办理登记备案。 (3)参与组织劳务人员培训
3	劳动合同管理	(1)参与或监督劳务人员劳动合同的签订、变更、解除、终止及参加社会保险等工作。 (2)负责或监督劳务人员进出场及用工管理。 (3)负责劳务结算资料的收集整理,参与劳务费的结算。 (4)参与或监督劳务人员工资支付、负责劳务人员工资公示及台账的建立
4	劳务纠纷处理	(1)参与编制、实施劳务纠纷应急预案。 (2)参与调解、处理劳务纠纷和工伤事故的善后工作
5	劳务资料管理	(1)负责编制劳务队伍和劳务人员管理资料。 (2)负责汇总、整理、移交劳务管理资料

(2)劳务员的专业技能宜符合表 1-2 的规定。

表 1-2　　　　　　　　　劳务员的专业技能

项次	分类	专业技能
1	劳务管理计划	能够参与编制劳务需求及培训计划
2	资格审查培训	(1)能够验证劳务队伍资质。 (2)能够审验劳务人员身份、职业资格。 (3)能够对劳务分包合同进行评审,对劳务队伍进行综合评价
3	劳动合同管理	(1)能够对劳动合同进行规范性审查。 (2)能够核实劳务分包款、劳务人员工资。 (3)能够建立劳务人员个人工资台账
4	劳务纠纷处理	(1)能够参与编制劳务人员工资纠纷应急预案,并组织实施。 (2)能够参与调解、处理劳资纠纷和工伤事故的善后工作
5	劳务资料管理	能够编制、收集、整理劳务管理资料

(3)劳务员的专业知识宜符合表 1-3 的规定。

表 1-3　　　　　　　　　劳务员的专业知识

项次	分类	专业知识
1	通用知识	(1)熟悉国家工程建设相关法律法规。 (2)了解工程材料的基本知识。 (3)了解施工图识读的基本知识。 (4)了解工程施工工艺和方法。 (5)熟悉工程项目管理的基本知识
2	基础知识	(1)熟悉流动人口管理和劳动保护的相关规定。 (2)掌握信访工作的基本知识。 (3)了解人力资源开发及管理的基本知识。 (4)了解财务管理的基本知识
3	岗位知识	(1)熟悉与本岗位相关的标准和管理规定。 (2)熟悉劳务需求的统计计算方法和劳动定额的基本知识。 (3)掌握建筑劳务分包管理、劳动合同、工资支付和权益保护的基本知识。 (4)掌握劳务纠纷常见形式、调解程序和方法。 (5)了解社会保险的基本知识

三、劳务员职业能力评价

1. 一般要求

(1)建筑与市政工程施工现场专业人员的职业能力评价,采取专业学历、职业经历和专业能力评价相结合的综合评价方法。其中专业能力评价采用专业能力测试方法。

(2)专业能力测试包括专业知识和专业技能测试,应重点考查运用相关专业知识和专业技能解决工程实际问题的能力。

(3)依据国务院学位委员会《学位授予和人才培养学科目录(1997年)》和教育部《普通高等学校本科专业目录(1998年)》《普通高等学校高职高专教育指导性专业目录(2004年)》《中等职业学校专业目录(2010年)》,各职业岗位对应的土建类本专业、相关专业见表1-4。

表 1-4　　各职业岗位对应的土建类本专业、相关专业

序号	学历层次	施工员、质量员、标准员、安全员、机械员	材料员、劳务员、资料员
1	土建类研究生本专业	土木工程(一级学科)、建筑与土木工程(工程硕士)	土木工程(一级学科)、管理科学与工程、建筑与土木工程(工程硕士)
2	土建类本科本专业	土木工程、建筑环境与设备工程、给水排水工程、工程管理	土木工程、建筑环境与设备工程、给水排水工程、工程管理
3	土建类专科本专业	建筑设计类、土建施工类、建筑设备类、工程管理类、市政工程类	建筑设计类、土建施工类、建筑设备类、工程管理类、市政工程类、房地产类
4	土建类研究生相关专业	建筑学(一级学科)、管理科学与工程	建筑学(一级学科)
5	土建类本科相关专业	建筑学、城市规划	建筑学、城市规划、电气工程及其自动化

续表

序号	学历层次	施工员、质量员、标准员、安全员、机械员	材料员、劳务员、资料员
6	土建类专科相关专业	城镇规划与管理类、房地产类、公路监理、道路桥梁工程技术、高速铁道技术、电气化铁道技术、铁道工程技术、城市轨道交通工程技术、港口工程技术、管理工程技术、管道工程施工、水利工程与管理类	城镇规划与管理类、房地产类、公路监理、道路桥梁工程技术、高速铁道技术、电气化铁道技术、铁道工程技术、城市轨道交通工程技术、港口工程技术、管理工程技术、管道工程施工、水利工程与管理类
7	土建类中职本专业	建筑工程施工、建筑装饰、古建筑修缮与仿建、土建工程检测、建筑设备安装、供热通风与空调施工运行、给排水工程施工与运行、楼宇智能化设备安装与运行	建筑工程施工、建筑装饰、城镇建设、工程造价、古建筑修缮与仿建、土建工程检测、建筑设备安装、供热通风与空调施工运行、给排水工程施工与运行、工程施工机械运用与维修
8	土建类中职相关专业	城镇建设、道路与桥梁工程施工、市政工程施工、铁道施工与养护、水电工程建筑施工	道路与桥梁工程施工、铁道施工与养护、水电工程建筑施工、市政工程施工、物业管理、房地产营销与管理

建筑与市政工程施工现场专业人员参加职业能力评价,其施工现场职业实践年限应符合表1-5的规定。

表1-5　　　　施工现场职业实践最少年限(年)

岗位名称	土建类本专业专科及以上学历	土建类相关专业专科及以上学历	土建类本专业中职学历	土建类相关专业中职学历	非土建类以上学历
施工员、质量员、安全员、标准员、机械员	1	2	3	4	—
材料员、劳务员、资料员	1	2	3	4	4

(4)建筑与市政工程施工现场劳务员专业能力测试的内容,应符合表 1-1~表 1-3 的规定。

(5)建筑与市政工程施工现场专业人员专业能力测试,专业知识部分应采取闭卷笔试方式;专业技能部分应以闭卷笔试方式为主,具备条件的可部分采用现场实操测试。专业知识考试时间宜为 2 小时,专业技能考试时间宜为 2.5 小时。

(6)建筑与市政工程施工现场专业人员专业能力测试,专业知识和专业技能考试均采取百分制。专业知识和专业技能考试成绩同时合格,方为专业能力测试合格。

(7)已通过施工员、质量员职业能力评价的专业人员,参加其他岗位的职业能力评价,可免试部分专业知识。

(8)建筑与市政工程施工现场专业人员的职业能力评价,应由省级住房和城乡建设行政主管部门统一组织实施。

(9)对专业能力测试合格,且专业学历和职业经历符合规定的建筑与市政工程施工现场专业人员,颁发职业能力评价合格证书。

2. 劳务员专业能力测试权重

劳务员专业能力测试权重应符合表 1-6 的规定。

表 1-6　　　　劳务员专业能力测试权重

项次	分类	评价权重
专业技能	劳务管理计划	0.10
	资格审查校训	0.20
	劳动合同管理	0.40
	劳务纠纷处理	0.20
	劳务资料管理	0.10
	小计	1.00
专业知识	通用知识	0.20
	基础知识	0.40
	岗位知识	0.40
	小计	1.00

第三节 劳务管理流程

一、劳务管理总体规划

在工程开工前,项目部劳务管理人员应根据项目实际情况编写《劳务人员需求计划表》,待选择好劳务队伍,签订《劳务分包合同》后,下达《劳务队伍进场通知书》,编制《进场工种、人数一览表》,劳务管理工作自此开始,自劳务队伍进场开始至劳务队伍退场结束,在此期间的劳务管理工作应遵循上级主管部门及相关规定要求执行。

二、劳务管理总体流程

(1)劳务队伍进场前流程见图1-1。
(2)劳务队进场流程见图1-2。

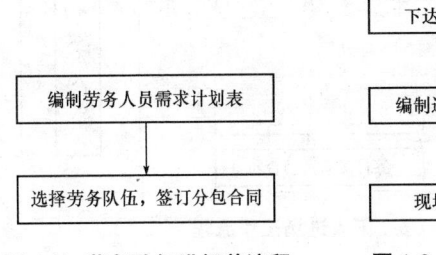

图1-1 劳务队伍进场前流程

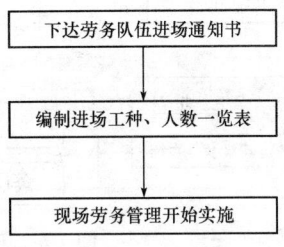

图1-2 劳务队伍进场流程

(3)劳务队伍退场流程见图1-3。

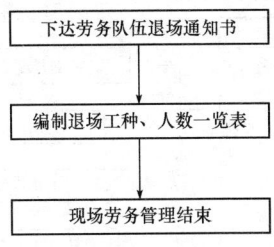

图1-3 劳务队伍退场流程

三、现场劳务管理详细流程

1. 工人进场管理

(1)工人进场条件,见图1-4。

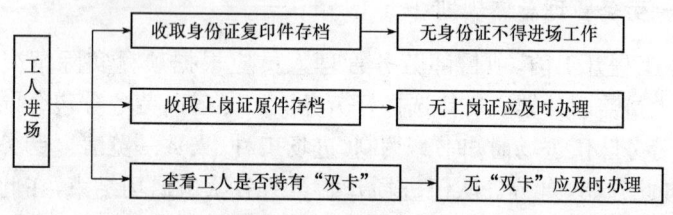

图1-4 工人进场条件

(2)工人进场工作流程,见图1-5。

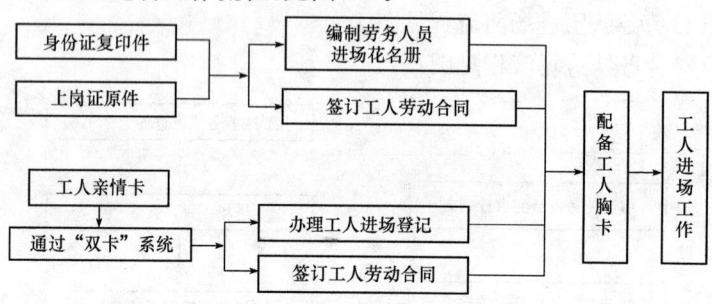

图1-5 工人进场工作流程

2. 工人工资管理

(1)现场工资管理流程,见图1-6。

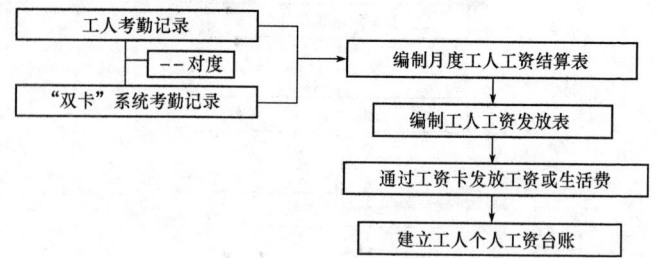

图1-6 现场工资管理流程

(2)退场工资管理流程,见图1-7。

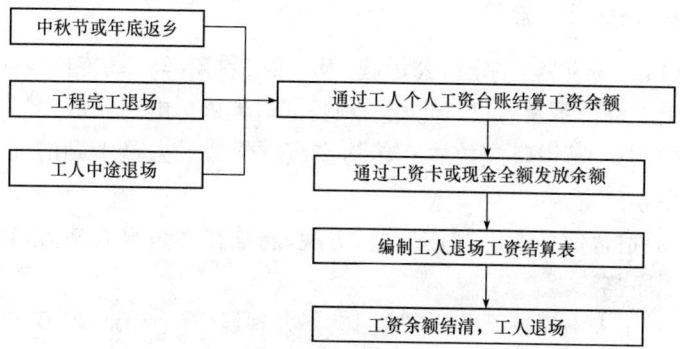

图1-7 劳务队伍退场流程

3. 工人退场管理

工人退场管理流程,见图1-8。

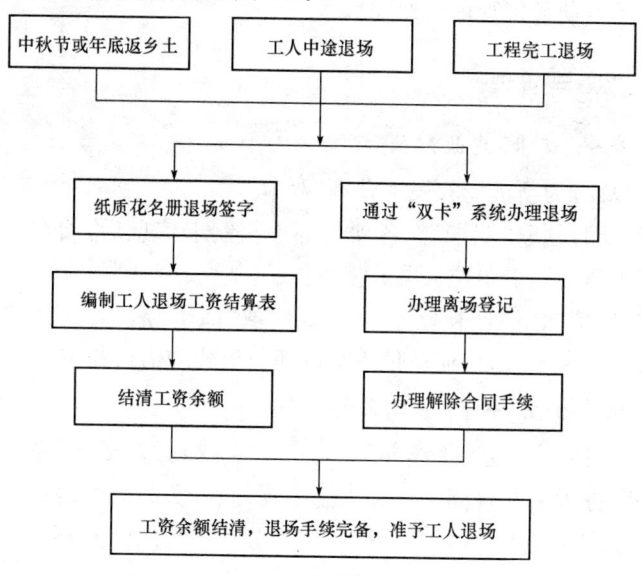

图1-8 工人退场管理流程

注:工人退场时,先将退场工资结清,再办退场手续,一切程序完备后,方可退场,退场后所有劳务资料项目部应存放两年备查。

四、现场劳务管理

(1)现场应竖立"分包公示牌"及"维权须知牌",宣传栏应张贴每月民工工资公示及总、分包企业,项目部清欠机构电话公示。

(2)"双卡"设备应放置在传达室或方便考勤人员考勤的地点,不得放在办公室。

(3)宿舍信息卡应制作规范、美观,悬挂在宿舍显眼地方,宿舍卫生要干净整洁。

(4)工人上岗证及"双卡"须100%办理,已有上岗证及"双卡"的工人,现场应为其配备胸卡。

(5)上级主管部门劳务检查《关于开展建筑工程"双卡"及"两个规范"大检查的通知》。

(6)管理人员考勤考核《关于对建筑工程施工监理企业部分管理人员实行考勤考核管理的通知》。

五、"双卡"管理

1. 确保"双卡"发放到位

(1)及时为新进场农民工办理"双卡"。

(2)及时领取"双卡"。各项目部上报制卡信息后,须在7个工作日内到申请的制卡单位领取并发放。

(3)严禁扣留"双卡"。各项目部领取"双卡"后,要立即登记造册发放给持卡者本人,任何单位不得以任何形式和借口扣留。

2. 认真使用"双卡"管理系统

(1)严格人员流动手续办理。各项目部须通过"双卡"系统在农民工进场时办理劳动合同签订和入场手续,同一劳务公司内调动工作场地的需办理转场手续,与务工企业解除劳动关系的需办理离场和劳动合同解除手续。

(2)切实落实考勤管理。各施工现场均须安装使用"静脉仪"或"掌形仪"进行考勤管理,并保存好考勤数据,一旦出现劳动工资争议,考勤数据将作为重要的判定依据。

(3)及时解决"死卡"问题。存在"死卡"问题的项目部应及时督促劳务公司找到持卡者本人交还或激活"双卡",或督促其缴纳制卡成本费办理消户手续。

3. 严格落实工资发放制度

严格使用"爱心工资卡"发放农民工工资。按照"谁用工,谁负责"的原则,各项目劳务分包方须于每月 10 日前,通过"爱心工资卡"发放所有农民工的上一月份工资,并在农民工务工所在施工现场显著位置公示工资发放情况。严禁以任何形式和借口扣留"爱心工资卡"。

4. 及时办理岗位证书信息变更

对领取"建管亲情卡"后,新取得技术工人岗位证书,或技术等级得到新提升的农民工,由分包方负责持"建管亲情卡"到技术工人岗位证书发放机构办理"建管亲情卡"岗位证书信息变更手续。

六、劳务管理常用资料与表格

1. 劳务人员需求计划表

劳务人员需求计划表

项目名称:(审)＿＿＿＿＿＿　　编制时间:＿＿年＿月＿日

序号	工种	单位	作业时间＿＿年								备注
			＿月	＿月	＿月	＿月	＿月	＿月	＿月	＿月	
1											
2											
3											
4											
5											
6											
	合计										

项目经理:　　　　审核人:　　　　编制人:

2. 劳动合同格式

编号:

身份证正面复印件粘贴处	身份证反面复印件粘贴处

劳 动 合 同

(适用于建设领域企业农民进城程式人员)

甲方(用人单位)名　　　称：_____
　　　　　　　法定代表人：_____
　　　　　　　地　　　址：_____
　　　　　　　企业注册地：_____
　　　　　　　合同履行地：_____
乙方(劳动者)　姓　　　名：_____年　龄：_____
　　　　　　　性　　　别：_____民　族：_____
　　　　　　　户籍所在地：_____省_____市_____县(区)
　　　　　　　　　　　　　_____乡(镇)_____村(街)
　　　　　　　身份证号码
　　　　　　　现　地　址

　　　　　　　市劳动和社会保障局
　　　　　　　　　　　　　　　　　　监制
　　　　　　　市建设委员会

根据《中华人民共和国劳动法》和省市的有关规定,甲乙双方在平等自愿、协商一致的基础上签订本合同。

第一条 劳动合同期限

本合同期限执行下列(　　)款

一、有固定期限劳动合同。本合同期限为_____(月),自_____年_____月_____日起至_____年_____月_____日止。

二、以完成一定的工作为期限劳动合同。甲乙双方的具体约定:_____。

第二条 工作内容

甲方安排乙方从事_____工作,根据生产经营的需要,甲方可以合理变更乙方的工作岗位和任务。乙方应完成甲方合理分配的生产任务。如乙方两次拒不服从甲方的工作安排,甲方有权解除本合同。

第三条 劳动报酬

一、甲方按照国家、省、市规定,通过集体协商或其他民主形式,确定乙方工资支付形式和工资标准。甲方按本合同约定,按月支付乙方劳动报酬。甲方应于每月__10__日前支付乙方的劳动报酬,乙方的劳动报酬不得低于——市政府规定的最低工资标准。

二、具体支付方法和约定内容如下:___见补充条款___。

第四条 社会保险和福利待遇

1、甲乙双方约定福利待遇如下:<u>甲方为乙方缴纳职工意外伤害保险</u>。

2、鉴于建筑业企业具有连续施工不可间断等特点,乙方需要将工作时间延长、节假日、休息日加班等,乙方的加班费综合计算到乙方工资中,不再在工资表中单独列明。

第十条 其他事项

一、本合同未尽事宜或条款与法律、法规有抵触的,按国家和省市的有关规定执行;

二、本合同甲乙双方签字盖章后生效,双方必须严格遵照执行。

本合同一式两份,甲乙双方各执一份。

甲　　方:(盖章)　　　　　　　　乙　方:
　　　　　　　　　　　　　　　　(签字摁手印)

法定代表人:(签字)
(委托代理人)

年　月　日　　　　　　　　　　　年　月　日

合同补充条款

1. 劳动报酬结算方法

1)特殊工种(包括电工\起重工\信号工\架子工\电焊工等):

若按天计算,则每天_____元。

若按照已完工程量计算,多劳多得,以完成_____单位工程量为基准进行结算,结算金额为_____元。

2)技术工程(包括木工\油漆工\砌筑工\抹灰工\瓦工\混凝土工\钢筋工\水工等):

若按天计算,则每天_____元。

若按照已完工程量计算,多劳多得,以完成_____单位工程量为基准进行结算,结算金额为_____元。

3)普通工种(包括零工等):

若按天计算,则每天_____元。

若按照已完工程量计算,多劳多得,以完成_____单位工程量为基准进行结算,结算金额为_____元。

2. 劳动报酬支付方法

具体支付办法和约定内容如下:甲方每月5日前与乙方结算上月工资数额,结算完毕出具《月度农民工工资结算表》,由甲方现场项目经理、甲方财务人员及乙方本人签字确认,现场其他管理人员无项目经理授权情况下签字无效,以此表为发放工资依据(其他任何签证不能作为发放工资的依据),发放乙方工资并出具《农民工工资发放表》。

甲方于每月__10__日前应向乙方全额支付结算工资或双方约定的生活费_____元(不得低于1100元/月),若发放生活费,余款应详细记在《农民工个人工资台账表》中,待工人退场、中秋节或年底返乡时一次性付清,乙方退场时,甲方应做好《工人退场工资结算表》,由乙方本人签字确认。

甲方——市建管局规定办理银行工资代发业务,指定工资代发银行为中国邮政储蓄银行,甲方免费为乙方输入"爱心工资卡"中,并将"银行返盘文件"盖公章存档备查。

工人工资发放完毕后,甲方应在2个工作日内将《农民工工资发放表》及加盖公章的"银行返盘文件"进行公示。

3. 劳动队伍进场通知书

劳务队伍进场通知书

_____项目部:

根据你项目施工进度计划和劳动力使用计划安排以及劳务招投结果,现安排中标单位_____劳务公司____人(详见进场工种、人数一览表)进入你工地配合施工,请做好工作安排。

项目地址:

项目联系人:

_____(单位)

年 月 日

4. 进场工种、人数一览表

进场工种、人数一览表

进场单位：_____劳务公司

序号	工种	人数	进场日期		班组长	联系方式	备注
			月	日			
	合计						

填表人：　　　　　　　　　　　　　　日期：　年　月　日

5. 总包单位现场管理人员登记表

总包单位现场管理人员登记表

总包单位名称：　　　工程名称：　　　　　制表日期：　年　月　日

序号	姓名	性别	身份证号	岗位	岗位证书编号	社会保险编号	进场时间	返场时间	签字备案	备注

总包单位负责人：　　　　总包单位项目负责人：　　　　制表人：

6. 分包单位现场管理人员登记表

分包单位现场管理人员登记表

分包单位名称： 工程名称： 制表日期： 年 月 日

序号	姓名	性别	文化程度	身份证号	家庭住址	岗位	岗位证书编号	社会保险编号	进场时间	返场时间	签字备案	备注

分包单位负责人： 分包单位项目负责人： 制表人：

7. 劳务人员进场花名册登记表

劳务人员进场花名册登记表

分包单位名称： 工程名称： 制表日期： 年 月 日

序号	姓名	性别	文化程度	身份证号	家庭住址	工种	技术等级	上岗证书编号	劳动合同编号	进场		返场		备注
										进场时间	签字摁手印	返场时间	签字摁手印	

分包单位负责人： 分包单位项目负责人： 制表人：

8. 劳动队伍退场通知书

劳务队伍退场通知书

_____劳务公司：

因_____原因,现通知你在_____工程的施工队伍__人退场。请办理各项退场手续,于__年__月__日前退场。

退场工种、人数一览表

退场单位:_____劳务公司

序号	工种	班级名称	班组长	返场时间		返场人数	备注
				月	日		
				合计			

_____项目部

年 月 日

9. 工人退场工资结算表

工人退场工资结算表

项目名称:_____   工资发放单位(章):_____   填表日期: 年 月 日

姓名		性别		身份证号		工作	
进场时间		返场时间		现场停留天数		实际出勤天数	
工资计算方式			工作量				
工资总额		已发工资		本次应发工资		¥____元,大写	

____(工人姓名),请你于___年__月__日凭此工资结算表到__省__市__区/县__路/街__号_____(结算地点名称)____部门进行领取工资____元,若本人不能来,请签署委托书委托他人持你身份证(原件)前来结算。联系电话:

分包单位负责人: 分包单位项目经理: 经办人: 本人签名:
监督人: 总包单位项目经理: 总包单位劳务管理员:

10. 农民个人工资台账表

农民个人工资台账表

项目名称：_____ 施工总承包单位：_____ 劳务分包单位：_____

姓　名：_____ 身份证号：_____ 职工编号：_____

年 月	应发工资（元）	实发工资（元）	本月余额（元）	累计期余（元）	当月本人确认		备注
					签字及摁手印	日期	

分包单位项目经理：　　　分包单位账务：　　　总包项目经理：

总包劳务管理人员：

11. 月度农民工工资结算表

月度农民工工资结算表

序号（工号）	姓名	工种	按天数计算				按已完工程量计算			工人签字及摁手印	备注
			本月天数	出勤天数	单价（元/日）	总价	元/计量单位	已完工程量	总价		

分包单位项目经理：　　分包账务人员：　　总包项目经理：　　总包劳务管理人员：

12. 建筑工程(专业、劳务)分包登记表

建筑工程(专业、劳务)分包登记表

发包企业：　　　　　填表人：　　　　　　年　月　日

工程名称	分包内容	分包工程量	分包工程造价(万元)
分包单位名称	资质范围	资质证书编号	分包工期(天)
分包方项目经理姓名	证书登记编号		社会保险编号
分包项目管理人员(人)	持有岗位证书(人)	劳动合同(人)	社会保险(人)
分包单位工人(人)	其中	持岗位证书人数(人)	劳动合同(份)
	技工(人) / 普工(人)		
发包企业审查意见(盖章)		建设(监理)单位审查意见(签字)	

13. 工程项目分包公示牌

工程项目分包公示牌

建设单位：　　　驻工地代表：　　　联系电话　　　　施工地点：
总承包单位：　　项目经理：　　　　联系电话：　　　施工许可证号：

序号	分包单位	资质类别及等级	项目经理及联系电话	合同			监理是否确认	建设单位单独发包项目		发包单位
				分包项目主要内容	造价(万)	开、竣工日期		施工许可证号	质量安全手续	

注：1. 表中发包单位指建设单位、总承包企业或其他发包工程的建筑业企业；

2. 分包项目施工许可证号指：建设单位单独发包，且分包合同造价超出30万元以上的工程需办理的施工许可证证号；

3. 质量安全手续指：建设单位单独发包，且分包合同造价超出30万元以上的工程需办理的质量安全手续。

14. 农民工工资发放表

农民工工资发放表

工程名称：____施工总承包单位：____劳务分包单位(公章)：____发放时间：年 月 日

序号 (工号)	姓名	工种	本月应发工资	本月实发工资或生活费	通过何种方式发放		本月未发余额(计入个人工资台账)	工人签字（需摁手印）	备注
					现金	工资卡			

分包单位项目经理：　分包账务人员：　总包项目经理：　总包劳务管理人员：

注：1. 农民工工资应通过"爱心工资卡"发放，将"银行返盘文件"附于此表后；
　　2. "银行返盘文件"应加盖劳务公司公章。

第二章 建筑业企业资质管理

第一节 建筑业企业资质管理概述

一、建筑业企业资质管理的概念

根据原建设部发布的《建筑业企业资质管理规定》(建设部令第159号)的规定,建筑业企业是指从事土木工程、建筑工程、线路管道设备安装工程、装修工程的新建、扩建、改建等活动的企业。

《建筑业企业资质管理规定》就建筑业企业资质明确规定:建筑业企业应当按照其拥有的注册资本、专业技术人员、技术装备和已完成的建筑工程业绩等条件申请资质,经审查合格,取得建筑业企业资质证书后,方可在资质许可的范围内从事建筑施工活动。

二、建筑业企业资质类别和等级

建筑业企业资质分为施工总承包、专业承包和劳务分包三个序列。

1. 施工总承包资质的企业

取得施工总承包资质的企业(以下简称施工总承包企业),可以承接施工总承包工程。施工总承包企业可以对所承接的施工总承包工程内各专业工程全部自行施工,也可以将专业工程或劳务作业依法分包给具有相应资质的专业承包企业或劳务分包企业。

2. 专业承包资质的企业

取得专业承包资质的企业(以下简称专业承包企业),可以承接施工总承包企业分包的专业工程和建设单位依法发包的专业工程。专业承包企业可以对所承接的全部专业工程自行施工,也可以将劳务作业依法分包给具有相应资质的劳务分包企业。

3. 劳务分包资质的企业

取得劳务分包资质的企业(以下简称劳务分包企业),可以承接施工总承包企业或专业承包企业分包的劳务作业。

施工总承包资质、专业承包资质、劳务分包资质序列按照工程性质和技术特点分别划分为若干资质类别。各资质类别按照规定的条件划分为若干资质等级。

建筑业企业资质等级标准和各类别等级资质企业承担工程的具体范围,由国务院建设主管部门会同国务院有关部门制定。

三、建筑业企业资质管理

建设行政主管部门对建筑业企业资质的管理十分重视。为加强对建筑活动的监督管理,维护公共利益和建筑市场秩序,保证建设工程质量安全,原建设部根据《中华人民共和国建筑法》等法律、行政法规,制定了《建筑业企业资质管理规定》(建设部令第87号),于2001年4月18日发布,2001年7月1日起施行。进入国家"十一五"规划期后,建设部对《建筑业企业资质管理规定》进行了修订,于2007年6月26日发布了修订后的《建筑业企业资质管理规定》(建设部令第159号),于2007年9月1日起施行。

《建筑业企业资质管理规定》(建设部令第159号)就建筑企业资质的管理作出了具体规定:

(1)第三章"资质许可"就企业资质有关问题作出规定。

1)就企业资质的许可(审批权限)作出具体规定;

2)就建筑业企业资质证书法律效力等问题作出具体规定;

3)就企业首次申请或增项申请建筑业企业资质、申请资质升级、申请资质变更等问题作出具体规定。

本章特别明确规定:取得建筑业企业资质的企业,申请资质升级、资质增项,在申请之日起前一年内有"超越本企业资质等级或以其他企业的名义承揽工程,或允许其他企业或个人以本企业的名义承揽工程"等12种情形之一的,资质许可机关不予批准企业的资质升级申请和增项申请。

(2)第四章"监督管理"就企业资质监督管理作出规定。

1)相关条款规定:各级建设主管部门应加强对建筑业企业资质的监督管理,及时纠正资质管理中的违法行为。同时有权对违反纪律以及对违法从事建筑活动行为的查处作出具体规定。

2)相关条款规定:企业取得建筑业企业资质后不再符合相应资质条件的,建设主管部门或其他有关部门可以责令其限期改正;逾期不改正的,可以撤回其资质。被撤回资质的企业需重新核定资质。建筑业企业有"资质证书有效期届满,未依法申请延续"等四种情形之一的,资质许可机关应当依法注销其企业资质。

(3)第五章"法律责任"就企业资质管理中的违法违规行为的法律责任作出规定。

1)相关条款规定:企业资质申请人(单位)隐瞒有关情况或提供虚假材料或以不正当手段取得建筑企业资质证书的,给予警告或依法处以罚款,申请人在规定的期限内不得再次申请建筑企业资质。

2)相关条款规定:建筑企业有本规定第三章第二十一条行为之一,《中华人民共和国建筑法》《建筑工程质量管理条例》和其他有关法律、法规对处罚机关和处罚方式有规定的,依照法律、法规的规定执行;未作规定的,由县级以上地方人民政府建设主管部门或其他部门给予警告,责令改正,并处以1万元以上、3万元以下的罚款。建筑企业未按规定及时办理资质证书变更手续或未按规定提供建筑企业信用档案信息的,给予警告,责令限期改正;逾期未改正的,可处以1000元以上、1万元以下的罚款。

3)相关条款规定:建设主管部门及其工作人员违反规定,有"对不符合条件的申请人准予建筑业企业资质许可"或"利用职务上的便利,收受他人财物或者其他好处"等五种情形之一的,责令其改正,情节严重的,对主管人员或责任人员,依法给予行政处分。

第二节 建筑业企业资质等级标准

建筑业企业资质管理规定》(建设部87号令)发布后,作为其配套文件,《建筑业企业资质等级标准》(建建[2001]82号)同时印发执行,该标准规定了施工总承包企业资质等级标准、专业承包企业资质等级标准、劳务分包企业资质标准。2007年,为规范对施工总承包特级企业的资质管理,促进建筑业企业向工程总承包发展,原建设部组织对《建筑业企业资质等级标准》(建建[2001]82号)中规定的施工总承包特级资质标准进行了修订,并将修订后的《施工总承包企业特级资质标准》(建市[2007]72号)印发执行,《建筑业企业资质等级标准》(建建[2001]82号)中施工总承包特级资质标准同时废止。

一、施工总承包企业资质等级标准

(一)施工总承包企业特级资质标准

1. 申请特级资质的条件

根据《施工总承包企业特级资质标准》(建市[2007]72号),建筑业企业申请特级资质,必须具备以下条件:

(1)企业资信能力。

①企业注册资本金3亿元以上。

②企业净资产3.6亿元以上。

③企业近三年上缴建筑业营业税均在5000万元以上。

④企业银行授信额度近三年均在5亿元以上。

(2)企业主要管理人员和专业技术人员要求。

①企业经理具有10年以上从事工程管理工作经历。

②技术负责人具有15年以上从事工程技术管理工作经历,且具有工程序列高级职称及一级注册建造师或注册工程师执业资格;主持完成过两项及以上施工总承包一级资质要求的代表工程的技术工作或甲级设计资质要求的代表工程或合同额2亿元以上的工程总承包项目。

③财务负责人具有高级会计师职称及注册会计师资格。

④企业具有注册一级建造师(一级项目经理)50人以上。

⑤企业具有本类别相关的行业工程设计甲级资质标准要求的专业技术人员。

(3)科技进步水平。

①企业具有省部级(或相当于省部级水平)及以上的企业技术

②企业近三年科技活动经费支出平均达到营业额的 0.5%以上。

③企业具有国家级工法 3 项以上；近五年具有与工程建设相关的，能够推动企业技术进步的专利 3 项以上，累计有效专利 8 项以上，其中至少有一项发明专利。

④企业近十年获得过国家级科技进步奖项或主编过工程建设国家或行业标准。

⑤企业已建立内部局域网或管理信息平台，实现了内部办公、信息发布、数据交换的网络化；已建立并开通了企业外部网站；使用了综合项目管理信息系统和人事管理系统、工程设计相关软件，实现了档案管理和设计文档管理。

(4)代表工程业绩。

代表工程按专业细分为房屋建筑工程、公路工程、铁路工程、港口与航道工程、水利水电工程、电力工程、矿山工程、冶炼工程、石油化工工程、市政公用工程。其中，房屋建筑工程施工总承包企业特级资质标准代表工程业绩如下：

近五年承担过下列 5 项工程总承包或施工总承包项目中的 3 项，且工程质量合格。

1)高度在 100 米以上的建筑物；

2)28 层以上的房屋建筑工程；

3)单体建筑面积 5 万平方米以上的房屋建筑工程；

4)钢筋混凝土结构单跨 30 米以上的建筑工程或钢结构单跨 36 米以上的房屋建筑工程；

5)单项建安合同额 2 亿以上的房屋建筑工程。

2. 特级资质企业承包工程范围

(1)取得施工总承包特级资质的企业可承担本类别各等级工程施工总承包、设计及开展工程总承包和项目管理业务。

(2)取得房屋建筑、公路、铁路、市政公用、港口与航道、水利水电等专业中任意一项施工总承包特级资质和其中两项施工总承包一级资质，即可承接上述各专业工程的施工总承包、工程总承包和项目管理业务及开展相应设计主导专业人员齐备的施工图设计。

(3)取得房屋建筑、矿山、冶炼、石油化工、电力等专业中任意一项施工总承包特级资质和其中两项施工总承包一级资质,即可承接上述各专业工程的施工总承包、工程总承包和项目管理业务及开展相应设计主导专业人员齐备的施工图设计。

(4)特级资质的企业,限承担施工单项合同额 3000 万以上的房屋建筑工程。

(二)施工总承包(房屋建筑工程)一级资质标准

1. 申请一级资质的条件

(1)企业近五年承担过下列 6 项中的 4 项以上工程的施工总承包或主体工程承包,且工程质量合格。

1)25 层以上的房屋建筑工程;

2)高度 100 米以上的构筑物或建筑物;

3)单体建筑面积 3 万平方米以上的房屋建筑工程;

4)单跨跨度 30 米以上的房屋建筑工程;

5)建筑面积 10 万平方米以上的住宅小区或建筑群体;

6)单项建安合同额 1 亿元以上的房屋建筑工程。

(2)企业经理具有 10 年以上从事工程管理工作经历或具有高级职称;总工程师具有 10 年以上从事建筑施工技术管理工作经历并具有本专业高级职称;总会计师具有高级会计职称;总经济师具有高级职称。

企业有职称的工程技术和经济管理人员不少于 300 人,其中工程技术人员不少于 200 人;工程技术人员中,具有高级职称的人员不少于 10 人,具有中级职称的人员不少于 60 人。企业具有的一级资质项目经理不少于 12 人。

(3)企业注册资本金 5000 万元以上,企业净资产 6000 万元以上。

(4)企业近三年最高年工程结算收入 2 亿元以上。

(5)企业具有与承包工程范围相适应的施工机械和质量检测设备。

2. 一级资质企业承包工程范围

可承担单项建安合同额不超过企业注册资本金 5 倍的下列房屋

建筑工程的施工：

(1)40层及以下、各类跨度的房屋建筑工程；

(2)高度240米及以下的构筑物；

(3)建筑面积20万平方米及以下的住宅小区或建筑群体。

(三)施工总承包(房屋建筑工程)二级资质标准

1. 申请二级资质的条件

(1)企业近五年承担过下列6项中的4项以上工程的施工总承包或主体工程承包，且工程质量合格。

1)12层以上的房屋建筑工程；

2)高度50米以上的构筑物或建筑物；

3)单体建筑面积1万平方米以上的房屋建筑工程；

4)单跨跨度21米以上的房屋建筑工程；

5)建筑面积5万平方米以上的住宅小区或建筑群体；

6)单项建安合同额3000万元以上的房屋建筑工程。

(2)企业经理具有8年以上从事工程管理工作经历或具有中级以上职称；技术负责人具有8年以上从事建筑施工技术管理工作经历并具有本专业高级职称；财务负责人具有中级以上会计职称。

企业具有职称的工程技术和经济管理人员不少于150人，其中工程技术人员不少于100人；工程技术人员中具有高级职称的人员不少于2人，具有中级职称的人员不少于20人。

企业具有的二级资质以上项目经理不少于12人。

(3)企业注册资本金2000万元以上且企业净资产2500万元以上。

(4)企业近三年最高年工程结算收入8000万元以上。

(5)企业具有与承包工程范围相适应的施工机械和质量检测设备。

2. 二级资质企业承包工程范围

可承担单项建安合同额不超过企业注册资本金5倍的下列房屋建筑工程的施工：

(1)28层及以下、单跨跨度36米及以下的房屋建筑工程；

(2)高度120米及以下的构筑物；

(3)建筑面积12万平方米及以下的住宅小区或建筑群体。

(四)施工总承包(房屋建筑工程)三级资质标准

1. 申请三级资质的条件

(1)企业近5年承担过下列5项中的3项以上工程的施工总承包或主体工程承包,工程质量合格。

1)6层以上的房屋建筑工程;

2)高度25米以上的构筑物或建筑物;

3)单体建筑面积5000平方米以上的房屋建筑工程;

4)单跨跨度15米以上的房屋建筑工程;

5)单项建安合同额500万元以上的房屋建筑工程。

(2)企业经理具有5年以上从事工程管理工作经历;技术负责人具有5年以上从事建筑施工技术管理工作经历并具有本专业中级以上职称;财务负责人具有初级以上会计职称。

企业有职称的工程技术和经济管理人员不少于50人,其中工程技术人员不少于30人;工程技术人员中,具有中级以上职称的人员不少于10人。

企业具有的三级资质以上项目经理不少于10人。

(3)企业注册资本金600万元以上,企业净资产700万元以上。

(4)企业近3年最高年工程结算收入2400万元以上。

(5)企业具有与承包工程范围相适应的施工机械和质量检测设备。

2. 三级资质企业承包工程范围

可承担单项建安合同额不超过企业注册资本金5倍的下列房屋建筑工程的施工:

(1)14层及以下、单跨跨度24米及以下的房屋建筑工程;

(2)高度70米及以下的构筑物;

(3)建筑面积6万平方米及以下的住宅小区或建筑群体。

注:房屋建筑工程是指工业、民用与公共建筑(建筑物、构筑物)工程。工程内容包括地基与基础工程,土石方工程,结构工程,屋面工程,内、外部的装修装饰工程,上下水、供暖、电器、卫生洁具、通风、照

明、消防、防雷等安装工程。

二、专业承包企业资质等级标准

根据《建筑业企业资质等级标准》(建建[2001]82号),专业承包企业资质等级标准按专业细分为地基与基础工程专业承包企业资质等级标准、土石方工程专业承包企业资质等级标准等60类,本书只介绍房屋建筑工程相关专业的具体标准。

1. 地基与基础工程专业承包企业资质等级标准

地基与基础工程专业承包企业资质分为一级、二级、三级。

一级资质标准:

(1)企业近五年承担过下列5项中的3项以上所列工程的施工,且工程质量合格。

1)25层以上房屋建筑或高度超过100米构筑物的地基与基础工程;

2)深度超过15米的软弱地基处理;

3)单桩承受荷载在6000kN以上的地基与基础工程;

4)深度超过11米的深大基坑围护及土石方工程;

5)单项工程造价500万元以上地基与基础工程2个或200万元以上地基与基础工程4个。

(2)企业经理具有10年以上从事工程管理工作经历或具有高级职称;总工程师具有10年以上从事地基与基础施工技术管理工作经历并具有相关专业高级职称;总会计师具有中级以上会计职称。

企业有职称的工程技术和经济管理人员不少于60人,其中工程技术人员不少于50人;工程技术人员中,地下、岩土、机械等专业人员不少于25人,具有中级以上职称的人员不少于20人。

企业具有的一级资质项目经理不少于6人。

(3)企业注册资本金1500万元以上,企业净资产1800万元以上。

(4)企业近三年最高年工程结算收入5000万元以上。

(5)企业具有专用施工设备20台以上和相应的运输、检测设备。

二级资质标准:

(1)企业近五年承担过下列4项中的两项以上所列工程的施工,

工程质量合格。

1)12 层以上房屋建筑或高度超过 60 米构筑物的地基与基础工程；

2)深度超过 13 米的软弱地基处理；

3)深度超过 8 米的深大基坑围护及土石方工程；

4)单项工程造价 500 万元以上地基与基础工程一个或 200 万元以上地基与基础工程两个。

(2)企业经理具有 8 年以上从事工程管理工作经历或具有中级以上职称；技术负责人具有 8 年以上从事地基与基础施工技术管理工作经历并具有相关专业高级职称；财务负责人具有中级以上会计职称。

企业有职称的工程技术和经济管理人员不少于 40 人，其中工程技术人员不少于 30 人；工程技术人员中，地下、岩土、机械等专业人员不少于 15 人，具有中级以上职称的人员不少于 10 人。

企业具有的二级资质以上项目经理不少于 6 人。

(3)企业注册资本金 800 万元以上，企业净资产 1000 万元以上。

(4)企业近 3 年最高年工程结算收入 2000 万元以上。

(5)企业具有专用施工设备 10 台以上和相应的运输、检测设备。

三级资质标准：

(1)企业近 5 年承担过下列 4 项中的 2 项以上所列工程的施工，工程质量合格。

1)6 层以上房屋建筑物的工程或高度超过 25 米构筑物的地基与基础工程；

2)软弱地基处理；

3)地基与基础混凝土浇筑量累计 1 万立方米以上；

4)单项工程造价 100 万元以上地基与基础工程。

(2)企业经理具有 3 年以上从事工程管理工作经历；技术负责人具有 3 年以上从事地基与基础施工技术管理工作经历并具有相关专业中级以上职称；财务负责人具有初级以上会计职称。

企业有职称的工程技术和经济管理人员不少于 20 人，其中工程技术人员不少于 15 人；工程技术人员中，地下、岩土、机械等专业人员不少于 10 人，具有中级以上职称的人员不少于 5 人。

企业具有的三级资质以上项目经理不少于3人。

(3)企业注册资本金300万元以上,企业净资产350万元以上。

(4)企业近3年最高年工程结算收入500万元以上。

(5)企业具有专用施工设备6台以上和相应的运输、检测设备。

承包工程范围:

一级企业:可承担各类地基与基础工程的施工。

二级企业:可承担工程造价1000万元及以下各类地基与基础工程的施工。

三级企业:可承担工程造价300万元及以下各类地基与基础工程的施工。

2. 土石方工程专业承包企业资质等级标准

土石方工程专业承包企业资质分为一级、二级、三级。

一级资质标准:

(1)企业近5年承担过2项以上100万立方米或五项以上50万立方米土石方工程施工,且工程质量合格。

(2)企业经理具有10年以上从事工程管理工作经历或具有高级职称;总工程师具有10年以上从事土石方施工技术管理工作经历并具有相关专业高级职称;总会计师具有中级以上会计职称。

企业有职称的工程技术和经济管理人员不少于60人,其中工程技术人员不少于50人;工程技术人员中,具有中级以上职称的人员不少于20人。

企业具有的一级资质项目经理不少于5人。

(3)企业注册资本金1500万元以上,企业净资产1800万元以上。

(4)企业近3年最高年工程结算收入3000万元以上。

(5)企业具有挖、铲、推、运等机械设备,总机械装备功率1万千瓦以上。

二级资质标准:

(1)企业近5年承担过两项以上40万立方米或5项以上10万立方米土石方工程施工,工程质量合格。

(2)企业经理具有8年以上从事工程管理工作经历或具有中级以上职称;技术负责人具有8年以上从事土石方施工技术管理工作经历

并具有相关专业高级职称;财务负责人具有中级以上会计职称。

企业有职称的工程技术和经济管理人员不少于40人,其中工程技术人员不少于30人;工程技术人员中,具有中级以上职称的人员不少于10人。

企业具有的二级资质以上项目经理不少于5人。

(3)企业注册资本金800万元以上,企业净资产1000万元以上。

(4)企业近三年最高年工程结算收入2000万元以上。

(5)企业具有挖、铲、推、运等机械设备,总机械装备功率5000千瓦以上。

三级资质标准:

(1)企业近五年承担过两项以上10万立方米土石方工程施工,工程质量合格。

(2)企业经理具有5年以上从事工程管理工作经历;技术负责人具有5年以上从事土石方施工技术管理工作经历并具有相关专业高级职称;财务负责人具有初级以上会计职称。

企业有职称的工程技术和经济管理人员不少于20人,其中工程技术人员不少于15人;工程技术人员中,具有中级以上职称的人员不少于5人。

企业具有的三级资质以上项目经理不少于5人。

(3)企业注册资本金300万元以上,企业净资产400万元以上。

(4)企业近三年最高年工程结算收入1000万元以上。

(5)企业具有挖、铲、推、运等机械设备,总机械装备功率2000千瓦以上。

承包工程范围:

一级企业:可承担各类土石方工程的施工。

二级企业:可承担单项合同额不超过企业注册资本金5倍且60万立方米及以下的土石方工程的施工。

三级企业:可承担单项合同额不超过企业注册资本金5倍且15万立方米及以下的土石方工程的施工。

3. 建筑装修装饰工程专业承包企业资质等级标准

建筑装修装饰工程专业承包企业资质分为一级、二级、三级。

一级资质标准：

(1)企业近五年承担过三项以上单位工程造价1000万元以上或三星级以上宾馆大堂的装修装饰工程施工,工程质量合格。

(2)企业经理具有8年以上从事工程管理工作经历或具有高级职称;总工程师具有8年以上从事建筑装修装饰施工技术管理工作经历并具有相关专业高级职称;总会计师具有中级以上会计职称。

企业有职称的工程技术和经济管理人员不少于40人,其中工程技术人员不少于30人,且建筑学或环境艺术、结构、暖通、给排水、电气等专业人员齐全;工程技术人员中,具有中级以上职称的人员不少于10人。

企业具有的一级资质项目经理不少于5人。

(3)企业注册资本金1000万元以上,企业净资产1200万元以上。

(4)企业近三年最高年工程结算收入3000万元以上。

二级资质标准：

(1)企业近五年承担过两项以上单位工程造价500万元以上的装修装饰工程或10项以上单位工程造价50万元以上的装修装饰工程施工,工程质量合格。

(2)企业经理具有5年以上从事工程管理工作经历或具有中级以上职称;技术负责人具有5年以上从事装修装饰施工技术管理工作经历并具有相关专业中级以上职称;财务负责人具有中级以上会计职称。

企业有职称的工程技术和经济管理人员不少于25人,其中工程技术人员不少于20人,且建筑学或环境艺术、结构、暖通、给排水、电气等专业人员齐全;工程技术人员中,具有中级以上职称的人员不少于5人。

企业具有的二级资质以上项目经理不少于5人。

(3)企业注册资本金500万元以上,企业净资产600万元以上。

(4)企业近三年最高年工程结算收入1000万元以上。

三级资质标准：

(1)企业近三年承担过3项以上单位工程造价20万元以上的装修装饰工程施工,工程质量合格。

(2)企业经理具有3年以上从事工程管理工作经历;技术负责人

具有 5 年以上从事装修装饰施工技术管理工作经历并具有相关专业中级以上职称;财务负责人具有初级以上会计职称。

企业有职称的工程技术和经济管理人员不少于 15 人,其中工程技术人员不少于 10 人,且建筑学或环境艺术、暖通、给排水、电气等专业人员齐全;工程技术人员中,具有中级以上职称的人员不少于 2 人。

企业具有的三级资质以上项目经理不少于 2 人。

(3)企业注册资本金 50 万元以上,企业净资产 60 万元以上。

(4)企业近三年最高年工程结算收入 100 万元以上。

承包工程范围:

一级企业:可承担各类建筑室内、室外装修装饰工程(建筑幕墙工程除外)的施工。

二级企业:可承担单位工程造价 1200 万元及以下建筑室内、室外装修装饰工程(建筑幕墙工程除外)的施工。

三级企业:可承担单位工程造价 60 万元及以下建筑室内、室外装修装饰工程(建筑幕墙工程除外)的施工。

4. 建筑幕墙工程专业承包企业资质等级标准

建筑幕墙工程专业承包企业资质分为一级、二级、三级。

一级资质标准:

(1)企业近五年承担过下列两项中的一项以上所列工程的施工,工程质量合格。

1)高度 100 米以上、单位工程量 10000 平方米以上建筑幕墙工程 2 个;

2)高度 60 米以上、单位工程量 6000 平方米以上建筑幕墙工程 6 个。

(2)企业经理具有 8 年以上从事工程管理工作经历或具有高级职称;总工程师具有 8 年以上从事建筑幕墙施工技术管理工作经历并具有相关专业高级职称;总会计师具有中级以上会计职称。

企业有职称的工程技术和经济管理人员不少于 40 人,其中工程技术人员不少于 30 人;工程技术人员中,具有中级以上职称的人员不少于 10 人,且建筑、结构、机械、材料等相关专业人员齐全。

企业具有的一级资质项目经理不少于 5 人。

(3)企业注册资本金1000万元以上,企业净资产1200万元以上。

(4)企业近三年最高年工程结算收入4000万元以上。

(5)企业具有与生产、制作、安装配套的检测设备;具有用于建筑幕墙加工制作的厂房面积不少于3000平方米;具有制作隐框玻璃幕墙的净化打胶间和固化养护间及配套的机械加工、打胶设备。

二级资质标准:

(1)企业近五年承担过下列两项中的一项以上所列工程的施工,工程质量合格。

1)高度60米以上、单位工程量6000平方米以上建筑幕墙工程2个;

2)高度20米以上、单位工程量2000平方米以上建筑幕墙工程4个。

(2)企业经理具有6年以上从事工程管理工作经历或具有中级以上职称;技术负责人具有6年以上从事建筑幕墙施工技术管理工作经历并具有相关专业中级以上职称;财务负责人具有中级以上会计职称。

企业有职称的工程技术和经济管理人员不少于30人,其中工程技术人员不少于25人;工程技术人员中,具有中级以上职称的人员不少于5人,且建筑、结构、机械、材料等相关专业人员齐全。

企业具有的二级资质以上项目经理不少于5人。

(3)企业注册资本金500万元以上,企业净资产600万元以上。

(4)企业近三年最高年工程结算收入1500万元以上。

(5)企业具有与生产、制作、安装配套的检测设备;具有用于建筑幕墙加工制作的厂房面积不少于2000平方米;具有制作隐框玻璃幕墙的净化打胶间和固化养护间及配套的机械加工、打胶设备。

三级资质标准:

(1)企业近五年承担过两个以上单位工程量1000平方米以上建筑幕墙工程施工,工程质量合格。

(2)企业经理具有3年以上从事工程管理工作经历;技术负责人具有5年以上从事建筑幕墙施工技术管理工作经历并具有相关专业中级以上职称;财务负责人具有初级以上会计职称。

企业有职称的工程技术和经济管理人员不少于15人,其中工程技术人员不少于 10 人;工程技术人员中,具有中级以上职称的人员不少于 3 人,企业具有的三级资质以上项目经理不少于 3 人。

(3)企业注册资本金 200 万元以上,企业净资产 250 万元以上。

(4)企业近 3 年最高年工程结算收入 500 万元以上。

(5)企业具有与生产、制作、安装配套的检测设备;具有用于建筑幕墙加工制作的厂房面积不少于 1000 平方米;具有制作隐框玻璃幕墙的净化打胶间和固化养护间及配套的机械加工、打胶设备。

承包工程范围:

一级企业:可承担各类型建筑幕墙工程的施工。

二级企业:可承担单项合同额不超过企业注册资本金 5 倍且单项工程面积在 8000 平方米及以下、高度 80 米及以下的建筑幕墙工程的施工。

三级企业:可承担单项合同额不超过企业注册资本金 5 倍且单项工程面积在 3000 平方米及以下、高度 30 米及以下的建筑幕墙工程的施工。

注:建筑幕墙包括:(1)全隐框玻璃幕墙、半隐框玻璃幕墙、明框玻璃幕墙、无框玻璃幕墙;(2)各类金属板、人造板、石材幕墙;(3)其他各类建筑幕墙。

5. 钢结构工程专业承包企业资质等级标准

钢结构工程专业承包企业资质分为一级、二级、三级。

一级资质标准:

(1)企业近五年承担过下列六项中的两项以上钢结构工程施工,且工程质量合格。

1)钢结构跨度 30 米以上;

2)钢结构重量 1000 吨以上;

3)钢结构建筑面积 20000 平方米以上;

4)网架工程边长 70 米以上;

5)网架结构重量 300 吨以上;

6)网架结构建筑面积 5000 平方米以上。

(2)企业经理具有 10 年以上从事工程管理工作经历或具有高级职称;总工程师具有 10 年以上从事钢结构、网架工程施工技术管理工作经历并具有相关专业高级职称;总会计师具有高级会计职称。

企业有职称的工程技术和经济管理人员不少于50人,其中工程技术人员不少于40人;工程技术人员中,具有中级以上职称的人员不少于20人。

企业具有的一级资质项目经理不少于6人。

(3)企业注册资本金100万元以上,企业净资产1800万元以上。

(4)企业近三年最高年工程结算收入3000万元以上。

(5)企业具有与承包工程范围相适应的施工机械和质量检测设备。

二级资质标准:

(1)企业近五年承担过下列六项中的两项以上钢结构工程施工,工程质量合格。

1)钢结构跨度20米以上;

2)钢结构重量500吨以上;

3)钢结构建筑面积5000平方米以上;

4)网架工程边长20米以上;

5)网架结构重量100吨以上;

6)网架结构建筑面积1000平方米以上。

(2)企业经理具有5年以上从事工程管理工作经历;技术负责人具有5年以上从事钢结构、网架工程施工技术管理工作经历并具有相关专业中级以上职称;财务负责人具有中级以上会计职称。

企业有职称的工程技术和经济管理人员不少于30人,其中工程技术人员不少于20人;工程技术人员中,具有中级以上职称的人员不少于6人。

企业具有的二级资质以上项目经理不少于3人。

(3)企业注册资本金800万元以上,企业净资产1000万元以上。

(4)企业近三年最高年工程结算收入1500万元以上。

(5)企业具有与承包工程范围相适应的施工机械和质量检测设备。

三级资质标准:

(1)企业近五年承担过下列六项中的两项以上钢结构工程施工,工程质量合格。

1) 钢结构跨度 10 米以上；
2) 钢结构重量 100 吨以上；
3) 钢结构建筑面积 1000 平方米以上；
4) 网架工程边长 10 米以上；
5) 网架结构重量 5 吨以上；
6) 网架结构建筑面积 200 平方米以上。

(2) 企业经理具有 3 年以上从事工程管理工作经历；技术负责人具有 3 年以上从事钢结构、网架工程施工技术管理工作经历并具有相关专业中级以上职称；财务负责人具有初级以上会计职称。

企业有职称的工程技术和经济管理人员不少于 15 人，其中工程技术人员不少于 12 人；工程技术人员中，具有中级以上职称的人员不少于 3 人。

企业具有的三级资质以上项目经理不少于 3 人。

(3) 企业注册资本金 300 万元以上，企业净资产 360 万元以上。

(4) 企业近 3 年最高年工程结算收入 500 万元以上。

(5) 企业具有与承包工程范围相适应的施工机械和质量检测设备。

承包工程范围：

一级企业：可承担各类钢结构工程（包括网架、轻型钢结构工程）的制作与安装。

二级企业：可承担单项合同额不超过企业注册资本金 5 倍且跨度 33 米及以下、总重量 1200 吨及以下、单体建筑面积 24000 平方米及以下的钢结构工程（包括轻型钢结构工程）和边长 80 米及以下、总重量 350 吨及以下、建筑面积 6000 平方米及以下的网架工程的制作与安装。

三级企业：可承担单项合同额不超过企业注册资本金 5 倍且跨度 24 米及以下、总重量 600 吨及以下、单体建筑面积 6000 平方米及以下的钢结构工程（包括轻型钢结构工程）和边长 24 米及以下、总重量 120 吨及以下、建筑面积 1200 平方米及以下的网架工程的制作与安装。

6. 电梯安装工程专业承包企业资质等级标准

电梯安装工程专业承包企业资质分为一级、二级。

一级资质标准：

(1)企业近三年完成10部速度为2.5米/秒以上的电梯安装工程施工，且工程质量合格。

(2)企业经理具有8年以上从事工程管理工作经历或具有中级职称；总工程师具有8年以上从事电梯安装施工技术管理工作经历并具有机电专业高级职称；总会计师具有高级会计职称。

企业有职称的工程技术和经济管理人员不少于40人，其中工程技术人员不少于25人；工程技术人员中，具有中级以上职称的人员不少于8人，且电气、机械、自动化等相关专业人员齐全。

企业具有的二级资质以上项目经理不少于6人，其中一级资质项目经理不少于1人。

(3)企业注册资本金500万元以上，企业净资产600万元以上。

(4)企业近三年最高年工程结算收入500万元以上。

(5)企业具有相应的专业检测设备。

二级资质标准：

(1)企业近三年完成10部速度为1.5米/秒以上的电梯安装工程施工，工程质量合格。

(2)企业经理具有5年以上从事工程管理工作经历；技术负责人具有5年以上从事电梯安装施工技术管理工作经历并具有机电专业中级以上职称；财务负责人具有中级以上会计职称。

企业有职称的工程技术和经济管理人员不少于25人，其中工程技术人员不少于15人；工程技术人员中，具有中级以上职称的人员不少于6人，且电气、机械、自动化等相关专业人员齐全。

企业具有的三级资质以上项目经理不少于5人，其中二级资质以上项目经理不少于1人。

(3)企业注册资本金300万元以上，企业净资产360万元以上。

(4)企业近三年最高年工程结算收入300万元以上。

(5)企业具有相应的专业检测设备。

承包工程范围：

一级企业：可承担各类型电梯的安装及维修工程。

二级企业：可承担单项合同额不超过企业注册资本金5倍且速度

为2.5米/秒及以下电梯的安装及维修工程。

7. 消防设施工程专业承包企业资质等级标准

消防设施工程专业承包企业资质分为一级、二级、三级。

一级资质标准：

(1)企业近五年承担过两项以上建筑面积4万平方米以上火灾自动报警系统和固定灭火系统工程施工,且工程质量合格。

(2)企业经理具有8年以上从事工程管理工作经历或具有高级职称;总工程师具有8年以上从事消防设施施工技术管理工作经历并具有电气、设备或相关专业高级职称;总会计师具有中级以上会计职称。企业有职称的工程技术和经济管理人员不少于40人,其中电气、设备等专业有职称人员不少于30人;工程技术人员中,具有相应专业高级职称的人员不少于5人,具有相应专业中级职称的人员不少于10人,且经消防专业考试合格的工程技术人员不少于15人。企业具有的一级资质项目经理不少于5人,且经消防专业考试合格。

(3)企业注册资本金500万元以上,企业净资产600万元以上。

(4)企业近三年最高年工程结算收入2500万元以上。

(5)企业具有火灾自动报警系统检测设备、自动喷水灭火系统喷头安装专用工具、消火栓和防烟排烟系统检查测试设备和质量检验设备。

二级资质标准：

(1)企业近五年承担过两项以上建筑面积2万平方米以上火灾自动报警系统和固定灭火系统工程施工,且工程质量合格。

(2)企业经理具有5年以上从事工程管理工作经历或具有高级职称;技术负责人具有5年以上从事消防设施施工技术管理工作经历并具有电气、设备或相关专业高级职称;财务负责人具有中级以上会计职称。

企业有职称的工程技术和经济管理人员不少于30人,其中电气、设备等专业有职称人员不少于20人;工程技术人员中,具有相应专业高级职称的人员不少于3人,具有相应专业中级职称的人员不少于6人,且经消防专业考试合格的工程技术人员不少于10人。

企业具有的二级资质以上项目经理不少于3人,且经消防专业考试合格。

(3)企业注册资本金 300 万元以上,企业净资产 400 万元以上。

(4)企业近三年最高年工程结算收入 1500 万元以上。

(5)企业具有火灾自动报警系统检测设备、自动喷水灭火系统喷头安装专用工具、消火栓和防烟排烟系统检查测试设备和质量检验设备。

三级资质标准:

(1)企业近五年承担过两项以上建筑面积 1 万平方米以上火灾自动报警系统和固定灭火系统工程施工,工程质量合格。

(2)企业经理具有 3 年以上从事工程管理工作经历或具有高级职称;技术负责人具有 3 年以上从事消防设施施工技术管理工作经历并具有电气、设备或相关专业高级职称;财务负责人具有中级以上会计职称。

企业有职称的工程技术和经济管理人员不少于 20 人,其中电气、设备等专业有职称人员不少于 10 人;工程技术人员中,具有相应专业高级职称的人员不少于 2 人,具有相应专业中级职称的人员不少于 4 人,且经消防专业考试合格的工程技术人员不少于 5 人。

企业具有的三级资质以上项目经理不少于 2 人,且经消防专业考试合格。

(3)企业注册资本金 100 万元以上,企业净资产 150 万元以上。

(4)企业近三年最高年工程结算收入 500 万元以上。

(5)企业具有火灾自动报警系统检测设备、自动喷水灭火系统喷头安装专用工具、消火栓和防烟排烟系统检查测试设备和质量检验设备。

承包工程范围:

一级企业:可承担各类消防设施工程的施工。

二级企业:可承担建筑高度 100 米及以下、建筑面积 5 万平方米及以下的房屋建筑、易燃、可燃液体和可燃气体生产、储存装置等消防设施工程的施工。

三级企业:可承担建筑高度 24 米及以下、建筑面积 2.5 万平方米及以下的房屋建筑消防设施工程的施工。

8. 建筑防水工程专业承包企业资质等级标准

建筑防水工程专业承包企业资质分为二级、三级。

二级资质标准:

(1)企业近五年承担过两项单项工程造价150万元以上建筑防水工程施工,且工程质量合格。

(2)企业经理具有10年以上从事工程管理工作经历或具有高级职称;技术负责人具有10年以上从事建筑防水施工技术管理工作经历并具有相关专业中级以上职称;财务负责人具有中级以上会计职称。

企业有职称的工程技术和经济管理人员不少于20人,其中工程技术人员不少于15人;工程技术人员中,具有中级以上职称的人员不少于5人。

企业具有的二级资质以上项目经理不少于5人。

(3)企业注册资本金500万元以上,企业净资产600万元以上。

(4)企业近三年最高年工程结算收入1000万元以上。

(5)企业具有与承包工程范围相适应的施工机械和质量检测设备。

三级资质标准:

(1)企业近五年承担过两项单项工程造价80万元以上建筑防水工程施工,工程质量合格。

(2)企业经理具有8年以上从事工程管理工作经历或具有中级以上职称;技术负责人具有8年以上从事建筑防水施工技术管理工作经历并具有相关专业中级以上职称;财务负责人具有初级以上会计职称。

企业有职称的工程技术和经济管理人员不少于15人,其中工程技术人员不少于10人;工程技术人员中,具有中级以上职称的人员不少于3人。

企业具有的三级资质以上项目经理不少于3人。

(3)企业注册资本金200万元以上,企业净资产250万元以上。

(4)企业近三年最高年工程结算收入400万元以上。

(5)企业具有与承包工程范围相适应的施工机械和质量检测设备。

承包工程范围:

二级企业:可承担各类房屋建筑防水工程的施工。

三级企业:可承担单项工程造价 200 万元及以下房屋建筑防水工程的施工。

9. 防腐保温工程专业承包企业资质等级标准

防腐保温工程专业承包企业资质分为一级、二级、三级。

一级资质标准:

(1)企业近五年承担过两项以上单项合同额 400 万元以上防腐保温工程施工,且工程质量合格。

(2)企业经理具有 10 年以上从事工程管理工作经历或具有高级职称;总工程师具有 10 年以上从事防腐保温施工技术管理工作经历并具有相关专业高级职称的总工程师;具有中级以上会计职称。

企业有职称的工程技术和经济管理人员不少于 60 人,其中工程技术人员不少于 40 人;工程技术人员中,具有高级职称的人员不少于 5 人,具有中级职称的人员不少于 20 人。

企业具有的一级资质项目经理不少于 5 人。

(3)企业注册资本金 1000 万元以上,企业净资产 1200 万元以上。

(4)企业近三年最高年工程结算收入 2000 万元以上。

(5)企业具有与承包工程范围相适应的施工机械和质量检测设备。

二级资质标准:

(1)企业近五年承担过两项以上单项合同额 200 万元以上防腐保温工程施工,且工程质量合格。

(2)企业经理具有 8 年以上从事工程管理工作经历或具有中级以上职称;技术负责人具有 8 年以上从事防腐保温施工技术管理工作经历并具有相关专业中级以上职称;财务负责人具有中级以上会计职称。

企业有职称的工程技术和经济管理人员不少于 40 人,其中工程技术人员不少于 25 人;工程技术人员中,具有中级以上职称的人员不少于 10 人。

企业具有的二级资质以上项目经理不少于 5 人。

(3)企业注册资本金 500 万元以上,企业净资产 600 万元以上。

(4)企业近五年最高年工程结算收入 1000 万元以上。

(5)企业具有与承包工程范围相适应的施工机械和质量检测

设备。

三级资质标准：

(1)企业近五年承担过两项以上单项合同额50万元以上防腐保温工程施工,工程质量合格。

(2)企业经理具有5年以上从事工程管理工作经历;技术负责人具有5年以上从事防腐保温施工技术管理工作经历并具有相关专业中级以上职称;财务负责人具有初级以上会计职称。

企业有职称的工程技术和经济管理人员不少于25人,其中,工程技术人员不少于15人;工程技术人员中,具有中级以上职称的人员不少于4人。

企业具有的三级资质以上项目经理不少于5人。

(3)企业注册资本金200万元以上,企业净资产300万元以上。

(4)企业近三年最高年工程结算收入500万元以上。

(5)企业具有与承包工程范围相适应的施工机械和质量检测设备。

承包工程范围：

一级企业:可承担各类防腐保温工程的施工。

二级企业:可承担单项合同额不超过企业注册资本金5倍的各类防腐保温工程的施工。

三级企业:可承担单项合同额不超过企业注册资本金5倍的各类防腐保温工程的施工。

10. 附着升降脚手架专业承包企业资质等级标准

附着升降脚手架专业承包企业资质分为一级、二级。

一级资质标准：

(1)企业近三年承担过三项以上高度70米以上附着升降脚手架工程施工,且工程质量合格。

(2)企业经理具有10年以上从事工程管理工作经历或具有高级职称;总工程师具有相关专业高级职称的总工程师;具有中级以上会计职称。

企业有职称的工程技术和经济管理人员不少于30人,其中工程技术人员不少于20人;工程技术人员中,具有中级以上职称的人员不少于8人，且结构、机械、电气等相关专业人员齐全。

企业具有的二级资质以上项目经理不少于5人。

经专业培训合格的架子工不少于50人，电工不少于10人。

(3)企业注册资本金500万元以上，企业净资产600万元以上。

(4)企业近三年最高年工程结算收入800万元以上。

(5)企业具有与承包工程范围相适应的施工机械和质量检测设备。

二级资质标准：

(1)企业近五年承担过三项以上高度50米以上附着升降脚手架工程施工，且工程质量合格。

(2)企业经理具有8年以上从事工程管理工作经历或具有中级以上职称；技术负责人具有相关专业中级以上职称；财务负责人具有中级以上会计职称。

企业有职称的工程技术和经济管理人员不少于15人，其中工程技术人员不少于10人；工程技术人员中，具有中级以上职称的人员不少于5人，且结构、机械、电气等相关专业人员齐全。

企业具有的三级资质以上项目经理不少于3人。

经专业培训合格的架子工不少于30人，电工不少于5人。

(3)企业注册资本金300万元以上，企业净资产360万元以上。

(4)企业近三年最高年工程结算收入500万元以上。

(5)企业具有与承包工程范围相适应的施工机械和质量检测设备。

承包工程范围：

一级企业：可承担各类附着升降脚手架的设计、制作、安装、施工。

二级企业：可承担80米及以下附着升降脚手架的设计、制作、安装、施工。

11. 预应力工程专业承包企业资质等级标准

预应力工程专业承包企业资质分为二级、三级。

二级资质标准：

(1)企业近五年承担过三项以上跨度24米以上预应力工程施工，且工程质量合格。

(2)企业经理具有 10 年以上从事工程管理工作经历或具有高级职称;技术负责人具有 10 年以上从事预应力施工技术管理工作经历并具有本专业高级职称;财务负责人具有中级以上会计职称。

企业有职称的工程技术和经济管理人员不少于 50 人,其中工程技术人员不少于 30 人。工程技术人员中,具有高级职称的人员不少于 5 人,具有中级职称的人员不少于 15 人。

企业具有的二级资质以上项目经理不少于 5 人。

(3)企业注册资本金 800 万元以上,企业净资产 1000 万元以上。

(4)企业近三年最高年工程结算收入 2000 万元以上。

(5)企业具有与承包工程范围相适应的施工机械和质量检测设备。

三级资质标准:

(1)企业近五年承担过三项以上跨度 15 米以上预应力工程施工,且工程质量合格。

(2)企业经理具有 8 年以上从事工程管理工作经历或具有中级以上职称;技术负责人具有 8 年以上从事预应力施工技术管理工作经历并具有本专业中级以上职称;财务负责人具有中级以上会计职称。

企业有职称的工程技术和经济管理人员不少于 30 人,其中工程技术人员不少于 20 人;工程技术人员中,具有中级以上职称的人员不少于 10 人。

企业具有的三级资质以上项目经理不少于 5 人。

(3)企业注册资本金 400 万元以上,企业净资产 500 万元以上。

(4)企业近三年最高年工程结算收入 1000 万元以上。

(5)企业具有与承包工程范围相适应的施工机械和质量检测设备。

承包工程范围:

二级企业:可承担各类预应力工程的施工。

三级企业:可承担单项合同额不超过企业注册资本金 5 倍且跨度在 30 米以内、连续跨度总长度 100 米以内的预应力工程的施工。

12. 机电设备安装专业承包企业资质等级标准

机电设备安装专业承包企业资质分为一级、二级、三级。

一级资质标准：

(1) 企业近五年承担过两项以上单项工程合同额 1000 万元以上机电设备安装工程，且工程质量合格。

(2) 企业经理具有 10 年以上从事工程管理工作经历或具有高级职称；总工程师具有 10 年以上从事机电设备安装技术管理工作经历并具有本专业高级职称；总会计师具有高级会计职称。

企业有职称的工程技术和经济管理人员不少于 100 人，其中工程技术人员不少于 60 人。工程技术人员中，具有高级职称的人员不少于 10 人，具有中级职称的人员不少于 30 人。

企业具有的一级资质项目经理不少于 10 人。

(3) 企业注册资本金 1500 万元以上，企业净资产 1800 万元以上。

(4) 企业近三年最高年工程结算收入 4000 万元以上。

(5) 企业具有与承包工程范围相适应的施工机械和质量检测设备。

二级资质标准：

(1) 企业近五年承担过两项以上单项工程合同额 500 万元以上机电设备安装工程，且工程质量合格。

(2) 企业经理具有 8 年以上从事工程管理工作经历或具有中级职称；技术负责人具有 8 年以上从事机电设备安装技术管理工作经历并具有本专业高级职称；财务负责人具有中级以上会计职称。

企业有职称的工程技术和经济管理人员不少于 60 人，其中工程技术人员不少于 30 人。工程技术人员中，具有中级以上职称的人员不少于 20 人。

企业具有的二级资质以上项目经理不少于 10 人。

(3) 企业注册资本金 800 万元以上，企业净资产 1000 万元以上。

(4) 企业近三年最高年工程结算收入 2000 万元以上。

(5) 企业具有与承包工程范围相适应的施工机械和质量检测设备。

三级资质标准：

(1) 企业近五年承担过两项以上单项工程合同额 250 万元以上机电设备安装工程，且工程质量合格。

(2)企业经理具有5年以上从事工程管理工作经历;技术负责人具有5年以上从事机电设备安装技术管理工作经历并具有本专业中级以上职称;财务负责人具有中级以上会计职称。

企业有职称的工程技术和经济管理人员不少于30人,其中工程技术人员不少于15人;工程技术人员中,具有中级以上职称的人员不少于5人。

企业具有的三级资质以上项目经理不少于5人。

(3)企业注册资本金300万元以上,企业净资产360万元以上。

(4)企业近三年最高年工程结算收入500万元以上。

(5)企业具有与承包工程范围相适应的施工机械和质量检测设备。

承包工程范围:

一级企业:可承担各类一般工业和公共、民用建设项目的设备、线路、管道的安装,35千伏及以下变配电站工程,非标准钢构件的制作、安装。

二级企业:可承担投资额1500万元及以下的一般工业和公共、民用建设项目的设备、线路、管道的安装,10千伏及以下变配电站工程,非标准钢构件的制作、安装。

三级企业:可承担投资额800万元及以下的一般工业和公共、民用建设项目的设备、线路、管道的安装,非标准钢构件的制作、安装。

注:工程内容包括:锅炉、通风空调、制冷、电气、仪表、电机、压缩机机组和广播电影、电视播控等设备。

13. 爆破与拆除工程专业承包企业资质等级标准

爆破与拆除工程专业承包企业资质分为一级、二级、三级。

一级资质标准:

(1)企业近五年承担过下列两项中一项以上所列工程的施工,且工程质量达到设计要求。

1)B级以上的大爆破工程两个(含硐室爆破、露天深孔爆破、地下或水下深孔爆破);

2)A级复杂环境深孔爆破或拆除爆破或城市控制爆破工程两个。

(2)企业经理具有10年以上从事工程管理工作经历或具有高级

职称;总工程师具有 10 年以上从事爆破施工技术管理工作经历,且主持过 B 级大爆破、拆除爆破或城市控制爆破设计与施工,并具有本专业高级职称;财务负责人具有中级以上会计职称。

企业有职称的工程技术和经济管理人员不少于 40 人,其中爆破、机械、电气、仪表、地质等工程技术人员不少于 30 人。工程技术人员中,具有中级以上职称的人员不少于 15 人,其中爆破专业具有高级职称的人员不少于 3 人。

企业具有的一级资质项目经理不少于 3 人。

(3)企业注册资本金 600 万元以上,企业净资产 720 万元以上。

(4)企业近三年最高年工程结算收入 3000 万元以上。

(5)企业具有钻孔机、风镐、空压机、发电机、测震仪、全站仪等施工及检测设备。

(6)企业应具备有关部门核发的 A、B 级大爆破和拆除爆破设计证书和爆炸物品使用许可证。

二级资质标准:

(1)企业近五年承担过下列两项中一项以上所列工程的施工,且工程质量达到设计要求。

1)C 级以上的大爆破工程两个(含硐室爆破、露天深孔爆破、地下或水下深孔爆破);

2)B 级复杂环境深孔爆破或拆除爆破或城市控制爆破工程两个。

(2)企业经理具有 8 年以上从事工程管理工作经历或具有高级职称;技术负责人具有 8 年以上从事爆破施工技术管理工作经历,且主持过 C 级大爆破、拆除爆破设计与施工,并具有本专业高级职称;财务负责人具有中级以上会计职称。

企业有职称的工程技术和经济管理人员不少于 20 人,其中爆破、机械、电气、仪表、地质等工程技术人员不少于 15 人。工程技术人员中,具有中级以上职称的人员不少于 10 人,其中爆破专业具有高级职称的人员不少于 1 人。

企业具有的二级资质以上项目经理不少于 3 人。

(3)企业注册资本金 300 万元以上,企业净资产 360 万元以上。

(4)企业近三年最高年工程结算收入 1500 万元以上。

(5)企业具有钻孔机、风镐、空压机、发电机、测震仪、全站仪等施工及检测设备。

(6)企业具备有关部门核发的 C 级大爆破和 B 级拆除爆破设计证书和爆炸物品使用许可证。

三级资质标准:

(1)企业近五年承担过下列三项中一项以上所列工程的施工,且工程质量达到设计要求。

1)D 级以上的大爆破工程两个(合硐室爆破、露天深孔爆破、地下或水下深孔爆破);

2)C 级复杂环境深孔爆破或拆除爆破或城市控制爆破工程两个;

3)采用机械或人工作业方式拆除高度为 10 米以上建筑物、构筑物 3 座。

(2)企业经理具有 5 年以上从事工程管理工作经历或具有中级以上职称;技术负责人具有 5 年以上从事爆破与拆除施工技术管理工作经历并具有本专业中级以上职称;财务负责人具有中级以上会计职称。

企业有职称的工程技术和经济管理人员不少于 12 人,其中工民建、机械、爆破专业技术人员不少于 8 人。工程技术人员中,具有中级以上职称的工民建、机械、爆破专业技术人员不少于 4 人。

企业具有的三级资质以上项目经理不少于 4 人。

(3)企业注册资本金 100 万元以上,企业净资产 120 万元以上。

(4)企业近三年最高年工程结算收入 500 万元以上。

(5)企业具有相应的专业拆除施工机械及测试仪器。

(6)企业具备有关部门核发的 D 级大爆破和 C 级拆除爆破设计证书和爆炸物品使用许可证。

承包工程范围:

一级企业:可承担各类各等级的大爆破工程、复杂环境深孔爆破、拆除爆破及城市控制爆破工程及其他爆破与拆除工程施工。

二级企业:可承担单项合同额不超过企业注册资本金 5 倍,且 C 级及以下的大爆破工程和 B 级及以下复杂环境深孔爆破、拆除爆破及城市控制爆破及其他爆破与拆除工程施工。

三级企业:可承担单项合同额不超过企业注册资本金 5 倍,且 D

级及以下的大爆破工程和 C 级及以下复杂环境深孔爆破、拆除爆破及城市控制爆破工程施工,采用机械或人工作业方式拆除各类建筑物、构筑物。

14. 建筑智能化工程专业承包企业资质等级标准

建筑智能化工程专业承包企业资质分为一级、二级、三级。

一级资质标准:

(1)企业近五年承担过两项造价 1000 万元以上建筑智能化工程施工,且工程质量合格。

(2)企业经理具有 10 年以上从事工程管理工作经历或具有高级职称;总工程师具有 10 年以上从事施工管理工作经历并具有相关专业高级职称;总会计师具有中级以上会计职称。

企业有职称的工程技术和经济管理人员不少于 100 人,其中工程技术人员不少于 60 人,且计算机、电子、通讯、自动化等专业人员齐全。工程技术人员中,具有高级职称的人员不少于 5 人,具有中级职称的人员不少于 20 人。

企业具有的一级资质项目经理不少于 5 人。

(3)企业注册资本金 1000 万元以上,企业净资产 1200 万元以上。

(4)企业近三年最高年工程结算收入 3000 万元以上。

(5)企业具有与承包工程范围相适应的施工机械和质量检测设备。

二级资质标准:

(1)企业近五年承担过两项造价 500 万元以上建筑智能化工程施工,且工程质量合格。

(2)企业经理具有 5 年以上从事工程管理工作经历或具有中级以上职称;技术负责人具有 5 年以上从事施工管理工作经历并具有相关专业中级职称;财务负责人具有初级以上会计职称。

企业有职称的工程技术和经济管理人员不少于 50 人,其中工程技术人员不少于 30 人,且计算机、电子、通讯、自动化等专业人员齐全。工程技术人员中,具有高级职称的人员不少于 3 人,具有中级职称的人员不少于 10 人。

企业具有的二级资质以上项目经理不少于 8 人。

第二章 建筑业企业资质管理

(3)企业注册资本金500万元以上,企业净资产600万元以上。

(4)企业近三年最高年工程结算收入1000万元以上。

(5)企业具有与承包工程范围相适应的施工机械和质量检测设备。

三级资质标准:

(1)企业近五年承担过两项造价200万元以上建筑智能化或综合布线工程施工,工程质量合格。

(2)企业经理具有5年以上从事工程管理工作经历;技术负责人具有5年以上从事施工管理工作经历并具有相关专业中级以上职称;财务负责人具有初级以上会计职称。

企业有职称的工程技术和经济管理人员不少于20人,其中工程技术人员不少于12人,且计算机、电子、通讯、自动化等专业人员齐全。工程技术人员中,具有高级职称的人员不少于1人,具有中级职称的人员不少于4人。

企业具有的三级资质以上项目经理不少于3人。

(3)企业注册资本金200万元以上,企业净资产240万元以上。

(4)企业近三年最高年工程结算收入300万元以上。

(5)企业具有与承包工程范围相适应的施工机械和质量检测设备。

承包工程范围:

一级企业:可承担各类建筑智能化工程的施工。

二级企业:可承担工程造价1200万元及以下的建筑智能化工程的施工。

三级企业:可承担工程造价600万元及以下的建筑智能化工程的施工。

注:建筑智能化工程包括:(1)计算机管理系统工程;(2)楼宇设备自控系统工程;(3)保安监控及防盗报警系统工程;(4)智能卡系统工程;(5)通讯系统工程;(6)卫星及共用电视系统工程;(7)车库管理系统工程;(8)综合布线系统工程;(9)计算机网络系统工程;(10)广播系统工程;(11)会议系统工程;(12)视频点播系统工程;(13)智能化小区综合物业管理系统工程;(14)可视会议系统工程;(15)大屏幕显示系

统工程;(16)智能灯光、音响控制系统工程;(17)火灾报警系统工程;(18)计算机机房工程。

三、劳务分包企业资质标准

根据《建筑业企业资质等级标准》(建建[2001]82号),劳务分包企业资质标准分为13类,具体标准如下:

1. 木工作业分包企业资质标准

木工作业分包企业资质分为一级、二级。

一级资质标准:

(1)企业注册资本金30万元以上。

(2)企业具有相关专业技术员或本专业高级工以上的技术负责人;

(3)企业具有初级以上木工不少于20人,其中,中、高级工不少于50%;企业作业人员持证上岗率100%。

(4)企业近三年最高年完成劳务分包合同额100万元以上。

(5)企业具有与作业分包范围相适应的机具。

二级资质标准:

(1)企业注册资本金10万元以上。

(2)企业具有本专业高级工以上的技术负责人。

(3)企业具有初级以上木工不少于10人,其中,中、高级工不少于50%;企业作业人员持证上岗率100%。

(4)企业近三年承担过两项以上木工作业分包,且工程质量合格。

(5)企业具有与作业分包范围相适应的机具。

作业分包范围:

一级企业:可承担各类工程的木工作业分包业务,但单项业务合同额不超过企业注册资本金的5倍。

二级企业:可承担各类工程的木工作业分包业务,但单项业务合同额不超过企业注册资本金的5倍。

2. 砌筑作业分包企业资质标准

砌筑作业分包企业资质分为一级、二级。

一级资质标准：

(1)企业注册资本金30万元以上。

(2)企业具有相关专业技术员或高级工以上的技术负责人。

(3)企业具有初级以上砖瓦、抹灰技术工人不少于50人,其中,中、高级工不少于50%;企业作业人员持证上岗率100%。

(4)企业近三年最高年完成劳务分包合同额100万元以上。

(5)企业具有与作业分包范围相适应的机具。

二级资质标准：

(1)企业注册资本金10万元以上。

(2)企业具有相关专业技术员或中级工等级以上的技术负责人。

(3)企业具有初级以上砖瓦、抹灰技术工人不少于20人,其中,中、高级工不少于30%;企业作业人员持证上岗率100%。

(4)企业近三年承担过两项以上砌筑作业分包,且工程质量合格。

(5)企业具有与作业分包范围相适应的机具。

作业分包范围：

一级企业:可承担各类工程砌筑作业(不含各类工业炉窑砌筑)分包业务,但单项业务合同额不超过企业注册资本金的5倍。

二级企业:可承担各类工程砌筑作业(不含各类工业炉窑砌筑)分包业务,但单项业务合同额不超过企业注册资本金的5倍。

3. 抹灰作业分包企业资质标准

抹灰作业分包企业资质不分等级。

(1)企业注册资本金30万元以上。

(2)企业具有相关专业技术员或本专业高级工以上的技术负责人。

(3)企业具有初级以上抹灰工不少于50人,其中,中、高级工不少于50%;企业作业人员持证上岗率100%。

(4)企业近三年承担过两项以上抹灰作业分包,且工程质量合格。

(5)企业具有与作业分包范围相适应的机具。

作业分包范围:可承担各类工程的抹灰作业分包业务,但单项业务合同额不超过企业注册资本金的5倍。

4. 石制作分包企业资质标准

石制作分包企业资质不分等级。

(1)企业注册资本金 30 万元以上。

(2)企业具有相关专业技术员或具有 5 年以上石制作经历的技术负责人。

(3)企业具有石制作工人不少于 10 人。

(4)企业近三年承担过两项以上石制作作业分包,且工程质量合格。

(5)企业具有与作业分包范围相适应的机具。

作业分包范围:可承担各类石制作分包业务,但单项业务合同额不超过企业注册资本金的 5 倍。

5. 油漆作业分包企业资质标准

油漆作业分包企业资质不分等级。

(1)企业注册资本金 30 万元以上。

(2)企业具有相关专业技术员或本专业高级工以上的技术负责人。

(3)企业具有初级以上油漆工不少于 20 人,其中,中、高级工不少于 50%;企业作业人持证上岗率 100%。

(4)企业近三年承担过两项以上油漆作业分包,且工程质量合格。

(5)企业具有与作业分包范围相适应的机具。

作业分包范围:可承担各类工程油漆作业分包业务,但单项业务合同额不超过企业注册资本金的 5 倍。

6. 钢筋作业分包企业资质标准

钢筋作业分包企业资质分为一级、二级。

一级资质标准:

(1)企业注册资本金 30 万元以上。

(2)企业具有相关专业助理工程师或技师以上职称的技术负责人。

(3)企业具有初级以上钢筋、焊接技术工人不少于 20 人,其中,中、高级工不少于 50%;企业作业人员持证上岗率 100%。

(4)近三年中最高年完成劳务分包合同额 100 万元以上。

(5)企业具有与作业分包范围相适应的机具。

二级资质标准:

(1)企业注册资本金 10 万元以上。

(2)企业具有专业技术员或高级工以上的技术负责人。

(3)企业具有初级以上钢筋、焊接技术工人不少于 10 人,其中,中、高级工不少于 30%;企业作业人员持证上岗率 100%。

(4)企业近三年承担过两项以上钢筋绑扎、焊接作业分包,工程质量合格。

(5)企业具有与作业分包范围相适应的机具。

作业分包范围:

一级企业:可承担各类工程钢筋绑扎、焊接作业分包业务,但单项业务合同额不超过企业注册资本金的 5 倍。

二级企业:可承担各类工程钢筋绑扎、焊接作业分包业务,但单项业务合同额不超过企业注册资本金的 5 倍。

7. 混凝土作业分包企业资质标准

混凝土作业分包企业资质不分等级。

(1)企业注册资本金 30 万元以上。

(2)企业具有相关专业助理工程师职称或技师以上的技术负责人。

(3)企业具有初级以上混凝土技术工人不少于 30 人,其中,中、高级工不少于 50%;企业作业人员持证上岗率 100%。

(4)企业近三年最高年完成劳务分包合同额 100 万元以上。

(5)企业具有与作业分包范围相适应的机具。

作业分包范围:可承担各类工程混凝土作业分包业务,但单项业务合同额不超过企业注册资本金的 5 倍。

8. 脚手架搭设作业分包企业资质标准

脚手架搭设作业分包企业资质分为一级、二级。

一级资质标准:

(1)企业注册资本金 50 万元以上。

(2)企业具有相关专业助理工程师或技师以上的技术负责人。

(3)企业具有初级以上架子工技术工人不少于 50 人,其中,中、高级工不少于 50%;企业作业人员持证上岗率 100%。

(4)企业近三年最高年完成劳务分包合同额 100 万元以上。

(5)企业具有与作业分包范围相适应的机具。

二级资质标准：

(1)企业注册资本金20万元以上。

(2)企业具有相关专业技术员或高级工以上的技术负责人。

(3)企业具有初级以上架子工技术工人不少于20人，其中，中、高级工不少于30%；企业作业人员持证上岗率100%。

(4)企业具有与作业分包范围相适应的机具。

作业分包范围：

一级企业：可承担各类工程的脚手架(不含附着升降脚手架)搭设作业分包业务，但单项业务合同额不超过企业注册资本金的5倍。

二级企业：可承担20层或高度60米以下各类工程的脚手架(不含附着升降脚手架)作业分包业务，但单项业务合同额不超过企业注册资本金的5倍。

9. 模板作业分包企业资质标准

模板作业分包企业资质分为一级、二级。

一级资质标准：

(1)企业注册资本金30万元以上。

(2)企业具有相关专业助理工程师或技师以上的技术负责人。

(3)企业具有初级以上相应专业的技术工人不少于30人，其中，中、高级工不少于50%；企业作业人员持证上岗率100%。

(4)企业近三年最高年完成劳务分包合同额100万元以上。

(5)企业具有与作业分包范围相适应的机具。

二级资质标准：

(1)企业注册资本金10万元以上。

(2)企业具有相关专业技术员或高级工以上的技术负责人。

(3)企业具有初级以上相应专业的技术工人不少于15人，其中，中、高级工不少于30%；企业作业人员持证上岗率100%。

(4)企业具有与作业分包范围相适应的机具。

作业分包范围：

一级企业：可承担各类工程模板作业分包业务，但单项业务合同额不超过企业注册资本金的5倍。

二级企业：可承担普通钢模、木模、竹模、复合模板作业分包业务，但单项业务合同额不超过企业注册资本金的 5 倍。

10. 焊接作业分包企业资质标准

焊接作业分包企业资质分为一级、二级。

一级资质标准：

(1)企业注册资本金 30 万元以上。

(2)企业具有相关专业助理工程师或技师以上的技术负责人。

(3)企业具有初级以上焊接技术工人不少于 20 人,其中,中、高级工不少于 50%；企业作业人员持证上岗率 100%。

(4)企业近三年最高年完成劳务分包合同额 100 万元以上。

(5)企业具有与作业分包范围相适应的机具。

二级资质标准：

(1)企业注册资本金 10 万元以上。

(2)企业具有相关专业技术员或高级工以上的技术负责人。

(3)企业具有初级以上焊接技术工人不少于 10 人,其中,中、高级工不少于 50%；企业作业人员持证上岗率 100%。

(4)企业近三年承担过两项以上焊接作业分包,且工程质量合格。

(5)企业具有与作业分包范围相适应的机具。

作业分包范围：

一级企业:可承担各类工程焊接作业分包业务,但单项业务合同额不超过企业注册资本金的 5 倍。

二级企业:可承担普通焊接作业的分包业务,但单项业务合同额不超过企业注册资本金的 5 倍。

11. 水暖电安装作业分包企业资质标准

水暖电安装作业分包企业资质不分等级。

(1)企业注册资本金 30 万元以上。

(2)企业具有相应专业助理工程师或技师以上的技术负责人。

(3)企业具有初级以上水暖、电工及管道技术工人不少于 30 人,其中,中、高级工不少于 50%；企业作业人员持证上岗率 100%。

(4)企业近三年承担过两项以上水暖电安装作业分包,且工程质量合格。

(5)企业具有与作业分包范围相适应的机具。

作业分包范围:可承担各类工程的水暖电安装作业分包业务,但单项业务合同额不超过企业注册资本金的5倍。

12. 钣金工程作业分包企业资质标准

钣金工程作业分包企业资质不分等级。

(1)企业注册资本金30万元以上。

(2)企业具有本专业助理工程师或技师以上的技术负责人。

(3)企业具有初级以上级金等技术工人不少于20人,其中,中、高级工不少于50%;企业作业人员持证上岗率100%。

(4)企业近三年承担过两项以上钣金作业分包,且工程质量合格。

(5)企业具有与作业分包范围相适应的机具。

作业分包范围:可承担各类工程的钣金作业分包业务,但单项业务合同额不超过企业注册资本金的5倍。

13. 架线工程作业分包企业资质标准

架线工程作业分包企业资质不分等级。

(1)企业注册资本金50万元以上。

(2)企业具有本专业工程师以上职称的技术负责人。

(3)企业具有初级以上架线技术工人不少于60人,其中,中、高级工不少于50%;企业作业人员持证上岗率100%。

(4)企业近三年承担过两项以上架线作业分包,且工程质量合格。

(5)企业具有与作业分包范围相适应的机具。

作业分包范围:可承担各类工程的架线作业分包业务,但单项业务合同额不超过企业注册资本金的5倍。

第三节 建筑业企业资质申请和审批

一、建筑业企业资质申请

建筑业企业可以申请一项或多项建筑业企业资质;申请多项建筑业企业资质的,应当选择等级最高的一项资质为企业主项资质。

1. 建筑业企业首次申请或者增项申请

建筑业企业首次申请或者增项申请建筑业企业资质,应当提交以下材料:

(1)建筑业企业资质申请表及相应的电子文档;
(2)企业法人营业执照副本;
(3)企业章程;
(4)企业负责人和技术、财务负责人的身份证明、职称证书、任职文件及相关资质标准要求提供的材料;
(5)建筑业企业资质申请表中所列注册执业人员的身份证明、注册执业证书;
(6)建筑业企业资质标准要求的非注册的专业技术人员的职称证书、身份证明及养老保险凭证;
(7)部分资质标准要求企业必须具备的特殊专业技术人员的职称证书、身份证明及养老保险凭证;
(8)建筑业企业资质标准要求的企业设备、厂房的相应证明;
(9)建筑业企业安全生产条件有关材料;
(10)资质标准要求的其他有关材料。

企业首次申请或增项申请建筑业企业资质,不考核企业工程业绩,其资质等级按照最低资质等级核定。

已取得工程设计资质的企业首次申请同类别或相近类别的建筑业企业资质的,可以将相应规模的工程总承包业绩作为工程业绩予以申报,但申请资质等级最高不超过其现有工程设计资质等级。

2. 申请资质升级

建筑业企业申请资质升级的,应当提交以下材料:

(1)建筑业企业首次申请建筑业企业资质,应当提交的所有材料;
(2)企业原资质证书副本复印件;
(3)企业年度财务、统计报表;
(4)企业安全生产许可证副本;
(5)满足资质标准要求的企业工程业绩的相关证明材料。

3. 资质证书及申请资质证书变更

建筑业企业资质证书分为正本和副本,正本一份,副本若干份,由国务院建设主管部门统一印制,正、副本具备同等法律效力。资质证书有效期为 5 年。资质有效期届满,企业需要延续资质证书有效期的,应当在资质证书有效期届满 60 日前,申请办理资质延续手续。

对在资质有效期内遵守有关法律、法规、规章、技术标准,信用档案中无不良行为记录,且注册资本、专业技术人员满足资质标准要求的企业,经资质许可机关同意,有效期延续 5 年。

建筑业企业在资质证书有效期内名称、地址、注册资本、法定代表人等发生变更的,应当在工商部门办理变更手续后 30 日内办理资质证书变更手续。

由国务院建设主管部门颁发的建筑业企业资质证书,涉及企业名称变更的,应当向企业工商注册所在地省、自治区、直辖市人民政府建设主管部门提出变更申请,省、自治区、直辖市人民政府建设主管部门应当自受理申请之日起 2 日内将有关变更证明材料报国务院建设主管部门,由国务院建设主管部门在 2 日内办理变更手续。

前款规定以外的资质证书变更手续,由企业工商注册所在地的省、自治区、直辖市人民政府建设主管部门或者设区的市人民政府建设主管部门负责办理。省、自治区、直辖市人民政府建设主管部门或者设区的市人民政府建设主管部门应当自受理申请之日起 2 日内办理变更手续,并在办理资质证书变更手续后 15 日内将变更结果报国务院建设主管部门备案。

涉及铁路、交通、水利、信息产业、民航等方面的建筑业企业资质证书的变更,办理变更手续的建设主管部门应当将企业资质变更情况告知同级有关部门。

申请资质证书变更,应当提交以下材料:
(1)资质证书变更申请;
(2)企业法人营业执照复印件;
(3)建筑业企业资质证书正、副本原件;
(4)与资质变更事项有关的证明材料。

企业改制的,除提供前款规定资料外,还应当提供改制重组方案、上级资产管理部门或者股东大会的批准决定、企业职工代表大会同意改制重组的决议。

二、建筑业企业资质审批

1. 国务院建设主管部门审批

下列建筑业企业资质的许可,由国务院建设主管部门实施:

(1)施工总承包序列特级资质、一级资质;

(2)国务院国有资产管理部门直接监管的企业及其下属一层级的企业的施工总承包二级资质、三级资质;

(3)水利、交通、信息产业方面的专业承包序列一级资质;

(4)铁路、民航方面的专业承包序列一级、二级资质;

(5)公路交通工程专业承包不分等级资质,城市轨道交通专业承包不分等级资质。

申请前款所列资质的,应当向企业工商注册所在地省、自治区、直辖市人民政府建设主管部门提出申请。其中,国务院国有资产管理部门直接监管的企业及其下属一层级的企业,应当由国务院国有资产管理部门直接监管的企业向国务院建设主管部门提出申请。

省、自治区、直辖市人民政府建设主管部门应当自受理申请之日起20日内初审完毕并将初审意见和申请材料报国务院建设主管部门。

国务院建设主管部门应当自省、自治区、直辖市人民政府建设主管部门受理申请材料之日起60日内完成审查,公示审查意见,公示时间为10日。其中,涉及铁路、交通、水利、信息产业、民航等方面的建筑业企业资质,由国务院建设主管部门送国务院有关部门审核,国务院有关部门在20日内审核完毕,并将审核意见送往国务院建设主管部门。

2. 企业工商注册所在地省、自治区、直辖市人民政府建设主管部门审批

下列建筑业企业资质许可,由企业工商注册所在地省、自治区、直辖市人民政府建设主管部门实施:

(1)施工总承包序列二级资质(不含国务院国有资产管理部门直接监管的企业及其下属一层级的企业的施工总承包序列二级资质);

(2)专业承包序列一级资质(不含铁路、交通、水利、信息产业、民航方面的专业承包序列一级资质);

(3)专业承包序列二级资质(不含民航、铁路方面的专业承包序列二级资质);

(4)专业承包序列不分等级资质(不含公路交通工程专业承包序列和城市轨道交通专业承包序列的不分等级资质)。

前款规定的建筑业企业资质许可的实施程序由省、自治区、直辖市人民政府建设主管部门依法确定。

省、自治区、直辖市人民政府建设主管部门应当自作出决定之日起30日内,将准予资质许可的决定报国务院建设主管部门备案。

3. 企业工商注册所在地设区的市人民政府建设主管部门审批

下列建筑业企业资质许可,由企业工商注册所在地设区的市人民政府建设主管部门实施:

(1)施工总承包序列三级资质(不含国务院国有资产管理部门直接监管的企业及其下属一层级的企业的施工总承包三级资质);

(2)专业承包序列三级资质;

(3)劳务分包序列资质;

(4)燃气燃烧器具安装、维修企业资质。

前款规定的建筑业企业资质许可的实施程序由省、自治区、直辖市人民政府建设主管部门依法确定。

企业工商注册所在地设区的市人民政府建设主管部门应当自作出决定之日起30日内,将准予资质许可的决定通过省、自治区、直辖市人民政府建设主管部门,报国务院建设主管部门备案。

4. 不予批准企业的资质升级申请和增项申请

取得建筑业企业资质的企业,申请资质升级、资质增项,在申请之日起前一年内有下列情形之一的,资质许可机关不予批准企业的资质升级申请和增项申请:

(1)超越本企业资质等级或以其他企业的名言承揽工程,或允许其他企业或个人以本企业的名言承揽工程的;

(2)与建设单位或企业之间相互串通投标,或以行贿等不正当手段谋取中标的;

(3)未取得施工许可证擅自施工的;

(4)将承包的工程转包或违法分包的;
(5)违反国家工程建设强制性标准的;
(6)发生过较大生产安全事故或者发生过两起以上一般生产安全事故的;
(7)恶意拖欠分包企业工程款或者农民工工资的;
(8)隐瞒或谎报、拖延报告工程质量安全事故或破坏事故现场、阻碍对事故调查的;
(9)按照国家法律、法规和标准规定需要持证上岗的技术工种的作业人员未取得证书上岗,情节严重的;
(10)未依法履行工程质量保修义务或拖延履行保修义务,造成严重后果的;
(11)涂改、倒卖、出租、出借或者以其他形式非法转让建筑业企业资质证书;
(12)其他违反法律、法规的行为。

第四节 建筑业企业资质监督管理

县级以上人民政府建设主管部门和其他有关部门应当依照有关法律、法规和《建筑业企业资质管理规定》(原建设部87号令),加强对建筑业企业资质的监督管理。同时,上级建设主管部门也应当加强对下级建设主管部门资质管理工作的监督检查,及时纠正资质管理中的违法行为。

为维护建筑市场秩序,规范建筑业企业及其人员行为,提高行业管理水平,各省、自治区、直辖市结合各自实际情况,制定了相应的措施与方法。现以北京市现行的《北京市建筑业企业资质及人员资格动态监督管理暂行办法》(京建[2007]825号)为例,详述应如何进行建筑业企业资质监督管理。

一、资质动态监管

在北京市行政区域内从事建筑活动的本市建筑业企业、中央在京建筑业企业和外地来京建筑业企业及其企业负责人(专指企业的总经理、厂长等)、项目负责人(负责建设工程项目管理的总承包、专业承包项目负责人或劳务分包项目负责人等)和专职安全生产管理人员(指在建设工程项目专职从事安全生产管理工作的人员,包括企业安全生产管理机构的负责人及其工作人员和施工现场专职安全员)的动态监管,适用《北京市建筑业企业资质及人员资格动态监督管理暂行办法》。

企业资质及人员资格动态监督管理包括对企业、人员违法违规行为的记分、处理和对本市建筑业企业资质条件的日常核查两部分。

北京市建委建立全市统一的企业资质及人员资格动态监管平台,采用记分机制,将法律、法规、规章和规范性文件的具体规定量化为相应的分值并编制成记分标准。市和区县建委在对企业、人员违法违规行为进行处罚或处理时进行记分,并由市建委进行累加,按照规定的措施对企业资质及人员资格做出相应处理。

市和区县建委依照有关规定对本市建筑业企业的资质条件进行日常核查,对不达标的企业采取相应的处理措施。

实行企业资质和人员资格动态监管不改变市和区县建委现有的对企业和人员依法处罚、处理的程序。市和区县建委不得将对企业、人员的记分代替对企业、人员的处罚、处理。

二、记分标准与积分处理

1. 记分标准和记分

北京市建委依据法律、法规、规章和规范性文件的规定,制定《北京市建筑业企业违法违规行为记分标准》(以下简称《记分标准》),并可根据法律法规和政策变化适时予以补充调整。

市和区县建委在对企业、人员违法违规行为进行处罚、处理时,应依据《记分标准》在执法文书上记分。

(1)记分周期从每年1月1日起至12月31日止,记分周期届满,企业和人员的年度积分清零,重新记分。

企业被降低资质等级后,企业当前积分清零;项目负责人和专职安全员被暂停执业资格或暂扣相应证书的,人员当前积分清零。

(2)市和区县建委应于做出行政处罚或处理决定的当日内将对企

业、人员的处罚、处理情况和记分情况上传至企业资质和人员资格动态监管平台。

(3)市建委通过企业资质及人员资格动态监管平台对企业、人员的违法违规信息进行汇总和整理,并依照有关规定在指定媒体予以公示。

企业、人员可以通过监管平台,及时查询自身积分情况。

2. 企业积分处理

(1)企业积分达到8分时,市建委对企业提出书面警示,并提示市建设系统及有关协会在组织企业评优活动时,对该企业的资格慎重考评。

单项工程项目积分达到8分时,市建委提示市建设系统及有关协会在组织工程评优活动时,对该工程项目的资格慎重考评。

(2)企业积分达到16分时,市建委在有形建筑市场公示企业违法违规行为信息,提示招标人在选择投标人时予以慎重考虑,并依法限制企业申请资质升级和增项。

(3)企业积分达到24分时,市建委将企业的违法违规行为和处罚或处理结果在动态监管信息平台上予以公示,同时依法核查企业安全生产条件和资质条件。企业安全生产条件经核查不达标的,责令三十日内改正,并依法暂扣安全生产许可证。企业资质条件经核查不达标的,责令三个月内改正,改正期间企业不得承揽新工程。

(4)企业积分达到30分时,市建委依法核查企业的安全生产条件和资质条件;核查不达标的,依法降低资质等级或者吊销企业资质证书、安全生产许可证。

上述处理措施中,依法应当由建设部、外省建设行政主管部门进行资质降级、吊销资质证书和暂扣、吊销安全生产许可证的,由市建委将企业违法违规行为信息和处理建议报告建设部或者抄送企业注册地的省级建设行政主管部门。在上述部门做出处罚或处理决定前,限制企业在北京承揽新工程。

市建委建立企业定期讲评制度。在每季度第一个月内,市建委对企业积分达到8分以上(含8分)的企业负责人进行动态监管工作讲评。

3. 人员积分处理

根据人员积分，市和区县建委对企业负责人、项目负责人和专职安全生产管理人员分别进行如下处理：

(1) 企业负责人。

1) 企业负责人积分达到 16 分时，市建委约谈企业负责人并要求其参加不少于三天的专业学习，并进行考核；

2) 企业负责人积分达到 24 分时，市建委将该企业违法违规行为及处罚、处理结果等信息通报该企业注册地工商行政管理部门；该企业属于国有资产管理委员会（以下简称国资委）管理的，函告国资委；同时在指定媒体上予以公示。

(2) 项目负责人。

1) 项目负责人积分达到 4 分时，由工程所在地区县建委对该项目负责人提出书面警示，同时市建委提示市建设系统及有关协会在组织项目负责人评优活动时，对该人员的资格慎重考评；

2) 项目负责人积分达到 8 分时，由工程所在地区县建委对该项目负责人进行约谈，并要求其参加不少于两天的专业学习，并经考核合格后再上岗；

3) 项目负责人积分达到 12 分时，市建委建议企业撤换该项目负责人，并将项目负责人违法违规行为在有形建筑市场和指定媒体上公示，同时依法对该项目负责人行为进行监督检查。对于本市颁发证书的项目经理和注册的建造师，发现应当暂扣、撤销注册证书或者吊销项目经理证书的情形时，依法办理；对于非本市颁发证书的项目经理和注册的建造师，将其违法违规行为信息和处理建议抄送其发证机关或注册机关，在上述机关做出处罚或处理决定前，禁止其作为项目负责人在京承揽工程。

(3) 专职安全生产管理人员。

1) 专职安全生产管理人员积分达到 2 分时，由工程所在地区县建委组织其参加不少于一天的专业学习，并经考核合格后再上岗；

2) 专职安全生产管理人员积分达到 4 分时，由工程所在地区县建委建议项目负责人撤换该人员，同时依法对该专职安全生产管理人员行为进行监督检查；发现应当暂扣、撤销相关证书的情形时，依法办理。

第三章 建筑业劳务管理专业技能

第一节 劳动力需求计划编制

一、劳动力需求计划编制原则

(1)控制人工成本,实现企业劳动力资源市场化的优化配置。

(2)符合企业(项目)施工组织设计和整体进度要求。

(3)根据企业需要遴选专业分包、劳务分包队伍,提供合格劳动力,保证工程进度及工程质量。

(4)依据国家及地方政府的法律法规对分包企业的履约及用工行为实施监督管理。

二、劳动力需求计划编制要求

(1)要保持劳动力均衡使用。劳动力使用不均衡,不仅会给劳动力调配带来困难,还会出现过多、过大的需求高峰,同时也增加了劳动力的管理成本,还会带来住宿、交通、饮食、工具等方面的问题。

(2)根据工程的实物量和定额标准分析劳动需用总工日,确定生产工人、工程技术人员的数量和比例,以便对现有人员进行调整、组织、培训,以保证现场施工的劳动力到位。

(3)要准确计算工程量和施工期限。劳动力管理计划的编制质量,不仅与计算的工程量的准确程度有关,而且与工期计划的合理与否有直接的关系。工程量越准确,工期越合理,劳动力使用计划越准确。

三、劳动力需求计划编制方法

1. 确定劳动效率

确定劳动力的劳动效率,是劳动力需求计划编制的重要前提,只有确定了劳动力的劳动效率,才能制订出科学合理的计划。工程施工中,劳动效率通常用"产量/单位时间",或"工时消耗量/单位工作量"来表示。

在一个工程中,分项工程量一般是确定的,它可以通过图纸和规范的计算得到,而劳动效率的确定却十分复杂。在建筑工程中,劳动效率可以在劳动定额中直接查到,它代表社会平均先进的劳动效率。但在实际应用时,必须考虑到具体情况,如环境、气候、地形、地质、工程特点、实施方案的特点、现场平面布置、劳动组合等,进行合理调整。

根据劳动力的劳动效率,即可得出劳动力投入的总工时,其计算式如:

$$劳动力投入总工时 = 工程量/(产量/单位时间)$$
$$= 工程量 \times 工时消耗/单位工程量$$

2. 确定劳动力投入量

劳动力投入量也称劳动组合或投入强度,在工程劳动力投入总工时一定的情况下,假设在持续的时间内,劳动力投入强度相等,而且劳动效率也相等,在确定每日班次及每班次的劳动时间时,可依下式进行:

$$某活动劳动力投入量 = \frac{劳动力投入总工时}{班次/日 \times 工时/班次 \times 活动持续时间}$$

$$= \frac{工程量 \times 工时消耗量 \times 单位工程量}{班次/日 \times 工时/班次 \times 活动持续时间}$$

3. 人力资源需求计划编制

(1)在编制劳动力需要量计划时,由于工程量、劳动力投入量、持续时间、班次、劳动效率、每班工作时间之间存在一定的变量关系,因此,在计划中要注意它们之间的相互调节。

(2)在工程项目施工中,经常安排混合班组承担一些工作包任务,此时,不仅要考虑整体劳动效率,还要考虑到设备能力和材料供应能力的制约,以及与其他班组工作的协调。

但是,混合班组在承担工作包(或分部工程)时,劳动力的投入并非是均值的。例如基础混凝土浇捣时,如采用顺序施工,则劳动力投入如图3-1(a)所示,而如果采用两个阶段流水施工,则劳动力投入如图3-1(b)所示。而专业投入的不均衡性更大。由于劳动效率没有变化,所以两图上面积(即代表劳动力总投入量)应是相等的。

第三章 建筑业劳务管理专业技能

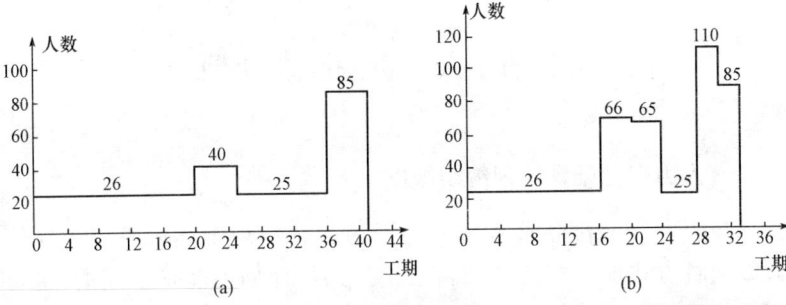

图 3-1 施工劳动力曲线
(a)顺序施工劳动力曲线；
(b)分两段流水施工劳动力曲线

(3)劳动力需要量计划中还应包括对现场其他人员的使用计划，如为劳动力服务人员(如医生、厨师、司机等)、工地警卫、勤杂人员、工地管理人员等，可根据劳动力投入量计划按比例计算，或根据现场实际需要安排。

例：某项工程的劳动力需要量计划表见表 3-1，它是以年(季)表示的，报项目经理批准后即可执行。根据此表可以编制月度(或旬)施工作业计划。

表 3-1　　　　　　　　劳动力需要量计划表

项　目	2010 年度						2011 年度		备注
	Ⅰ季	Ⅱ季	Ⅲ季	Ⅳ季	平均人数	期末人数	Ⅰ季	Ⅱ季	
总　计									
一、直接生产人员									
1. 建筑安装工人									
2. 附属生产工人									
3. 学徒工									
二、非直接生产人员									
1. 工程技术人员									
2. 管理人员									
3. 服务人员									
4. 其他人员									

第二节 人力资源配置计划

一、人力资源配置计划编制依据

（1）人力资源配备计划。人力资源配备计划阐述人力资源在何时、以何种方式加入和离开项目小组。人员计划可能是正式的，也可能是非正式的，可能是十分详细的，也可能是框架概括型的。

（2）资源库说明。可供项目使用的人力资源情况。

（3）制约因素。外部获取时的招聘惯例、招聘原则和程序。

二、人力资源配置计划编制内容

（1）研究制定合理的工作制度与运营班次，根据类型和生产过程特点，提出工作时间、工作制度和工作班次方案。

（2）研究确定各类人员应具备的劳动技能和文化素质。

（3）研究员工配置数量，根据精简、高效的原则和劳动定额，提出配备各岗位所需人员的数量，技术改造项目，优化人员配置。

（4）研究测算劳动生产率。

（5）研究测算职工工资和福利费用。

（6）研究提出员工选聘方案，特别是高层次管理人员和技术人员的来源和选聘方案。

三、人力资源配置计划编制方法

（1）按劳动定额定员，根据工作量或生产任务量，按劳动定额计算生产定员人数。

（2）按岗位计算定员，根据设备操作岗位和每个岗位需要的工人数计算生产定员人数。

（3）按设备计算定员，即根据机器设备的数量、工人操作设备定额和生产班次等计算生产定员人数。

（4）按比例计算定员，按服务人数占职工总数或者生产人员数量的比例计算所需服务人员的数量。

(5)按劳动效率计算定员,根据生产任务和生产人员的劳动效率计算生产定员人数。

(6)按组织机构职责范围、业务分工计算管理人员的人数。

四、劳动生产率计划

1. 影响劳动生产率的因素

影响劳动生产率的因素有两种,即内部因素和外部因素。

一般来说,外部因素是一个企业所无法控制的,如立法、税收、各种相关政策等,这些外部因素对不同的建筑施工企业来说,其影响程度基本相同,不在我们的研究范围之内。

在制定劳动生产率计划时,对那些可以控制的内部因素,应加以充分考虑。影响劳动生产率的内部因素主要有:

(1)劳动者水平,包括经营者的管理水平,操作者的技术水平,劳动者的觉悟水平即劳动态度等;

(2)企业的技术装备程度,如机械化施工水平,设备效率和利用程度等;

(3)劳动组织科学化、标准化、规范化程度;

(4)劳动的自然条件;

(5)企业的生产经营状况。

2. 劳动生产率计算

(1)按实物量计算劳动生产率。该计算方法是以每人每日可完成的实物量来表示的,如每人每日砌筑砖墙若干立方米(m^3/人·日)。这种方法比较直观,可以直接比较某工种的劳动生产率。但由于各个分部工程不能综合,难以进行全面比较。其计算公式如下:

$$实物劳动生产率 = \frac{实际完成某工种实物工程量(m^2 或 m^3)}{完成该实物量的工日数(包括辅助工人)}$$

(2)以产值计算劳动生产率。该计算方法是以每人每年完成的产值来进行计算的。通过工程项目施工所完成的各种实物量转换成以价值形态表示的金额进行计算,最后都折算成以人年为计算单位的形式来表示其总产值。

为了便于比较,常折算成以人年为计算单位的形式,然后加以比

较。其计算公式如下:

$$建筑(安装)工人劳动生产率 = \frac{自行完成的施工产值(元)}{建筑(安装)工人及学徒平均人数(人)}$$

$$全员劳动生产率 = \frac{自行完成的建筑总产值(元)}{全部人员平均数(人)}$$

$$\frac{全员中扣除其他人员}{的劳动生产率} = \frac{自行完成的建筑总产值(元)}{全部人员(扣除其他人员)平均人员(人)}$$

式中,其他人员包括社会性服务机构人员,如医务、商店、学校等人员。

该方法克服了由于实物量汇总的困难,计算方便,易于比较和控制,但是以此而制定的劳动生产率计划不易准确。根据上面三个公式可知,建筑(安装)工人劳动生产率反映了作业层的生产技术水平和施工工人的技术熟练程度,而全员劳动生产率则反映了经营管理水平。

(3)以定额工日计算的劳动生产率。这种方法是以所完成的实物工程量的时间定额(定额工日)来表示的,即

$$建筑(安装)工人劳动生产率 = \frac{定额工日总额(工日)}{建筑(安装)工人及学徒平均人员(人)}$$

$$= \frac{实际完成实物量 \times 时间定额(工日)}{建筑(安装)工人及学徒平均人数(人)}$$

$$全员劳动生产率 = \frac{定额工日总数(工日)}{全部人员平均人数(人)}$$

$$\frac{全员中扣除其他人员}{的劳动生产率} = \frac{定额工日总数(工日)}{全部人员(不包括其他人员)平均人数(人)}$$

这种计算方法可比性较高,因为即使工程对象性质不同,但都可计算出消耗的劳动时间,即定额工日总数,这就具有共同比较的基础。

3. 提高劳动生产率的途径

劳动生产率的提高,就是要劳动者更合理更有效率地工作,尽可能少地消耗资源,尽可能多地提供产品和服务。

提高劳动生产率最根本的是使劳动者具有高智慧、高技术、高技能。真正的劳动生产率提高,不是靠拼体力,增加劳动强度,这是由于

人类自身条件的限制,这样做只能导致生产率的有限增长。而提高劳动生产率,主要途径有以下几条:

(1)提高全体员工的业务技术水平和文化知识水平,充分开发职工的能力;

(2)加强思想政治工作,提高职工的道德水准,搞好企业文化建设,增加企业凝聚力;

(3)提高生产技术和装备水平,采用先进施工工艺和操作方法,提高施工机械化水平;

(4)不断改进生产劳动组织,实行先进合理的定员和劳动定额;

(5)改善劳动条件,加强劳动纪律;

(6)有效地使用激励机制。

4. 劳动生产率计划编制

在编制劳动生产率计划时,应详细考虑近期劳动生产率实际达到的水平,并分析劳动定额完成情况,总结经验教训,提出改革措施,充分挖掘潜力,科学地预计每年劳动生产率增长的速度,实事求是地编制劳动生产率计划。

第三节 农民工培训管理

一、农民工技能培训示范工程

为认真贯彻落实《国务院关于做好当前经济形势下就业工作的通知》(国发[2009]4号)和《财政部、人力资源社会保障部关于就业专项资金使用管理及有关问题的通知》(财社[2008]269号)、《人力资源和社会保障部、财政部关于进一步规范农村劳动者转移就业技能培训工作的通知》(人社部发[2009]48号)精神,促进农民工稳定就业,住房和城乡建设部、人力资源和社会保障部决定继续实施建筑业农民工技能培训示范工程,具体如下:

第一章 总 则

第一条 为规范建筑业农民工技能培训示范工程(以下简称示范

工程)管理,根据就业专项资金使用管理和农村劳动者转移就业技能培训工作的相关要求,制定本办法。

第二条 实施示范工程的总体目标是加强分类指导,统筹培训资源,创新培训方法,提高培训效果,开展建筑业农民工职业技能培训,提高建筑业农民工技能水平,促进稳定就业。

第三条 示范工程坚持企业实施、校企结合的原则。施工总承包企业或劳务企业负责组织实施,培训机构负责提供培训服务,职业技能鉴定机构负责对参加培训的农民工进行鉴定,政府对培训后考核合格的农民工给予培训补贴,并对通过初次技能鉴定(限国家规定的技能人员职业准入类职业)、取得职业资格证书的给予鉴定补贴。

第四条 地级以上住房城乡建设、人力资源社会保障部门应成立示范工程领导小组,负责示范工程的组织领导和监督检查工作。领导小组办公室设在住房城乡建设部门,承担示范工程领导小组的具体工作。

第二章 项目申报

第五条 各省、自治区、直辖市示范工程领导小组根据本地区建筑业农民工用工规模和培训工作进展情况,采取先下后上确定培训人数的办法,先由示范工程实施单位逐级上报,后由省级住房城乡建设部门会同人力资源社会保障部门汇总,统一下达年度培训计划,并报全国示范工程工作小组备案。

第六条 承担示范工程的建设类企业必须具备以下条件:

(一)具有二级以上施工总承包企业资质或一级以上劳务企业资质;

(二)劳动合同签订率较高,各项劳动管理规范,近三年内未拖欠农民工工资;

(三)培训机构健全或与具备相应资质的培训机构建立委托培训关系;

已在示范工程实施地创建农民工业余学校的施工总承包企业,同等条件下优先认定为示范工程实施企业。

第七条 符合条件的施工总承包企业或劳务企业根据用工规模等向工程项目所在地级城市的示范工程领导小组申报。申请报告应当明确培训工种、培训时间、培训人数、培训目标等内容。委托培训机构开展培训的施工总承包企业或劳务企业,还应报送委托培训协议书。

第八条 实施示范工程的地级市应将实施企业名单和培训计划报省级示范工程领导小组。

第九条 示范工程坚持公开、公平、公正的原则,实行公示制度。省、自治区、直辖市示范工程领导小组要将示范工程实施企业名单和培训任务向社会公布,并公布举报电话,接受社会监督。

第三章 培训的组织和管理

第十条 示范工程的培训对象:

(一)在法定劳动年龄内的农村劳动者;

(二)已与建筑企业签订6个月以上期限劳动合同,且离签订劳动合同之日不满6个月的在岗农民工。

第十一条 示范工程的培训工种以吸纳就业人数较多的工种为主,重点是砌筑工、木工、架子工、钢筋工、混凝土工、油漆工等。

第十二条 示范工程的培训内容依据职业标准、建筑业生产实际和建筑业企业就业岗位需求设置,分基础知识培训和技能操作训练。基础知识包括职业道德、安全知识、基本技能、操作规程等内容,技能操作训练原则上依托施工现场组织进行。

第十三条 示范工程教材应紧密结合建筑业生产实际,适合农民工实际需求,重点突出,通俗易懂,直观生动。教材可采用《建筑业农民工业余学校培训教材》和《建筑业农民工业余学校培训教学片》。示范工程的师资应具有施工生产管理经验和理论教学经验。

第十四条 示范工程培训时间根据各工种岗位实际要求确定,原则上不低于120个学时,实际操作时间应不少于总培训时间的60%。

第十五条 示范工程实施企业在每期培训班开班10个工作日前必须以书面形式向当地示范工程领导小组提交开班申请报告,并将培训计划和教学大纲备案,在每期培训班结束 5 日前必须以书面形式向当地示范工程领导小组提交结业审核申请。

第十六条 示范工程培训机构要根据培训教材的内容和委托企业的需求,科学编制培训方案,切实保证培训质量。可采取送教上门的方式,通过建筑工地农民工业余学校开展培训。鼓励符合条件的培训机构按照规定积极承担登记失业人员、进城求职农村劳动者的各项职业培训任务。

第十七条 示范工程培训机构必须建立职业技能培训台账。培训台账记载受训农民工基本情况(包括参训人员的姓名、年龄、性别、身份证号、联系方式等)及培训工种、培训时间和考核情况;同时应当体现就业岗位、劳动合同签订等情况。

第四章 考核验收和鉴定

第十八条 示范工程实施企业负责组织完成培训的农民工参加考核。考核内容包括职业要求和企业要求,各占 50%。职业要求由省级示范工程领导小组制定,企业要求由示范工程实施企业制定。示范工程领导小组对完成培训的农民工安排考核验收。

第十九条 对参加按国家规定实行就业准入制度工种培训,且未获得过该工种职业资格证书的农民工,示范工程实施企业应当组织其参加职业技能鉴定。

第二十条 职业技能鉴定原则上在施工现场进行,利用施工现场的设施和材料开展鉴定工作。

第二十一条 经技能鉴定合格的农民工,按照规定核发职业资格证书。职业资格证书由农民工本人持有,企业不得扣压或代为保管。

第五章 培训鉴定补贴

第二十二条 参加示范工程培训的农民工培训、鉴定费用由政府、企业和农民工个人共同承担。各地要制定合理、规范、利于监督、便于操作的培训补贴办法和鉴定补贴办法。经考核验收,培训合格的,按照程序给予职业培训补贴;参加职业技能鉴定合格,取得职业资格证书的(限国家规定的技能人员职业准入类职业,且初次获得职业资格证书),给予职业技能鉴定补贴。

第二十三条 各地要按照培训工种类别及培训课时数合理确定职业培训补贴、鉴定补贴标准。对参加培训取得职业培训合格证书(职业技能资格证书)的,按当地规定的职业培训补贴标准给予补贴。参加职业技能鉴定,取得职业资格证书的(限国家规定的实行就业准入制度的指定工种,且初次获得职业资格证书),按当地规定的职业技能鉴定补贴标准给予补贴。

第二十四条 示范工程培训、鉴定资金由实施企业先行垫付,也可采取部分预先拨付、部分垫付的方式。待任务完成并经过考核后,示范工程实施企业凭借职业培训补贴资金申请材料和职业技能鉴定补贴资金申请材料,向当地示范工程领导小组提出申请,经住房城乡建设部门初审归集、人力资源社会保障部门审核、财政部门复核后,按照财政专项资金管理的要求拨入示范工程实施企业或培训机构在银行开立的基本账户。

职业培训补贴资金申请材料包括:培训合格人员名单及其《居民身份证》复印件、培训合格人员的劳动合同复印件、培训机构开具的行政事业性收费票据(或税务发票)等。

职业技能鉴定补贴资金申请材料包括:职业技能鉴定通过人员名单及其《居民身份证》复印件、职业资格证书复印件、职业技能鉴定机构开具的行政事业性收费票据(或税务发票)等。

第二十五条 实施地示范工程领导小组要建立审核公示制度。对申请职业培训、职业鉴定补贴的实施企业相关情况进行公示,及时公布享受补贴的人员、实施企业和资金补贴情况,接受社会监督。

第二十六条 各地应对重点急需工种在培训补贴等方面给予倾斜,可适当提高培训(实训)成本较高的重点急需工种培训补贴标准。

第六章 监督检查

第二十七条 各级住房城乡建设部门、人力资源社会保障部门要相互协作、明确职责,严格落实培训鉴定管理以及补贴对象审核、资金拨付监管等工作责任制,加强与财政部门的沟通联系,搞好示范工程的监督检查,确保培训质量和资金安全。

第二十八条 示范工程实行项目责任制。实施企业要对培训任务的申报、实施和资金使用负责,自觉接受审计监督。对于实施制度不健全、培训质量存在严重问题、财务管理混乱、弄虚作假骗取套取或贪污挪用职业培训鉴定资金的,要追究法定代表人和直接责任人的责任。涉嫌构成犯罪的,依法移交司法机关处理。

第二十九条 实施地示范工程领导小组要对实施企业实行动态管理和退出机制,定期抽查,重点是培训投入、培训效果和培训对象满意程度。对培训效果好的予以表彰奖励;对未正常开展培训、培训对象满意程度低或培训效果不明显的限期整改,整改后仍不合格的取消其示范工程实施资格。

第三十条 实施地示范工程领导小组应在培训任务完成后,组织考核验收,重点查验职业培训台账、补贴资金使用情况。

第三十一条 示范工程年度工作结束后,各省、自治区、直辖市示范工程领导小组要及时汇总本地区示范工程实施情况,报送全国示范工程工作小组。

第三十二条 全国示范工程工作小组对各地示范工程实施情况不定期进行检查,并通报情况。对检查中发现的问题,及时要求限期改正。

二、农民工安全教育培训

(一)安全教育的内容

安全是生产赖以正常进行的前提,安全教育又是安全管理工作的重要环节,是提高全员安全素质、安全管理水平和防止事故发生从而实现安全生产的重要手段。

安全教育主要包括安全生产思想教育、知识教育、技能教育和法制教育四个方面的内容。

1. 安全生产思想教育

安全生产思想教育的目的是为安全生产奠定思想基础。通常从加强思想认识、方针政策和劳动纪律教育等方面进行。

(1)思想认识和方针政策的教育。一是提高各级管理人员和广大职工群众对安全生产重要意义的认识。从思想上、理论上认识社会主义制度下搞好安全生产的重要意义,以增强关心人、保护人的责任感,树立牢固的群众观点;二是通过安全生产方针、政策教育提高各级技术、管理人员和广大职工的政策水平,使他们正确、全面地理解党和国家的安全生产方针、政策并严肃认真地执行。

(2)劳动纪律教育。主要是使广大职工懂得严格执行劳动纪律对实现安全生产的重要性,企业的劳动纪律是劳动者进行共同劳动时必须遵守的法则和秩序。反对违章指挥、违章作业,严格执行安全操作规程,遵守劳动纪律是贯彻安全生产方针,减少伤害事故,实现安全生产的重要保证。

2. 安全生产知识教育

企业所有职工必须具备安全生产基本知识。因此,全体职工都必须接受安全生产知识教育和每年按规定学时进行安全培训。安全生产基本知识教育的主要内容是:企业的基本生产概况;施工(生产)流程、方法;企业施工(生产)危险区域及其安全防护的基本知识和注意事项;机械设备、厂(场)内运输的有关安全知识;有关电气设备(动力照明)的基本安全知识;高处作业安全知识;生产(施工)中使用的有毒、有害物质的安全防护基本知识;消防制度及灭火器材应用的基本知识;个人防护用品的正确使用知识等。

3. 安全生产技能教育

安全生产技能教育就是结合本工种专业特点,为实现安全操作、安全防护所必须具备的基本技术知识要求(表 3-2)。每个职工都要熟悉本工种、本岗位专业安全技术知识。安全技能知识是比较专门、细致和深入的知识。它包括安全技术、劳动卫生和安全操作规程。国家规定登高架设、起重、焊接、电气、爆破、压力容器、锅炉等特种作业人员必须进行专门的安全技术培训。宣传先进经验,既是教育职工找差距的过程,又是学、赶先进的过程。事故教育可以从事故教训中吸取有益的东西,防止今后类似事故的重复发生。

表 3-2　　　　　　　　安全技术教育培训表

工程名称：××工程　　　　　　　　　　　　　　　　　编号：×××

姓名	×××		填表时间	××年×月×日	
单位部门（班组）		混凝土施工班组		级别	二级
职务	班长	性别	男	年龄	25
教育培训主要内容	（1）本项目职业健康安全生产状况及施工条件。 （2）施工现场中危险部位的防护措施及典型事故案例。 （3）本项目的职业健康安全管理体系、规定及制度。				
考核鉴定	合格 　　　　　　　　　　鉴定人：×××　鉴定日期：××年×月×日				
备注					

4. 安全生产法制教育

安全生产法制教育（表 3-3）就是要采取各种有效形式，对全体职工进行安全生产法规和法制教育，从而提高职工遵法、守法的自觉性，以达到安全生产的目的。

表 3-3　　　　　　　　安全生产教育记录

工程名称：××工程　　　　　　　　　　　　　　　　　　　编号：×××

主讲单位(部门)	工程管理部	主讲人	×××
受教育工种(部门)	电焊工	人　数	8

教育内容：

记录教育过程中的全部具体内容。

通常有以下内容：国家、省市及有关部门制订的安全生产方针、政策、法规和企业的安全规章制度等。

比如：《建筑法》有关"安全生产管理"部分。

《建筑施工安全检查标准》(JGJ 59—2011)。

企业安全生产教育制度。

受教育者(签名)：　　×××、×××、×××、×××、×××、×××

　　　　　　　　　　　　　　　　　　　　　　　　　　记录人：×××

(二)安全教育的形式

1. 新工人"三级安全教育"

三级安全教育是企业必须坚持的安全生产基本教育制度。对新工人(包括新招收的合同工、临时工、学徒工、农民工及实习和代培人员)必须进行公司、项目、作业班组三级安全教育，时间不得少于 40

小时。

三级安全教育由安全、教育和劳资等部门配合组织进行。经教育考试合格者才准许进入生产岗位；不合格者必须补课、补考。对新工人的三级安全教育情况，要建立档案（表3-4）。新工人工作一个阶段后还应进行重复性的安全再教育，加深安全感性、理性知识的意识。三级安全教育的主要内容如下：

(1)公司进行安全基本知识、法规、法制教育，主要内容是：

1)党和国家的安全生产方针、政策；

2)安全生产法规、标准和法制观念；

3)本单位施工(生产)过程及安全生产规章制度，安全纪律；

4)本单位安全生产形势、历史上发生的重大事故及应吸取的教训；

5)发生事故后如何抢救伤员、排险、保护现场和及时进行报告。

(2)项目进行现场规章制度和遵章守纪教育，主要内容是：

1)本单位(工区、工程处、车间、项目)施工(生产)特点及施工(生产)安全基本知识；

2)本单位(包括施工、生产场地)安全生产制度、规定及安全注意事项；

3)本工种的安全技术操作规程；

4)机械设备、电气安全及高处作业等安全基本知识；

5)防火、防雷、防尘、防爆知识及紧急情况安全处置和安全疏散知识；

6)防护用品发放标准及防护用具、用品使用的基本知识。

(3)班组安全生产教育由班组长主持，或由班组安全员及指定技术熟练、重视安全生产的老工人进行本工种岗位安全操作及班组安全制度、纪律教育，主要内容是：

1)本班组作业特点及安全操作规程；

2)班组安全活动制度及纪律；

3)爱护和正确使用安全防护装置(设施)及个人劳动防护用品；

4)本岗位易发生事故的不安全因素及其防范对策；

5)本岗位的作业环境及使用的机械设备、工具的安全要求。

表 3-4　　　　　　　　职工"三级安全教育"记录卡

工程名称：××工程　　　　　　　　　　　　　　　　　编号：×××

姓　名	×××	出生年月	××年×月×日	文化程度	初　中
部　门	工程部	工　种	电　工	入场日期	××年×月×日
三级安全教育内容				教育人	受教育人
姓　名	×××	出生年月	××年×月×日	文化程度	初　中
公司教育	进行安全基本知识、法规、法制教育，主要内容是： (1)国家的安全生产方针、政策； (2)相关的安全生产法规、标准和法制观念； (3)本单位施工过程及安全生产制度、安全纪律； (4)本单位安全生产形势及历史上发生的重大事故及应吸取的教训；			签名： ××× ××年×月×日	签名： ×××
	(5)发生事故后如何抢救伤员、排险、保护现场和及时进行报告。				
工程处(队、项目)教育	进行现场规章制度和遵章守纪教育，主要内容： (1)本单位施工特点及施工安全基本知识； (2)本单位(包括施工、生产现场)安全生产制度、规定及安全注意事项； (3)本工种安全技术操作规程； (4)高处作业、机械设备、电气安全基础知识； (5)防火、防毒、防尘、防爆知识及紧急情况安全处置和安全疏散知识； (6)防护用品发放标准及使用基本知识。			签名： ××× ××年×月×日	签名： ×××
班组教育	进行本工种安全操作规程及班组安全制度、纪律教育，主要内容是： (1)本班组作业特点及安全操作规程； (2)班组安全活动制度及纪律； (3)爱护和正确使用安全防护装置(设施)及个人劳动防护用品； (4)本岗位易发生事故的不安全因素及防范对策； (5)本岗位作业环境及使用的机械设备、工具的安全要求。			签名： ××× ××年×月×日	签名： ×××

2. 转场安全教育

新转入施工现场的工人必须进行转场安全教育，教育时间不得少于8小时，教育内容包括：

(1)本工程项目安全生产状况及施工条件。
(2)施工现场中危险部位的防护措施及典型事故案例。
(3)本工程项目的安全管理体系、规定及制度。

3. 变换工种安全教育

凡改变工种或调换工作岗位的工人必须进行变换工种安全教育(表3-5);变换工种安全教育时间不得少于4小时,教育考核合格后方准上岗。教育内容包括:

表3-5　　　　　　　　变换工种安全教育记录表

工程名称:××工程　　　　　　　　　　　　　　编号:×××

原工种	混凝土	变换工种	钢筋	人数	3

安全教育内容:

变换工种到钢筋班组后首先应学习钢筋班组的各种操作技能,熟悉钢筋加工厂的各种机械的使用性能和安全操作规程。遵守各项制度,掌握安全知识。

在使用各种机械前首先检查机械各部件是否完好、灵活、可靠,试运转无问题后才能操作使用,在操作中应注意以下事项:

(1)使用切断机时手不能距刀口太近,机械运转中严禁用手直接清理刀口附近的短料和杂物。短料不得用手直接送。

(2)弯曲机在操作时有专人负责。有两人配合,一人扶料,并站在钢筋弯曲方向的外面,互相配合,不得拖拉、推诿;调头弯曲防止碰撞人和物,更换插头和加油清理时,必须停机后进行。

(3)调直机机械上不准放物件,以防机械振动落入机体内。钢筋装入压滚,手与滚筒应保持一定距离,机械运转中不得调整滚筒,严禁戴手套操作。认真做到定期检查维护、保养,按时加换润滑油脂,周围环境经常清理,成品、半成品堆放整齐,设备不得带病运转,严禁违章作业,电气设备不得随便拆除和安装。

教育人签名	×××	受教育者签名	×××、×××、×××
教育时间	××年×月×日		

(1)新工作岗位或生产班组安全生产概况、工作性质和职责。
(2)新工作岗位必要的安全知识,各种机具设备及安全防护设施的性能和作用。
(3)新工作岗位、新工种的安全技术操作规程。
(4)新工作岗位容易发生事故及有毒有害的地方。

(5)新工作岗位个人防护用品的使用和保管。

一般工种不得从事特种作业。

4. 特种作业安全教育

从事特种作业的人员必须经过专门的安全技术培训(表 3-6),经考试合格取得操作证后方准独立作业。特种作业的类别及操作项目包括:

表 3-6　　　特种作业人员(架子工)安全教育记录表

编号:×××

项目名称	××工程		培训工种	架子工
听课人数	应到人数	16 人	授课地点	培训办公室
	实到人数	16 人	授课时间	××年×月×日
教育培训内容	1. 安全技术理论培训考核 (1)基础知识: ①力学基本知识。 ②高处作业分级。 ③建筑登高架设作业有关安全的一般规定。 ④建筑登高架设作业中设施与电气线路的安全距离及安全防护区。 ⑤触电急救与现场救护。 ⑥典型事故案例解析。 (2)架子工作业基本知识: ①脚手架的基本要求。 ②脚手架材料的种类、规格及材质要求。 ③绑扎材料和连接的规格、型号、强度要求、报废标准及使用时的注意事项。 ④地锚和缆绳的规格、形式及允许荷载。 ⑤安全网的选择、搭设、拆除和管理。 ⑥各类脚手架的适用范围、架设、拆除及安全措施。 ⑦脚手架的检查、验收、维护和管理。 (3)建筑用提升设备拆装作业安全知识: ①建筑用提升设备拆装的基本知识。 ②索具和吊具的种类、构造、规格、允许拉力、报废标准及使用时的注意事项。 ③拆装部件重量的估算方法。 ④手动葫芦、电动葫芦、千斤顶等简易起重设备的技术。 ⑤门式升降机的结构、安装规范及拆装安全技术。 ⑥井架式升降机的结构、安装规范及拆装安全技术。 ⑦地锚和缆绳的规格、形式及允许荷载。 2. 实际操作				
听课单位负责人签字:×××				
授课人签字:×××				
授课时间:××年×月×日				

(1)电工作业:①用电安全技术;②低压运行维修;③高压运行维修;④低压安装;⑤电缆安装;⑥高压值班;⑦超高压值班;⑧高压电气试验;⑨高压安装;⑩继电保护及二次仪表整定。

(2)金属焊接作业:①手工电弧焊;②气焊、气割;③CO_2气体保护焊;④手工钨极氩弧焊;⑤埋弧自动焊;⑥电阻焊;⑦钢材对焊(电渣焊);⑧锅炉压力容器焊接。

(3)起重机械作业:①塔式起重机操作;②汽车式起重机驾驶;③桥式起重机驾驶;④挂钩作业;⑤信号指挥;⑥履带式起重机驾驶;⑦轨道式起重机驾驶;⑧垂直卷扬机操作;⑨客运电梯驾驶;⑩货运电梯驾驶;⑪施工外用电梯驾驶。

(4)登高架设作业:①脚手架拆装;②起重设备拆装;③超高处作业。

(5)厂内机动车辆驾驶:①叉车、铲车驾驶;②电瓶车驾驶;③翻斗车驾驶;④汽车驾驶;⑤摩托车驾驶;⑥拖拉机驾驶;⑦机械施工用车(推土机、挖掘机、装载机、压路机、平地机、铲运机)驾驶;⑧矿山机车驾驶;⑨地铁机车驾驶。

有下列疾病或生理缺陷者,不得从事特种作业:

(1)器质性心脏血管病。包括风湿性心脏病、先天性心脏病(治愈者除外)、心肌病、心电图异常者。

(2)血压超过160/90mmHg,低于86/56mmHg。

(3)精神病、癫痫病。

(4)重症神经官能症及脑外伤后遗症。

(5)晕厥(近一年有晕厥发作者)。

(6)血红蛋白男性低于90%,女性低于80%者。

(7)肢体残废,功能受限者。

(8)慢性骨髓炎。

(9)报考驾驶大型车身高不足155cm的;驾驶小型车身高不足150cm的。

(10)耳全聋及发声不清者;厂内机动车驾驶听力不足5m者。

(11)色盲。

(12)双眼裸视力低于0.4,矫正视力不足0.7者。

(13)活动性结核(包括肺外结核)。

(14)支气管哮喘(反复发作者)。

(15)支气管扩张(反复感染、咯血)。

对特种作业人员的培训、取证及复审等工作严格执行国家、地方政府的有关规定。对从事特种作业的人员要进行经常性的安全教育,时间为每月1次,每次教育4小时。教育内容为:

(1)特种作业人员所在岗位的工作特点,可能存在的危险、隐患和安全注意事项。

(2)特种作业岗位的安全技术要领及个人防护用品的正确使用方法。

(3)本岗位曾发生的事故案例及经验教训。

5. 班前安全活动交底(班前讲话)

班前安全讲话作为施工队伍经常性安全教育活动之一,各作业班组长于每班工作开始前(包括夜间工作前)必须对本班组全体人员进行不少于15分钟的班前安全活动交底。班组长要将安全活动交底内容记录(表3-7)在专用的记录本上,各成员在记录本上签名。

表3-7 班前安全活动交底记录

工程名称:××工程　　　　　　　　　　　　　　　　编号:×××

班组(工种)	电工	出勤人数	6	作业部位	地下室	×月×日	星期×
工作内容及安全交底内容	工作内容:配制地下室墙体钢管。 交底内容:(1)操作电工必须持证上岗,戴绝缘手套,穿绝缘鞋,办理动火证,做好防火措施。 (2)拆接电气设备,先拉闸断电,后操作。 (3)脚手架必须牢固,必须按规定铺设脚手板。							
作业检查发现问题及处理意见	无违章作业现象 　　　　　　　　　　　　　　　　　　　安全员:×××							
班组负责人	×××				天气	晴		

班前安全活动交底的内容应包括:

(1)本班组安全生产须知。

(2)本班工作中的危险点和应采取的对策。

(3)上一班工作中存在的安全问题和应采取的对策。

在特殊性、季节性和危险性较大的作业前,责任工长要参加班前安全讲话并对工作中应注意的安全事项进行重点交底。

6. 周一安全活动

周一安全活动作为施工项目经常性安全活动之一,每周一开始工作前应对全体在岗工人开展至少 1 小时的安全生产及法制教育活动(表 3-8)。活动形式可采取看录像、听报告、分析事故案例、图片展览、急救示范、智力竞赛、热点辩论等形式进行。工程项目主要负责人要进行安全讲话,主要内容包括:

(1)上周安全生产形势、存在的问题及对策。
(2)最新安全生产信息。
(3)重大和季节性的安全技术措施。
(4)本周安全生产工作的重点、难点和危险点。
(5)本周安全生产工作的目标和要求。

表 3-8　　　　　　　　周一安全生产教育记录表

工程名称:××工程				编号:×××	
施工单位	××建筑工程公司	日期	××年×月×日　星期×	天气	晴

本周注意事项:

(1)外沿抹灰操作者上架子前要检查自己操作面的架体是否牢固,搭设是否合理,架板铺设是否严密,有没有探头板,板是否有断裂等,如发现不安全因素,立即通知现场管理人员及时整改,整改后达到安全标准要求方可进行操作。

(2)室内抹灰工、油漆工等凡高处作业的每次上班前都要认真检查自己操作面是否安全,如发现不安全因素,整改完后方可进行操作。

(3)垂直运输机操作人员每天要认真检查各安全装置、部件是否可靠,必须每天试车检查后方可作业,杜绝带病运转。

(4)塔吊司机、挂钩操作者要精力集中,相互配合;指挥人员要精力集中,信号准确、判断准确,不能出现失误。

主讲人:×××

记录人:×××

7. 季节性施工安全教育

进入雨期及冬期施工前,在现场经理的部署下,由各区域责任工程师负责组织本区域内施工的分包队伍管理人员及操作工人进行专门的季节性施工安全技术教育,时间不少于 2 小时。

8. 节假日安全教育

节假日前后应特别注意各级管理人员及操作者的思想动态,有意识、有目的地进行教育,稳定他们的思想情绪,预防事故的发生。

9. 特殊情况安全教育

施工项目出现以下几种情况时,工程项目经理应及时安排有关部门和人员对施工工人进行安全生产教育,时间不少于 2 小时。

(1)因故改变安全操作规程。

(2)实施重大和季节性安全技术措施。

(3)更新仪器、设备和工具,推广新工艺、新技术。

(4)发生因工伤亡事故、机械损坏事故及重大未遂事故。

(5)出现其他不安全因素,安全生产环境发生了变化。

三、建筑工人安全技术操作培训

1. 施工现场

(1)参加施工的工人(包括学徒工、实习生、代培人员和民工)要熟知工种的安全技术操作规程。在操作中应坚守工作岗位,严禁酒后操作。

(2)电工、焊工、司炉工、爆破工、起重机司机、打桩司机和各种机动车辆司机,必须经过专门训练,考试合格发给操作证后,方准独立操作。

(3)正确使用个人防护用品和安全防护措施,进入施工现场,必须戴好安全帽,禁止穿拖鞋或光脚,在没有防护设施的情况下高空、悬崖和陡坡施工必须系安全带,上下交叉作业有危险的出入口要有防护棚或其他隔离设施,距地面 2m 以上作业要有防护栏杆、挡板或安全网。安全帽、安全带、安全网要定期检查,不符合要求的严禁使用。

(4)施工现场的脚手架、防护设施、安全标志和警告牌不得擅自拆动,需要拆动的要经工地负责人同意。

(5)施工现场的洞、坑、沟、升降口、漏斗等危险处,应有防护设施或明显标志。

(6)施工现场要有交通指示标志,交通频繁的交叉路口,应设指挥;火车道口两侧,应设落杆,危险地区,要悬挂"危险"或"禁止通行"牌,夜间设红灯示警。

(7)工地行驶斗车、小平车的轨道坡度不得大于3%,铁轨终点应有车挡,车辆的制动闸和挂钩要完好可靠。

(8)坑槽施工,应经常检查边壁土质稳固情况,发现有裂缝、疏松或支撑走动,要随时采取加固措施,根据土质、沟深、水位、机械设备重量等情况确定堆放材料和施工机械坑边距离,往坑槽运材料应用信号联系。

(9)调配酸溶液,应先将酸缓慢的注入水中,搅拌均匀,严禁将水倒入酸中。贮存酸液的容器应加盖和设有标志。

(10)做好女工在月经、怀孕、生育和哺乳期间的保护工作,女工在怀孕期间对原工作不能胜任时,根据医生的证明,应调换轻便工作。

2. 机电设备

(1)机械操作要束紧袖口,女工发辫要挽入帽内。

(2)机械和动力机的机座必须稳固,转动的危险部位要安设防护装置。

(3)工作前必须检查机械、仪表、工具等,确认完好方准使用。

(4)电气设备和线路必须绝缘良好,电线不得与金属物绑在一起,各种电动机具必须按规定接地接零,并设置单一开关,还有临时停电或停工休息时,必须拉闸加锁。

(5)施工机械和电气设备不得带病运行和超负荷作业。发现不正常情况应停机检查,不得在运行中修理。

(6)电气、仪表和设备试运转,应严格按照单项安全技术措施运行,运转时不准清洗和修理,严禁将头手伸入机械行程范围内。

(7)在架空输电线路下面工作应停电,不能停电时,应有隔离防护措施,起重机不得在架空输电线下面工作,通过架空输电线路应将起重臂落下,在架空输电线路一侧工作时,不论在任何情况下,起重臂、钢丝绳或重物等与架空输电线路的最近距离应不小于表3-9规定。

表3-9　　　输电线路电压允许与输电线路的最近距离

输电线路电压	1kV以下	1～20kV	35～110kV	150～220kV
允许与输电线路的最近距离(m)	2.5	3	5	7

(8)行灯电压不得超过36V,在潮湿场所或金属容器内工作时,行灯电压不得超过12V。

(9)受压容器应有安全阀、压力表,并避免曝晒、碰撞,氧气瓶严防沾染油脂;乙炔发生气、液化石油气,必须有防止回火的安全装置。

(10)X光或γ射线探伤作业区,非操作人员,不准进入。

(11)从事腐蚀、粉尘、放射性和有毒作业,要有防护措施,并进行定期检查。

3. 高空作业

(1)从事高空作业要定期体检,经医生诊断,凡患高血压、心脏病、贫血病、癫痫病以及其他不适于高空作业的,不得从事高空作业。

(2)高空作业衣着要灵便,禁止穿硬底和带钉易滑的鞋。

(3)高空作业所用材料要堆放平稳,工具应随手放入工具袋内,上下传递物体禁止抛掷。

(4)遇有恶劣气候(如风力在六级以上)影响施工安全时,禁止进行露天高空、起重和打桩作业。

(5)梯子不得缺档,不得垫高使用,梯子横档间距以30cm为宜,使用时上端要扎牢,下端应采取防滑措施,单面梯与地面夹角以60°～70°为宜,禁止两人同时在梯上作业,如需接长使用,应绑扎牢固,人字梯底脚应拉牢,在通道处使用梯子,应有人监护或设置围栏。

(6)没有安全防护措施,禁止在屋架的上弦、支撑、桁条、挑架的挑梁和半固定的构件上行走或作业,高空作业与地面联系,应设通讯装置,并有专人负责。

(7)乘人的外用电梯、吊笼,应有可靠的安全装置,除指派的专业人员外,禁止攀登起重臂、绳索和随同运料的吊笼吊装物上下。

4. 季节施工

(1)暴雨台风前后,要检查工地临时设施、脚手架、机电设备、临时线路,发现倾斜、变形、下沉、漏雨、漏电等现象,应及时修理加固,有严重危险的,立即排除。

(2)高层建筑、烟囱、水塔的脚手架及易燃、易爆、仓库和塔吊、打桩机等机械应设临时避雷装置,对机电设备的电气开关,要有防雨、防潮设施。

(3)现场道路应加强维护,斜道和脚手板应有防滑措施。

(4)夏季作业应调整作息时间,从事高温工作的场所,应加强通风和降温措施。

(5)冬期施工使用煤炭取暖,应符合防火要求和指定专人负责管理,并有防止一氧化碳中毒的措施。

第四节 劳务用工实名制管理

实名制管理是指现场施工的劳务分包队伍的企业资质证书、安全生产许可证、企业营业执照等资料真实有效,劳务队伍进场人员的各种证件、劳动合同、工资表和考勤表等资料与实际作业人员一一对应,并以此按工时或工程量进行结算,及时支付劳务工资。

劳务工人实名制管理是在贯彻实施国务院《关于切实解决建设领域拖欠工程款问题的通知》(国办发[2003]94号)的过程中,由各地方工程建设行政主管部门和建筑企业提出的。根据住房和城乡建设部《关于进一步加强建筑市场监管工作的意见》(建市[2011]86号),施工总承包企业要以工程项目为单位落实劳务人员实名管理制度,要配置专人对劳务分包单位的劳动统计、出工考勤、工资发放进行监管,并处理劳务人员的举报投诉。用工单位要设置专人对劳务人员身份信息、劳动合同、工资发放、持证上岗、工伤保险、意外伤害险等情况进行规范管理。

一、劳务工人实名制管理的作用

(1)实名制管理能有效减少和避免发生劳务纠纷。通过实名制管理,对规范总分包单位双方的用工行为,杜绝非法用工和劳资纠纷,维护农民工合法权益,具有一定的积极作用。

(2)通过实名制数据公示,公开劳务分包单位企业人员考勤状况,公开每一个农民工的出勤状况,避免或减少因工资和劳务费的支付而引发的纠纷隐患或恶意讨要事件的发生。

(3)通过实名制管理卡的金融功能的使用,可以简化企业工资发放程序,避免农民工因携带现金而产生的不安全,为农民工提供了极大的便利。

(4)实名制管理有利于做好劳动力统计与计划工作。通过实名制数据采集,能及时掌握、了解施工现场的人员状况,有利于工程项目施工现场劳动力的管理和调剂。

(5)通过实名制方式,为项目经理部施工现场劳务作业的安全管理、治安保卫管理提供第一手资料。

二、劳务用工实名制管理程序

1. 施工现场封闭管理

项目部要将施工现场分为施工区和生活区,并进行独立的封闭管理。项目部进出大门 24 小时设立安全保卫人员,负责核实进场人员。安全保卫人员要对进场人员进行登记管理,内容包括:姓名、身份证号、所属单位(队伍)。进场人员须出示本人身份证明,经确认后,方可进入施工现场从事施工。无法提供上述登记内容、无身份证明或无所在单位负责人签认的,一律不得进入项目从事施工。项目劳务管理人员须根据登记情况每日核对人员花名册,及时对花名册进行人员增减。

2. 进场人员花名册管理

进场人员花名册是实名制管理的基础。项目部劳务管理人员必须要求劳务队伍负责人在工人进场前按照统一格式制作花名册并报项目部劳务管理人员审验。对于新进场人员,项目部劳务管理人员应根据进场人员登记及时与花名册核对,对于同花名册不符的人员,应要求劳务队伍负责人按实际进场人员调整人员花名册。劳务分包单位应配备持有《劳动力管理员岗位证书》的专兼职劳动力管理员,以配合总承包单位共同做好实名制管理工作。

3. 入场安全、普法教育管理

项目部安全管理人员和劳务管理人员分别对进场人员进行入场安全、普法教育，组织学习有关法律法规规定，并进行考核。参加安全、普法教育人员必须与花名册人员一致，凡未进行安全、普法教育或者考核不合格的人员，必须予以清退。

4. 身份证与暂住证管理

身份证：凡进入现场的人员，必须提供身份证复印件，由项目部劳务管理人员留存。没有身份证的必须从户口所在地公安部门开具证明，以证明其身份。无身份证或身份证明的一律不得进入施工现场。

暂住证：在进行入场教育工作的同时，项目部劳务员应督促、协助外来施工队伍及时到派出所办理暂住证。

5. 劳动合同签订管理

凡进入施工现场的务工人员，其所在单位必须提供与务工人员签订的劳动合同，劳动合同必须符合市劳动和社会保障局最新提供的合同范本。项目劳务管理人员必须督促、检查进场的分包企业（用人单位）与务工人员签订劳动合同，并留存备案。与务工人员签订的劳动合同必须与花名册一致，劳动合同必须由本人签字，不得代签，代签的视为未签订劳动合同。凡未签订劳动合同的人员，劳务管理人员必须跟分包企业在2日内与务工人员签订劳动合同，并留存备案。

6. 岗位证书管理

项目部劳务管理人员必须要求施工队伍负责人在人员进场后2日内，将务工人员上岗证书进行审验，劳务分包合同签订后7日内办理人员注册备案手续。劳务管理人员必须按照现场花名册审核务工人员持证上岗情况，督促无证人员进行相关培训，及时上报人员上岗证书审验手续。

7. 胸卡、床卡、登记卡管理

项目部劳务管理人员负责落实务工人员登记卡、胸卡、床卡发放工作。务工人员具备身份证，持有岗位证书及劳动合同，完成入场安全、普法教育后，由项目劳务管理人员根据进场花名册，为务工人员办理登记卡、胸卡、床卡，并与实际进场人员进行核对。登记卡、胸卡、床卡根据人员流动情况随时办理和修改。务工人员必须佩戴胸卡,由保安人员登记后方可进出项目部大门。如无胸卡人员离开项目部大门,必须持有劳务分包单位负责人签认的出门条,并进行登记后方可离开项目部。属于撤场人员,保安人员登记后,要将登记人员及时上报项目部,通知项目劳务管理人员核减人员花名册。

8. 考勤表与工资表管理

劳务管理人员负责建立每日人员流动台账,掌握务工人员的流动情况,为项目部提供真实的基础材料。项目部劳务管理人员必须要求施工队伍负责人每日上报现场实际人员人数,施工负责人必须对上报人数确认签字,劳务管理人员通过对比记录人员流动情况。每周要求施工负责人上报施工现场人员考勤,由项目部劳务管理人员与现场花名册进行核对,确定人员增减情况,对于未在花名册中的人员,要求施工队伍负责人按规定办理相关手续。

项目部每次结算劳务费时,劳务管理人员必须要求施工队伍负责人提供务工人员工资表,并留存备案。工资表中人员必须与考勤相一致,且必须有务工人员本人签字、施工队伍负责人签字和其所在的企业盖章,方可办理劳务费结算。

三、劳务用工实名制管理政府监管

1. 地方建设行政主管部门的监管

通常,地方建设行政主管部门负责对所管辖地区在施工项目实名制管理制度和农民工工资支付情况进行督导,主要工作职责是:

(1)监管辖区内注册的施工总承包企业、专业承包企业和劳务企业保证金的缴存和使用;

(2)监督本辖区在施工程项目落实农民工实名制管理制度;

(3)监管本辖区在施工程项目预储账户的设立和使用;

(4)监督本辖区在施工程项目的农民工工资支付情况;

(5)按照有关规定,审核总承包企业提供的书面材料,包括《分包人员花名册》、《分包人员考勤及工资明细表》、《分包人员撤场清算表》等,同时网络审核企业的填报信息;

(6) 做好日常检查和纠纷调解工作。

2. 奖励和惩罚机制

一些地方的建设行政主管部门做出规定：

对连续三年积极落实劳动用工实名制管理规范有序、无欠薪投诉举报的施工企业，住房和城乡建设委员会、人力资源和社会保障局等将其作为评选劳动用工管理优秀单位、给予减免缴存或免缴农民工工资保障金的必要条件之一。

施工企业及项目负责人未按规定落实实名制管理，现场劳务用工管理混乱引发农民工工资纠纷群体性事件或其他产生不良社会影响事件的，由建设行政主管部门和人社部门依法进行处理，并予以通报批评曝光，情节严重的企业记不良行为记录，禁止其参加新的工程项目投标活动，外地企业将会被驱逐出本地建筑市场。

第四章 建筑业劳务管理相关知识

第一节 流动人口管理

一、流动人口从业管理

中华人民共和国国务院令第 370 号《无照经营查处取缔办法》由 2002 年 12 月 18 日国务院第 67 次常务会议通过,要求任何单位和个人不得违反法律、法规的规定,从事无照经营。

对于依照法律、法规规定,须经许可审批的涉及人体健康、公共安全、安全生产、环境保护、自然资源开发利用等的经营活动,许可审批部门必须严格依照法律、法规规定的条件和程序进行许可审批。工商行政管理部门必须凭许可审批部门颁发的许可证或者其他批准文件办理注册登记手续,核发营业执照。

二、地方政府部门流动人口管理职责

1. 公安机关负责对流动人口的户籍管理和治安管理

(1)办理暂住户口登记,签发和查验"暂住证"。

(2)对流动人口中 3 年内有犯罪记录的和有违法犯罪嫌疑的人员进行重点控制。

(3)对出租房屋、施工工地、路边店、集贸市场、文化娱乐场所等流动人口的落脚点和活动场所进行治安整顿和治安管理。

(4)依法严厉打击流窜犯罪活动,建立健全社会治安防范网络。

(5)协助民政部门开展收容遣送工作。

(6)与有关部门一起疏导"民工潮"。

2. 劳动部门负责对流动就业人员的劳动管理与就业服务

(1)为流动就业人员提供就业信息和职业介绍、就业训练、社会保

险等服务。

(2)对单位招用外地人员、个人流动就业进行调控和管理。

(3)办理"外出就业登记卡"和"外来人员就业证"。

(4)对用人单位和职业介绍机构遵守有关法规的情况进行劳动监察,维护劳动力市场秩序。

(5)依法处理用人单位与外来务工经商人员有关的劳动争议,保护双方的合法权益。

(6)负责疏导"民工潮"。

3. 建设部门

(1)负责对成建制施工队伍和工地的管理以及流动人口聚集地的规划管理,协助有关部门落实流动人口管理的各项措施。

(2)负责小城镇的开发建设,促进农村剩余劳动力的就地就近转移。

(3)负责对房屋出租的管理和市容、环境卫生的监察。

第二节　人力资源开发与管理

一、人力资源管理及其内容

(一)人力资源管理的概念

人力资源是与自然资源、物质资源或信息资源相对应的概念,有广义与狭义之分。广义的人力资源是指以人的生命为载体的社会资源,凡是智力正常的人都是人力资源。狭义的人力资源是指智力和体力劳动能力的总称,也可以理解为是为社会创造物质文化财富的人。

人力资源管理是围绕着充分开发人力资源效能的目标,对人力资源的取得、开发、保持和利用等方面所进行的管理活动的总称。通过人力资源管理,可以实现最大限度的发挥员工的主观能动性和有效技能,达到人尽其才,才尽其能,最终实现组织利润最大化的目标。

(二)人力资源管理的内容

1. 人力资源规划

通过制定这一规划,一方面保证人力资源管理活动与企业的战略方向和目标相一致,另一方面保证人力资源管理活动的各个环节相互协调,避免相互冲突。同时,在实施此规划时,还必须在法律和道德观念方面创造一种公平的就业机会。

2. 岗位设计与岗位分析

这是人力资源管理中的一项重要的工作。通过对工作任务的分解,根据不同的工作内容,设计为不同的岗位,规定每个岗位应承担的职责和工作条件、工作要求等,这样可使企业吸引和保持合格的员工。

3. 招聘计划

企业就所需招聘的人员的数量和质量做出计划,如果企业现有员工数大于所需数,则企业可制定出裁员计划;如果企业现有人数不足,则可制定招聘计划。

4. 招聘

这是为企业补充所缺员工而采取寻找和发现合乎工作要求的申请者的办法。

5. 选择

企业挑选最合适的求职者,并录用安排在一定职位上。

6. 个人发展计划

这是根据员工个人性格、气质、能力、兴趣、价值观等特点,同时结合组织的需要,为员工制定一个事业发展的计划,并为之不断开发员工的潜能。

7. 绩效评价

通过考核员工工作绩效,及时做出信息反馈,奖优罚劣,进一步提高和改善员工的工作绩效。

8. 培训与开发

通过培训提高员工个人、群体和整个企业的知识、能力、工作态度和工作绩效,进一步开发员工的智力潜能。

9. 工资福利

根据员工工作绩效的大小和优劣,企业给予不同的报酬和奖励。

10. 劳动关系

劳动关系是企业管理者与员工之间的相互关系。企业管理者与企业内有组织的员工群体之间应依据《劳动法》的规定就工资、福利及工作条件等问题进行谈判,协调劳动关系。

11. 安全与保健

为保障员工的健康,减少污染,减少工伤和死亡事故的发生所必须采取的措施。

二、人力资源的选择

(1)人力资源的优化配置。劳动力优化配置的目的是为保证生产计划或施工项目进度计划的实现,在考虑相关因素变化的基础上,合理配置劳动力资源,使劳动者之间、劳动者与生产资料和生产环境之间,达到最佳的组合,使人尽其才,物尽其用,时尽其效,不断地提高劳动生产率,降低工程成本。与此相关的问题是:人力资源配置的依据与数量,人力资源的配置方法和来源。

1)人力资源优化配置的依据。就企业来讲,人力资源配置的依据是人力资源需求计划。企业的人力资源需求计划是根据企业的生产任务与劳动生产率水平计算的。就施工项目而言,人力资源的配置依据是施工进度计划。

此外,还要考虑相关因素的变化,即要考虑生产力的发展、市场需求、技术进步、市场竞争、职工年龄结构、知识结构、技能结构等因素的变化。

2)人力资源优化配置的要求。对人力资源进行优化配置时,应以精干高效、双向选择、治懒汰劣、竞争择优为原则,同时,还需满足以下要求:

①结构合理。所谓结构合理是指在劳动力组织中的知识结构、技能结构、年龄结构、体能结构、工种结构等方面,与所承担生产经营任务的需要相适应,能满足施工和管理的需求。

②数量合适。根据工程量的大小和合理的劳动定额并结合施工工艺和工作面的大小确定劳动者的数量。要做到在工作时间内能实现满负荷工作,防止"三个人的活五个人干"的现象。

③协调一致。指管理者与被管理者、劳动者之间相互支持、相互协作、相互尊重、相互学习,从而成为具有很强的凝聚力的劳动群体。

④素质匹配。主要是指劳动者的素质结构与物质形态的技术结构相匹配;劳动者的技能素质与所操作的设备、工艺技术的要求相适应;劳动者的文化程度、业务知识、劳动技能、熟练程度和身体素质等能胜任所担负的生产和管理工作。

⑤效益提高。这是衡量劳动力组织优化的最终目标,一个优化的劳动力组织不仅在工作上实现满负荷、高效率,更重要的是要提高经济效益。

3)人力资源优化配置的方法。

①应在人力资源需求计划的基础上再具体化,防止漏配,必要时根据实际情况对人力资源计划进行调整。

②如果现有的人力资源能满足要求,配置时尚应贯彻节约原则。如果现有劳动力不能满足要求,项目经理部应向企业申请加配,或在企业经理授权范围内进行招募,也可以把任务转包出去。如果在专业技术或其他素质上现有人员或新招收人员不能满足要求,应提前进行培训,再上岗作业。培训任务主要由企业劳务部门承担,项目经理部只能进行辅助培训,即临时性的操作训练或试验性操作练兵,进行劳动纪律、工艺纪律及安全作业教育等。

③配置劳动力时应积极可靠,让工人有超额完成的可能,以获得奖励,进而激发出工人的劳动热情。

④尽量使作业层正在使用的劳动力和劳动组织保持稳定,防止频繁调动。当在用劳动组织不适应任务要求时,应进行劳动组织调整,并应敢于打乱原建制进行优化组合。

⑤为保证作业需要,工种组合、技术工人与壮工比例必须适当、配套。

⑥尽量使劳动力均衡配置,以便于管理,使劳动资源强度适当,达到节约的目的。

(2)劳动定额。

1)劳动定额的基本形式。建筑企业的劳动定额有两种基本形式,即时间定额和产量定额。

①时间定额是指完成某单位产品或某项工序所必需的劳动时间,即具有某种技术等级的工人所组成的某种专业(或混合)班组或个人,在正常施工条件下,完成某一计量单位的合格产品(或工作)所必需的工作时间。其中包括:准备与结束时间、基本工作时间、辅助工作时间、不可避免的中断时间,以及为了使工人保持充沛的精力而规定的适当休息和生理需要所必需消耗的时间等。建筑安装工程的时间定额一般以工日为单位,每一工日按 8h 计算。其计算方法如下:

$$单位产品时间定额(工日) = \frac{1}{每工产量}$$

$$或单位产品时间定额(工日) = \frac{小组成员工日数的总和}{台班产量}$$

②产量定额是指在单位时间内应完成的产品数量,即在正常施工条件下,具有某种技术等级的工人所组成的某种专业(或混合)班组或个人,在单位工日中应完成的合格产品(或工作)数量。其计算方法如下:

$$每工产量 = \frac{1}{单位产品时间定额(工日)}$$

$$或台班产量 = \frac{小组成员工日数的总和}{单位产品时间定额(工日)}$$

2)确定劳动定额水平的基本原则。确定劳动定额水平的基本原则就是贯彻先进、合理的原则。只有先进、合理的劳动定额水平,才能反映科学技术进步及吸收、推广先进经验和生产组织措施的改善,以发挥其鼓励先进、激发中间、督促后进的作用。

所谓"先进",就是确定劳动定额水平必须反映采用先进的生产技术、施工工艺和操作方法、先进的设备及具备先进的管理水平等;所谓"合理",就是从企业当前的实际出发,考虑现有的各种客观因素的影响,使劳动定额建立在现实可行和可靠的基础之上。

3)劳动定额的作用。

①劳动定额是现场制定劳动力计划的重要依据,是保证完成或超

额完成施工任务的有力手段。劳动定额是编制施工进度计划、成本计划、劳动工资计划以及各种作业计划的基础,也是签发施工任务书,进行生产调度的重要依据。现场所需的一切必须依据劳动定额来分析汇总和安排,没有劳动定额或劳动定额不符合实际,则现场劳动力的计划就无法有效进行。

②劳动定额也是贯彻按劳分配原则,调动工人积极性的手段。定额水平制定的正确与否,会直接影响广大工人的分配和收入。通过劳动定额,可使工人对完成生产任务所需要的劳动量心中有数,从而会更合理地支配工时、挖掘潜力、提高工作效率。

③劳动定额是组织开展劳动竞赛,考核劳动成果的主要尺度。劳动定额规定了完成各项工作的劳动消耗量,因此,它是开展劳动竞赛的重要依据和标准。劳动定额也是开展班组经济核算的基础,它是考核劳动投入与劳动产出成果的主要衡量尺度。

④劳动定额是合理组织现场劳动力的重要依据。现场劳动力如何安排,施工任务单的考核,劳动成果的结算都要使用劳动定额。它规定了完成某项工作的劳动消耗及前后工序在劳动时间上的配合和衔接。没有定额,现场劳动就无法有效组织。

4) 劳动定额的工时消耗分析。劳动定额是在一定时间和一定物质条件下,管理水平、生产技术和职工觉悟程度的综合反映。要制订正确的劳动定额,首先应正确地分析工人的工时消耗构成,掌握工人劳动时间消耗的客观规律。

工时消耗分析是按照一定的原则对工人劳动时间的必要消耗和非必要消耗进行科学的区别和归类,其目的是在总结先进经验的基础上,消除工时浪费,引导工人尽可能将工时用在有效劳动上。这种分析方法为制定先进的劳动定额提供了依据,其时间消耗的组成如图 4-1 所示。

从劳动定额角度来观察,一个工作日的全部工时消耗包括定额时间与非定额时间。非定额时间是非必要的时间消耗,不能计入劳动定额内。而定额时间则是工人完成规定生产任务的必要时间消耗,其中包括单件时间和准备与结束时间。

5) 劳动定额的制定。劳动定额的制定方法,一般有以下四种:

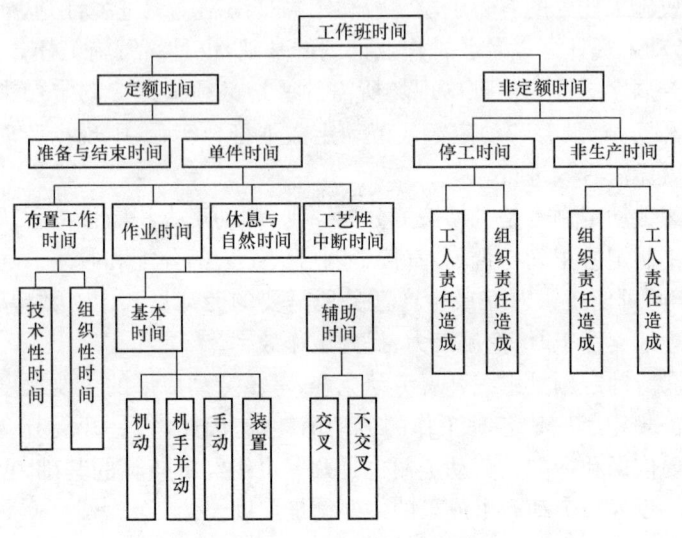

图 4-1 工时消耗分析图

①经验估工法。由老工人、技术人员和定额员,根据自己的经验,结合分析图纸、工艺规程和产品实物,以及考虑所使用的设备工具、原材料及其他生产条件,估算制定劳动定额的方法。这种方法简便迅速,通常适用于一次性或临时性施工任务或小批量生产,其缺点是容易受估工人员的水平和经验局限的影响,定额的准确性较差。

为提高估工质量并缩小偏差,可选用概率估算法进行估算:

$$M=\frac{a+4c+b}{6}$$

$$\sigma=\frac{b-a}{6}$$

$$N=M\pm\lambda\sigma$$

式中 a——先进的估计值;

b——保守的估计值;

c——有把握的估计值;

M——平均工时;

σ——概率偏差;

λ——预计定额完成面(概率系数);

N——估工定额。

②统计分析法。根据过去生产同类产品或类似产品的工时消耗统计历史资料,经整理分析,并结合当前的生产技术组织条件的状况来制定定额的方法。它适用于大批量、重复性生产的产量定额的制订,其优点是简单易行,工作量不大,在生产稳定、统计资料正确和全面的情况下,其精度较高。

统计分析法有平均法与加权平均法两种:

a. 平均法。采用平均法进行分析时,其步骤如下:

首先求平均数 $\bar{a}$,即参加平均的多数项之和($\sum_{i}^{n} G_i$)除以项数(n)所得之商,即

$$\bar{a} = \frac{\sum_{i}^{n} G_i}{n}$$

再求平均先进数 $\overline{a'}$,即将低于平均数的项数舍去,然后将选用的数据之和($\sum_{i}^{n} \overline{a'}$)除以选用项数($n'$)之商,即

$$\overline{a'} = \frac{\sum_{i}^{n} \overline{a'}}{n'}$$

选用项数一般都大于总项数的一半,但被选用的项数愈少,其先进程度也愈高。

接着求均方差 σ。表示统计值与平均值之间的偏差范围,即

$$\sigma = \sqrt{\frac{\sum_{i}^{n} (a_i - \bar{a})^2}{n}}$$

最后求劳动定额的平均值 N,即平均先进值加上它的偏差:

$$N = \overline{a'} + \sigma$$

b. 加权平均法。加权平均法的步骤与平均法的相同,只不过用加权平均数替代平均数而已。其步骤如下:

首先求加权平均数 $\overline{A}$,它是参加平均数的各项数(A_i)与本项权数

(f_i)的乘积的总和($\sum_i^n A_i f_i$)除以权数总和($\sum_i^n f_i$)之商,即

$$\overline{A} = \sum_i^n A_i f_i / \sum_i^n f_i$$

然后求加权平均先进数$\overline{A'}$,即将低于加权平均数的项数舍去后,再求剩余项$\overline{A'}$的平均值。如下式:

$$\overline{A'} = \sum_i^n A'_i f_i / \sum_i^n f_i$$

求出加权的方差σ',即

$$\sigma' = \sqrt{\sum_i^n (A_i - \overline{A}) f_i / \sum_i^n f_i}$$

最后算出加权平均法的劳动定额值N',即
$$N' = \overline{A'} + \sigma'$$

③技术测定法。是通过实地观察、计算来制定劳动定额的办法。

此方法由于有充分的测量和统计资料作依据,且是在总结先进经验、挖掘生产潜力的基础上,来确定合理的生产条件和工艺操作方法的,所以该方法能反映先进的操作技术,消除薄弱环节和浪费现象,比较科学,准确性较高,易于掌握,但是工作量大、较费时间、周期也长。

技术测定方法又可以分为分析研究法和分析计算法两种,其中,分析研究法有"测时"和"工作日写时"两种,用以确定工时定额各个组成部分的时间。而分析计算法常用于制订建筑材料消耗定额,它是在研究建筑结构、构造方案和材料规格及特性的基础上,用分析计算定出材料的消耗。

④类推比较法。就是以同类型工序、同类型产品的定额水平或技术测定的实耗工时为标准,经过分析比较,类推出同一组定额中相似项目的定额的方法。其作法,通常是按照一定的标准,在同类型的施工分项工程和工序中,选出有代表性的分项工程或工序,制定出典型定额,以此类推其他分项工程或工序的劳动定额。这种方法的优点是

工作量小、制定迅速、使用方便。但对类推比较的条件的选择要适当,分析要细致,要提高原始记录的质量。

6)劳动定额完成分析。劳动定额完成分析就是对各种定额统计资料进行分析,进而揭示出完成定额过程中的矛盾和问题,从而为改进定额管理和修订定额提供决策依据。

定额完成分析的主要任务是:考察定额完成水平;分析超额完成定额的经验和方法,分析没有完成定额的原因;验证定额水平的准确程度和均衡程度;发现和查找管理薄弱环节;分析工人的工作态度和技能水平。

定额完成分析的基本指标有定额完成率、达额面等指标。

①定额完成率。定额完成率即定额时间与实际使用时间的比率,或在同一时间内实际完成的产量与定额产量的比率。其计算公式是:

$$定额完成率 = \frac{完成某一工程定额时间}{完成同一工程量实际使用时间} \times 100\%$$

$$= \frac{一定时间实际完成工程量}{同一时间定额规定工程量} \times 100\%$$

②达额面。达额面是指在全部实行定额的人员中,达到和超过定额要求的人员所占的比例。其计算公式是:

$$达额面 = \frac{达到和超过定额要求的人数}{全部实行定额人数}$$

(3)劳动定员管理。

1)对企业职工进行分类。明确建筑施工企业职工的构成,对职工进行科学分类,是搞好定员工作的重要基础。建筑施工企业的职工按工作性质和劳动岗位可分为管理人员、专业技术人员、生产人员、服务人员、其他人员五种。

①管理人员。指在企业各职能部门从事行政、生产、经济管理工作的人员和政工人员。

②专业技术人员。指从事与生产、经济活动有关的技术活动及管理工作的专业人员。

③生产人员。指参加建筑安装施工活动的物质生产者,包括建筑安装人员、附属辅助生产人员、运输装卸人员及其他生产人员。

④服务人员。指服务于职工生活或间接服务于生产的人员。

⑤其他人员。如出国援外人员,脱产学习6个月以上的人员。

2)劳动定员的编制要求。定员是优化劳动力组织的重要前提,只有定员后,才能合理配备所需人员和进行劳动力的平衡和余缺调剂,优化劳动力组织才有依据。因此,在编制定员时,应当灵活或多种方法相结合,并注意以下几个问题:

①要先定额后定员,对于企业中可以实行劳动定额的工人来说,定额是定员的基础,定额如果落后,定员就不可能先进、合理。

②定员时应注意各类人员的比例关系,各类人员(包括生产工人)都要有合理的比例。

③要做好定员的日常管理工作,包括设立员工登记卡片,掌握员工内部调动情况;定期考核各部门员工人数,检查定员执行情况;经常了解人员使用情况,研究进一步挖掘劳动潜力的措施等。

3)劳动定员的编制方法。劳动定员的编制方法主要有:按劳动效率定员、按设备定员、按岗位定员、按比例定员和按组织机构、职责范围、业务分工定员等。

①按劳动效率定员。这是根据生产任务和劳动定额以及平均出勤率等因素来确定定员人数的方法。它主要适用于能够确定劳动定额的工种或岗位。尤其是以手工操作为主的工种,更适用此法。

②按设备定员。按完成施工任务所需设备数量和开动班次以及工人的看管定额来计算定员人数的方法。这种方法适用于以机械设备操作为主的工种。

③按岗位定员。这是按岗位的多少、岗位定员标准和工作班次计算确定定员人数的方法。这种方法适用于无法按劳动定额定员的某些辅助人员等。

④按比例定员。即按职工总数或某类人员总数的一定比例来计算确定某种人员所需人数。这种方法可用于非直接生产人员,如服务人员的定员。

⑤按组织机构、职责范围和业务分工定员。这种方法主要适用于企业管理人员和专业技术人员的定员。其步骤是先定组织机构,定职

能科室,明确各项业务分工及职责范围以后,根据各项业务量的大小、复杂程度,结合管理人员或专业技术人员的工作能力、技术水平确定定员。

4)劳动力优化组合。定员以后,需要按照分工协作的原则,合理地配备人员,其优化组合方法主要有以下几种:

①自愿组合。自愿组合可以改善人际关系,消除因感情不和而影响生产的现象,调动班组长和生产工人的积极性。

②招标组合。对某些又脏又累的工种,可实行高于其他工种(或部门)的工资福利待遇而进行公开招标组合,使劳动力的配备得以优化,职工的心情比较愉快。

③切块组合。对某些专业性强、人员要求相对稳定的作业班组或职能组,采取切块组合。由作业班组或职能组集体向工程处或项目经理部提出组阁方案,经有关部门审核批准后实施。

企业中有些作业班组,成员之间各有专长,配合密切,关系融洽,在这种情况下,应保持相对稳定,不要轻易打乱重组,应采取切块组合,即由该班组集体讨论,或调整现有人员之间的分工,或改选班组长,也应在保持原有建制的情况下加以优化。

三、人员招聘与录用

(一)招聘原则

1. 公开原则

把招聘的单位、招聘的种类、数量、要求的资格条件以及考试方法均向社会公开。这样做不仅可以大范围地广招贤才,而且有助于形成公平竞争的氛围,使招聘单位确实招到德才兼备的优秀人才。此外,在社会的监督下,还可以防止不正之风。

2. 平等原则

对待所有的应聘者应该一视同仁,不得人为地制造不平等条件。在我国的一些招聘启事中经常可以看到关于年龄、性别的明确限制,这在国外是违反法律的,国外法律规定用工不得有种族、性别、年龄歧视。企业作为招聘单位就应努力为人才提供公平竞争的机会,不拘一格地吸纳各方面的优秀人才。

3. 竞争原则

人员招聘需要各种测试方法来考核和鉴别人才,根据测试结果的优劣来选拔人员。靠领导的目测或凭印象,往往带有很大的主观片面性和不确定性。因此,必须制定科学的考核程序、录用标准,才能真正选到良才。

4. 全面原则

录用前的考核应兼顾德、才、能等诸方面因素。因为一个人的素质不仅取决于他的智力水平、专业技能,还与他的人格、思想等因素密切相关。我国公务员的考试内容就是根据全面考核人才的原则制定的,涉及职业倾向、个性倾向、认知能力等多方面的考察项目。

5. 量才原则

招聘录用时,必须做到"人尽其才"、"用其所长"、"职得其人"。认真考虑人才的专长,量才录用,量职录用。有的招聘单位盲目地要求高学历、高职称,不考虑拟招聘岗位的实际需求,结果花费了大量人力物力招聘来的,用不了多久就都"孔雀东南飞"了。要知道,招聘最终的目的是每一岗位上用人都是最合适、最经济,并能达到组织整体效益最优。

(二)招聘程序

1. 确定招聘需求,制定招聘计划

首先必须根据本组织目前的人力资源分布情况及未来某时期内组织目标的变化,分析从何时起本组织将会出现人力资源的缺口,是数量上的缺口,还是层次上需要提升。这些缺口分布在哪些部门,数量分布如何,层次分布是怎样的。根据对未来情况的预测和对目前情况的调查来制定一个完整的招聘计划。拟定招聘的时间、地点、欲招聘人员的类型、数量、条件、具体职位的具体要求、任务,以及应聘后的职务标准及薪资等。

2. 组建招聘小组

对许多企业,招聘工作是周期性或临时性的工作,因此,应该有专人来负责此项工作,在招聘时成立一个专门的临时招聘小组,该小组一般应由招聘单位的人事主管以及用人部门的相关人员组成。专业技术人员的招聘还必须由有关专家参加,如果是招聘高级管理人才,一般还应有经济管理等相关方面的专家参加,以保证全面而科学地考察应聘人员的综合素质及专项素质。招聘工作开始前应对有关人员进行培训,使其掌握政策、标准,并明确职责分工,协同工作。

3. 确立招聘渠道,发布招聘信息

根据欲招聘人员的类别、层次以及数量,确定相应的招聘渠道。一般可以通过有关媒介(如专业报刊、杂志、电台、电视、大众报刊)发布招聘信息,或去人才交流机构招聘,或者直接到大中专院校招聘应届毕业生。

4. 甄别录用

一般的筛选录用过程是:根据招聘要求,审核应聘者的有关材料,根据从应聘材料中获得的初步信息安排各种测试,包括笔试、面试、心理测试等,最后经高级主管面试合格,办理录用手续。在一些高级人员的招聘过程中,往往还要对应聘者进行个性特征、心理健康水平,以及管理能力、计算机水平模拟测试等。

5. 工作评估

人员招聘进来以后,应对整个招聘工作进行检查、评估,以便及时总结经验,纠正不足。评估结果要形成文字材料,供下次参考。此外,在新录用人员试用一段时间后,要调查其工作绩效,将实际工作表现与招聘时对其能力所做的测试结果做比较,确定相关程度,以判断招聘过程中所使用的测试方法的信度和效度,为测试方法的选择和评价提供科学的依据。

(三)人员录用

当应聘者经过了各种筛选关后,最后一个步骤就是录用与就职。有不少企业由于不重视录用与就职工作,新员工在录用后对企业和本职工作连起码的认识都没有就直接走上了工作岗位,这不仅会给他们今后的工作造成一定的困难,而且会使员工产生一种人生地不熟的感觉,难以唤起新员工的工作热情,这对企业是不利的。为此,企业应认真做好这项工作。

1. 建筑企业用工制度

用工制度是企业为了解决生产对劳动力的需要而采取的招收、录用和使用劳动者的制度,它是企业劳动管理制度的主要组成部分。随着国家和建筑业用工制度的改革,建筑企业可以采取多种形式用工。

(1)固定工。固定工即与建筑企业签长期用工合同的自有员工,主要由工人技师、特殊复杂技术工种工人组成。

(2)合同工。企业根据临时用工需求,本着"公开招工、自愿报名、全面考核、择优录取"的原则,从城镇、农村招收合同制工人。

(3)计划外用工。企业根据任务情况,使用成建制的地方建筑企业或乡镇建筑企业,以弥补劳务人员的不足。

(4)建立劳务基地。企业出资和地方政府一起在当地建立劳务培训基地,采用"定点定向、双向选择、专业配套、长期合作"的方式,为企业提供长期稳定的劳务人员。

(5)建立协作关系。一些大型建筑企业利用自身优势,有选择地联合一批施工能力强、有资质等级的施工队伍,同他们建立一种长期稳定的伙伴协作关系。

建筑企业的用工制度,具有很大灵活性。在施工任务量增大时,可以多用合同工或乡镇建筑队伍;任务量减少时,可以少用合同工或乡镇建筑队伍,以避免"窝工"。由于建立了劳务基地,劳动力招工难和不稳定的问题基本得到了解决。这种多元结构的用工制度,适应了建筑施工和施工项目用工弹性和流动性的要求。同时,建筑企业的用工制度也决定了建筑企业人员招聘和录用工作的特殊性。

2. 录用工作

录用有签订试用合同、员工的初始安排、试用和正式录用等过程。

新员工进入企业以前,一般要签订试用合同,对新员工和组织双方进行必要的约束和保证。合同内容包括:试用的职位;试用的期限;试用期间的报酬与福利;试用期应接受的培训;试用期责任义务;员工辞职条件和被延长试用期的条件等。

一般来说新员工进入企业以后其职位均是按照招聘的要求和应聘者的意愿安排的。有时组织可以根据需要,在征询应聘者意见以后,也可以充实到别的职位。对于一些岗位,应聘者可能要经过必要的培训以后才能进入试用工作。

试用期满后,如果新员工表现良好,能够胜任工作,就应办理正式录用手续。正式录用企业一般要与员工签订正式的录用合同。合同内容和条款应当符合劳动法的有关规定。

四、绩效管理

完整意义上的绩效管理由绩效计划、绩效跟进、绩效考核和绩效反馈四方面组成。

(一)绩效计划

绩效计划是整个绩效管理系统的起点,它是指在绩效周期开始时,由上级和员工一起就员工在绩效考核周期内的绩效目标、绩效过程和手段等进行讨论并达成一致。当然,绩效计划并不是只在绩效周期开始时才会进行,它往往会随着绩效周期的推进不断作出相应的修改。

(二)绩效跟进

绩效跟进是指在整个绩效周期内,通过上级和员工之间持续的沟通来预防或解决员工实现绩效时可能发生的各种问题的过程。

(三)绩效考核

员工的绩效考核就是通过科学的方法和客观的标准,对职工的思想、品德、工作能力、工作成绩、工作态度、业务水平以及身体状况等进行评价。

1. 绩效考核的作用

(1)给用人提供科学依据。通过考核全面了解职工的情况,为职工的奖励、晋升、分配报酬等提供了科学依据。考核是企业劳动人事管理部门掌握职工情况的重要手段。

(2)激励员工上进。企业实行严格的考核制度,并以考核结果作为用人及分配报酬的依据,必然促使员工认真钻研业务技术,努力勤奋工作,全面提高自己的政治、业务、身体素质,以便在考核中获得好成绩。

(3)便于选拔、培养人才。通过考核,可以发现员工中的优秀人才,有的放矢地培养,适时地选拔到更重要的职位上;另一方面,通过考核掌握员工全面情况后,才能对员工进行各有侧重的培训,尽快地提高他们的素质。否则,优秀人才缺乏显露才华的机会,将会埋没,员工培训没有一定的目标,也不可能收到好的效果。

2. 绩效考核的内容

(1)工作成绩。重点考核工作的实际成果,不管其经过如何。工作成绩的考核,要以员工工作岗位的责任范围和工作要求为标准,相同职位的职工应以同一个标准考核。

(2)工作态度。重点考核员工在工作中的表现,如职业道德、工作责任心、工作的主动性和积极性等。

(3)工作能力。考核员工具备的能力。员工的工作能力由于受到岗位、环境或个人主观因素的影响,在过去的工作中不一定显示出来,要求通过考核去发现他们。

工作成绩、工作态度和工作能力是员工从事一定工作所表现出来的三个相互联系的要素。一个员工在一定岗位上工作,必须具备一定能力才可能干好,没有能力即便工作态度再好也不可能获得好的成绩。但是,一个具备了能力的员工,不一定就肯定获得优良的成绩,因为这里有一个工作态度问题,能力虽然高但不愿付出(即工作态度不好)也不可能取得成绩。所以,对于员工的考核必须从以上三个方面全面考核,缺一不可。

企业对员工绩效的考核是针对企业工作特点决定的,它与公务员绩效考核的德、能、勤、绩考核提法上有很大不同,但内容有较大的一致性。

3. 绩效考核的方法

(1)主观评价法。主观评价法是依据一定的标准对被考核者进行主观评价。在评价过程中,可以通过相对比较法,将被考核者的工作绩效与其他被考核者的比较,评出最终的顺序或等级;也可以通过绝对标准法,直接根据考核标准和被考核者的行为表现进行比较。主观评价法比较简易,但也易受考核者主观的影响,需要在使用中精心设计考核方案,减少考核的不确定性。

(2)客观评价法。客观评价法依靠工作指标的完成情况对被考核者进行客观评价。为了增加考核的可信度,一般来说,要求这些指标是客观的和定量的。其主要包括:①生产指标,如产量、销售量、废次品率、原材料消耗率等;②个人工作指标,如出勤率、事故率、违规违纪次数等指标。客观评价法注重工作结果,忽略被考核者的工作行为,一般只适用于生产一线从事体力劳动的员工。

(3)工作成果评价法。工作成果评价法是为员工设定一个最低的工作成绩标准,然后将员工的工作结果与这一最低的工作成绩标准进行比较。它重点考核被考核者的产出和贡献,着眼于"干出了什么"而不是"干什么"。在实行团队工作的组织中,把员工工作成果作为业绩考核的依据会加剧员工个人之间竞争,影响彼此之间的协作和相互帮助,不利于整个组织的工作绩效,所以,在采用时应当加以注意。

影响绩效考核的因素有:①考核者的判断;②考核者与被考核者的关系;③考核的标准和方法;④组织条件;⑤考核中常见的心理弊病等。

绩效考核的信度是指考评结果的一致性和稳定性。为了提高考核的信度,应注意:①对考核者进行必要的培训,保证他们对考核内容理解一致和对考核标准的准确把握;②采用全方位考核,对被考核者进行全面完整的评价;③保持必要的考核次数和信息采集;④在设计考核方案和考核方法时,尽量采用考核格式和程序的标准化以及考核标准的量化。

绩效考核的效度,是指考核获取的信息及结果与考核的工作绩效之间的相关程度。考核效度意味着必要信息的被忽略或无关信息被纳入。因此,在设计考核方案时,首先要做到考核维度的全面并使各维度的权重反映实际情况,然后用具体、明确、容易理解的词语和指标来定义它们的内容。此外,还要处理好被考核者可能存在的考核数据不全或缺项问题。

(四)绩效反馈

绩效反馈是指通过一定的方式将员工的考核与评价结果向员工

本人传达、沟通和说明,使员工客观地认识自我,制定改进措施。

五、薪酬管理

1. 薪酬与薪酬管理

薪酬是员工为企业提供劳动而得到的货币报酬与实物报酬的总和,包括:工资、奖金、津贴、提成工资、劳动分红、福利等。

薪酬管理与企业发展是相辅相成的。一方面,薪酬管理的目的是为了在保障员工的基本生活的同时,充分激励、发挥员工的能力,实现企业战略发展所需要的核心竞争力;另一方面,企业核心竞争力的发挥将促进企业发展,为薪酬管理提供有力的支持。

2. 薪酬管理的内容

薪酬管理的内容应包括岗位评价与薪酬等级、薪酬调查、薪酬计划、薪酬结构、薪酬制度的制定与调整、人工成本测算等。薪酬管理有一定的周期性,如图 4-2 所示。

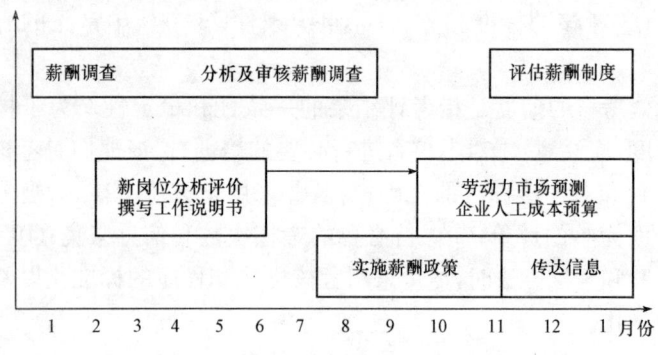

图 4-2　薪酬管理周期图

3. 有效的薪酬管理应遵循的原则

有效的薪酬管理应遵循以下原则:

(1)对外具有竞争力原则——支付相当于或高于劳动力市场一般薪酬水平的薪酬。

(2)对内具有公正性原则——支付相当于员工工作价值的薪酬。

(3)对员工具有激励性原则——适当拉开员工之间的薪酬差距。

4. 薪酬管理的目标

(1)吸引和留住企业需要的优秀员工。
(2)鼓励员工提高工作所需的技能。
(3)鼓励员工高效率地工作。
(4)创造企业所希望的文化氛围。
(5)控制运营成本。

六、保险管理

(一)福利

福利实际上是一个十分庞大的体系。员工福利可分为社会保险福利和用人单位集体福利两大类。

1. 社会保险福利

社会保险福利是为了保障员工的合法权利,由政府统一管理的福利措施。它主要包括基本养老保险、基本医疗保险、失业保险、工伤保险等。

2. 用人单位集体福利

用人单位集体福利是指用人单位为了吸引人才或稳定员工而自行为员工采取的福利措施。

用人单位集体福利根据享受的范围不同,可分全员性福利和特殊群体福利两类。全员性福利是全体员工可以享受的福利,如工作餐、节日礼物、健康体检、带薪年假等;特殊群体福利是指提供给特殊群体享用的福利,这些特殊群体往往是对企业做出特殊贡献的企业核心人员。特殊群体的福利包括住房、汽车、职务消费、会员卡等项目。

根据福利本身是否涉及金钱或实物,用人单位集体福利又可以简单地将之区分为:经济性福利和非经济性福利,它们各自又包含着丰富的内容。

(1)经济性福利:
1)住房性福利:以成本价向员工出售住房、房租补贴等。
2)交通性福利:为员工免费购买电、汽车月票或地铁月票,用班车接送员工上下班。

3)饮食性福利:免费供应午餐、慰问性的水果等。

4)教育培训性福利:员工的脱产进修、短期培训等。

5)医疗保健性福利:免费为员工进行例行体检,或者打预防针等。

6)有薪节假日:节日、假日以及事假、探亲假、带薪休假等。

7)文化旅游性福利:为员工过生日而办的活动,集体的旅游,体育设施的购置。

8)金融性福利:为员工购买住房提供的低息贷款。

9)其他生活性福利:直接提供的工作服。

10)津贴和补贴。

11)企业补充保险与商业保险。

(2)非经济性福利。企业提供的非经济性福利,基本的目的在于全面改善员工的"工作生活质量"。这类福利形式包括:

1)咨询性服务:比如免费提供法律咨询和员工心理健康咨询等。

2)保护性服务:平等就业权利保护(反性别、年龄歧视等)、隐私权保护等。

3)工作环境保护:比如实行弹性工作时间,缩短工作时间,员工参与民主化管理等。

(二)企业补充养老保险和补充医疗保险

1. 补充养老保险设计程序

(1)确定补充养老金的来源。可行的来源方式有两种:

1)完全由企业负担,员工退休时,企业按规定支付员工养老金;

2)由企业和员工共同负担,员工从工资或储蓄、奖金、分红中拿出一部分上缴企业,企业也按工资总额的一定百分比提取一定金额,共同作为补充养老保险基金。

(2)确定每个员工和企业的缴费比例。员工个人缴费比例可以依据员工的工龄或者是薪酬水平而定;企业的缴费比例根据企业支付能力和企业员工年龄结构确定。

(3)确定养老金支付的额度。

1)确定养老金的计算基础额。可以是员工在职期间的月基本工资,或者是基本工资加其他一些工资项目或者是全部工资。基础额的多少取决于企业的支付能力。

2)确定养老金的支付率。可以根据员工的工龄不同确定不同的支付率,工龄越长,支付率越高。

(4)确定养老金的支付形式。可以有三种形式:①一次性支付;②定期支付;③一次性支付与定期支付相结合。

(5)确定实行补充养老保险的时间。最好是选择在薪酬调整时实施,这样员工不会感到负担加重而难以承受。

(6)确定养老金基金管理办法。

2. 补充医疗保险设计程序

(1)确定补充医疗保险基金的来源与额度。

(2)确定补充医疗保险金支付的范围。

(3)确定支付医疗费用的标准。

(4)确定补充医疗保险基金的管理办法。

七、人员培训

员工培训是指在将组织发展目标和员工个人发展目标相结合的基础上,有计划、有系统地组织员工从事学习和训练,增长员工的知识水平,提高员工的工作技能,改善员工的工作态度,激发员工的创新意识,最大限度地使员工的个人素质与工作需求相匹配,使员工能胜任目前所承担的或将要承担的工作与任务的人力资源管理活动。

(一)培训的原则

1. 理论联系实际,学用一致

培训不同于基础教育,应当有明确的针对性,从实际工作需要出发,与职位特点紧密结合,与培训对象所需的知识与技能相结合,才能收到培训的实效。

2. 专业知识技能培训与组织文化培训兼顾

培训的内容还应与管理人员和工人标准相衔接。除了安排文化知识、专业知识、专业技能的培训内容外,还应安排理想、信念、价值观、道德观等方面的培训内容,而后者又常常与企业目标、企业哲学、企业精神、企业道德、企业制度等结合起来进行。

3. 全员培训和重点提高

全员培训就是有计划、有步骤地对在职的各级各类人员都进行培训，这是提高全员素质的必由之路。但全员并不等于平均使用力量，仍然要有重点，即重点培训技术、管理骨干，特别是培训中上层管理人员。

4. 严格考核和择优奖励

培训工作与其他工作一样，严格考核和择优奖励是不可缺少的管理环节。严格考核是保证培训质量的必要措施，也是检验培训效果的重要手段。实际中，很多培训只为了提高素质，并不涉及录用、提拔或安排工作问题，因此，对受训人员择优奖励就成为调动其积极性的有力杠杆。要根据考核成绩，设不同的奖励等级，考核成绩备案，与今后的奖励、晋级等挂钩。

(二) 培训的形式

1. 按培训与工作的关系分类

从培训与工作的关系来划分，有在职培训和非在职培训。

在职培训即人员在实际的工作中得到培训，这种培训很经济，不需要另外添置场所、设备，有时也不需要专职的教员，而是利用现有的人力、物力来实施培训。同时，培训人员不脱离岗位，可以在不影响工作和生产的情况下进行。

非在职培训即在专门的培训场所接受训练。其形式很多，诸如与学校挂钩方式、委托代培方式，有条件的单位亦可自办各种培训学校及短训班。由于学员脱产学习，没有工作压力，时间集中，精力集中，其知识技能水平会提高很快，这种培训方式的缺点是需要资金、设备、专职教师、专门场所，成本较高。

为了克服两者缺点，集中两者优点，出现了另一种培训形式——半脱产培训。实践中也取得较好的效果。

2. 按培训的组织形式分类

从培训的组织形式来划分，有正规学校、短训班、自学等形式。

正规学校包括高等院校、党校、管理干部学院等，承担企业人员正规化培训任务，这种形式一般费用较高，通常用于较高层次管理人员的培养。

与正规学校相比,短训班形式专业性强、灵活、内容有鲜明的针对性,可以使一批人同时受到培养,又费时不长,花费不大,易于组织,已被广泛采用。这种形式的培训特别适用于专业培训,在某一问题上集中深化,使受训者了解有关动态和最新发展,跟上技术进步、管理变革和政策环境、市场竞争态势的变化,回到工作岗位立即应用,见效较快。

自学是一种自我完善、提高的培训方式。其特点是组织简单、费用低、行之有效,特别是成人自学考试制度实行以来,自学成才的人数呈增加趋势。企业对有志于自学培训的人员应采取措施支持和鼓励。

3. 按培训目标分类

从培训的目的来划分,有文化补课、学历培训、岗位职务培训等形式。

文化补习和学历培训目的在于增加普通的文化科学知识,为以后的进一步提高奠定文化基础。

岗位职务培训是从工作的实际需要出发,围绕着职位的特点而进行的针对性培训。这种培训旨在传授个人以行使职位职责、推动工作方面的特别技能,侧重于专门技术知识的灌输。同时,这种培训还用来使人员在担任更高职务之前,能够充分了解和掌握未来职位的职责、权力、知识和技能等。这样,在担任较高职务时,就有可能尽快胜任工作,打开局面。

4. 按培训层次分类

从培训的层次上划分,有高级、中级和初级培训。

培训工作应因人而异,分层次进行。一般而言,初级培训可侧重于一般性的知识和技术方法;中级培训可适当增加有关理论课程;高级培训则应侧重于学习新理论、新观念、新方法。培训的级别越高,所采用的组织形式就越趋小型化、短期化。如初期培训通常要借助正规学校、社会办学的方式实现,而高级培训则可采用短训班、研讨班,甚至出国考察培训等方式来实现。

(三)建筑企业职业培训的内容

1. 管理人员培训

(1)岗位培训。岗位培训是对一切从业人员,根据岗位或职务对其具备的全面素质的不同需要,按照不同的劳动规范,本着"干什么学什么,缺什么补什么"的原则进行的培训活动。它旨在提高职工的本职工作能力,使其成为合格的劳动者,并根据生产发展和技术进步的需要,不断提高其适应能力。包括对企业经理的培训,对项目经理的培训,对基层管理人员和土建、装饰、水暖、电气工程的培训及对其他岗位的业务、技术干部的培训。

(2)继续教育。包括建立以"三总师"为主的技术、业务人员继续教育体系,采取按系统、分层次、多形式的方法,对具有中专以上学历的管理人员进行继续教育。

(3)学历教育。主要是有计划选派部分管理人员到高等院校深造。培养企业高层次专门管理人才和技术人才,毕业后回本企业继续工作。

2. 工人培训

(1)班组长培训。即按照国家建设行政主管部门制定的班组长岗位规范,对班组长进行培训,通过培训最终达到班组长100%持证上岗。

(2)技术工人等级培训。按照建设部颁发的《工人技术等级标准》和劳动部颁发的有关工人技师评聘条例,开展中、高级工人应知应会考评和工人技师的评聘。

(3)特种作业人员的培训。根据国家有关特种作业人员必须单独培训、持证上岗的规定,对企业从事电工、塔式起重机驾驶员等工种的特种作业人员进行培训,保证100%持证上岗。

(4)对外埠施工队伍的培训。按照省、市有关外地务工人员必须进行岗前培训的规定,企业对所使用的外地务工人员进行培训,颁发省、市统一制发的外地务工经商人员就业专业训练证书。

对拟用人力资源的培训应该达到以下要求:

1)所有人员都应意识到符合管理方针与各项要求的重要性;

2)他们应该知道自己工作中的重要管理因素及其潜在影响,以及个人工作的改进所能带来的工作效益;

3)他们应该意识到在实现各项管理要求方面的作用与职责;

4)所有人员应该了解如果偏离规定的要求可能产生的不利后果。

(四)培训的管理

企业领导及主管教育培训的职能部门要按照"加强领导、统一管理、分工负责、通力协作"的原则,长期坚持、认真做好培训工作,做到思想、计划、组织、措施四落实,使企业的职工培训制度化、正规化。

思想落实,即提高广大干部群众对职工教育培训工作的认识,使各级领导从思想上真正认识到职工教育培训的重要性,就像抓生产一样,认真抓好职工教育。

计划落实,就是根据企业的实际情况,制定职工教育的长远规划和近期具体实施计划,因地、因时、因人制宜地落实规划。按干部、技术人员、工人所从事的业务类型,分门别类地组织学习,进行岗位培训。

组织落实,即要有专门的机构和人员从事职工教育的领导和管理工作,建立能动的教育运行机制,从组织上保证职工教育工作有人抓、有人管。

措施落实,就是要有一定的物质条件,教育用房、实验设备、师资配备、经费来源等必须切实解决。

八、人力资源动态管理与考核

(一)人力资源动态管理

1. 动态管理的原则

劳动力动态管理是以进度计划与劳务合同为依据,以动态平衡和日常调度为手段,以企业内部市场为依托,允许劳动力在市场内作充分的合理流动,以达到劳动力优化组合和以作业人员的积极性充分调动为目的。

2. 项目经理部的职责

项目经理部是项目施工范围内劳动力动态管理的直接责任者,其

主要职责如下:

(1)按计划要求向企业劳务管理部门申请派遣劳务人员,并签订劳务合同。

(2)按计划在项目中分配劳务人员,并下达施工任务单或承包任务书。

(3)在施工中不断进行劳动力平衡、调整,解决施工要求与劳动力数量、工种、技术能力、相互配合中存在的矛盾。在此过程中按合同与企业劳务部门保持信息沟通、人员使用和管理的协调。

(4)按合同支付劳务报酬。解除劳务合同后,将人员遣归内部劳务市场。

3. 劳动管理部门的职责

由于企业劳务部门对劳动力进行集中管理,故它在动态管理中起着主导作用,它应做好以下几方面的工作:

(1)根据施工任务的需要和变化,从社会劳务市场中招募和遣返(辞退)劳动力。

(2)根据项目经理部所提出的劳动力需要量计划与项目经理部签订劳务合同,并按合同向作业队下达任务,派遣队伍。

(3)对劳动力进行企业范围内的平衡、调度和统一管理。施工项目中的承包任务完成后收回作业人员,重新进行平衡、派遣。

(4)负责对企业劳务人员的工资奖金管理,实行按劳分配,兑现合同中的经济利益条款,进行符合规章制度及合同约定的奖罚。

4. 施工现场经济承包责任制

(1)实施原则:

1)制定经济承包责任制要科学、先进、合理、实用、可行。

2)建立岗位责任制时,要充分发扬民主,使全体职工都有权发表自己的意见,避免主观性、片面性。

3)建立干部、工人双向选择制度,打破职务、职业终身制,使组织机构适应经济承包责任制的需要。

4)要兼顾国家、集体、个人利益,确保上缴,超收多留,欠收自补。同时要严格维护承包者的利益,避免分配不公,要体现多劳多得。

5)做好考核、审计工作,对承包经营效果,经济责任制履行情况进行总结、评价。

(2)责任制的形式。按施工现场责任制承包者的不同,责任制可划分为职工个人的经济责任制和单位集体经济责任制。前者是以每个岗位上的职工个人为对象建立经济承包责任制,包括现场行政领导的经济责任制,专业管理人员责任制和施工人员的经济责任制;后者是以单位集体,像工程队、专业队、作业班组为对象建立的经济承包责任制。

1)职工个人经济承包责任制。首先,可将工程对象按施工过程划分为一个职工的工作范围,尽量准确、细致,然后根据每一职工工作的多少、难易程度,确定岗位责任制,建立责、权、利对应关系。最后,签订人员上岗合同,将责任落实到人,使工程的工期、质量和效益同个人的收入直接挂钩。这种责任制形式的特点是责任关系明确、直观,便于互相督促,有利于人员密切协作,信息反应较快。

2)施工队或作业班组经济承包责任制。根据双向选择的原则,首先确定精干的领导班子和紧凑的人员组织结构,并制定对违约行为的处理方法;然后根据分项工程的内容和工程预算、合同规定、经济责任合同的工期要求、质量标准及安全文明现场的达标要求、材料消耗量等相关内容,签订经济承包责任合同,确立经济承包责任制。

3)单位工程经济承包责任制。首先,应明确工程概况、承包范围及费用、进度要求、质量要求等内容,签订承包合同,建立承包集体的内容组织机构,明确各自的责任,使工程经济承包责任制落到实处。同时,还应确定工程承包的考核、奖惩标准及争议、纠纷处理方法。该责任制的特点是便于单位工程各工序统一指挥,整体配合与控制,有利于提高综合经济效益。

(二)人力资源管理考核

1. 人力资源考核分类

(1)试用期考核。对试用期内或届满的职工均需进行考核,以确定是否正式录用。该项考核通常由项目经理部授权劳动力管理机构进行,对于某些技术类或较为重要的职位也可自行考核。对于试用优秀者,可提前转正或正式录用。

(2)业绩(绩效)考核。可根据职工在施工生产中的表现和其完成工作量的多少、质量等因素进行综合考核,这是劳动力考核的主体。通常是建立职工工作绩效考核卡。根据职工工作岗位的特点和要求,采取定岗定责,一人一岗一卡的方式进行考核。考核卡的内容中包括该名职工所在岗位的工作职责、工作要求和工作标准,考核时按卡检查考评该岗位工作。

(3)后进职工考核。该项考核可由后进职工主管,会同人事部门共同考核定案。对认定为后进的职工,可对其具体工作表现随时提出考核和改进意见,对于被留职察看的后进职工,可根据其具体表现作出考核决定。

(4)个案考核。该项考核可由职工主管和人事管理部门负责,常采用专案报告的形式。对职工日常工作中的重大事件,及时提出考核意见,决定奖励或处罚。

(5)调配考核。对职工的调配,项目人事管理部门首先应考虑调配人员的素质及其技术水平,然后向项目经理部提出考核意见。调配事项确定后,应提供调配职工在本部门工作情况的考核结论和评语,以供新主管参考。

(6)离职考核。职工离职前,应对其在本公司的工作情况作出书面考核,并且必须在职工离职前完成。公司应为离职员工出具工作履历证明和工作绩效意见,由人事管理部门负责办理,必要时可由部门主管协办。

对职工的考核,应当公开、公平、公正,实事求是,不得徇私舞弊。应以岗位职责为主要依据,坚持上下结合、左右结合,定性与定量考核相结合的原则。

2. 人力资源管理考核评比标准

对人力资源进行考核评比时,多采取百分制和等级制考核相结合的评比办法,即设立"优"、"良"、"可"、"差"四个等级,按岗位职责划分出得分项目,累计为100分。考核时以得分多少就近套等级,得90分以上的为"优";80分以上的为"良";70分以上的为"可";70分以下的为"差"。

3. 人力资源考核评比方法

目前,我国对人力资源的考核和评比工作,多采取定期考核与不定期抽查考核相结合、年终总评的方法。定期考核每月一次,由考评小组进行;不定期抽查考核由部门负责人组织,中心领导参加,随时可以进行,抽查情况要认真记录,以备集中考核时运用,年终结合评比工作进行总评。对中层干部和管理人员的考评,由服务中心领导组织职工管理委员会中的职工成员共同参与,进行年度考评。

4. 人力资源考核评比工作的实施

人力资源考核评比小组(简称考评小组)在每次对各部门、各岗位的工作情况进行全面检查考核后,要召开例会,结合平时的抽查情况、职工的考勤和日常工作表现、服务对象的满意度等综合因素,为每一名职工打分,做出综合评价。

考评小组通常由7人组成,其具体实施办法是:7名考评小组成员按照各自掌握的被考评职工的综合情况,先独立给出各自的综合评价分(综合评价分的起评标准为:优90～95分;良80～85分;可70～75分;差60～65分),在给出的这7个综合评价分中去掉最高和最低的2个分数,余下5个分数的平均数就是该职工所得的初步考评分。在此基础上运用检查考核的结果,工作质量好、完全符合工作标准的可以适当加分,但加分最多不能超过5分;工作质量达不到工作标准要求的,不合格的每一个单项扣1分,最后累计总的得分就是被考评职工的最终考评得分,这个得分所套入的等级就是该职工本次考核获得的考评等级。

5. 对管理人员的考核

(1)考核的内容。

1)工作态度。重点考核员工在工作中的表现,如责任心、职业道德,积极性。

2)工作成绩。重点考核工作的实际成果,以员工工作岗位的责任范围和工作要求为标准,相同职位的职工以同一个标准考核。

3)工作能力。

(2)考核的方法。

1)主观评价法。依据一定的标准对被考核者进行主观评价。在评价过程中,可以通过对比比较法,将被考核者的工作成绩与其他被考核者比较,评出最终的顺序或等级;也可以通过绝对标准法,直接根据考核标准和被考核者的行为表现进行比较。主观评价法比较简易,但也容易受考核者的主观影响,需要在使用过程中精心设计考核方案,减少考核的不确定性。

2)客观评价法。依据工作指标的完成情况进行客观评价。主要包括生产指标,如产量、销售量、废次品率、原材料消耗量、能源率等;个人工作指标,如出勤率、事故率、违规违纪次数等指标;客观评价法注重工作结果,忽略被考核者的工作行为,一般只适用于生产一线从事体力劳动的员工。

3)工作成果评价法。工作成果评价法是为员工设定一个最低的工作成绩标准,然后将员工的工作结果与这一最低的工作成绩标准进行比较。重点考核被考核者的产出和贡献。

为保持员工的正常状况,通过奖惩、解聘、晋升、调动等方法,使员工技能水平和工作效率达到岗位要求。

6. 对作业人员的考核

对作业人员的考核应以劳务分包合同等为依据,由项目经理部对进场的劳务队伍进行队伍评价。在施工过程中,项目经理部的管理人员应加强对劳务分包队伍的管理,重点考核其是否按照组织有关规定进行施工,是否严格执行合同条款,是否符合质量标准和技术规范操作要求。工程结束后,由项目经理对分包队伍进行评价,并将评价结果报组织有关管理部门。

九、建筑业工人职业技能等级考核鉴定

(一)获得职业资格证书的程序

职业技能鉴定所(站)将考核合格人员名单报经当地职业技能鉴定指导中心审核,再报经同级劳动保障行政部门或行业部门劳动保障工作机构批准后,由职业技能鉴定指导中心按照国家规定的证书编码方案和填写格式要求统一办理证书,加盖职业技能鉴定机构专用印

章,经同级劳动保障行政部门或行业部门劳动保障工作机构验印后由职业技能鉴定所(站)送交本人。

目前,劳动部门已经基本建立了社会化的培训与资格认证体制,有资格和能力的企业、厂矿、学校经劳动部门的严格审查后,可以获得认证资格。据劳动部门统计,目前有资格进行职业培训的学校一共有三类,包括3400多所技工学校,20000余所职业培训机构,其中民办职业培训机构16000多所。

任何符合条件的个人均可自主申请参加职业技能鉴定,申请人根据所申报职业的资格条件,确定自己申报鉴定的等级。职业技能鉴定分为知识要求考试和操作技能考核两部分。经鉴定合格者,由劳动保障部门颁发相应的职业资格证书。

(二)建筑业工人职业技能等级的划分和就业准入

职业资格证书是表明劳动者具有从事某一职业所必备的学识和技能的证明。它是劳动者求职、任职、就业的资格凭证,是用人单位招聘、录用劳动者的主要依据,也是境外就业、对外劳务合作人员办理技能水平公证的有效证件。

《劳动法》第八章第六十九条规定:"国家确定职业分类,对规定的职业制定职业技能标准,实行职业资格证书制度,由经过政府批准的考核鉴定机构负责对劳动者实施职业技能考核鉴定"。《职业教育法》第一章第八条明确指出:"实施职业教育应当根据实际需要,同国家制定的职业分类和职业等级标准相适应,实行学历文凭、培训证书和职业资格证书制度"。这些法规确定了国家推行职业资格证书制度和开展职业技能鉴定的法律依据。

《中华人民共和国职业教育法》第一章第八条规定:实施职业教育应当根据实际需要,同国家制定的职业分类和职业等级标准相适应,实行学历证书、培训证书和职业资格证书制度。国家实行劳动者在就业前或者上岗前接受必要的职业教育的制度。

我国职业资格证书分为五个等级:初级(五级)、中级(四级)、高级(三级)、技师(二级)和高级技师(一级)。

(三)国家规定的建筑业就业准入职业

目前,劳动和社会保障部依据《中华人民共和国职业分类大典》确定了实行就业准入的 87 个职业目录。分别是:车工、铣工、磨工、镗工、组合机床操作工、加工中心操作工、铸造工、锻造工、焊工、金属热处理工、冷作钣金工、涂装工、装配钳工、工具钳工、锅炉设备装配工、电机装配工、高低压电器装配工、电子仪器仪表装配工、电工仪器仪表转配工、机修钳工、汽车修理工、摩托车维修工、精密仪器仪表维修工、锅炉设备安装工、变电设备安装工、维修电工、计算机维修工、手工木工、精细木工、音响调音员、贵金属首饰手工制作工、土石方机械操作工、砌筑工、混凝土工、钢筋工、架子工、防水工、装饰装修工、电气设备安装工、管工、汽车驾驶员、起重装卸机械操作工、化学检验工、食品检验工、纺织纤维检验工、贵金属首饰钻石珠宝检验员、防腐蚀工。

(四)建筑业工人职业技能等级的考核鉴定

(1)职业技能鉴定的要求。参加不同级别鉴定的人员,其申报条件不尽相同,要根据鉴定公告的要求,确定申报的级别。一般来讲,不同等级的申报条件为:参加初级鉴定的人员必须是学徒期满的在职职工或职业学校的毕业生;参加中级鉴定的人员必须是取得初级技能证书并连续工作 5 年以上、或是经劳动行政部门审定的以中级技能为培养目标的技工学校以及其他学校毕业生;参加高级鉴定人员必须是取得中级技能证书 5 年以上、连续从事本职业(工种)生产作业不少于 10 年,或是经过正规的高级技工培训并取得了结业证书的人员;参加技师鉴定的人员必须是取得高级技能证书,具有丰富的生产实践经验和操作技能特长、能解决本工种关键操作技术和生产工艺难题,具有传授技艺能力和培养中级技能人员能力的人员;参加高级技师鉴定的人员必须是任技师 3 年以上,具有高超精湛技艺和综合操作技能,能解决本工种专业高难度生产工艺问题,在技术改造、技术革新以及排除事故隐患等方面有显著成绩,而且具有培养高级工和组织带领技师进行技术革新和技术攻关能力的人员。

(4)职业技能鉴定的申报方式。申请职业技能鉴定的人员,可向当地职业技能鉴定所(站)提出申请,填写职业技能鉴定申报表。报名时应出示本人身份证、培训毕(结)业证书、《技术等级证书》或工作单位劳资部门出具的工作年限证明等。申报技师、高级技师任职资格的人员,还须出具本人的技术成果和工作业绩证明,并提交本人的技术总结和论文资料等。

(3)职业技能鉴定的主要内容。国家实施职业技能鉴定的主要内容包括:职业知识、操作技能和职业道德三个方面。这些内容是依据国家职业(技能)标准、职业技能鉴定规范(即考试大纲)和相应教材来确定的,并通过编制试卷来进行鉴定考核。

(4)职业技能鉴定方式。职业技能鉴定分为知识要求考试和操作技能考核两部分。知识要求考试一般采用笔试,技能要求考核一般采用现场操作加工典型工件、生产作业项目、模拟操作等方式。计分一般采用百分制,两部分成绩都在 60 分以上为合格,80 分以上为良好,95 分以上为优秀。

(五)未持证上岗用工的处罚

招用未取得相应职业资格证书的劳动者从事技术工种工作,违反了劳动与社会保障部《招用技术工种从业人员规定》(以下简称《规定》)第二条规定。依据《规定》第十一条之规定予以警告,责令用人单位限期对有关人员进行相关培训,取得职业资格证书后再上岗,并可处以 1000 元以下罚款。

国家实行先培训后上岗的就业制度,《规定》第二条明确规定:用人单位招用从事技术复杂以及涉及国家财产、人民生命安全和消费者利益工种(职业)(以下简称技术工种)的劳动者,必须从取得相应职业资格证书的人员中录用。

同时,《规定》第十一条规定:用人单位违反本规定招用未取得相应职业资格证书的劳动者从事技术工种工作的,由劳动保障行政部门给予警告,责令用人单位限期对有关人员进行相关培训,取得职业资格证书后再上岗,并可处以 1000 元以下罚款。

第三节 建筑工程费用项目组成与计算

一、建筑安装工程费用项目组成

2013 年 7 月 1 日起施行的《建筑安装工程费用项目组成》中规定:

建筑安装工程费用项目按费用构成要素组成划分为人工费、材料费、施工机具使用费、企业管理费、利润、规费和税金(图4-3),按工程造价形成顺序划分为分部分项工程费、措施项目费、其他项目费、规费和税金(图4-4)。

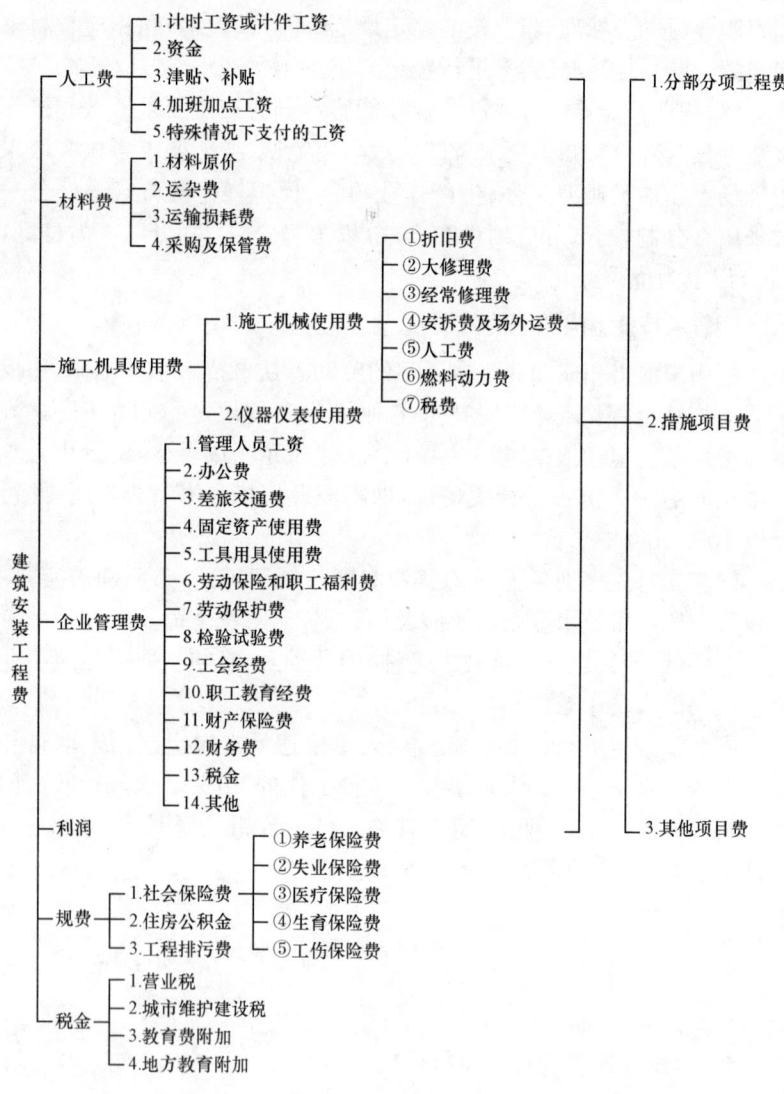

图4-3 建筑安装工程费用项目组成表(按费用构成要素划分)

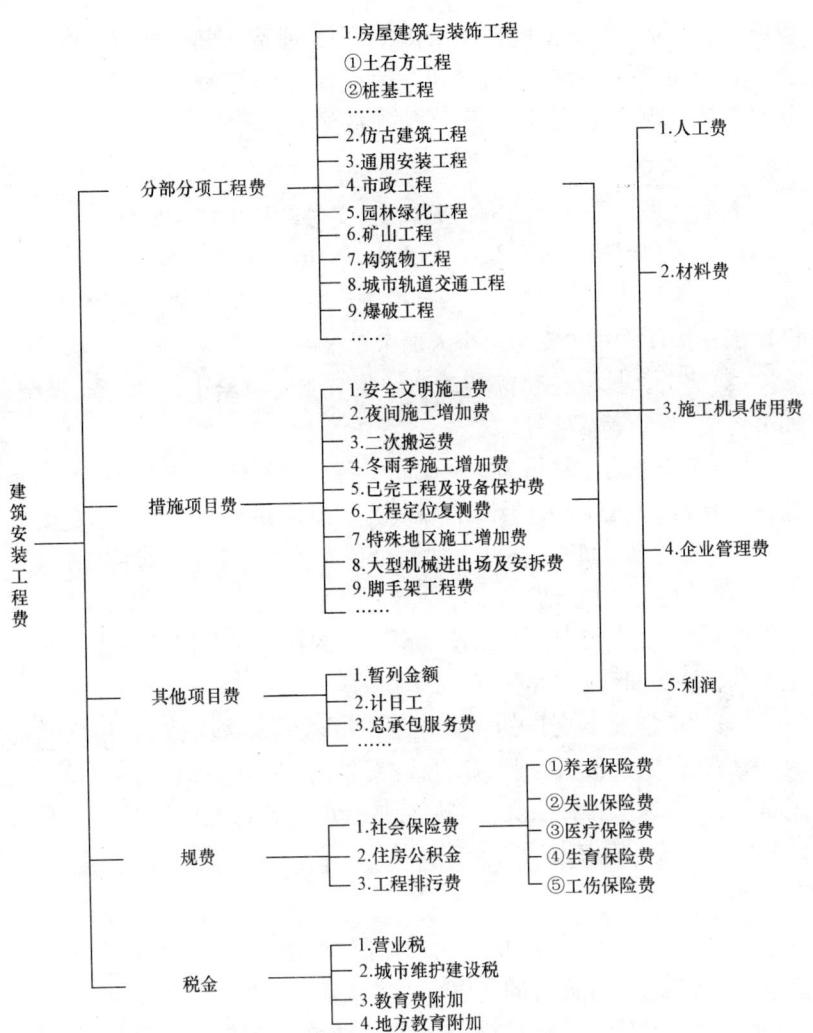

图 4-4 建筑安装工程费用项目组成表(按造价形成划分)

二、建筑安装工程费用组成内容

(一)按费用构成要素划分

建筑安装工程费按照费用构成要素划分,由人工费、材料(包含工程设备,下同)费、施工机具使用费、企业管理费、利润、规费和税金组成。其中人工费、材料费、施工机具使用费、企业管理费和利润包含在分部分项工程费、措施项目费、其他项目费中。

1. 人工费

人工费是指按工资总额构成规定,支付给从事建筑安装工程施工的生产工人和附属生产单位工人的各项费用。内容包括:

(1)计时工资或计件工资。是指按计时工资标准和工作时间或对已做工作按计件单价支付给个人的劳动报酬。

(2)奖金。是指对超额劳动和增收节支支付给个人的劳动报酬。如节约奖、劳动竞赛奖等。

(3)津贴补贴。是指为了补偿职工特殊或额外的劳动消耗和因其他特殊原因支付给个人的津贴,以及为了保证职工工资水平不受物价影响支付给个人的物价补贴。如流动施工津贴、特殊地区施工津贴、高温(寒)作业临时津贴、高空津贴等。

(4)加班加点工资。是指按规定支付的在法定节假日工作的加班工资和在法定日工作时间外延时工作的加点工资。

(5)特殊情况下支付的工资。是指根据国家法律、法规和政策规定,因病、工伤、产假、计划生育假、婚丧假、事假、探亲假、定期休假、停工学习、执行国家或社会义务等原因按计时工资标准或计时工资标准的一定比例支付的工资。

2. 材料费

材料费是指施工过程中耗费的原材料、辅助材料、构配件、零件、半成品或成品、工程设备的费用。内容包括:

(1)材料原价。是指材料、工程设备的出厂价格或商家供应价格。

(2)运杂费。是指材料、工程设备自来源地运至工地仓库或指定堆放地点所发生的全部费用。

(3)运输损耗费。是指材料在运输装卸过程中不可避免的损耗。

(4)采购及保管费。是指为组织采购、供应和保管材料、工程设备的过程中所需要的各项费用。包括采购费、仓储费、工地保管费、仓储损耗。其中工程设备是指构成或计划构成永久工程一部分的机电设备、金属结构设备、仪器装置及其他类似的设备和装置。

3. 施工机具使用费

施工机具使用费是指施工作业所发生的施工机械、仪器仪表使用费或其租赁费。

(1)施工机械使用费。以施工机械台班耗用量乘以施工机械台班单价表示,施工机械台班单价应由下列七项费用组成:

1)折旧费。指施工机械在规定的使用年限内,陆续收回其原值的费用。

2)大修理费。指施工机械按规定的大修理间隔台班进行必要的大修理,以恢复其正常功能所需的费用。

3)经常修理费。指施工机械除大修理以外的各级保养和临时故障排除所需的费用。包括为保障机械正常运转所需替换设备与随机配备工具附具的摊销和维护费用,机械运转中日常保养所需润滑与擦拭的材料费用及机械停滞期间的维护和保养费用等。

4)安拆费及场外运费。安拆费指施工机械(大型机械除外)在现场进行安装与拆卸所需的人工、材料、机械和试运转费用以及机械辅助设施的折旧、搭设、拆除等费用;场外运费指施工机械整体或分体自停放地点运至施工现场或由一施工地点运至另一施工地点的运输、装卸、辅助材料及架线等费用。

5)人工费。指机上司机(司炉)和其他操作人员的人工费。

6)燃料动力费。指施工机械在运转作业中所消耗的各种燃料及水、电等所需的费用。

7)税费。指施工机械按照国家规定应缴纳的车船使用税、保险费及年检费等。

(2)仪器仪表使用费。是指工程施工所需使用的仪器仪表的摊销及维修费用。

4. 企业管理费

企业管理费是指建筑安装企业组织施工生产和经营管理所需的费用。内容包括:

(1)管理人员工资。是指按规定支付给管理人员的计时工资、奖金、津贴补贴、加班加点工资及特殊情况下支付的工资等。

(2)办公费。是指企业管理办公用的文具、纸张、账表、印刷、邮电、书报、办公软件、现场监控、会议、水电、烧水和集体取暖降温(包括现场临时宿舍取暖降温)等费用。

(3)差旅交通费。是指职工因公出差、调动工作的差旅费、住勤补助费,市内交通费和误餐补助费,职工探亲路费,劳动力招募费,职工退休、退职一次性路费,工伤人员就医路费,工地转移费以及管理部门使用的交通工具的油料、燃料等费用。

(4)固定资产使用费。是指管理和试验部门及附属生产单位使用的属于固定资产的房屋、设备、仪器等的折旧、大修、维修或租赁费。

(5)工具用具使用费。是指企业施工生产和管理使用的不属于固定资产的工具、器具、家具、交通工具和检验、试验、测绘、消防用具等的购置、维修和摊销费。

(6)劳动保险和职工福利费。是指由企业支付的职工退职金、按规定支付给离休干部的经费,集体福利费、夏季防暑降温、冬季取暖补贴、上下班交通补贴等。

(7)劳动保护费。是企业按规定发放的劳动保护用品的支出。如工作服、手套、防暑降温饮料以及在有碍身体健康的环境中施工的保健费用等。

(8)检验试验费。是指施工企业按照有关标准规定,对建筑以及材料、构件和建筑安装物进行一般鉴定、检查所发生的费用,包括自设试验室进行试验所耗用的材料费等费用。不包括新结构、新材料的试验费,对构件做破坏性试验及其他特殊要求检验试验的费用和建设单位委托检测机构进行检测的费用,对此类检测发生的费用,由建设单位在工程建设其他费用中列支。但对施工企业提供的具有合格证明的材料进行检测不合格的,该检测费用由施工企业支付。

(9)工会经费。是指企业按《工会法》规定的全部职工工资总额比例计提的工会经费。

(10)职工教育经费。是指按职工工资总额的规定比例计提,企业为职工进行专业技术和职业技能培训,专业技术人员继续教育、职工职业技能鉴定、职业资格认定以及根据需要对职工进行各类文化教育所发生的费用。

(11)财产保险费。是指施工管理用财产、车辆等的保险费用。

(12)财务费。是指企业为施工生产筹集资金或提供预付款担保、履约担保、职工工资支付担保等所发生的各种费用。

(13)税金。是指企业按规定缴纳的房产税、车船使用税、土地使用税、印花税等。

(14)其他。包括技术转让费、技术开发费、投标费、业务招待费、绿化费、广告费、公证费、法律顾问费、审计费、咨询费、保险费等。

5. 利润

利润是指施工企业完成所承包工程获得的盈利。

6. 规费

规费是指按国家法律、法规规定,由省级政府和省级有关权力部门规定必须缴纳或计取的费用。包括:

(1)社会保险费。

1)养老保险费。是指企业按照规定标准为职工缴纳的基本养老保险费。

2)失业保险费。是指企业按照规定标准为职工缴纳的失业保险费。

3)医疗保险费。是指企业按照规定标准为职工缴纳的基本医疗保险费。

4)生育保险费。是指企业按照规定标准为职工缴纳的生育保险费。

5)工伤保险费。是指企业按照规定标准为职工缴纳的工伤保险费。

(2)住房公积金。是指企业按规定标准为职工缴纳的住房公积金。

(3)工程排污费。是指按规定缴纳的施工现场工程排污费。

其他应列而未列入的规费,按实际发生计取。

7. 税金

税金是指国家税法规定的应计入建筑安装工程造价内的营业税、

城市维护建设税、教育费附加以及地方教育附加。

(二)按造价形成划分

建筑安装工程费按照工程造价形成,由分部分项工程费、措施项目费、其他项目费、规费、税金组成。分部分项工程费、措施项目费、其他项目费包含人工费、材料费、施工机具使用费、企业管理费和利润。

1. 分部分项工程费

分部分项工程费是指各专业工程的分部分项工程应予列支的各项费用。

(1)专业工程。是指按现行国家计量规范划分的房屋建筑与装饰工程、仿古建筑工程、通用安装工程、市政工程、园林绿化工程、矿山工程、构筑物工程、城市轨道交通工程、爆破工程等各类工程。

(2)分部分项工程。指按现行国家计量规范对各专业工程划分的项目。如对房屋建筑与装饰工程划分的土石方工程、地基处理与桩基工程、砌筑工程、钢筋及钢筋混凝土工程等。

各类专业工程的分部分项工程划分见现行国家或行业计量规范。

2. 措施项目费

措施项目费是指为完成建设工程施工,发生于该工程施工前和施工过程中的技术、生活、安全、环境保护等方面的费用。内容包括:

(1)安全文明施工费。

1)环境保护费。是指施工现场为达到环保部门要求所需要的各项费用。

2)文明施工费。是指施工现场文明施工所需要的各项费用。

3)安全施工费。是指施工现场安全施工所需要的各项费用。

4)临时设施费。是指施工企业为进行建设工程施工所必须搭设的生活和生产用的临时建筑物、构筑物和其他临时设施费用。包括临时设施的搭设、维修、拆除、清理或摊销费等。

(2)夜间施工增加费。是指因夜间施工所发生的夜班补助费、夜间施工降效、夜间施工照明设备摊销及照明用电等费用。

(3)二次搬运费。是指因施工场地条件限制而发生的材料、构配件、半成品等一次运输不能到达堆放地点,必须进行二次或多次搬运所发生的费用。

(4)冬雨季施工增加费。是指在冬季或雨季施工需增加的临时设施、防滑、排除雨雪,人工及施工机械效率降低等费用。

(5)已完工程及设备保护费。是指竣工验收前,对已完工程及设备采取的必要保护措施所发生的费用。

(6)工程定位复测费。是指工程施工过程中进行全部施工测量放线和复测工作的费用。

(7)特殊地区施工增加费。是指工程在沙漠或其边缘地区、高海拔、高寒、原始森林等特殊地区施工增加的费用。

(8)大型机械设备进出场及安拆费。是指机械整体或分体自停放场地运至施工现场或由一个施工地点运至另一个施工地点,所发生的机械进出场运输及转移费用及机械在施工现场进行安装、拆卸所需的人工费、材料费、机械费、试运转费和安装所需的辅助设施的费用。

(9)脚手架工程费。是指施工需要的各种脚手架搭、拆、运输费用以及脚手架购置费的摊销(或租赁)费用。

措施项目及其包含的内容详见各类专业工程的现行国家或行业计量规范。

3. 其他项目费

(1)暂列金额。是指建设单位在工程量清单中暂定并包括在工程合同价款中的一笔款项。用于施工合同签订时尚未确定或者不可预见的所需材料、工程设备、服务的采购,施工中可能发生的工程变更、合同约定调整因素出现时的工程价款调整以及发生的索赔、现场签证确认等的费用。

(2)计日工。是指在施工过程中,施工企业完成建设单位提出的施工图纸以外的零星项目或工作所需的费用。

(3)总承包服务费。是指总承包人为配合、协调建设单位进行的专业工程发包,对建设单位自行采购的材料、工程设备等进行保管以及施工现场管理、竣工资料汇总整理等服务所需的费用。

4. 规费

同前述"按费用构成要素划分"的相关内容。

5. 税金

同前述"按费用构成要素划分"的相关内容。

三、建筑安装工程费用参考计算方法

(一)各费用构成要素参考计算方法

1. 人工费

(1)公式1：

$$人工费 = \sum(工日消耗量 \times 日工资单价)$$

$$日工资单价 = \frac{生产工人平均月工资(计时、计件) + 平均月(资金 + 津贴补贴 + 特殊情况下支工资)}{年平均每月法定工作日}$$

注：公式1主要适用于施工企业投标报价时自主确定人工费，也是工程造价管理机构编制计价定额确定定额人工单价或发布人工成本信息的参考依据。

(2)公式2：

$$人工费 = \sum(工程工日消耗量 \times 日工资单价)$$

日工资单价是指施工企业平均技术熟练程度的生产工人在每个工作日(国家法定工作时间内)按规定从事施工作业应得的日工资总额。

工程造价管理机构确定日工资单价应通过市场调查，根据工程项目的技术要求，参考实物工程量人工单价综合分析确定。最低日工资单价不得低于工程所在地人力资源和社会保障部门所发布的最低工资标准的：普工1.3倍、一般技工2倍、高级技工3倍。

工程计价定额不可只列一个综合工日单价，应根据工程项目技术要求和工种差别适当划分多种日人工单价，确保各分部工程人工费的合理构成。

注：公式2适用于工程造价管理机构编制计价定额时确定定额人工费，是施工企业投标报价的参考依据。

2. 材料费

(1)材料费：

$$材料费 = \sum(材料消耗量 \times 材料单价)$$

材料单价＝[(材料原价＋运杂费)×

[1＋运输损耗率(%)]]×[1＋采购保管费率(%)]

(2)工程设备费：

$$工程设备费 = \sum (工程设备量 \times 工程设备单价)$$

工程设备单价＝(设备原价＋运杂费)×[1＋采购保管费率(%)]

3. 施工机具使用费

(1)施工机械使用费：

$$施工机械使用费 = \sum (施工机械台班消耗量 \times 机械台班单价)$$

机械台班单价＝台班折旧费＋台班大修费＋台班经常修理费＋

台班安拆费及场外运费＋台班人工费＋

台班燃料动力费＋台班车船税费

注：工程造价管理机构在确定计价定额中的施工机械使用费时，应根据《建筑施工机械台班费用计算规则》结合市场调查编制施工机械台班单价。施工企业可以参考工程造价管理机构发布的台班单价，自主确定施工机械使用费的报价，如租赁施工机械，公式为：施工机械使用费=∑(施工机械台班消耗量×机械台班租赁单价)。

(2)仪器仪表使用费：

仪器仪表使用费＝工程使用的仪器仪表摊销费＋维修费

4. 企业管理费费率

(1)以分部分项工程费为计算基础：

$$企业管理费费率(\%) = \frac{生产工人年平均管理费}{年有效施工天数 \times 人工单价} \times$$

人工费占分部分项工程费比例(%)

(2)以人工费和机械费合计为计算基础：

企业管理费费工率(%)

$$= \frac{生产工人年平均管理费}{年有效施工天数 \times (人工单价＋每一工日机械使用费)} \times 100\%$$

(3)以人工费为计算基础：

$$企业管理费费率(\%) = \frac{生产工人年平均管理费}{年有效施工天数 \times 人工单价} \times 100\%$$

注：上述公式适用于施工企业投标报价时自主确定管理费，是工程造价管理机构编制计价定额确定企业管理费的参考依据。

工程造价管理机构在确定计价定额中企业管理费时，应以定额人工费或定额人工费与定额机械费之和作为计算基数,其费率根据历年工程造价积累的资料,辅以调查数据确定,列入分部分项工程和措施项目中。

5. 利润

(1)施工企业根据企业自身需求并结合建筑市场实际自主确定,列入报价中。

(2)工程造价管理机构在确定计价定额中利润时,应以定额人工费或定额人工费与定额机械费之和作为计算基数,其费率根据历年工程造价积累的资料,并结合建筑市场实际确定,以单位(单项)工程测算,利润在税前建筑安装工程费的比重可按不低于5%且不高于7%的费率计算。利润应列入分部分项工程和措施项目中。

6. 规费

(1)社会保险费和住房公积金:

社会保险费和住房公积金应以定额人工费为计算基础,根据工程所在地省、自治区、直辖市或行业建设主管部门规定费率计算。

社会保险费和住房公积金
$= \sum ($工程定额人工费$\times$社会保险费和住房公积金费率$)$

式中,社会保险费和住房公积金费率可以每万元发承包价的生产工人人工费和管理人员工资含量与工程所在地规定的缴纳标准综合分析取定。

(2)工程排污费:

工程排污费等其他应列而未列入的规费应按工程所在地环境保护等部门规定的标准缴纳,按实计取列入。

7. 税金

(1)税金计算公式:

$$税金 = 税前造价 \times 综合税率(\%)$$

(2)综合税率按下列规定确定:

1)纳税地点在市区的企业

$$综合税率(\%) = \frac{1}{1-3\%-(3\%\times7\%)-(3\%\times3\%)-(3\%\times2\%)} - 1$$

2)纳税地点在县城、镇的企业

$$综合税率(\%)=\frac{1}{1-3\%-(3\%\times5\%)-(3\%\times3\%)-(3\%\times2\%)}-1$$

3)纳税地点不在市区、县城、镇的企业

$$综合税率(\%)=\frac{1}{1-3\%-(3\%\times1\%)-(3\%\times3\%)-(3\%\times2\%)}-1$$

4)实行营业税改增值税的,按纳税地点现行税率计算。

(二)建筑安装工程计价参考公式

1. 分部分项工程费

$$分部分项工程费=\sum(分部分项工程量\times综合单价)$$

式中,综合单价包括人工费、材料费、施工机具使用费、企业管理费和利润以及一定范围的风险费用(下同)。

2. 措施项目费

(1)国家计量规范规定应予计量的措施项目,其计算公式为:

$$措施项目费=\sum(措施项目工程量\times综合单价)$$

(2)国家计量规范规定不宜计量的措施项目计算方法如下::

1)安全文明施工费。

 安全文明施工费=计算基数×安全文明施工费费率(%)

计算基数应为定额基价(定额分部分项工程费+定额中可以计量的措施项目费)、定额人工费或定额人工费与定额机械费之和,其费率由工程造价管理机构根据各专业工程的特点综合确定。

2)夜间施工增加费。

 夜间施工增加费=计算基数×夜间施工增加费费率(%)

3)二次搬运费。

 二次搬运费=计算基数×二次搬运费费率(%)

4)冬雨季施工增加费。

 冬雨季施工增加费=计算基数×冬雨季施工增加费费率(%)

5)已完工程及设备保护费。

已完工程及设备保护费=计算基数×已完工程及设备保护费费率(%)

上述 2)~5)项措施项目的计费基数应为定额人工费或定额人工

费与定额机械费之和,其费率由工程造价管理机构根据各专业工程特点和调查资料综合分析后确定。

3. 其他项目费

(1)暂列金额由建设单位根据工程特点,按有关计价规定估算,施工过程中由建设单位掌握使用、扣除合同价款调整后如有余额,归建设单位。

(2)计日工由建设单位和施工企业按施工过程中的签证计价。

(3)总承包服务费由建设单位在招标控制价中根据总包服务范围和有关计价规定编制,施工企业投标时自主报价,施工过程中按签约合同价执行。

4. 规费和税金

建设单位和施工企业均应按照省、自治区、直辖市或行业建设主管部门发布标准计算规费和税金,不得作为竞争性费用。

(三)相关问题的说明

(1)各专业工程计价定额的使用周期原则上为5年。

(2)工程造价管理机构在定额使用周期内,应及时发布人工、材料、机械台班价格信息,实行工程造价动态管理。如遇国家法律、法规、规章或相关政策变化以及建筑市场物价波动较大时,应适时调整定额人工费、定额机械费以及定额基价或规费费率,使建筑安装工程费能反映建筑市场实际。

(3)建设单位在编制招标控制价时,应按照各专业工程的计量规范和计价定额以及工程造价信息编制。

(4)施工企业在使用计价定额时,除不可竞争费用外,其余仅作参考,由施工企业投标时自主报价。

第四节 工程财务管理

一、财务管理的目标

财务管理是指企业合理地组织财务活动,正确地处理财务关系,从价值角度对资金运行进行科学的统筹安排,控制投入与产出、耗费与盈亏,使企业资产得以高效地运行。财务管理是企业管理的一个重要组成部分,其实质就是企业理财。

财务管理是有关资金的获得与有效使用的管理工作。财务管理的目标,取决于企业的总目标,并且受财务管理自身特点的制约。企业管理的目标可以概括为生存、发展和获利。为实现企业目标,就要求企业通过财务管理筹集企业发展所需要的资金,通过合理、有效地使用资金使企业获利,力求保持以收抵支和偿还到期债务的能力,减少破产的风险,使企业能够长期、稳定地生存下去。并以此来判断一项财务决策是否符合企业目标。

企业财务管理的目标可以表述为股东财富最大化,或称企业价值最大化。股东创办企业的目的是扩大财富,它们是企业的所有者,企业价值最大化就是股东财富最大化。企业的价值在于它能给所有者带来未来报酬,包括获得股利和出售其股权换取现金。股票价格的高低代表了投资大众对公司价值的客观评价,反映了资本和获利之间的关系,反映了每股盈余及其风险的大小。

按照不同出资者的企业形式,企业价值可以表述为:独资企业的企业价值可以表述为出资者出售企业可以得到的现金;合伙企业的企业价值可以表述为合伙人转让其财产份额可以得到的现金;公司企业的企业价值可以表述为股东转让其股份可以得到的现金,已经上市的股份公司,其股票价格代表了企业价值。总之,企业的价值是其出售的价格,而个别股东的财富是其拥有股份转让时所得的现金。

二、成本费用

(一)工程成本的内容

工程成本是指建筑安装工程在建筑过程中耗费的各项生产费用,按其费用构成要素可划分为人工费、材料费、施工机具使用费和企业管理费。

(1)人工费。是指直接从事工程施工的工人(包括施工现场制作构件工人,施工现场水平、垂直运输等辅助工人,但不包括机械工人)

的工资和职工福利费。

(2)材料费。是指在施工过程中所耗用的、构成工程实体或有助于工程形成的各种主要材料、外购结构件成本，以及施工周转材料的摊销和租赁费。

(3)施工机具使用费。是指建筑施工过程中使用施工机械所发生的费用和按照规定支付的施工机械进出场费等。其中，使用施工机械所发生的费用包括：机上操作人员工资，燃料、动力费，机械折旧、修理费，替换工具及部件费，润滑及擦拭材料费，安装、拆卸及辅助设施费，养路费，牌照税，使用外单位施工机械租赁费，以及保管机械而发生的保管费等。

(4)企业管理费。企业管理费是指企业所属施工单位，如分公司、项目经理部等，为组织和管理施工生产活动所发生的各项费用。包括临时设施摊销费，施工单位管理人员工资，职工福利费，管理部门用固定资产折旧费，修理费，工具、用具使用费，办公费，差旅交通费，劳动保护费等。

工程施工成本采用制造成本法核算，不是工程完全成本。工程施工成本不包括期间费用，如管理费用和财务费用等。按照现行制度规定，期间费用直接计入当期损益，不需分配计入工程成本，因此在建工程只按工程施工成本计算。

(二)期间费用

1. 管理费用

建筑企业的管理费用是指企业行政管理部门，即公司总部为组织管理企业施工生产经营活动所发生的各项费用。包括行政管理人员工资、职工福利费、折旧费、修理费、低值易耗品摊销、办公费、差旅费、工会经费、职工教育经费、劳动保险费、待业保险费、董事会费、咨询费、审计费、诉讼费、绿化费、税金、土地使用费、技术转让费、技术开发费、无形资产摊销、业务招待费、计提的坏账准备金和存货的跌价准备、存货盘亏毁损和报废(减盘盈)损失，以及其他有关的管理费用等。

2. 财务费用

建筑企业的财务费用是指企业为筹集施工生产经营所需资金而

发生的各项费用,包括施工生产经营期间发生的利息费用(扣减利息收入)、支付金融机构的手续费用、汇兑损益,以及企业筹资发生的其他财务费用等。

三、收入与利润

(一)收入

1. 收入的分类

按收入的性质,可以分为销售商品收入、提供劳务收入、让渡资产使用权收入和建造(施工)合同收入等。

收入按企业营业的主次分类,可以分为主营业务收入和其他业务收入。

2. 收入的确认

收入的确认是指收入入账的时间。收入的确认应解决两个问题:一是定时;二是计量。定时是指收入在什么时候记入账册;计量则指以什么金额登记,是按总额法,还按净额法,劳务收入按完工百分比法,还是按完成合同法。

收入的确认主要包括产品销售收入的确认和劳务收入的确认。另外,还包括提供他人使用企业的资产而取得的收入,如利息、使用费以及股利等。

在《收入准则》中,对收入的定义是"在销售商品、提供劳务及他人使用本企业资产等日常活动中所形成的经济利益的总流入,它不包括为第三方或客户代收的款项"。从这个定义可以分解为收入的三个重要的特征:第一,它是日常活动形成的经济利益;第二,这种利益流入是靠企业销售商品、提供劳务及让他人使用本企业的资产而取得;第三,流入的经济利益不包括代收的款项。这样,会计人员就能够从这三个特征来确认收入。

收入的确认需要会计人员的专业判断。每一项与收入有关的交易、事项发生,就要识别收入与之相对应的项目是否应在会计上正式记录,应在何时予以记录并计入报表,记录或计入报表的项目是否符合四项基本标准(可定义性、可计量性、相关性和可靠性),并且还应考虑:收入与其相关的成本、费用是否相互配比,效益是否大于成本,所应记录和计入报表的收入项目是否符合重要性原则等。

(二)利润

1. 利润总额的构成

在进行利润分配之前,首先需要计算出企业在一定时期内实现的利润总额,再扣减企业应向国家缴纳的所得税额,计算税后净利润。建筑企业利润是企业施工生产经营成果的集中体现,也是衡量企业施工生产经营管理业绩的主要指标。建筑企业利润总额是企业在一定时期内生产经营的最终成果,主要包括营业利润、投资净收益和营业外收支净额。而净利润则是由利润总额减去应纳所得税额之后计算所得。计算公式为:

利润总额=营业利润+投资净收益+营业外收支净额

净利润=利润总额-应纳所得税额

(1)营业利润。建筑企业营业利润是企业在一定时期内实现的施工生产经营所得利润,是利润总额的主要构成部分,在数量上表现为工程结算利润和其他业务利润在扣除当期的管理费用和财务费用后的余额,公式为:

营业利润=工程结算利润+其他业务利润-管理费用-财务费用

1)工程结算利润。工程结算利润是建筑企业从事施工生产经营业务所获取的利润,是建筑企业在一定时期内工程结算收入减去工程结算成本和工程结算税金及附加后的余额。其计算公式为:

工程结算利润=工程结算收入-工程结算成本-工程结算税金及附加

上式中,工程结算收入是指建筑企业已完工程或竣工工程向发包单位结算的工程价款收入。工程价款收入的确认分别采用下列办法:对采用按月结算工程价款的企业,即在月中按已完分部分项工程结算确认工程价款收入;对采用分段结算工程价款的企业,即按工程形象进度划分的不同阶段(部位),分段结算确认工程价款收入;对采用竣工后一次结算工程价款的企业,即在单项工程或建设项目全部建筑安装工程竣工以后结算确认工程价款收入。工程结算收入除包括工程合同中规定的工程造价外,还包括因合同变更、索赔、奖励等形成的收入。这部分收入是在执行合同过程中,由于合同工程内容或施工条件变更、索赔、奖励等原因形成的追加收入,经发包单位签证同意后,构成建筑企业的工程结算收入。

工程结算成本是建筑企业为取得工程价款结算收入而发生的工程施工成本,包括工程施工中的材料费、人工费、机械使用费、其他直接费和分摊的间接费用。

工程结算税金及附加包括按工程结算收入计征的营业税,及按营业税计征的城市维护建设税和教育费附加。

2)其他业务利润。建筑企业的其他业务利润是指企业在一定时期内除了工程施工业务以外的其他业务收入扣减其他业务支出和其他业务税金及附加后的余额。其计算公式为:

其他业务利润＝其他业务收入－其他业务支出－其他业务税金及附加

建筑企业的其他业务收入主要包括产品销售收入、机械作业收入、材料销售收入、无形资产转让收入、固定资产出租收入等;其他业务支出是企业为取得当期其他业务收入而发生的预期相关的各种成本,主要包括产品销售成本、机械作业成本、材料销售成本、无形资产转让成本、固定资产出租成本等。其他业务税金及附加包括按其他业务收入计征的营业税及按营业税计征的城市维护建设税和教育费附加。

(2)投资净收益。建筑企业的投资净收益是指企业对外股权投资、债权投资所获得的投资收益减去投资损失后的净额。其计算公式为:

投资净收益＝投资收益－投资损失

其中,投资收益包括企业转让有价证券所获取的款项高于账面价值的差额收入、债券利息收入、联营投资所分得的利润或到期收回投资高于账面价值部分,以及在权益法下,企业的股权投资在受资企业增加的净资产中按投资比例拥有的份额等。投资损失则包括到期收回投资或转让有价证券取得的款项低于原账面价值的差额,以及权益法下,企业的股权投资在受资企业减少的净资产中按投资比例应分摊金额等。

(3)营业外收支净额。建筑企业的营业外收支净额是指企业所获得的与企业施工生产经营活动没有直接关系的各项营业外收入减去各项营业外支出的余额。其计算公式为：

营业外收支净额＝营业外收入－营业外支出

其中，营业外收入主要包括固定资产盘盈、处理固定资产净收益、处理临时设施净收益、转让无形资产收益、罚款收入、无法支付应付款项、教育附加费返还、非货币性交易收益等。营业外支出主要包括固定资产盘亏、处理固定资产净损失、处理临时设施净损失、转让无形资产损失、计提的固定资产、无形资产、在建工程等减值准备、公益救济性捐赠、赔偿金、违约金、债务重组损失等。

综上所述，企业的利润总额在数量上表现为企业一定时期全部收入扣除全部支出后的余额，它不但可以综合反映企业一定时期的经营业绩，同时也是评价企业理财效果和管理水平的依据，从而为企业分配利润奠定基础。

2. 利润分配的原则

一般来说，企业取得的利润总额，可在扣除应纳所得税后进行利润分配。分配利润时应遵循以下原则：

(1)遵守国家各项财经法规的原则。要求企业在进行利润分配时应严格遵循国家各项财经法规，依法纳税，确保国家利益不受侵犯。合法性原则主要表现在两方面：首先，应将企业税前会计利润总额按规定调整后计算应税所得额，并依法纳税后才可进行税后利润的分配。其次，企业应按财经法规的要求合理确定税后利润分配的项目、顺序及比例，尤其必须按规定提取最低法定比例的盈余公积金。若企业亏损，一般不应向投资者分配利润。

(2)盈利确认原则。这项原则要求企业欲进行利润分配，当年必须有可以确认的利润，或有累计未分配利润及留存收益，若企业当年无账面利润或没有留存收益，则不能进行利润分配。

(3)资本金保全原则。因为利润分配应是投资者投入资本增值部分的分配，而并非投资者资本金的返还。在分配利润时，企业不得在亏损的情况下用资本金向投资者分配利润，若出现此情况，应视为自动清算而非真正的利润分配，这与上述盈利确认原则是一致的。资本金保全原则从根本上保证了企业未来生存发展的资金，为企业的经营起保护作用。

(4)保护债权人权利原则。保护债权人原则要求企业分配利润前应先清偿所有到期债务,而不能故意拖欠债权人债务进行利润分配,伤害债权人权益。此外,企业进行利润分配时应使企业保持一定的偿债能力,以免日后资金周转困难时损害债权人利益。在企业与债权人签订某些有限制性条款的债务契约时,其利润分配政策须征得债权人的同意。

(5)利润分配应兼顾企业所有者、经营者和职工的利益。利润分配政策的合理与否,直接关系到企业所有者、经营者和职工的利益,所以利润分配既要考虑上述几方面的共同利益,但也应考虑各方面的局部利益,以协调好各方面的近期利益与企业发展的关系,合理确定提取盈余公积金、公益金和分配给投资者利润的金额。此外,在向投资者分配利润时应做到股权平等,利益公平,同股同利等。

(6)利润分配要有利于增强企业发展能力,并处理好企业内部积累与消费的关系。企业的利润分配政策应有利于增强企业的发展能力,这要求企业利润分配要贯彻积累优先原则,合理确定提取盈余公积金、公益金和分配给投资者利润的比例,以促进企业健康发展。企业分配利润时提取的公益金主要用于集体福利支出,若提取比例过大,有可能使企业财力缺乏,降低企业应付各种风险的能力,最终影响企业发展,并影响到投资者和职工的利益。但若提取比例过小,职工生活条件得不到改善,而挫伤职工的积极性,也影响企业发展。故企业利润分配中应处理好积累与消费的关系,调动职工积极性,促进企业持续健康发展。

3. 利润分配的顺序

企业实现的利润总额在依法交纳所得税后成为可供分配的利润,根据《企业财务通则》规定,除国家另有规定外,可按下列顺序分配:

(1)用于抵补被没收财物损失、支付违反税法规定的各项滞纳金和罚款。

(2)弥补超过用税前利润抵补期限,按规定须用税后利润弥补的亏损。

(3)提取法定盈余公积金,用于发展企业生产经营、弥补亏损或按国家规定转增资本金。

(4)按规定提取公益金。用于企业职工集体福利方面的支出。

(5)支付优先股股利。

(6)提取任意盈余公积金,可用于派发股东股利。

(7)支付普通股股利。企业以前年度未分配的利润可以并入本年度向投资者分配。

第五章 劳务分包招标投标

第一节 劳务招标投标概述

一、招标、投标的概念

招标、投标是一种以招标人的要约,引发投标者的承诺,经过招标人的择优选定,最终形成协议和合同关系的平等主体之间的经济活动过程,是"法人"之间达成有偿的,具有约束力的法律行为。

按照法律效力的不同,招标投标法律规范分为三个层次:第一层次是由全国人民代表大会及其常务委员会颁发的招标投标法律;第二层次是由国务院颁发的招标投标行政法规以及有立法权的地方人大颁发的地方性招标投标法规;第三层次是由国务院有关部门颁发的有关招标投标的部门规章以及有立法权的地方人民政府颁发的地方性招标投标规章。此处所称的招标投标法,是属第一层次上的,即由全国人民代表大会常务委员会制定和颁布的《中华人民共和国招标投标法》(以下简称《招标投标法》)。

二、劳务分包方式

(1)自带劳务承包。自带劳务承包是指企业内部正式职工经过企业培训考核合格成为工长,劳务人员原则上由工长招募,人员的住宿、饮食、交通等由企业统一管理,工资由企业监督工长发放或由工长编制工资发放表由企业直接发放。

在这种形式中,公司将所承建的部分工程通过签订承包合同的形式,交由本公司职工具体承包施工,该承包人自招工人,就形式而言,工程由承包人负责施工与管理,工人的报酬也是由承包人支付,这似乎在承包人与工人之间已形成了劳务关系。但是,关键的问题是,该承包人系公司的职工,其是以公司的名义履行承包合同并与他人发生法律关系,故该承包合同属于内部承包合同。承包经营属企业内部经营管理方式的变化,不产生施工合同履行主体变更问题。该承包人招用工人行为应视为公司的行为,被招用的工人与公司之间存在劳动关系,与承包人之间则不存在劳务关系。

(2)零散的劳务承包。零散的劳务承包是指企业临时用工,往往是为了一个工程项目而临时招用工人。

在这种形式中,承包人的法律地位不应等同于分包人,而是根据受劳务作业方有无用工资格分别界定为劳动关系或劳务关系,即劳动者或劳务地位。理由为承包人仅仅是工费承包,并且一般从事的是工程中单一工种的作业,其个人收入与施工效益直接挂钩,但对工程项目的承建不进行独立管理,也不对工程质量承担终身责任,仅对发包人承担"合格"的质量责任。承包人在提供劳务期间属临时性质的劳务人员,对施工期间发生的伤害事故、质量安全问题均不能承担责任。

(3)成建制的劳务分包。成建制的劳务分包是指以企业的形态从施工总承包企业或专业承包企业处分项、分部或单位工程地承包劳务作业。

在这种形式中,无须多言,该劳务承包实质属于工程分包性质,承包人地位等同于分包人地位。

第二节 施工招标投标管理

一、招标投标活动概述

(一)招标投标活动基本原则

《招标投标法》规定:"招标投标活动应当遵循公开、公平、公正和诚实信用原则。"

1. 公开原则

公开原则要求建设工程招标投标活动具有较高的透明度,具体有以下几层意思:

(1)建设工程招标投标的信息公开。通过建立和完善建设工程项目报建登记制度,及时向社会发布建设工程招标投标信息,让有资格的投标者都能享受到同等的信息,便于进行投标决策。

(2)建设工程招标投标的条件公开。什么情况下可以组织招标,什么机构有资格组织招标,什么样的单位有资格参加投标等,必须向社会公开,便于社会监督。

(3)建设工程招标投标的程序公开。工程建设项目的招标投标应当经过哪些环节、步骤,在每一环节、每一步骤有什么具体要求和时间限制,凡是适宜公开的,均应当予以公开;在建设工程招标投标的全过程中,招标单位的主要招标活动程序、投标单位的主要投标活动程序和招标投标管理机构的主要监管程序,必须公开。

(4)建设工程招标投标的结果公开。哪些单位参加了投标,最后哪个单位中了标,应当予以公开。

2. 公平原则

公平原则是指所有当事人和中介机构在建设工程招标投标活动中,享有均等的机会,具有同等的权利,履行相应的义务,任何一方都不受歧视。它主要体现在:

(1)凡符合法定条件的工程建设项目,都一样进入市场通过招标投标进行交易,市场主体不仅包括承包方,而且也包括发包方,发包方进入市场的条件是一样的。

(2)在建设工程招标投标活动中,所有合格的投标人进入市场的条件和竞争机会都是一样的,招标人对投标人不得搞区别对待,厚此薄彼。

(3)建设工程招标投标涉及的各方主体,都负有与其享有的权利相适应的义务,因事情变迁(不可抗力)等原因造成各方权利义务关系不均衡的,都可以而且也应当依法予以调整或解除。

(4)当事人和中介机构对建设工程招标投标中自己有过错的损害根据过错大小承担责任,对各方均无过错的损害则根据实际情况分担责任。

3. 公正原则

公正原则是指在建设工程招标投标活动中,按照同一标准实事求是地对待所有当事人和中介机构。如招标人按照统一的招标文件示范文本公正地表述招标条件和要求,按照事先经建设工程招标投标管理机构审查认定的评标定标办法,对投标文件进行公正评价,择优确定中标人等。

4. 诚实信用原则

诚实信用原则简称诚信原则,是指在建设工程招标投标活动中,当事人和有关中介机构应当以诚相待、讲求信义、实事求是,做到言行一致、遵守诺言、履行成约,不得见利忘义、投机取巧、弄虚作假、隐瞒欺诈、以次充好、掺杂使假、坑蒙拐骗,损害国家、集体和其他人的合法权益。诚信原则是建设工程招标投标活动中的重要道德规范,也是法律上的要求。诚信原则要求当事人和中介机构在进行招标投标活动时,必须具备诚实无欺、善意守信的内心状态,不得滥用权力损害他人,要在自己获得利益的同时充分尊重社会公德和国家的、社会的、他人的利益,自觉维护市场经济的正常秩序。

(二)必须招标的范围

根据《招标投标法》的规定,在中华人民共和国境内进行的下列工程项目必须进行招标:

(1)大型基础设施、公用事业等关系社会公共利益、公众安全的项目。

(2)全部或者部分使用国有资金或者国家融资的项目。

(3)使用国际组织或者外国政府贷款、援助资金的项目。

(三)可以不进行招标的范围

按照《招标投标法》和有关规定,属于下列情形之一的,经县级以上地方人民政府建设行政主管部门批准,可以不进行招标:

(1)涉及国家安全、国家秘密的工程。

(2)抢险救灾工程。

(3)利用扶贫资金实行以工代赈、需要使用农民工等特殊情况的工程。

(4)建筑造型有特殊要求的设计。

(5)采用特定专利技术、专有技术进行设计或施工。

(6)停建或者缓建后恢复建设的单位工程,且承包人未发生变更的。

(7)施工企业自建自用的工程,且施工企业资质等级符合工程要求的。

(8)在建工程追加的附属小型工程或者主体加层工程,且承包人未发生变更的。

(9)法律、法规、规章规定的其他情形。

二、招标程序

(一)招标应当具备的条件

依法必须招标的工程建设项目,应具备下列条件才能进行施工招标:

(1)招标人已经依法成立;

(2)初步设计及概算应当履行审批手续的,已经批准;

(3)招标范围、招标方式和招标组织形式等应当履行核准手续的,已经核准;

(4)有相应资金或者资金来源已经落实;

(5)有招标所需的设计图纸及技术资料。

(二)工程项目招标方式

1. 公开招标

公开招标又称为无限竞争招标,是由招标人以招标公告的方式邀请不特定的法人或者其他组织投标,并通过国家指定的报刊、广播、电视及信息网络等媒介发布招标公告,有意的投标人接受资格预审、购买招标文件,参加投标的招标方式。

公开招标是最具竞争性的招标方式,其参与竞争的投标人数量最多,只要符合相应的资质条件,投标人愿意便可参加投标,不受限制,因而竞争程度最为激烈。它可以为招标人选择报价合理、施工工期短、信誉好的承包商,为招标人提供最大限度的选择范围。

公开招标程序最严密、最规范,有利于招标人防范风险,保证招标的效果;有利于防范招标投标活动操作人员和监督人员的舞弊现象。

2. 邀请招标

邀请招标又称为有限竞争性招标,是指招标人以投标邀请书的方式邀请特定的法人或其他组织投标。招标人采用邀请招标方式时,特邀的投标人必须能胜任招标工程项目的实施任务。邀请招标中所选投标人应具备的条件:

(1)投标人当前和过去的财务状况均良好;

(2)投标人近期内成功地承包过与招标工程类似的项目,有较丰富的经验;

(3)投标人有较好的信誉;

(4)投标人的技术装备、劳动力素质、管理水平等均符合招标工程的要求;

(5)投标人在施工期内有足够的力量承担招标工程的任务。

总之,被邀请的投标人必须具有经济实力、信誉实力、技术实力、管理实力,能胜任招标工程。

3. 协议招标

协议招标又称为非竞争性招标、指定性招标、议标、谈判招标,是招标人邀请不少于两家(含两家)的承包商,通过直接协商谈判,选择承包商的招标方式。

业主不必发布招标公告,直接选择有能力承担建设工程项目的企业投标,实质上是更小范围的邀请招标。首先招标人选定某几个工程承包人进行谈判,双方可以相互协商,投标人通过修改标价与招标人取得一致,业主通常采取多角协商、货比三家的原则,择优选择投标人,商定工程价款,签订工程承包合同。其实质是一种谈判合同,是一般意义上的建设工程承发包。接近传统的商务方式,是招标方式与传统商务方式的结合,兼顾两者的优点,既节省了时间和招标成本,又可以获取有竞争力的标价。议标必须经过三个基本阶段:第一是报价阶段,第二是比较阶段,第三是评定阶段。不过有的时候采用单项议标的方法也比较多见,如小型改造维修工程。国家对不宜公开招标或邀请招标的特殊工程,应报主管机构,经批准后可以议标。议标在我国新兴的建设工程招标中还有着用武之地,尤其是针对广大的中小房地产开发商,议标为建设工程招标投标事业在我国的发展壮大起到了先锋作用。因此,如何规范和完善议标的法律地位,是一个值得研究的问题。

议标方式不是法定的招标形式,招标投标法也未进行规范。但议标方式不同于直接发包。从形式上看,直接发包没有"标",而议标是有"标"的。议标的招标人事先须编制议标招标文件,有时还要有标底,议标的投标人必须有议标投标文件。议标方式还是在一定范围内存在,各地的招标投标管理机构把议标纳入管理范围。依法必须招标的建设项目,采用议标方式招标必须经招标投标管理机构审批。议标的文件、程序和中标结果也须经招标投标管理机构审查。

(三)资格审查

1. 资格预审

资格预审主要包括以下三个程序:一是资格预审公告;二是编制、发出资格预审文件;三是对投标人资格的审查和确定合格者名单。

(1)资格预审公告。资格预审公告是指招标人向潜在的投标人发出的参加资格预审的广泛邀请。该公告可以在购买资格预审文件前一周内至少刊登两次,也可以考虑通过规定的其他媒介发出资格预审公告。

(2)发出资格预审文件。资格预审公告后,招标人向申请参加资格预审的申请人发放或者出售资格预审文件。资格预审文件通常由资格预审须知和资格预审表两部分组成。

①资格预审须知内容一般为:比招标广告更详细的工程概况说明;资格预审的强制性条件;发包的工作范围;申请人应提供的有关证明和材料;当为国际工程招标时,对通过资格预审的国内投标者的优惠以及指导申请人正确填写资格预审表的有关说明等。

②资格预审表,是招标单位根据发包工作内容特点,需要对投标单位的资质条件、实施能力、技术水平、商业信誉等方面的情况加以全面了解,以应答式表格形式给出的调查文件。资格预审表中开列的内容应能反映投标单位的综合素质。

只要投标申请人通过了资格预审就说明他具备承担发包工作的

资质和能力,凡资格预审中评定过的条件在评标的过程中就不再重新加以评定,因此资格预审文件中的审查内容要完整、全面,避免不具备条件的投标人承担项目的建设任务。

(3)评审资格预审文件。对各申请投标人填报的资格预审文件评定,大多采用加权打分法。

①依据工程项目特点和发包工作的性质,划分出评审的几大方面,如资质条件、人员能力、设备和技术能力、财务状况、工程经验、企业信誉等,并分别给予不同的权重。

②对各方面再细划分评定内容和分项打分标准。

③按照规定的原则和方法逐个对资格预审文件进行评定和打分,确定各投标人的综合素质得分。为了避免出现投标人在资格预审表中出现言过其实的情况,在有必要时还可辅以对其已实施过的工程现场调查。

④确定投标人名单。依据投标申请人的得分排序,以及预定的邀请投标人数目,从高分向低分录取。此时还需注意,若某一投标人的总分排在前几名之内,但某一方面的得分偏低较多,招标单位应适当考虑若他一旦中标后,实施过程中会有哪些风险,最终再确定他是否有资格进入短名单之内。对短名单之内的投标单位,招标单位分别发出投标邀请书,并请他们确认投标意向。如果某一通过资格预审单位又决定不再参加投标,招标单位应以得分排序的下一名投标单位递补。对没有通过资格预审的单位,招标单位也应发出相应通知,他们就无权再参加投标竞争。

2. 资格后审

资格后审是指在开标后对投标人进行的资格审查。进行资格预审的,一般不再进行资格后审,但招标文件另有规定的除外。

采取资格后审的,招标人应当在招标文件预先明确对投标人资格要求的条件、标准和方法,不得改变载明的资格条件或者以没有载明的资格条件对投标人进行资格后审。资格后审不合格的投标人的投标应作废标处理。

资格审查时,招标人不得以不合理的条件限制、排斥潜在投标人或者投标人,不得对潜在投标人或者投标人实行歧视待遇。任何单位和个人不得以行政手段或者其他不合理方法限制投标人的数量。

(四)招标文件

1. 招标文件的编制与发售

《招标投标法》第十九条规定:"招标人应当根据招标项目的特点和需要编制招标文件。招标文件应当包括招标项目的技术要求、对投标人资格审查的标准、投标报价要求和评标标准等所有实质性要求和条件以及拟签订合同的主要条款。国家对招标项目的技术、标准有规定的,招标人应当按照其规定在招标文件中提出相应要求。招标项目需要划分标段、确定工期的,招标人应当合理划分标段、确定工期,并在招标文件中载明"。

在需要资格预审的招标中,招标文件只发售给资格合格的厂商。在不拟进行资格预审的招标中,招标文件可发给对招标通告作出反应并有兴趣参加投标的所有承包商。

在招标通告上要清楚地规定发售招标文件的地点、起止时间以及发售招标文件的费用。

对发售招标文件的时间,要相应规定得长一些,以使投标者有足够的时间获得招标文件。根据世界银行的要求,发售招标文件的时间可延长到投标截止时间。

2. 招标文件的内容

招标文件的内容大致分为三类:

(1)关于编写和提交投标文件的规定。载入这些内容的目的是尽量减少承包商或供应商由于不明确如何编写投标文件而处于不利地位或其投标遭到拒绝的可能。

(2)关于对投标人资格审查的标准及投标文件的评审标准和方法,这是为了提高招标过程的透明度和公平性,所以非常重要,也是不可缺少的。

(3)关于合同的主要条款,其中主要是商务性条款,有利于投标人了解中标后签订合同的主要内容,明确双方的权利和义务。其中,技术要求、投标报价要求和主要合同条款等内容是招标文件的关键内容,统称实质性要求。

3. 招标文件的补充或修改

招标文件发售给投标人后,在投标截止日期前的任何时候,招标人均可以对其中的任何内容或者部分内容加以补充或者修改。

(1)对投标人书面质疑的解答。投标人研究招标文件和进行现场考察后会对招标文件中的某些问题提出书面质疑,招标人如果对其问题给予书面解答,就此问题的解答应同时送达每一个投标人,但送给其他人的解答不涉及问题的来源以保证公平竞争。

(2)标前会议的解答。标前会议对投标人和即时提出问题的解答,在会后应以会议纪要的形式发给每一个投标人。

(3)补充文件的法律效力。不论是招标人主动提出的对招标文件有关内容的补充或修改,还是对投标人质疑解答的书面文件或标前会议纪要,均构成招标文件的有效组成部分,若与原发出的招标文件不一致之处,以各文件的发送时间靠后者为准。

(4)补充文件的发送对投标截止日期的影响。在任何时间招标人均可对招标文件的有关内容进行补充或者修改,但应给投标人合理的时间在编制投标书时予以考虑。按照《招标投标法》规定,澄清或者修改文件应在投标截止日期的15天以前送达每一个投标人。因此若迟于上述时间时投标截止日期应当相应顺延。

4. 投标截止时间

《招标投标法》第二十四条规定:"招标人应当确定投标人编制投标文件所需要的合理时间;但是,依法必须进行招标的项目,自招标文件开始发出之日起至投标人提交投标文件截止之日止,最短不得少于20日。"投标人获得招标文件后,需要按照招标文件的要求编制投标文件,这需要花费一定的时间,从招标投标活动应当遵循的基本原则出发,招标人应当在招标文件中确定投标人编制投标文件所需要的合理时间。

上述投标截止时间简称为截标时间。招标人在招标公告和投标邀请书中对于投标截止时间已经予以明确,但是,在投标须知中还需要进一步强调,以引起投标人的重视,防止出现争议。需要说明的是,招标人可以推迟投标截止时间,并应当向投标人说明。

5. 投标有效期

投标有效期是在投标截止日期后规定的一段时间。在这段时间内招标人应当完成开标、评标、中标工作，除所有的投标都不符合招标条件的情形外，招标人应当与中标人订立合同，招标文件规定中标人需要提交履约保证金的，中标人还应当提交履约保证金。

招标文件中规定投标有效期是很有必要的，从招标程序来看，大量的工作是在接到投标以后进行的，开标、评标和确定中标人都需要较长的时间，在这段时间内投标人不得再对投标文件进行修改，否则必然会影响招标人的工作。正如《招标投标法》第二十九条规定："投标人在招标文件要求提交投标文件的截止时间前，可以补充、修改或者撤回已提交的投标文件，并书面通知招标人。补充、修改的内容为投标文件的组成部分。"而在投标截止时间后，即在投标有效期内投标人不得对投标文件中的交易条件再行修改。

投标有效期可以定在中标通知以后，而定在中标人提交履约担保之后则是最稳妥的。通常情况下，投标有效期确定后，招标人应当在此期限内完成评标和授予合同等活动。当然，如果出现特殊情况，需要延长投标有效期，则招标人应当在投标有效期届满前以书面形式征求所有投标人的意见，同时要求投标担保也相应延长。招标人的延长投标有效期的要求不是强制性的，目的是不致使投标人在不可预料的长时间中受其投标的约束，从而有碍于投标人参与投标或者促使他们提高投标价格。投标人既可以同意延长投标有效期，也可以拒绝延期而按照原定期限撤销投标。拒绝延期的，其投标担保招标人不能没收。

6. 招标人不得以不合理的条件限制、排斥潜在投标人或者投标人

招标人有下列行为之一的，属于以不合理条件限制、排斥潜在投标人或者投标人：

（1）就同一招标项目向潜在投标人或者投标人提供有差别的项目信息；

（2）设定的资格、技术、商务条件与招标项目的具体特点和实际需要不相适应或者与合同履行无关；

(3)依法必须进行招标的项目以特定行政区域或者特定行业的业绩、奖项作为加分条件或者中标条件;

(4)对潜在投标人或者投标人采取不同的资格审查或者评标标准;

(5)限定或者指定特定的专利、商标、品牌、原产地或者供应商;

(6)依法必须进行招标的项目非法限定潜在投标人或者投标人的所有制形式或者组织形式;

(7)以其他不合理条件限制、排斥潜在投标人或者投标人。

三、招标组织形式和招标代理

1. 招标组织形式

招标组织形式包括自行招标和委托招标。其中,自行招标,是指招标人自身具有编制招标文件和组织评标能力,依法自行办理招标;而委托招标,是指招标人委托招标代理机构办理招标事宜。

招标人有权自行选择招标代理机构,委托其办理招标事宜。任何单位和个人不得以任何方式为招标人指定招标代理机构。

招标人具有编制招标文件和组织评标能力的,可以自行办理招标事宜。任何单位和个人不得强制其委托招标代理机构办理招标事宜。

依法必须进行招标的项目,招标人自行办理招标事宜的,应当向有关行政监督部门备案。

2. 招标代理

为了确保招标投标活动的质量,真正达到选拔最优秀的承包商和建设投资最低化的目的,各地的政府招标投标主管部门还对招标人的招标资质进行了规定。

建设工程招标人的招标资质主要由以下两个方面标准确定。

(1)招标人是否有与招标项目相适应的数量和级别的技术、经济等专业技术人员;

(2)招标人是否具有编制招标文件和组织招标活动的能力。

若招标人不具备上述条件,无相应的招标资质,就不容许自行组织招标,而必须委托具有相应资质的招标代理机构代理招标。

建设工程招标代理,是指工程建设单位,将建设工程招标事务委托给具有相应资质的中介服务机构,由该中介服务机构在招标人委托授权的范围内,以招标人的名义,独立组织建设工程招标活动,并由建设单位接受招标活动的法律效果的一种制度。这里,代替他人进行建设工程招标活动的中介服务机构,称为招标代理人。

建设工程招标人委托建设工程中介服务机构作为自己的代理人,必须有委托授权行为。

委托授权是建设工程招标人作为被代理人,将招标代理权授予代理人的单方行为。被代理人一方一旦授权,代理人就取得了招标代理权。建设工程招标当事人委托授予代理权,应当采用书面形式。授权委托书应当具体载明代理人的姓名或者名称、代理事项、代理的权限范围和代理权的有效期限,并且由委托人签名盖章。授权委托书授权不明,代理人凭借授权不明的授权委托书与善意的第三人(相对人)进行了不符合被代理人本意的招标事务,其效果仍应归属于被代理人,因此致使第三人(相对人)受损害的,被代理人应向受害人负赔偿责任,代理人负连带责任。

招标代理人受招标人委托代理招标,必须签订书面委托代理合同。授权委托书和委托代理合同关系十分密切,但两者不是一回事。授权委托书和委托代理合同的主要区别是:授权委托书体现为单方法律行为,委托合同体现为双方法律行为。所谓委托代理合同,是指招标人委托招标代理机构处理招标事务,招标代理机构接受委托的协议。

四、投标的要求

1. 投标人的资格要求

投标人应当具备承担招标项目的能力;国家有关规定对投标人资格条件或者招标文件对投标人资格条件有规定的,投标人应当具备规定的资格条件。

2. 投标文件的编制

(1)投标人编制投标文件时必须使用招标文件提供的投标文件表

格格式,但表格可以按同样格式扩展。投标保证金、履约保证金的方式,按招标文件有关条款的规定可以选择。投标人根据招标文件的要求和条件填写投标文件的空格时,凡要求填写的空格都必须填写,不得空着不填,否则,即被视为放弃意见。实质性的项目或数字如工期、质量等级、价格等未填写的,将被视为无效或作废的投标文件处理。将投标文件按规定的日期送交招标人,等待开标、决标。

(2)应当编制的投标文件"正本"仅一份,"副本"则按招标文件前附表所述的份数提供,同时要在标书封面标明"投标文件正本"和"投标文件副本"字样。投标文件正本和副本如有不一致之处,以正本为准。

(3)投标文件正本和副本均应使用不能擦去的墨水打印或书写,各种投标文件的填写字迹都要清晰、端正,补充设计图纸要整洁、美观。

(4)所有投标文件均由投标人的法定代表人签署、加盖印鉴,并加盖法人单位公章。

(5)填报投标文件应反复校核,保证分项和汇总计算均无错误。全套投标文件均应无涂改和行间插字,除非这些删改是根据招标人的要求进行的,或者是投标人造成的必须修改的错误。修改处应由投标文件签字人签字证明并加盖印鉴。

(6)如招标文件规定投标保证金为合同总价的某百分比时,开投标保函不要太早,以防泄漏己方报价。但有的投标商提前开出并故意加大保函金额,以麻痹竞争对手的情况也是存在的。

(7)投标人应将投标文件的技术标和商务标分别密封在内层包封,再密封在一个外层包封中,并在内封上标明"技术标"和"商务标"。标书包封的封口处都必须加贴封条,封条贴缝应全部加盖密封章或法人章。内层和外层包封都应由投标人的法定代表人签署、加盖印鉴,并加盖法人单位公章。内层和外层包封都应写明投标人名称和地址、工程名称、招标编号,并注明开标时间以前不得开封。在内层和外层包封上还应写明投标人的名称与地址、邮政编码,以便投标出现逾期送达时能原封退回。如果内外层包封没有按上述规定密封并加写标志,投标文件将被拒绝,并退还给投标人。投标文件应按时递交至招标文件前附表所述的单位和地址。

(8)投标文件的打印应力求整洁、悦目,避免评标专家产生反感。投标文件的装订也要力求精美,使评标专家从侧面产生对投标人企业实力的认可。

3. 投标文件的提交

递交投标文件也称递标,是指投标商在规定的投标截止日期之前,将准备好的所有投标文件密封递送到招标单位的行为。

所有的投标文件必须经反复校核、审查并签字盖章,特别是投标授权书要由具有法人地位的公司总经理或董事长签署、盖章;投标保函在保证银行行长签字盖章后,还要由投标人签字确认。然后按投标须知要求,认真细致地分装密封包装起来,由投标人亲自在截标之前送交招标的收标单位;或者通过邮寄递交。邮寄递交要考虑路途的时间,并且注意投标文件的完整性,一次递交、迟交或文件不完整都将导致文件作废。

有许多工程项目的截止收标时间和开标时间几乎同时进行,交标后立即组织当场开标。迟交的标书即宣布为无效。因此,不论采用什么方法送交标书,一定要保证准时送达。对于已送出的标书若发现有错误要修改时,可致函、发紧急电报或电传通知招标单位,修改或撤销投标书的通知不得迟于招标文件规定的截止时间。总而言之,要避免因为细节的疏忽与技术上的缺陷使投标文件失效或无利中标。

至于招标者,在收到投标商的投标文件后,应签收或通知投标商已收到其投标文件,并记录收到日期和时间;同时,在收到投标文件到开标之前,所有投标文件均不得启封,并应采取措施确保投标文件的安全。

4. 投标文件的补充、修改、替代或撤回

投标人在招标文件要求提交投标文件的截止时间前,可以补充、修改或者撤回已提交的投标文件,并书面通知招标人。补充、修改的内容为投标文件的组成部分。

在提交投标文件截止时间后到招标文件文件规定的投标有效期终止之前,投标人不得补充、修改或者撤回已提交的投标文件。投标

人补充、修改、替代投标文件的,招标人应当拒收,投标人撤回投标文件的,其投标保证金将没收。

5. 禁止投标人实施不正当竞争行为的规定

投标人不得实施以下不正当竞争行为:

(1)投标人相互串通投标报价。

《工程建设项目施工招标投标办法》第四十六条规定:下列行为均属投标人串通投标报价:

1)投标人之间相互约定抬高或压低投标报价;

2)投标人之间相互约定,在招标项目中分别以高、中、低价位报价;

3)投标人之间先进行内部竞价,内定中标人,然后再参加投标;

4)投标人之间其他串通投标报价的行为。

《招标投标法实施条例》第三十九条规定:禁止投标人相互串通投标。

有下列情形之一的,属于投标人相互串通投标:

1)投标人之间协商投标报价等投标文件的实质性内容;

2)投标人之间约定中标人;

3)投标人之间约定部分投标人放弃投标或者中标;

4)属于同一集团、协会、商会等组织成员的投标人按照该组织要求协同投标;

5)投标人之间为谋取中标或者排斥特定投标人而采取的其他联合行动。

《招标投标法实施条例》第四十条规定:有下列情形之一的,视为投标人相互串通投标:

1)不同投标人的投标文件由同一单位或者个人编制;

2)不同投标人委托同一单位或者个人办理投标事宜;

3)不同投标人的投标文件载明的项目管理成员为同一人;

4)不同投标人的投标文件异常一致或者投标报价呈规律性差异;

5)不同投标人的投标文件相互混装;

6)不同投标人的投标保证金从同一单位或者个人的账户转出。

(2)投标人与招标人串通投标。

《工程建设项目施工招标投标办法》第四十七条规定:下列行为均属招标人与投标人串通投标:

1)招标人在开标前开启招标文件,并将投标情况告知其他投标人,或者协助投标人撤换投标文件,更改报价;

2)招标人向投标人泄露标底;

3)招标人与投标人商定,投标时压低或抬高标价,中标后再给投标人或招标人额外补偿;

4)招标人预先内定中标人;

5)其他串通投标行为。

《招标投标法实施条例》第四十一条规定:禁止招标人与投标人串通投标。有下列情形之一的,属于招标人与投标人串通投标:

1)招标人在开标前开启投标文件并将有关信息泄露给其他投标人;

2)招标人直接或者间接向投标人泄露标底、评标委员会成员等信息;

3)招标人明示或者暗示投标人压低或者抬高投标报价;

4)招标人授意投标人撤换、修改投标文件;

5)招标人明示或者暗示投标人为特定投标人中标提供方便;

6)招标人与投标人为谋求特定投标人中标而采取的其他串通行为。

(3)以行贿的手段谋取中标。

《招标投标法》第三十二条规定:投标人不得相互串通投标报价,不得排挤其他投标人的公平竞争,损害招标人或者其他投标人的合法权益。

投标人不得与招标人串通投标,损害国家利益、社会公共利益或者他人的合法权益。

禁止投标人以向招标人或者评标委员会成员行贿的手段谋取中标。

(4)以低于成本的报价竞标。

《招标投标法》第三十三条规定:投标人不得以低于成本的报价竞标。

《反不正当竞争法》第十一条规定：经营者不得以排挤竞争对手为目的，以低于成本的价格销售商品。认为低于成本销售商品属于不正当竞争行为，这个思想与《招标投标法》的思想是一致的。

《工程建设项目货物招标投标办法》第四十四条规定：最低投标价不得低于成本。则在《招标投标法》与《反不正当竞争法》中建立起了一个桥梁，进一步确认了低于成本竞标的违法性。

(5)以他人名义投标或以其他方式弄虚作假，骗取中标。

《招标投标法》第三十三条规定：投标人不得以他人名义投标或者以其他方式弄虚作假，骗取中标。

《招标投标法实施条例》第四十二条规定：使用通过受让或者租借等方式获取的资格、资质证书投标的，属于招标投标法第三十三条规定的以他人名义投标。投标人有下列情形之一的，属于招标投标法第三十三条规定的以其他方式弄虚作假的行为：

1)使用伪造、变造的许可证件；

2)提供虚假的财务状况或者业绩；

3)提供虚假的项目负责人或者主要技术人员简历、劳动关系证明；

4)提供虚假的信用状况；

5)其他弄虚作假的行为。

五、开标、评标与定标

(一)开标

开标应当在招标文件确定的提交投标文件截止时间的同一时间公开进行；开标地点应当为招标文件中预先确定的地点。开标由招标人主持，邀请所有投标人参加。根据《招标投标法》及相关规定，开标应当遵循如下程序：开标时，由投标人或者其推选的代表检查投标文件的密封情况，也可以由招标人委托的公证机构检查并公证；经确认无误后，由工作人员当众拆封，宣读投标人名称、投标价格和投标文件的其他主要内容。招标人在招标文件要求提交投标文件的截止时间前收到的所有投标文件，开标时都应当当众予以拆封、宣读。开标过程应当记录(表 5-1),并存档备查。

表 5-1　　　　　　　　　开标记录表

_____(项目名称)_____标段施工开标记录表

开标时间:_____年_____月_____日_____时_____分

开标地点:_____

(一)唱标记录

序号	投标人	密封情况	投标保证金	投标报价(元)	质量目标	工期	备注	签名
招标人编制的标底(如果有)								

(二)开标过程中的其他事项记录

_____
_____
_____
_____
_____
_____

(三)出席开标会的单位和人员(附签到表)

招标人代表:_____　记录人:_____　监标人:_____

　　　　　　　　　　　　　　　　　　　　　_____年_____月_____日

(二)评标

1. 评标委员会

(1)评标机构组成。《招标投标法》规定,评标由招标人依法组建的评标委员会负责。依法必须招标的项目,评标委员会由招标人的代表和有关技术、经济等方面的专家组成,成员人数为 5 人以上的单数,其中技术、经济等方面的专家不得少于成员总数的 2/3。

技术、经济等专家应当从事相关领域工作满 8 年且具有高级职称或具有同等专业水平,由招标人从国务院有关部门或省、自治区、直辖市人民政府有关部门提供的专家名册或者招标代理机构的专家库内的相关专业的专家名单中确定;一般招标项目可以采取随机抽取方式,特殊招标项目可以由招标人直接确定。与投标人有利害关系的人不得进入相关项目的评标委员会,已经进入的应当更换。评标委员会成员的名单在中标结果确定前应当保密。

(2)评标委员会成员的保密性与独立性。

评标在封闭状态下进行,评标委员会在评标过程中有关检查、评审和授标的建议等情况均不得向投标人或与该程序无关的人员透露。

评审过程是招标人及其评标委员会的独立活动,有权对整个过程保密,以免投标人及其他有关人员知晓其中的某些意见、看法或决定,而想方设法干扰评标活动的进行,也可以制止评标委员会成员对外泄漏和沟通有关情况,造成评标不公。

2. 投标文件的澄清和说明

评标时,评标委员会可以要求投标人对投标文件中含义不明确的内容做必要的澄清或者说明,比如投标文件有关内容前后不一致、明显打字(书写)错误或纯属计算上的错误等,评标委员会应通知投标人做出澄清或说明,以确认其正确的内容。澄清的要求和投标人的答复均应采用书面形式(表 5-2、表 5-3),且投标人的答复必须经法定代表人或授权代表人签字,作为投标文件的组成部分。

表 5-2　　　　　　　　　问题澄清通知

```
                    问题澄清通知

                                        编号：_____
_____(投标人名称)：
    _____(项目名称)____标段施工招标的评标委员会,对你方的投标文件进行了仔细的审查,现需你方对本通知所附质疑问卷中的问题以书面形式予以澄清、说明或者补正。
    请将上述问题的澄清、说明或者补正于____年____月____日____时前密封递交至_____(详细地址)或传真至_____(传真号码)。采用传真方式的,应在____年____月____日____时前将原件递交至_____(详细地址)。

附件：质疑问卷




              _____(项目名称)____标段施工招标评标委员会
        (经评标委员会授权的招标人代表签字或招标人加盖单位章)

                                        ____年____月____日
```

表 5-3　　　　　　　问题的澄清、说明或补正

```
                问题的澄清、说明或补正

                                        编号：_____

_____(项目名称)____标段施工招标的评标委员会：

问题澄清通知(编号：_____)已收悉,现澄清、说明或补正如下：
1.
2.
……

投标人：_____(盖单位章)


法定代表人或其委托代理人：_____(签字)

                                        ____年____月____日
```

但是,投标人的澄清或说明,仅仅是对上述情形的解释和补正,不得有下列行为:

(1)超出投标文件的范围。比如,投标文件中没有规定的内容,澄清时候加以补充;投标文件提出的某些承诺条件与解释不一致;等等。

(2)改变或谋求、提议改变投标文件中的实质性内容。所谓实质性内容,是指改变投标文件中的报价、技术规格或参数、主要合同条款等内容。这种实质性内容的改变,其目的就是为了使不符合要求的或竞争力较差的投标变成竞争力较强的投标。实质性内容的改变将会引起不公平的竞争,因此是不允许发生的。

在实际操作中,部分地区采取"询标"的方式来要求投标单位进行澄清和解释。询标一般由受委托的中介机构来完成,通常包括审标、提出书面询标报告、质询与解答、提交书面询标经济分析报告等环节。提交的书面询标经济分析报告将作为评标委员会进行评标的参考,有利于评标委员会在较短的时间内完成对投标文件的审查、评审和比较。

3. 评标原则和程序

为保证评标的公正、公平性,评标必须按照招标文件确定的评标标准、步骤和方法,不得采用招标文件中未列明的任何评标标准和方法,也不得改变招标确定的评标标准和方法。

设有标底的,应当参考标底。评标委员会完成评标后,应当向招标人提出书面评标报告,并推荐合格的中标候选人。招标人根据评标委员会提出的书面评标报告和推荐的中标候选人确定中标人。招标人也可授权评标委员会直接确定中标人。

4. 按废标处理的情形

投标单位法定代表人或授权代表未参加开标会议的视为自动弃权。投标文件有下列情形之一的将视为无效:

(1)投标文件未按照招标文件的要求予以密封的;

(2)投标文件中的投标函未加盖投标人的企业及企业法定代表人印章的,或者企业法定代表人委托代理人没有合法、有效的委托书(原

件)及委托代理人印章的;

(3)投标文件的关键内容字迹模糊、无法辨认的;

(4)投标人未按照招标文件的要求提供投标保函或者投标保证金的;

(5)组成联合体投标的,投标文件未附联合体各方共同投标协议的;

(6)逾期送达。对未按规定送达的投标书,应视为废标,原封退回。但对于因非投标者的过失(因邮政、战争、罢工等原因)而在开标之前未送达的,投标单位可考虑接受该迟到的投标书。

5. 评标报告

评标结束后,评标委员会应写出评标报告,提出中标单位的建议,交业主或其主管部门审核。评标报告一般由下列内容组成:

(1)招标情况。主要包括工程说明、招标过程等。

(2)开标情况。主要有开标时间、地点、参加开标会议人员、唱标情况等。

(3)评标情况。主要包括评标委员会的组成及评标委员会人员名单、评标工作的依据及评标内容等。

(4)推荐意见。评标委员会提出中标候选人推荐意见。

(5)附件。主要包括评标委员会人员名单;投标单位资格审查情况表;投标文件符合情况鉴定表;投标报价评比报价表;投标文件质询澄清的问题等。

业主或其主管部门根据评标委员会提出的评标报告及其推荐意见,确定中标人,并在法定期限内与中标人签订合同。

6. 中标候选人

评标委员会推荐的中标候选人应当限定在 1~3 人,并表明排列顺序。中标人的投标,应当符合下列条件之一:

(1)能够最大限度地满足招标文件中规定的各项综合评价标准;

(2)能够满足招标文件的实质性要求,并且经评审的投标价格最低,但是投标价格低于成本的除外。

评标委员会经评审,认为所有投标都不符合招标文件要求的,可以否决所有投标。依法必须进行招标的项目的所有投标被否决的,招标人应当依法重新招标。

在确定中标人前,招标人不得与投标人就投标价格、投标方案等实质性内容进行谈判。

(三)定标

1. 确定中标人

根据《招标投标法》和《工程建设项目施工招标投标办法》的有关规定,评标委员会提出书面评标报告后,招标人一般应当在 15 日内确定中标人,但最迟应当在投标有效期结束日 30 个工作日前确定。招标人应当接受评标委员会推荐的中标候选人,不得在评标委员会推荐的中标候选人之外确定中标人。

依法必须招标的项目,招标人应当确定排名第一的中标候选人为中标人。排名第一的中标候选人放弃中标、因不可抗力提出不能履行合同,或者招标文件规定应当提交履约保证金而在规定的期限内未能提交的,招标人可以确定排名第二的中标候选人为中标人,依此类推。

招标人也可以授权评标委员会直接确定中标人。

2. 中标通知书

中标人确定后,招标人应当向中标人发出中标通知书(表 5-4),并同时将中标结果通知(表 5-5)所有未中标的投标人。中标通知书对招标人和中标人具有法律效力。中标通知书发出后,招标人改变中标结果的,或者中标人放弃中标项目的,应当依法承担法律责任。

表 5-4　　　　　　　　　　中标通知书

中标通知书
_____(中标人名称):   你方于_____(投标日期)所递交的_____(项目名称)____标段施工投标文件已被我方接受,被确定为中标人。   中标价:_____元。   工期:_____日历天。   工程质量:符合_____标准。   项目经理:_____(姓名)。

续表

> 请你方在接到本通知后的____日内到_____（指定地点）与我方签订施工承包合同，在此之前按招标文件第二章"投标人须知"第 7.3 款规定向我方提交履约担保。
> 特此通知。
>
> 招标人：_____（盖单位章）
> 法定代表人：_____（签字）
> _____年_____月_____日

表 5-5　　　　　　　　中标结果通知书

> 中标结果通知书
>
> _____（未中标人名称）：
> 我方已接受_____（中标人名称）于_____（投标日期）所递交的_____（项目名称）____标段施工投标文件，确定_____为（中标人名称）中标人。
>
> 感谢你单位对我方工作的大力支持！
>
> 招标人：_____（盖单位章）
> 法定代表人：_____（签字）
> _____年_____月_____日

招标人不得以向中标人提出压低报价、增加工作量、缩短工期或其他违背中标人意愿的要求，以此作为发出中标通知书和签订合同的条件。

中标人应当按照合同约定履行义务，完成中标项目。中标人不得向他人转让中标项目，也不得将中标项目肢解后分别向他人转让。

中标人按照合同约定或者经招标人同意，可以将中标项目的部分非主体、非关键性工作分包给他人完成。接受分包的人应当具备相应的资格条件，并不得再次分包。

中标人应当就分包项目向招标人负责,接受分包的人就分包项目承担连带责任。

3. 签订合同

招标人和中标人应当自中标通知书发出之日起 30 日内,按照招标文件和中标人的投标文件订立书面合同。招标人和中标人不得再行订立背离合同实质性内容的其他协议。

第三节 劳务招标投标管理

一、劳务招投标的目的

劳务招投标是施工总承包企业,根据建设主管部门有关规定,组织劳务分包企业进行任务投标的活动,要达到优选队伍,杜绝使用信用不良队伍,保证工程"安全、质量、工期"要求,控制人工成本,保障队伍稳定的目的。

二、劳务招投标工作内容

预审拟选投标人资格、发布招标文件、解答投标人提问、接受投标人投标、召开开标会、评价投标人投标文件、确定中标人、签订分包合同办理备案手续。

三、劳务招投标工作流程

1. 劳务招投标管理工作的主要环节

对招投标的控制,要抓好两个环节:

其一"投标资格预审,保证入围规范"。目的在于把好进口关,保证参加投标人的素质,形成高水平投标队伍间的竞争,达到优中选优。

其二"开标工程监控,保证过程规范"。做好开标工作,在"公开、公平、公正"的原则下,保证开标过程的规范化。

2. 劳务招投标管理工作流程

(1)劳务招投标管理工作流程如图 5-1 所示。

第五章　劳务分包招标投标

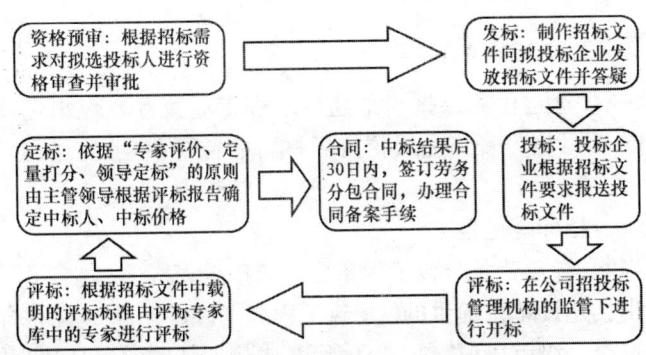

图 5-1　劳务招投标管理工作流程图

(2)劳务招投标具体操作程序如图 5-2 所示。

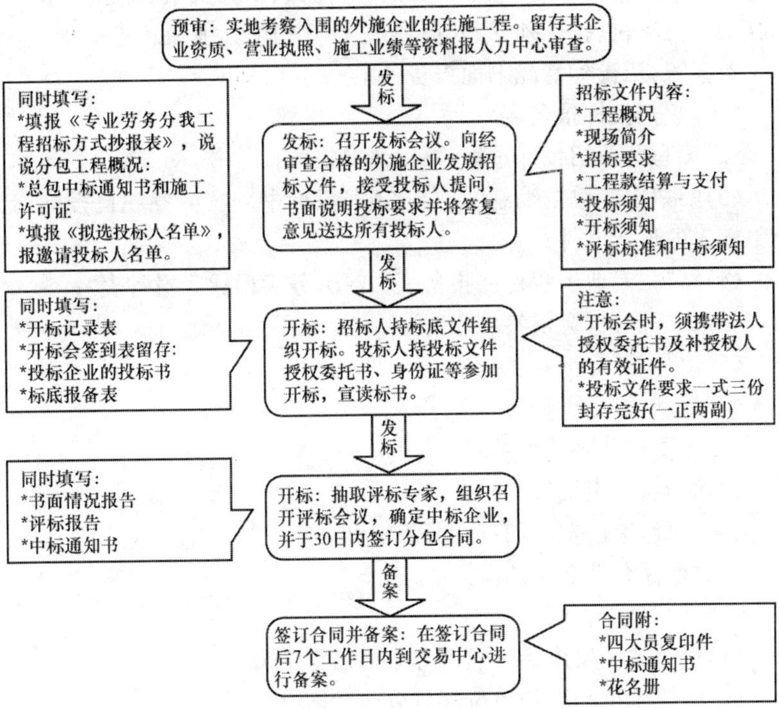

图 5-2　劳务招投标具体操作程序图

四、劳务招投标备案管理

劳务招投标过程需依据当地建设工程专业劳务发包承包交易中心的要求,填写相关表格完成招投标材料的备案,一般应进行的备案包括以下几项:

备案一:招标登记备案

(1)编制《专业劳务分包工程招标方式抄报表》;

(2)出具建设单位提供的《建筑工程施工许可证》(复印件即可);

(3)提交一级市场(总包、专业承包)中标通知书(复印件即可);

(4)填写《拟选投标人名单》。

备案二:招标文件备案

招标文件包含内容:工程概况、现场简介、招标要求、报价要求、工程款结算与支付、投标须知、开标须知、评标和中标须知。

备案三:招投标情况书面报告备案

(1)填写《投标报名表》;

(2)编写劳务招投标过程《书面情况报告》;

(3)归集投标单位编制的《专业项目投标书》或《劳务项目投标书》及中标人的投标文件;

(4)填写《专业工程标底报备表》或《劳务工程标底报备表》;

(5)归集《开标会议签到表》;

(6)填写《开标记录表》;

(7)编制《评标报告》;

(8)评委打分表及汇总表;

(9)编制《决表报告》;

(10)总包单位发出《专业、劳务中标通知书》;

(11)评标委员会名单。

备案四:分包合同备案

(1)总包单位发出《专业、劳务中标通知书》;

(2)中标单位与总包单位签订分包合同(合同备案)。

注:全部表格均需加盖本单位有效红章。

附件:北京市建设工程劳务分包招标文件

北京市建设工程劳务分包招标文件
(_____工程)

工程名称:_____

招标人(盖章):_____

法定代表人或委托代理人签字:_____

经 办 人:_____联系电话:_____

发出时间:_____年_____月_____日

北京市建设工程劳务分包招标文件
（示范文本）

目　录

一、投标人资格预审情况

二、工程概况

三、现场情况简介

四、招标要求

五、投标报价要求

六、劳务费的结算与支付

七、投标须知

八、开标须知

九、评标和中标须知

十、补充条款

劳务分包招标文件条款

第一条 投标人资格预审情况

经招标人资格预审,参加本工程投标的投标人均符合招标人资格预审的有关规定和条件,可以参加本工程劳务分包项目的投标。

第二条 工程概况

2.1 工程名称:_____。

2.2 工程地址:_____。

2.3 建设单位:_____。

2.4 建筑面积:_____。

2.5 结构类型:_____。

2.6 层数:地下____层、地上____层。

2.7 层高:_____。

2.8 檐高:_____米。

2.9 计划开工日期:____年____月____日,计划竣工日期:____年____月____日。

2.10 其他情况介绍(工程的性质、背景、现场环境等):<u>由投标方进行现场考察及详见图纸。_____</u>
<u>_____</u>
<u>_____</u>。

第三条 现场情况简介

3.1 现场场地:本工程场地面积____平方米,首层建筑面积____平方米。

3.2 现场临时设施情况:____。

3.3 现场机械配置:_____。

第四条 招标要求

4.1 本工程采用<u> 投标 </u>方式招标,从<u> 四 </u>家投标人中确定<u> 一 </u>家投标人为中标人。

4.2 招标范围:<u>详见附录。</u>

4.3 工程质量要求_____。

4.4 工期要求____日历天,工程计划于____年____月____日开工,至____年____月____日竣工。

4.5 安全文明施工:承包人应严格执行北京市人民政府颁发的"施工现场管理暂行规定",建设工程施工现场安全保护、场容卫生、环境保护及保卫消防标准。北京市建设工程施工现场生活区设置和管理标准,加强科学管理,坚持文明施工必须达到市级文明工地。

4.6 材料供应方式与管理:主要材料由甲方供应,材料品种见附表,数量由投标单位按图纸及现场实际情况在投标书中明确报出。

4.7 拟派项目管理班子的基本条件:乙方必须配备以下管理人员(项目经理、施工人员、技术员、安全员、质检员、放线员、后勤管理员等各专业工长)。必须持证上岗,全天在施工现场。

其中项目经理资质等级:__一级__。

4.8 投标保证金:投标时交投标保证金　万元。如放弃投标或不正当竞标者,投标保证金不退还。

4.9 中标者所交的投标保证金转为履约保证金。工程验收完毕,质量达到甲、乙双方约定的质量标准保证金退还(不计利息)。

第五条 投标报价要求

报价依据:按施工图纸加年月日前设计变更洽商工程量进行报价。

5.1 报价包含内容和费用:报价包括施工人员人工工资、各种管理费、利润、税金施工人员各种基金、保险费、各种劳动用品费、各种中小型机械、工具、用具费,工程各种材料费、冬雨季施工措施费、零用工费用等。

5.2 报价需要说明的有关问题:乙方必须按甲方提供的施工图纸及设计变更洽商准确计算工程量,如乙方因漏算或少算造成的后果由乙方自行承担,不得在结算时再向计取,也不得因此影响工程质量和工程进度。各种辅材用量、价格及机械费用列明细表,不论乙方报量是否准确,都由乙方自行承担结算时不再调整,不得因此影响施工。

5.3 报价方式:按施工图纸,参照北京市 2009 预算定额计算工日,根据招标单位实力报价,报价形式为人民币总金额报价,附:工程预算书、主材用量表、辅材用量及费用计算表、投标人提供的机械设备明细表。

<u>5.4 报价中对工程质量、工期进度、文明安全施工方面的奖罚措施:必须达到长城杯金奖,达不到长城杯金奖要求履约保证金不退回。工程进度每延工一天扣五千,达不到市级文明工地扣五万。</u>

第六条 劳务费的结算与支付

<u>每月甲方支付乙方四万元生活费,并由工长签字后支付。交工后付劳务费的60%,交工后一年内付到劳务费的90%,剩余10%劳务费在维修两年以后的一年内付清。本工程以双方确认的中标价加年月日后的变更洽商结算,现场内发生的零用工不计取任何费用。</u>

第七条 投标须知

7.1 投标文件应包括以下内容:

7.1.1 投标书;

7.1.2 施工方案(包括质量保证措施、劳动力计划安排、安全文明施工、材料节约措施、生活管理要求等);

7.1.3 投标人业绩情况(包括获"北京市青年突击队"称号情况以及同类工程施工经验);

7.1.4 投标人实力情况(包括企业资质、本工程项目经理资质、本工程管理人员比例、特种作业人员持证率、操作人员持证率);

7.2 招标人以施工图纸工程量方式招标的,投标人应向招标人领取施工图纸。

7.3 招标人采取不设标底方式招标的,应在招标文件中说明,投标人不得以低于本企业成本价报价。

7.4 投标文件要密封,需填写密封日期,按要求加盖投标人单位公章和法定代表人印章,并于____年____月____日____时____分前送达____。

7.5 投标人在获得招标文件后,如果有问题需招标人解释和答疑的,应在开标会议前____天,向招标人提出书面质疑文件。

第八条 开标须知

8.1 本工程于____年____月____日____时____分在____召开开标会议,请各投标人准时进入会场。

8.2 开标时,有下列情况之一的,应当作为无效投标文件,不得进入评标。

8.2.1 投标文件未按照招标文件的要求予以密封或未按时送达的;

8.2.2 投标文件中的投标函和承诺书未按招标文件的要求加盖印章或签字的,投标人法定代表人或委托代表人没有合法、有效的委托书的;

8.2.3 投标文件内容不全,关键内容字迹模糊、无法辨认的;

8.2.4 投标人未按照招标文件的要求,提供投标保证金的。

投标人无代表参加开标会议。

第九条 评标和中标须知

9.1 本工程由招标人组织的评标委员会进行评标,评标委员会由劳动经济、工程技术、经营管理、施工安全等方面的专业人员组成,成员为＿＿＿＿＿人。

9.2 本工程按百分制评标办法进行评标,并评出中标人。

9.3 招标人将本工程的招标投标情况以书面报告形式向北京市建筑工程专业劳务发包承包交易中心内的招投标管理机构备案,得到回复通过后,向中标人和未中标人发中标通知书和未中标通知书。

9.4 中标人须在接到中标通知书之日起 30 天内与招标人签订施工合同。并在签订合同之日起 7 日内到北京市建设工程专业劳务发包承包交易中心内的招投标管理机构办理合同备案手续。

9.5 采用综合评标办法。

9.6 评标原则:完全响应招标文件的合理低价中标

第十条 补充条款

10.1 甲方提供的主要材料明细表

10.2 甲方提供的主要设备明细表

第六章 劳动合同管理

第一节 劳动合同概述

一、劳动合同的概念

我国《劳动法》第十六条规定:"劳动合同是劳动者与用人单位确立劳动关系、明确双方权利和义务的协议。建立劳动关系应当订立劳动合同。"

《劳动法》第十七条规定:"订立和变更劳动合同,应当遵循平等自愿、协商一致的原则,不得违反法律、行政法规的规定。劳动合同依法订立即具有法律约束力,当事人必须履行劳动合同规定的义务。"

劳动合同的主体分别是用人单位与劳动者。用人单位方可以是企业、个体经济组织、民办非企业单位,也可以是国家机关、事业单位、社会团体;劳动者方可以是自然人的个人(必须年满18周岁,有就业要求,具有劳动行为能力的人),也可以是自然人的群体。

二、劳动合同的种类

依据《劳动合同法》第十二条规定,劳动合同可分为固定期限劳动合同、无固定期限劳动合同和以完成一定工作任务为期限的劳动合同。

1. 固定期限劳动合同

固定期限劳动合同是指用人单位与劳动者约定合同终止时间的劳动合同。

用人单位与劳动者协商一致,可以订立固定期限劳动合同。这类劳动合同明确了劳动合同的起止时间,劳动合同期限届满,双方的劳动关系终止。

2. 无固定期限劳动合同

无固定期限劳动合同,是指用人单位与劳动者约定无确定终止时间的劳动合同。

用人单位与劳动者协商一致,可以订立无固定期限劳动合同。有下列情形之一,劳动者提出或者同意续订、订立劳动合同的,除劳动者提出订立固定期限劳动合同外,应当订立无固定期限劳动合同:

(1)劳动者在该用人单位连续工作满十年的;

(2)用人单位初次实行劳动合同制度或者国有企业改制重新订立劳动合同时,劳动者在该用人单位连续工作满十年且距法定退休年龄不足十年的;

(3)连续订立二次固定期限劳动合同,且劳动者没有下列情形,续订劳动合同的。

1)在试用期间被证明不符合录用条件的;

2)严重违反用人单位的规章制度的;

3)严重失职,营私舞弊,给用人单位造成重大损害的;

4)劳动者同时与其他用人单位建立劳动关系,对完成本单位的工作任务造成严重影响,或者经用人单位提出,拒不改正的;

5)因本法第二十六条第一款第一项规定的情形致使劳动合同无效的;

6)被依法追究刑事责任的;

7)劳动者患病或者非因工负伤,在规定的医疗期满后不能从事原工作,也不能从事由用人单位另行安排的工作的;

8)劳动者不能胜任工作,经过培训或者调整工作岗位,仍不能胜任工作的。

用人单位自用工之日起满一年不与劳动者订立书面劳动合同的,视为用人单位与劳动者已订立无固定期限劳动合同。

3. 以完成一定工作任务为期限的劳动合同

以完成一定工作任务为期限的劳动合同,是指用人单位与劳动者约定以某项工作的完成为合同期限的劳动合同。

用人单位与劳动者协商一致,可以订立以完成一定工作任务为期限的劳动合同。

三、劳动合同的特征

(1)劳动合同的主体是特定的,即一方是劳动者,另一方是用人单位。

(2)劳动合同的内容是劳动权利和义务。根据劳动合同,劳动者须在劳动合同有效期内为用人单位进行工作,用人单位负责提供劳动条件和劳动报酬等。劳动者通过劳动获得的收益来维持自己的生存和履行法定的赡养、抚养和扶助义务。用人单位通过支付报酬来换取职工的劳动力以取得利润。这样在劳动合同中以劳动付出和劳动报酬互为条件,实现了主体双方权利和义务的统一。

(3)劳动合同是诺成性合同。订立劳动合同只要双方当事人协商一致,合同即可签订。

四、劳动合同应当具备的条款

(1)用人单位的名称、住所和法定代表人或者主要负责人;
(2)劳动者的姓名、住址和居民身份证或者其他有效身份证件号码;
(3)劳动合同期限;
(4)工作内容和工作地点;
(5)工作时间和休息休假;
(6)劳动报酬;
(7)社会保险;
(8)劳动保护、劳动条件和职业危害防护;
(9)法律、法规规定应当纳入劳动合同的其他事项。

劳动合同除前款规定的必备条款外,用人单位与劳动者可以约定试用期、培训、保守秘密、补充保险和福利待遇等其他事项。

第二节 劳动合同的约定条款

一、劳动用工模式

根据《劳动法》和《劳动合同法》的规定,劳动用工模式主要分为三种,即:全日制劳动用工模式、非全日制劳动用工模式以及劳务派遣模式。

1. 全日制用工

全日制用工是指规定了劳动时间和劳动合同期限等主要内容的用工模式。

全日制用工模式具有稳定性和持久性,对用人单位培养人才、长远发展、调动员工工作积极性、形成企业凝聚力有利;对劳动者而言具有保障性、稳定性和发挥个人能力和提升个人有利。全日制用工模式也是目前绝大多数用人单位普遍采用的劳动用工模式。

2. 非全日制用工

非全日制用工是指以小时计酬为主,劳动者在同一用人单位一般平均每日工作时间不超过四小时,每周工作时间累计不超过二十四小时的用工形式。

(1)非全日制用工双方当事人可以订立口头协议。从事非全日制用工的劳动者可以与一个或者一个以上用人单位订立劳动合同;但是,后订立的劳动合同不得影响先订立的劳动合同的履行。

(2)非全日制用工双方当事人不得约定试用期。

(3)非全日制用工双方当事人任何一方都可以随时通知对方终止用工。终止用工时,用人单位不向劳动者支付经济补偿。

(4)非全日制用工小时计酬标准不得低于用人单位所在地人民政府规定的最低小时工资标准。非全日制用工劳动报酬结算支付周期最长不得超过十五日。

非全日制用工模式主要适用于兼职类工作,对用人单位而言具有操作灵活、简单易行;对劳动者而言可以与多个用人单位同时订立非全日制劳动合同。

3. 劳务派遣

劳务派遣又称劳动力派遣、人才租赁,是指依法设立的劳务派遣单位与劳动者订立劳动合同,依据与接受劳务派遣单位(实际用工单位)订立的劳务派遣协议,将劳动者派遣到实际用工单位工作,由派遣单位向劳动者支付工资、福利及社会保险费用,实际用工单位提供劳动条件并按照劳务派遣协议支付用工费用的劳动用工模式。这种用工模式的显著特征是劳动者的聘用与使用相分离。

(1)劳务派遣单位应当与被派遣劳动者订立二年以上的固定期限劳动合同,按月支付劳动报酬;被派遣劳动者在无工作期间,劳务派遣单位应当按照所在地人民政府规定的最低工资标准,向其按月支付报酬。

(2)劳务派遣单位派遣劳动者应当与接受以劳务派遣形式用工的单位(以下称用工单位)订立劳务派遣协议。劳务派遣协议应当约定派遣岗位和人员数量、派遣期限、劳动报酬和社会保险费的数额与支付方式以及违反协议的责任。

用工单位应当根据工作岗位的实际需要与劳务派遣单位确定派遣期限,不得将连续用工期限分割订立数个短期劳务派遣协议。

(3)劳务派遣单位应当将劳务派遣协议的内容告知被派遣劳动者。

劳务派遣单位不得克扣用工单位按照劳务派遣协议支付给被派遣劳动者的劳动报酬。劳务派遣单位和用工单位不得向被派遣劳动者收取费用。

(4)劳务派遣单位跨地区派遣劳动者的,被派遣劳动者享有的劳动报酬和劳动条件,按照用工单位所在地的标准执行。

(5)被派遣劳动者享有与用工单位的劳动者同工同酬的权利。用工单位无同类岗位劳动者的,参照用工单位所在地相同或者相近岗位劳动者的劳动报酬确定。

(6)被派遣劳动者有权在劳务派遣单位或者用工单位依法参加或者组织工会,维护自身的合法权益。

上述三种用工模式各有优劣。在建筑施工项目领域,目前较为普遍的是采用全日制的劳动用工模式。

二、劳动合同的试用期限

1. 法定试用期限

根据《劳动法》和《劳动合同法》规定,用人单位与劳动者之间可以在劳动合同中协商一致确定试用期期限,但不得超过法律规定的六个月为最高上限。

有关劳动试用期限,《劳动合同法》作了如下规定:

(1)劳动合同期限三个月以上不满一年的,试用期不得超过一个月;劳动合同期限一年以上不满三年的,试用期不得超过两个月;三年以上固定期限和无固定期限的劳动合同,试用期不得超过六个月。

(2)同一用人单位与同一劳动者只能约定一次试用期。

(3)以完成一定工作任务为期限的劳动合同或者劳动合同期限不满三个月的,不得约定试用期。

(4)试用期包含在劳动合同期限内。劳动合同仅约定试用期的,试用期不成立,该期限为劳动合同期限。

根据《劳动合同法》的规定,用人单位自用工之日起即与劳动者建立劳动关系。试用期包含在劳动合同期限内,劳动合同仅约定试用期的,试用期不成立,该期限为劳动合同期限。如果用人单位自用工之日起超过一个月不满一年未与劳动者订立书面劳动合同的,应当向劳动者每月支付二倍的工资。如果用人单位自用工之日起满一年不与劳动者订立书面劳动合同的,视为用人单位与劳动者已订立无固定期限劳动合同。

2. 试用期间的工资报酬

根据《劳动合同法》规定,劳动者在试用期的工资不得低于本单位相同岗位最低档工资或者劳动合同约定工资的百分之八十,并不得低于用人单位所在地的最低工资标准。如所在单位相同岗位最低档工资或劳动合同约定工资的百分之八十高于用人单位所在地的最低工资标准,则二者取其高。

3. 试用期内的社会保险缴纳

试用期劳动者与用人单位建立了正常、合法的劳动关系,试用期包括在劳动合同期限中,同样属于劳动关系的存续期,用人单位就当依法缴纳社会保险费。

《劳动法》第一百条明确规定:"用人单位无故不缴纳社会保险费的,由劳动行政部门责令其限期缴纳,逾期不缴的,可以加收滞纳金。"

4. 试用期内解除劳动合同的规定

(1)劳动者在试用期内解除劳动合同。《劳动合同法》规定,劳动者在试用期内提前三天通知用人单位,可以解除劳动合同。用人单位在劳动合同中约定劳动者在试用期内解除劳动合同应当承担违约责任的条款是无效的。

另外,根据《劳动部办公厅关于试用期内解除劳动合同处理依据问题的复函》的规定,用人单位出资对职工进行各类技术培训,职工提出与单位解除劳动关系的,如果在试用期内,则用人单位不得要求劳动者支付该项培训费用。所以,劳动者在试用期内解除劳动合同的,无须向用人单位支付培训费用,即使劳动合同中有约定的,该约定也无效。

(2)用人单位在试用期内解除劳动合同。用人单位在试用期解除劳动合同的,应当向劳动者说明理由。

1)劳动者不能胜任工作,经过培训或者调整工作岗位,仍不能胜任工作的,才可以依法解除劳动合同。

2)在试用期中,除劳动者有《劳动合同法》第三十九条和第四十条第一项、第二项规定的情形外,用人单位不得解除劳动合同。否则,用人单位需承担因违法解除劳动合同所带来的法律后果:劳动者要求继续履行劳动合同的,用人单位应当继续履行;劳动者不要求继续履行劳动合同的,用人单位应当按照经济补偿金的二倍标准向劳动者支付赔偿金。

三、劳动合同期限

有关《劳动合同法》约定的三种合同期限,可以参照本章第一节中的相关内容进行。

四、劳动工资报酬的确定与支付

(一)劳动工资报酬的确定

工资是指用人单位依据国家法律规定或者劳动合同约定,定期以货币形式直接支付给劳动者劳动报酬。根据《关于工资总额组成的规定》的规定,工资的主要形式有:计时工资、计件工资、奖金、津贴和补贴、加班加点工资和特殊情况下支付的工资。

实践中,用人单位对于劳动者工资、报酬的约定种类很多,大多数企业会在劳动合同中明确约定工资数额,只有少数企业会通过区分工资报酬结构来约定劳动者的工资数额。

(二)劳动工资报酬的支付

1. 工资支付的形式

工资应当以法定货币形式支付给劳动者,不得以实物或有价证券替代货币支付。

2. 工资支付的周期和方式

工资应当至少每月支付一次,但是用人单位与劳动者协商一致后,也可以小时、日、周为支付工资的周期。用人单位应当足额支付工资,不得以"每月暂发放生活费,待年底结算"为借口克扣或者无故拖欠劳动者的工资。另外,工资应当直接支付给劳动者本人,劳动者本人因故不能领取工资时,可由其亲属或委托他人代领,不要将工资发放给"包工头"或者其他不具备用工主体资格的其他组织和个人,以免引发拖欠工资的法律纠纷。

3. 工资支付时间

工资必须在用人单位与劳动者约定的日期支付。如遇节假日或休息日,则应当提前在最近的工作日支付。对完成一次性临时劳动或某项具体工作的劳动者,用人单位应按有关协议或合同规定在其完成劳动任务后立即支付工资;在双方劳动关系依法解除或终止劳动合同时,企业应在解除或终止劳动合同时一次性付清劳动者工资。

五、劳动者基本权益的保护条款

1. 社会保险缴纳

《社会保险法》已于2011年7月1日正式施行。根据《社会保险法》规定,国家建立基本养老保险、基本医疗保险、工伤保险、失业保险、生育保险等社会保险制度,保障公民在年老、疾病、工伤、失业、生育等情况下依法从国家和社会获得物质帮助的权利。社会保险具有强制性,缴纳社会保险费是用人单位与劳动者的法定义务。《劳动法》规定用人单位无故不缴纳社会保险费用的,由劳动行政部门责令其限期缴纳,逾期不缴的,可以加收滞纳金。《劳动合同法》将社会保险内容列为劳动合同的必备条款,并明确规定用人单位未依法为劳动者缴纳社会保险费的,劳动者可以解除劳动合同,并可以要求用人单位支付经济补偿金。

由此可见,用人单位与劳动者参加社会保险,缴纳社会保险费,这是法律的强制性规定,用人单位与劳动者均不能通过约定方式加以改变。其中,养老保险费、医疗保险费和失业保险费等三项社会保险费是由用人单位和劳动者共同按比例承担,而工伤保险费和生育保险费则由用人单位缴纳。

2. 劳动保护内容

劳动保护是指依靠技术进步和科学管理,采取技术和组织措施,消除劳动过程中危及人身安全和健康的不良条件与行为,防止伤亡事故和职业病,保障劳动者在劳动过程中的安全和健康具体包括以下内容:

(1)工作时间的限制和休息、休假制度的规定;
(2)各项劳动安全与卫生措施;
(3)对女职工的特殊劳动保护;
(4)对未成年工的特殊劳动保护。

第三节 劳动合同的订立、变更与解除

一、劳动合同的订立

1. 劳动合同订立的形式要求

劳动合同是用人单位与劳动者确立劳动关系,明确双方权利和义务的协议。《劳动合同法》第一条即明确其立法目的为"完善劳动合同制度,明确劳动合同双方当事人的权利和义务,保护劳动者的合法权

益,构建和发展和谐稳定的劳动关系",用人单位与劳动者订立书面劳动合同是实现立法目的的重要保障。

《劳动合同法》第三条规定了订立劳动合同的原则:订立劳动合同,应当遵循合法、公平、平等自愿、协商一致、诚实信用的原则。依法订立的劳动合同具有约束力,用人单位与劳动者应当履行劳动合同约定的义务。

签订劳动合同由用人单位与劳动者协商一致,并经用人单位与劳动者在劳动合同文本上签字或盖章生效。劳动合同文本由用人单位和劳动者各执一份。

2. 劳动合同订立的时间要求

根据《劳动合同法》第十条第二款和第三款的规定:"已建立劳动关系,未同时订立书面劳动合同的,应当自用工之日起一个月内订立书面劳动合同。用人单位在用工之前订立劳动合同的,劳动关系自用工之日起建立",也就是说,用人单位与劳动者订立书面劳动合同,可以在用工前订立、用工之日订立或者用工之日起一个月内订立。换言之,用人单位最迟必须在用工之日起一个月内与劳动者订立书面劳动合同。

对于续订劳动合同,用人单位应当在原劳动合同期限届满次日起一个月内与劳动者办理续订劳动合同手续。

根据《劳动合同法》的规定,劳动合同订立时所依据的客观情况发生重大变化,致使劳动合同无法履行,经用人单位与劳动者协商,未能就变更合同内容达成协议的,"用人单位提前三十日以书面形式通知劳动者本人或者额外支付劳动者一个月工资后,可以解除劳动合同"。

3. 劳动合同订立的内容

(1)用人单位招用劳动者时,应当如实告知劳动者工作内容、工作条件、工作地点、职业危害、安全生产状况、劳动报酬以及劳动者要求了解的其他情况;用人单位有权了解劳动者与劳动合同直接相关的基本情况,劳动者应当如实说明。

(2)用人单位招用劳动者,不得扣押劳动者的居民身份证和其他证件,不得要求劳动者提供担保或者以其他名义向劳动者收取财物。

第六章 劳动合同管理

(3)用人单位未在用工的同时订立书面劳动合同,与劳动者约定的劳动报酬不明确的,新招用的劳动者的劳动报酬按照集体合同规定的标准执行;没有集体合同或者集体合同未规定的,实行同工同酬。

(4)劳动合同对劳动报酬和劳动条件等标准约定不明确,引发争议的,用人单位与劳动者可以重新协商;协商不成的,适用集体合同规定;没有集体合同或者集体合同未规定劳动报酬的,实行同工同酬;没有集体合同或者集体合同未规定劳动条件等标准的,适用国家有关规定。

(5)用人单位为劳动者提供专项培训费用,对其进行专业技术培训的,可以与该劳动者订立协议,约定服务期。

劳动者违反服务期约定的,应当按照约定向用人单位支付违约金。违约金的数额不得超过用人单位提供的培训费用。用人单位要求劳动者支付的违约金不得超过服务期尚未履行部分所应分摊的培训费用。

用人单位与劳动者约定服务期的,不影响按照正常的工资调整机制提高劳动者在服务期期间的劳动报酬。

(6)用人单位与劳动者可以在劳动合同中约定保守用人单位的商业秘密和与知识产权相关的保密事项。

对负有保密义务的劳动者,用人单位可以在劳动合同或者保密协议中与劳动者约定竞业限制条款,并约定在解除或者终止劳动合同后,在竞业限制期限内按月给予劳动者经济补偿。劳动者违反竞业限制约定的,应当按照约定向用人单位支付违约金。

(7)竞业限制的人员限于用人单位的高级管理人员、高级技术人员和其他负有保密义务的人员。竞业限制的范围、地域、期限由用人单位与劳动者约定,竞业限制的约定不得违反法律、法规的规定。

在解除或者终止劳动合同后,前款规定的人员到与本单位生产或者经营同类产品、从事同类业务的有竞争关系的其他用人单位,或者自己开业生产或者经营同类产品、从事同类业务的竞业限制期限,不得超过两年。

(8)除第(5)和(6)项规定的情形外,用人单位不得与劳动者约定由劳动者承担违约金。

4. 劳动合同订立的实施管理

根据《中华人民共和国劳动合同法实施条例》，劳动合同的订立按以下规定实施：

第四条 劳动合同法规定的用人单位设立的分支机构，依法取得营业执照或者登记证书的，可以作为用人单位与劳动者订立劳动合同；未依法取得营业执照或者登记证书的，受用人单位委托可以与劳动者订立劳动合同。

第五条 自用工之日起一个月内，经用人单位书面通知后，劳动者不与用人单位订立书面劳动合同的，用人单位应当书面通知劳动者终止劳动关系，无需向劳动者支付经济补偿，但是应当依法向劳动者支付其实际工作时间的劳动报酬。

第六条 用人单位自用工之日起超过一个月不满一年未与劳动者订立书面劳动合同的，应当依照劳动合同法第八十二条的规定向劳动者每月支付两倍的工资，并与劳动者补订书面劳动合同；劳动者不与用人单位订立书面劳动合同的，用人单位应当书面通知劳动者终止劳动关系，并依照劳动合同法第四十七条的规定支付经济补偿。

前款规定的用人单位向劳动者每月支付两倍工资的起算时间为用工之日起满一个月的次日，截止时间为补订书面劳动合同的前一日。

第七条 用人单位自用工之日起满一年未与劳动者订立书面劳动合同的，自用工之日起满一个月的次日至满一年的前一日应当依照劳动合同法第八十二条的规定向劳动者每月支付两倍的工资，并视为自用工之日起满一年的当日已经与劳动者订立无固定期限劳动合同，应当立即与劳动者补订书面劳动合同。

第八条 劳动合同法第七条规定的职工名册，应当包括劳动者姓名、性别、公民身份号码、户籍地址及现住址、联系方式、用工形式、用工起始时间、劳动合同期限等内容。

第九条 劳动合同法第十四条第二款规定的连续工作满10年的起始时间，应当自用人单位用工之日起计算，包括劳动合同法施行前的工作年限。

第十条 劳动者非因本人原因从原用人单位被安排到新用人单

位工作的,劳动者在原用人单位的工作年限合并计算为新用人单位的工作年限。原用人单位已经向劳动者支付经济补偿的,新用人单位在依法解除、终止劳动合同计算支付经济补偿的工作年限时,不再计算劳动者在原用人单位的工作年限。

第十一条 除劳动者与用人单位协商一致的情形外,劳动者依照劳动合同法第十四条第二款的规定,提出订立无固定期限劳动合同的,用人单位应当与其订立无固定期限劳动合同。对劳动合同的内容,双方应当按照合法、公平、平等自愿、协商一致、诚实信用的原则协商确定;对协商不一致的内容,依照劳动合同法第十八条的规定执行。

第十二条 地方各级人民政府及县级以上地方人民政府有关部门为安置就业困难人员提供的给予岗位补贴和社会保险补贴的公益性岗位,其劳动合同不适用劳动合同法有关无固定期限劳动合同的规定以及支付经济补偿的规定。

第十三条 用人单位与劳动者不得在劳动合同法第四十四条规定的劳动合同终止情形之外约定其他的劳动合同终止条件。

第十四条 劳动合同履行地与用人单位注册地不一致的,有关劳动者的最低工资标准、劳动保护、劳动条件、职业危害防护和本地区上年度职工月平均工资标准等事项,按照劳动合同履行地的有关规定执行;用人单位注册地的有关标准高于劳动合同履行地的有关标准,且用人单位与劳动者约定按照用人单位注册地的有关规定执行的,从其约定。

第十五条 劳动者在试用期的工资不得低于本单位相同岗位最低档工资的80%或者不得低于劳动合同约定工资的80%,并不得低于用人单位所在地的最低工资标准。

第十六条 劳动合同法第二十二条第二款规定的培训费用,包括用人单位为了对劳动者进行专业技术培训而支付的有凭证的培训费用、培训期间的差旅费用以及因培训产生的用于该劳动者的其他直接费用。

第十七条 劳动合同期满,但是用人单位与劳动者依照劳动合同法第二十二条的规定约定的服务期尚未到期的,劳动合同应当续延至服务期满;双方另有约定的,从其约定。

5. 无效合同或者部分无效合同

(1)下列劳动合同无效或者部分无效：

1)以欺诈、胁迫的手段或者乘人之危，使对方在违背真实意思的情况下订立或者变更劳动合同的；

2)用人单位免除自己的法定责任、排除劳动者权利的；

3)违反法律、行政法规强制性规定的。

对劳动合同的无效或者部分无效有争议的，由劳动争议仲裁机构或者人民法院确认。

(2)劳动合同部分无效，不影响其他部分效力的，其他部分仍然有效。

(3)劳动合同被确认无效，劳动者已付出劳动的，用人单位应当向劳动者支付劳动报酬。劳动报酬的数额，参照本单位相同或者相近岗位劳动者的劳动报酬确定。

二、劳动合同的履行和变更

(一)劳动合同的履行

1. 劳动合同履行的概念与原则

劳动合同履行是指当事人双方按照劳动合同规定的条件，履行自己所应承担义务的行为。履行劳动合同的原则：①亲自履行原则；②权利义务统一原则；③全面履行原则；④协作履行原则。

2. 劳动合同履行的要求

(1)用人单位与劳动者应当按照劳动合同的约定，全面履行各自的义务：

1)用人单位应当按照劳动合同约定和国家规定，向劳动者及时足额支付劳动报酬。用人单位拖欠或者未足额支付劳动报酬的，劳动者可以依法向当地人民法院申请支付令，人民法院应当依法发出支付令。

2)用人单位应当严格执行劳动定额标准，不得强迫或者变相强迫劳动者加班。

3)劳动者拒绝用人单位管理人员违章指挥、强令冒险作业的，不视为违反劳动合同。劳动者对危害生命安全和身体健康的劳动条件，有权对用人单位提出批评、检举和控告。

4）用人单位变更名称、法定代表人、主要负责人或者投资人等事项，不影响劳动合同的履行。

5）用人单位发生合并或者分立等情况，原劳动合同继续有效，劳动合同由承继其权利和义务的用人单位继续履行。

（2）用人单位应当依法建立和完善劳动规章制度，保障劳动者享有劳动权利、履行劳动义务。

1）建立劳动规章制度的程序（核心是民主协商与劳资共议）。如果用人单位的规章制度未经公示或者对劳动者告知，该规章制度对劳动者不生效。企业公示或告知劳动者规章制度可以采用张贴通告、员工手册送达、会议精神传达等方式。

2）劳动规章制度的监督和法律责任。如果规章制度损害劳动者权益的，劳动者可以据此解除劳动合同，用人单位应当向劳动者支付经济补偿；如果该规章制度的实施给劳动者造成了损害的，用人单位应承担赔偿责任。

（二）劳动合同的变更

劳动合同的变更是指劳动合同依法订立后，在合同尚未履行或未履行完毕之前，经用人单位和劳动者双方当事人协商同意，对劳动合同内容作部分修改、补充或者删减的法律行为。变更劳动合同，应当采用书面形式。变更后的劳动合同文本由用人单位和劳动者各执一份。

协商变更劳动合同是基本原则，但也有例外，即用人单位在特定情形下也可单方变更劳动合同，无须与劳动者协商一致。根据《劳动合同法》的规定，劳动者不能胜任工作，经过培训或者调整工作岗位，仍不能胜任工作的，用人单位可以提前30日以书面形式通知劳动者本人或者额外支付劳动者一个月工资后，解除劳动合同。或劳动者患病或非因工负伤，医疗期满后不能从事原工作的，企业可以单方合理调整其工作岗位。依然不能胜任的按上述情形处理。

三、劳动合同的解除和终止

解除劳动合同是指劳动合同订立后，尚未全部履行完毕以前，由于某种原因导致劳动关系提前终止。根据《劳动合同法》的规定,劳动合同的解除主要有劳动者单方解除、用人单位单方解除以及双方协商解除三种情形。单方解除必须依法进行,必须满足法律规定的条件;而协商解除的,只要求双方在内容上、形式上以及程序上合法即可。相比较而言,双方协商解除劳动合同的效果是最好的,极少引发劳动争议纠纷。

(一)劳动合同的解除

1. 劳动者单方解除

劳动者单方解除劳动合同的条件:

(1)劳动者提前三十日以书面形式通知用人单位,可以解除劳动合同。劳动者在试用期内提前三日通知用人单位,可以解除劳动合同。

(2)用人单位有下列情形之一的,劳动者可以解除劳动合同:

1)未按照劳动合同约定提供劳动保护或者劳动条件的;

2)未及时足额支付劳动报酬的;

3)未依法为劳动者缴纳社会保险费的;

4)用人单位的规章制度违反法律、法规的规定,损害劳动者权益的;

5)因本法第二十六条第一款规定的情形致使劳动合同无效的;

6)法律、行政法规规定劳动者可以解除劳动合同的其他情形。

(3)用人单位以暴力、威胁或者非法限制人身自由的手段强迫劳动者劳动的,或者用人单位违章指挥、强令冒险作业危及劳动者人身安全的,劳动者可以立即解除劳动合同,不需事先告知用人单位。

2. 用人单位单方解除

用人单位单方解除劳动合同,应当事先将理由通知工会。用人单位违反法律、行政法规规定或者劳动合同约定的,工会有权要求用人单位纠正。用人单位应当研究工会的意见,并将处理结果书面通知工会。

(1)过错性解除劳动合同。劳动者有《劳动合同法》第三十九条行为之一的,用人单位可以单方解除。

(2)过错性解除劳动合同。劳动者有《劳动合同法》第四十条行为之一的,用人单位可以单方解除。

(3)裁员。有下列情形之一,需要裁减人员二十人以上或者裁减不足二十人但占企业职工总数百分之十以上的,用人单位提前三十日向工会或者全体职工说明情况,听取工会或者职工的意见后,裁减人员方案经向劳动行政部门报告,可以裁减人员:

1)依照企业破产法规定进行重整的;
2)生产经营发生严重困难的;
3)企业转产、重大技术革新或者经营方式调整,经变更劳动合同后,仍需裁减人员的;
4)其他因劳动合同订立时所依据的客观经济情况发生重大变化,致使劳动合同无法履行的。

裁减人员时,应当优先留用下列人员:
1)与本单位订立较长期限的固定期限劳动合同的;
2)与本单位订立无固定期限劳动合同的;
3)家庭无其他就业人员,有需要扶养的老人或者未成年人的。

用人单位依照本条第一款规定裁减人员,在六个月内重新招用人员的,应当通知被裁减的人员,并在同等条件下优先招用被裁减的人员。

(4)禁止解除合同的情形。劳动者有下列情形之一的,用人单位不得依照《劳动合同法》第四十条、第四十一条的规定解除劳动合同:

1)从事接触职业病危害作业的劳动者未进行离岗前职业健康检查,或者疑似职业病病人在诊断或者医学观察期间的;
2)在本单位患职业病或者因工负伤并被确认丧失或者部分丧失劳动能力的;
3)患病或者非因工负伤,在规定的医疗期内的;
4)女职工在孕期、产期、哺乳期的;
5)在本单位连续工作满十五年,且距法定退休年龄不足五年的;
6)法律、行政法规规定的其他情形。

3. 协商解除劳动合同

协商解除劳动合同是指用人单位和劳动者协商一致,可以解除劳动合同。用人单位与劳动者不仅要对解除劳动合同本身达成一致,还要对一方或者双方提出的解除劳动合同的条件协商一致。比如,用人单位对劳动者提出的竞业限制和培训费用的补偿,劳动者对用人单位提出的解除劳动合同经济补偿金条件。只有双方对附加条件也达成一致,才能协商解除劳动合同。

(二)劳动合同的终止

(1)有下列情形之一的,劳动合同终止:

1)劳动合同期满的;

2)劳动者开始依法享受基本养老保险待遇的;

3)劳动者死亡,或者被人民法院宣告死亡或者宣告失踪的;

4)用人单位被依法宣告破产的;

5)用人单位被吊销营业执照、责令关闭、撤销或者用人单位决定提前解散的;

6)法律、行政法规规定的其他情形。

(2)劳动合同期满,有《劳动合同法》第四十二条规定情形之一的,劳动合同应当续延至相应的情形消失时终止。但是,《劳动合同法》第四十二条第二项规定丧失或者部分丧失劳动能力劳动者的劳动合同的终止,按照国家有关工伤保险的规定执行。

(3)有下列情形之一的,用人单位应当向劳动者支付经济补偿:

1)劳动者依照《劳动合同法》第三十八条规定解除劳动合同的;

2)用人单位依照《劳动合同法》第三十六条规定向劳动者提出解除劳动合同并与劳动者协商一致解除劳动合同的;

3)用人单位依照《劳动合同法》第四十条规定解除劳动合同的;

4)用人单位依照《劳动合同法》第四十一条第一款规定解除劳动合同的;

5)除用人单位维持或者提高劳动合同约定条件续订劳动合同,劳动者不同意续订的情形外,依照《劳动合同法》第四十四条第一项规定终止固定期限劳动合同的;

6)依照《劳动合同法》第四十四条第四项、第五项规定终止劳动合同的;

7)法律、行政法规规定的其他情形。

(三)劳动合同的解除和终止的实施管理

根据《中华人民共和国劳动合同法实施条例》,劳动合同的解除和终止按以下规定实施:

第十八条 有下列情形之一的,依照劳动合同法规定的条件、程序,劳动者可以与用人单位解除固定期限劳动合同、无固定期限劳动合同或者以完成一定工作任务为期限的劳动合同:

(一)劳动者与用人单位协商一致的;

(二)劳动者提前30日以书面形式通知用人单位的;

(三)劳动者在试用期内提前3日通知用人单位的;

(四)用人单位未按照劳动合同约定提供劳动保护或者劳动条件的;

(五)用人单位未及时足额支付劳动报酬的;

(六)用人单位未依法为劳动者缴纳社会保险费的;

(七)用人单位的规章制度违反法律、法规的规定,损害劳动者权益的;

(八)用人单位以欺诈、胁迫的手段或者乘人之危,使劳动者在违背真实意思的情况下订立或者变更劳动合同的;

(九)用人单位在劳动合同中免除自己的法定责任、排除劳动者权利的;

(十)用人单位违反法律、行政法规强制性规定的;

(十一)用人单位以暴力、威胁或者非法限制人身自由的手段强迫劳动者劳动的;

(十二)用人单位违章指挥、强令冒险作业危及劳动者人身安全的;

(十三)法律、行政法规规定劳动者可以解除劳动合同的其他情形。

第十九条 有下列情形之一的,依照劳动合同法规定的条件、程序,用人单位可以与劳动者解除固定期限劳动合同、无固定期限劳动合同或者以完成一定工作任务为期限的劳动合同:

（一）用人单位与劳动者协商一致的；

（二）劳动者在试用期间被证明不符合录用条件的；

（三）劳动者严重违反用人单位的规章制度的；

（四）劳动者严重失职，营私舞弊，给用人单位造成重大损害的；

（五）劳动者同时与其他用人单位建立劳动关系，对完成本单位的工作任务造成严重影响，或者经用人单位提出，拒不改正的；

（六）劳动者以欺诈、胁迫的手段或者乘人之危，使用人单位在违背真实意思的情况下订立或者变更劳动合同的；

（七）劳动者被依法追究刑事责任的；

（八）劳动者患病或者非因工负伤，在规定的医疗期满后不能从事原工作，也不能从事由用人单位另行安排的工作的；

（九）劳动者不能胜任工作，经过培训或者调整工作岗位，仍不能胜任工作的；

（十）劳动合同订立时所依据的客观情况发生重大变化，致使劳动合同无法履行，经用人单位与劳动者协商，未能就变更劳动合同内容达成协议的；

（十一）用人单位依照企业破产法规定进行重整的；

（十二）用人单位生产经营发生严重困难的；

（十三）企业转产、重大技术革新或者经营方式调整，经变更劳动合同后，仍需裁减人员的；

（十四）其他因劳动合同订立时所依据的客观经济情况发生重大变化，致使劳动合同无法履行的。

第二十条 用人单位依照劳动合同法第四十条的规定，选择额外支付劳动者一个月工资解除劳动合同的，其额外支付的工资应当按照该劳动者上一个月的工资标准确定。

第二十一条 劳动者达到法定退休年龄的，劳动合同终止。

第二十二条 以完成一定工作任务为期限的劳动合同因任务完成而终止的，用人单位应当依照劳动合同法第四十七条的规定向劳动者支付经济补偿。

第二十三条 用人单位依法终止工伤职工的劳动合同的，除依照劳动合同法第四十七条的规定支付经济补偿外，还应当依照国家有关工伤保险的规定支付一次性工伤医疗补助金和伤残就业补助金。

第二十四条 用人单位出具的解除、终止劳动合同的证明,应当写明劳动合同期限、解除或者终止劳动合同的日期、工作岗位、在本单位的工作年限。

第二十五条 用人单位违反劳动合同法的规定解除或者终止劳动合同,依照劳动合同法第八十七条的规定支付了赔偿金的,不再支付经济补偿。赔偿金的计算年限自用工之日起计算。

第二十六条 用人单位与劳动者约定了服务期,劳动者依照劳动合同法第三十八条的规定解除劳动合同的,不属于违反服务期的约定,用人单位不得要求劳动者支付违约金。

有下列情形之一,用人单位与劳动者解除约定服务期的劳动合同的,劳动者应当按照劳动合同的约定向用人单位支付违约金:

(一)劳动者严重违反用人单位的规章制度的;
(二)劳动者严重失职,营私舞弊,给用人单位造成重大损害的;
(三)劳动者同时与其他用人单位建立劳动关系,对完成本单位的工作任务造成严重影响,或者经用人单位提出,拒不改正的;
(四)劳动者以欺诈、胁迫的手段或者乘人之危,使用人单位在违背真实意思的情况下订立或者变更劳动合同的;
(五)劳动者被依法追究刑事责任的。

第二十七条 《劳动合同法》第四十七条规定的经济补偿的月工资按照劳动者应得工资计算,包括计时工资或者计件工资以及奖金、津贴和补贴等货币性收入。劳动者在劳动合同解除或者终止前12个月的平均工资低于当地最低工资标准的,按照当地最低工资标准计算。劳动者工作不满12个月的,按照实际工作的月数计算平均工资。

第四节 劳动合同的违约责任

《劳动合同法》第八十条至第九十五条就劳动合同的违约责任作出了具体规定,其中涉及用人单位的违约责任有11条,涉及个人的违约责任有1条,涉及双方的违约责任有1条,涉及其他方面的违约责任有3条。

一、涉及用人单位的违约责任

第八十条 用人单位直接涉及劳动者切身利益的规章制度违反法律、法规规定的,由劳动行政部门责令改正,给予警告;给劳动者造成损害的,应当承担赔偿责任。

第八十一条 用人单位提供的劳动合同文本未载明本法规定的劳动合同必备条款或者用人单位未将劳动合同文本交付劳动者的,由劳动行政部门责令改正;给劳动者造成损害的,应当承担赔偿责任。

第八十二条 用人单位自用工之日起超过一个月不满一年未与劳动者订立书面劳动合同的,应当向劳动者每月支付二倍的工资。

用人单位违反本法规定不与劳动者订立无固定期限劳动合同的,自应当订立无固定期限劳动合同之日起向劳动者每月支付二倍的工资。

第八十三条 用人单位违反本法规定与劳动者约定试用期的,由劳动行政部门责令改正;违法约定的试用期已经履行的,由用人单位以劳动者试用期满月工资为标准,按已经履行的超过法定试用期的期间向劳动者支付赔偿金。

第八十四条 用人单位违反本法规定,扣押劳动者居民身份证等证件的,由劳动行政部门责令限期退还劳动者本人,并依照有关法律规定给予处罚。

用人单位违反本法规定,以担保或者其他名义向劳动者收取财物的,由劳动行政部门责令限期退还劳动者本人,并以每人五百元以上二千元以下的标准处以罚款;给劳动者造成损害的,应当承担赔偿责任。

劳动者依法解除或者终止劳动合同,用人单位扣押劳动者档案或者其他物品的,依照前款规定处罚。

第八十五条 用人单位有下列情形之一的,由劳动行政部门责令限期支付劳动报酬、加班费或者经济补偿;劳动报酬低于当地最低工资标准的,应当支付其差额部分;逾期不支付的,责令用人单位按应付金额百分之五十以上百分之一百以下的标准向劳动者加付赔偿金:

(一)未按照劳动合同的约定或者国家规定及时足额支付劳动者

劳动报酬的;

(二)低于当地最低工资标准支付劳动者工资的;

(三)安排加班不支付加班费的;

(四)解除或者终止劳动合同,未依照本法规定向劳动者支付经济补偿的。

第八十七条 用人单位违反本法规定解除或者终止劳动合同的,应当依照本法第四十七条规定的经济补偿标准的二倍向劳动者支付赔偿金。

第八十八条 用人单位有下列情形之一的,依法给予行政处罚;构成犯罪的,依法追究刑事责任;给劳动者造成损害的,应当承担赔偿责任:

(一)以暴力、威胁或者非法限制人身自由的手段强迫劳动的;

(二)违章指挥或者强令冒险作业危及劳动者人身安全的;

(三)侮辱、体罚、殴打、非法搜查或者拘禁劳动者的;

(四)劳动条件恶劣、环境污染严重,给劳动者身心健康造成严重损害的。

第八十九条 用人单位违反本法规定未向劳动者出具解除或者终止劳动合同的书面证明,由劳动行政部门责令改正;给劳动者造成损害的,应当承担赔偿责任。

第九十一条 用人单位招用与其他用人单位尚未解除或者终止劳动合同的劳动者,给其他用人单位造成损失的,应当承担连带赔偿责任。

第九十三条 对不具备合法经营资格的用人单位的违法犯罪行为,依法追究法律责任;劳动者已经付出劳动的,该单位或者其出资人应当依照本法有关规定向劳动者支付劳动报酬、经济补偿、赔偿金;给劳动者造成损害的,应当承担赔偿责任。

二、涉及个人的违约责任

第九十条 劳动者违反本法规定解除劳动合同,或者违反劳动合同中约定的保密义务或者竞业限制,给用人单位造成损失的,应当承担赔偿责任。

三、涉及双方的违约责任

第八十六条 劳动合同依照本法第二十六条规定被确认无效,给对方造成损害的,有过错的一方应当承担赔偿责任。

四、涉及其他方面的违约责任

第九十二条 劳务派遣单位违反本法规定的,由劳动行政部门和其他有关主管部门责令改正;情节严重的,以每人一千元以上五千元以下的标准处以罚款,并由工商行政管理部门吊销营业执照;给被派遣劳动者造成损害的,劳务派遣单位与用工单位承担连带赔偿责任。

第九十四条 个人承包经营违反本法规定招用劳动者,给劳动者造成损害的,发包的组织与个人承包经营者承担连带赔偿责任。

第九十五条 劳动行政部门和其他有关主管部门及其工作人员玩忽职守、不履行法定职责,或者违法行使职权,给劳动者或者用人单位造成损害的,应当承担赔偿责任;对直接负责的主管人员和其他直接责任人员,依法给予行政处分;构成犯罪的,依法追究刑事责任。

附件:建筑业劳动合同示范文本(国家版和北京市版)

附件1:
建筑业劳动合同范本

甲方(用人单位)名称:
_____

法定代表人(主要负责人)或者委托代理人_____
注册地址_____
联系电话_____
乙方(劳动者)姓名:
_____

居民身份证号_____

户口所在地_____省(市)_____区(县)_____乡镇_____村
邮政编码_____
现住址_____联系电话_____

根据《劳动法》、《劳动合同法》及有关规定,甲乙双方遵循平等自愿、协商一致的原则签订本合同。

一、合同期限

第一条 甲、乙双方选择以下第____种形式确定本合同期限:

(一)有固定期限:自____年____月____日起至____年____月____日止。其中试用期自____年____月____日起至____年____月____日止。

(二)无固定期限:自____年____月____日起至依法解除、终止劳动合同时止。其中试用期自____年____月____日起至____年____月____日止。

(三)以完成一定工作(任务)为期限:自____年____月____日起至_____工作(任务)完成时终止。

二、工作内容和工作地点

第二条 甲方招用乙方在_____(项目名称)工程中,从事_____岗位(工种)工作。

乙方的工作地点为_____。

经双方协商一致,可以变更工作岗位(工种)和工作地点。

乙方应认真履行岗位职责,遵守各项规章制度,服从管理,按时完成工作任务。

乙方违反劳动纪律,甲方可依据本单位依法制定的规章制度,给予相应处理。

三、工作时间和休息休假

第三条 甲方安排乙方执行以下第_____种工时制度:

(一)执行标准工时制度。乙方每天工作时间不超过 8 小时,每周工作不超过 40 小时。每周休息日为_____。

(二)经当地劳动行政部门批准,执行以_____为周期的综合计算工时工作制度。

(三)经当地劳动行政部门批准,执行不定时工作制度。

甲方保证乙方每周至少休息一天。乙方依法享有法定节假日、人社部、中国地震局联合召开会议表彰全国地震系统抗震救灾英雄产假、带薪年休假等假期。

甲方因施工建设需要,商得乙方同意后,可安排乙方加班。日延长工时、休息日加班无法安排补休、法定节假日加班的,甲方按《劳动法》第四十四条规定支付加班工资。

四、劳动报酬

第四条 甲方采用以下第____种形式向乙方支付工资:

(一)月工资____元,试用期间工资____元。甲方每月____日前向乙方支付工资。

(二)日工资____元,试用期间工资____元。甲方向乙方支付工资的时间为每月____日。

(三)计件工资。计件单价约定为____。

甲方生产经营任务不足,乙方同意待岗的,甲方向乙方支付的生活费为____元。待岗期间乙方仍需履行除岗位工作外的其他义务。

五、社会保险

第五条 甲乙双方按国家规定参加社会保险。甲方为乙方办理有关社会保险手续,并承担相应的社会保险义务。乙方应缴的社会保险费由甲方代扣代缴。

乙方患病或非因工负伤的医疗待遇按国家有关规定执行。

乙方因工负伤或患职业病的待遇按国家有关规定执行。

乙方在孕期、产期、哺乳期等各项待遇,按国家有关生育保险政策规定执行。

六、劳动保护和劳动条件

第六条 甲方应当在乙方上岗前进行安全生产培训,乙方从事国家规定的特殊工种,应当经过培训并取得相应的职业资格证书方可上岗。

甲方根据生产岗位的需要,按照国家劳动安全卫生的有关规定为乙方配备必要的安全防护设施,发放必要的劳动保护用品。其中建筑施工现场要符合《建筑施工现场环境与卫生标准》(JGJ 146－2004)。对乙方从事接触职业病危害作业的,甲方应按国家有关规定组织上岗前和离岗时的职业健康检查,在合同期内应定期对乙方进行职业健康检查。

甲方依法建立安全生产制度。乙方严格遵守甲方依法制定的各项规章制度,不违章作业,防止劳动过程中的事故,减少职业危害。

乙方有权拒绝甲方的违章指挥,对甲方及其管理人员漠视乙方安全健康的行为,有权提出批评并向有关部门检举控告。

七、解除和终止

第七条 本劳动合同的解除或终止,依《劳动合同法》规定执行。

八、劳动争议处理

第八条 甲乙双方发生劳动争议,可以协商解决,也可以依照《劳动争议调解仲裁法》的规定通过申请调解、仲裁和提起诉讼解决。

九、其他

第九条 甲乙双方约定的其他事项

_____。

第十条 本劳动合同一式二份,甲乙双方各执一份。

本劳动合同自甲乙双方签字、盖章之日起生效。

甲方(公章)

乙方(签字或盖章)

法定代表人或委托代理人

(签字或盖章)

年　月　日

附件2：

编号_____

劳 动 合 同 书

(适用于在京建筑施工企业农民工)

甲 方_____
乙 方_____
签订日期_____年___月___日

北京市劳动和社会保障局

北京市建设委员会监制

劳动合同签约履行须知

1. 用人单位不得招用未满 16 周岁的未成年人。

2. 劳动合同期限在六个月以下的,试用期不得超过十五日;劳动合同期限在六个月以上一年以下的,试用期不得超过三十日;劳动合同期限在一年以上两年以下的,试用期不得超过六十日;劳动合同期限在两年以上的,试用期不得超过 6 个月。试用期包括在劳动合同期限内。

3. 用人单位支付劳动者工资不得低于本市最低工资标准。劳动者患病或非因工负伤的,在病休期间,用人单位支付劳动者的病假工资。不得低于本市最低工资标准的 80%。

4. 用人单位依法安排劳动者延长工作时间的,支付劳动者不低于工资的 150% 的工资报酬;安排劳动者在休息日工作又不能安排补休的,支付劳动者不低于工资的 200% 的工资报酬;安排劳动者在法定休假日工作的,支付劳动者不低于工资的 300% 的工资报酬。

5. 当用人单位有克扣或者无故拖欠劳动者工资等违反劳动保障法律、法规或者规章的行为,侵犯劳动者合法权益的,劳动者可以依法向用人单位用工所在地的劳动保障监察机构投诉。

6. 用人单位应当按照有关法律、法规和国家及本市相关规定参加社会保险。农民工参加工伤保险和医疗保险均由用人单位缴费,个人不缴费。未参加工伤保险的,由用人单位按照国家和本市规定的工伤保险待遇项目和标准支付工伤职工相关费用。

7. 双方应当仔细阅读合同条款,以明确其权利和义务。

甲方＿＿＿＿＿＿＿＿法定代表人＿＿＿＿＿＿＿＿
施工工地地址＿＿＿＿＿＿＿＿＿＿＿＿＿＿＿＿
在京住所地通讯地址＿＿＿＿＿＿＿＿＿＿＿＿＿

乙方_____居民身份证号_____
　　　　　　　　出生日期____年____月____日
家庭住址_____
邮政编码_____
户口所在地____省(市)____区(县)____乡镇____村

根据《中华人民共和国劳动法》和有关规定,甲乙双方经平等协商一致,自愿签订本合同,共同遵守本合同所列条款。

一、劳动合同期限

第一条　劳动合同期限(甲乙双方选择适用)

(　)1. 有固定期限劳动合同

本合同于___年___月___日生效,于___年___月___日终止。其中试用期至___年___月___日止。

(　)2. 以完成一定工作为期限的合同。

本合同生效日期为___年___月___日;以乙方完成_____工作任务为合同终止时间。

二、工作内容

第二条　甲方招用乙方在_____(项目名称)工程中,担任_____岗位(工种)工作。乙方的(工种)上岗证号码为_____。

三、劳动保护和劳动条件

第三条　甲方应当在乙方进入施工现场当天对乙方进行入场三级安全教育,并组织对乙方学习成果的书面考试,考试结果甲方应保存在施工现场备查,考试不合格的不得在现场施工。

甲方应当对从事电气焊、土建、水电设备安装等特殊工种的乙方进行岗前培训,乙方取得相应的操作证书方可上岗。

第四条　甲方根据生产岗位的需要,按照国家劳动安全、卫生的有关规定为乙方配备必要的安全防护措施,发放必要的劳动保护用品。

第五条　甲方将根据国家有关法律法规,建立安全生产制度;乙方应当严格遵守甲方的劳动安全制度,严禁违章作业,防止劳动过程中的事故,减少职业危害。

第六条　甲方为乙方提供的宿舍、食堂、饮用水、洗浴、公厕等基本生活条件必须达到安全、卫生的要求,其中建筑施工现场必须符合建筑施工现场环境与卫生标准。

四、工资保险待遇

第七条　甲乙双方约定实行月(日)工资制的,乙方在试用期间的工资为每月(日)＿＿＿＿元,试用期满后月(日)工资为＿＿＿＿元。

甲乙双方约定实行计件工资制,计件单价为＿＿＿＿元。

双方约定的工资不得低于北京市最低工资标准。甲方提供食宿条件或等同于提供食宿条件的,不得折算为乙方工资。

甲方应在每月＿＿＿＿日前计发乙方的工资,并由乙方签字确认。

甲方在劳动合同终止、解除后应当一次性付清乙方的工资。

甲乙双方对工资支付的其他约定＿＿＿＿＿＿＿＿＿＿。

第八条　甲方应为乙方办理医疗保险和工伤保险手续,并为乙方缴纳工伤保险和医疗保险费用。乙方发生工伤后,工伤保险待遇按国家和本市的有关规定执行。

五、劳动纪律和劳动合同的解除

第九条　乙方应严格遵守甲方的各项规章制度、劳动纪律和安全技术操作规程。

乙方对甲方违章、强令冒险作业有权拒绝;对危害生命安全和身体健康的劳动条件,有权提出检举和控告。

第十条　乙方有下列情形之一,甲方可以解除本合同:

(一)在试用期间被证明不符合录用条件的;

(二)有打架斗殴、偷窃、赌博、擅自停工等违纪行为的;

(三)严重失职,营私舞弊,对甲方利益造成重大损害的;

(四)不服从甲方正当工作安排的;

(五)严重违反总包单位和甲方的施工现场安全管理规定的;
(六)被依法追究刑事责任的。

第十一条 乙方解除本合同,应当提前____日(不超过 30 天)以书面形式通知甲方,不得擅自离职。

六、当事人约定的其他内容

第十二条 乙方在履行劳动合同期间,因个人失职给甲方造成损失的,应当承担赔偿责任。

第十三条 甲乙双方约定的其他内容:
_____
_____
_____

七、劳动争议处理及其他

第十四条 双方因履行本合同发生争议,应当自劳动争议发生之日起,60 日内向工地所在的区县劳动争议仲裁委员会申请仲裁。对仲裁裁决不服的,可自接到裁决书之日起 15 日内向人民法院起诉。

第十五条 甲方的规章制度及_____作为本劳动合同的附件,与劳动合同具有同等法律效力。

第十六条 本合同未尽事宜或与国家、北京市规定相悖的,按照有关规定执行。

第十七条 本合同一式三份,甲乙双方各执一份,另外一份留在乙方务工的建筑施工工地备查。本合同自双方盖章签字之日起生效。

甲方(公章)
乙方(签字或盖章)
法定代表人或委托代理人
(签字或盖章)

签订日期: 年   月   日

使 用 说 明

一、本合同书供在京建筑施工企业与农民工签订劳动合同时参考使用。

二、建筑施工企业与农民工签订劳动合同时,凡需要双方约定的内容,经协商一致后填写在相应的空格内。

第一条中,双方在约定的事项前括号内画"√",并填写日期。签订劳动合同,甲方应加盖法人公章;法定代表人(负责人)或委托代理人及乙方应签字或盖章,其他人不得代为签字。

三、本合同应使用钢笔或签字笔填写,字迹清楚,文字简练、准确,不得涂改。

第七章 劳务分包管理

第一节 劳务分包合同概述

一、劳务分包合同签订流程

不管是总承包单位与劳务分包队伍的关系怎样,都不能以口头协议代替劳务分包合同,总承包企业与劳务分包是合同关系,双方的责、权、利必须靠公平、详尽的合同来约束。劳务总承包单位劳务分包合同签订的流程随合同发包方式的不同而不同。

常见的发包方式有:明码标价交易、非招标采购方式和招标投标方式。其中招标投标方式是工程项目最常采用的一种方式,采用招标投标方式时,必须符合《招标投标法》及相关法律法规。招标投标方式的劳务分包合同签订流程由招标、投标、开标、评标、定标、中标及签订合同阶段组成,具体可参考本书第五章。

二、劳务分包合同条款

(一)合同协议与合同文件

《建设工程施工劳务分包合同(示范文本)》由 26 个条款和 3 个附件组成,没有采用三段式合同结构(即协议书、通用条款、专用条款),采用格式合同方式。施工总承包人、专业工程承包人或专业工程分包人都可以直接与劳务分包人签订劳务分包合同。

工程承包人和劳务分包人依照《合同法》、《建筑法》及其他有关法律、行政法规,遵循平等、自愿、公平和诚实信用的原则,鉴于发包人与工程承包人已经签订施工总承包合同或专业承(分)包合同[简称为"总(分)包合同"],双方就劳务分包事项协商达成一致,订立本合同。

(1)劳务作业承包人资质情况。
(2)劳务作业工程及内容。
(3)劳务作业期限。
(4)质量标准。
(5)合同文件及解释顺序。
(6)标准规范。
(7)图纸。

(二)双方一般义务

1. 劳务作业发包人义务

(1)对劳务分包范围内的工程质量向承包人负责,组织具有相应资格证书的熟练工人投入工作;未经承包人授权或允许,不得擅自与发包人及有关部门建立工作联系;自觉遵守法律法规及有关规章制度。

(2)严格按照设计图纸、施工验收规范、有关技术要求及施工组织设计精心组织施工,确保工程质量达到约定的标准。

1)科学安排作业计划,投入足够的人力、物力,保证工期;

2)加强安全教育,认真执行安全技术规范,严格遵守安全制度,落实安全措施,确保施工安全;

3)加强现场管理,严格执行建设主管部门及环保、消防、环卫等有关部门对施工现场的管理规定,做到文明施工;

4)承担由于自身责任造成的质量修改、返工、工期拖延、安全事故、现场脏乱造成的损失及各种罚款。

(3)自觉接受承包人及有关部门的管理、监督和检查;接受承包人随时检查其设备、材料保管、使用情况,及其操作人员的有效证件、持证上岗情况;与现场其他单位协调配合,照顾全局。

(4)劳务分包人须服从承包人转发的发包人及工程师的指令。

(5)除非合同另有约定,劳务分包人应对其作业内容的实施、完工负责,劳务分包人应承担并履行总(分)包合同约定、与劳务作业有关的所有义务及工作程序。

2. 劳务作业承包人义务

(1)组建与工程相适应的项目管理班子,全面履行总(分)包合同,组织实施施工管理的各项工作,对工程的工期和质量向发包人负责。

(2)除非合同另有约定,工程承包人完成劳务分包人施工前期的下列工作并承担相应费用:

1)向劳务分包人交付具体本合同项下劳务作业开工条件的施工场地;

2)完成水电热、电讯等施工管线和施工道路,并满足完成本合同劳务作业所需要的能源供应、通讯及施工道路畅通;

3)向劳务分包人提供相应的工程地质和地下管网线路资料;

4)完成办理下列手续(包括各种证件批件规费,但涉及劳务分包人自身的手续除外);

5)向劳务分包人提供相应的水准点与坐标控制位置。

(3)负责编制施工组织设计,统一各项管理目标,组织编制年、季、月施工计划,物资需用量计划表,实施对施工质量、工期、安全生产、文明施工、计量检测、试验化验的控制、监督、检查和验收。

(4)负责工程测量定位、沉降观测、技术交底,组织图纸会审,统一安排技术档案资料的收集整理和交工验收。

(5)按合同约定,向劳务分包人支付劳动报酬。

(6)负责与发包人、监理、设计及有关部门联系,协调现场工作关系。

(7)按时提供图纸,及时交付工程应供材料、设备,所提供的施工机械设备、周转材料、安全设施保证施工需要。

(三)安全施工与材料设备供应

1. 安全施工检查

劳务作业承包人应遵守工程建设安全生产有关管理规定,严格按安全标准进行施工,采取必要的安全防护措施,消除事故隐患。

(1)最高管理者或管理者代表负责组织并参加公司级安全施工检查工作。

(2)公司安全监察部参加公司级的安全施工检查,并负责监督在安全检查中发现的各单位安全隐患的整改。

(3)项目部经理或生产副经理负责组织参加本施工现场的安全施

工检查工作。

(4)项目部安全监察部门负责安全施工检查中本施工现场存在的安全隐患的跟踪整改工作。

(5)公司、项目部各部门和专业公司负责本单位的安全施工检查及安全隐患的整改工作。

2. 材料、设备供应

劳务作业承包人在接到图纸后的约定时间内,向劳务作业发包人提交材料、设备供应计划,经确认后,劳务作业发包人应按供应计划要求进行采购。

劳务作业承包人应妥善保管、合理使用劳务作业发包人提供的材料、设备。因保管不善发生丢失、损坏,劳务作业承包人应赔偿,并承担因此造成的工期延误等发生的一切经济损失。

(四)劳务报酬及支付

1. 劳务报酬

工程劳务报酬可采用以下任何一种方式计算:

(1)固定劳务报酬(含管理费);

(2)约定不同工种劳务的计时单价(含管理费),按确认的工时计算;

(3)约定不同工作成果的计件单价(含管理费),按确认的工程量计算。

2. 工时及工程量的确认

(1)采用固定劳务报酬方式的,施工过程中不计算工时和工程量。

(2)采用按确定的工时计算劳务报酬的,由劳务分包人每日将提供劳务人数报工程承包人,由工程承包人确认。

(3)采用按确认的工程量计算劳务报酬的,由劳务分包人按月(或旬、日)将完成的工程量报工程承包人,由工程承包人确认。对劳务分包人未经工程承包人认可,超出设计图纸范围和因劳务分包人原因造成返工的工程量,工程承包人不予计量。

3. 劳务报酬的中间支付

(1)采用固定劳务报酬方式支付劳务报酬的,劳务分包人与工程承包人约定按合同生效即支付预付款,也可以中间支付。

(2)采用计时单价或计件单价方式支付劳务报酬的,劳务分包人与工程承包人可自行约定支付方法。

4. 劳务报酬最终支付

全部工作完成,经工程承包人认可后 14 天内,劳务分包人向工程承包人递交完整的结算资料,双方按照约定的计价方式,进行劳务报酬的最终支付。

(五)施工变更、验收及配合

1. 施工变更

施工中如发生对原工作内容进行变更,工程承包人项目经理应提前 7 天以书面形式向劳务分包人发出变更通知,并提供变更的相应图纸和说明。劳务分包人按照工程承包人(项目经理)发出的变更通知及有关要求,进行下列需要的变更。

(1)更改工程有关部分的标高、基线、位置和尺寸。

(2)增减合同中约定的工程量。

(3)改变有关的施工时间和顺序。

(4)其他有关工程变更需要的附加工作。

施工中劳务分包人不得对原工程设计进行变更。因劳务分包人擅自变更设计发生的费用和由此导致工程承包人的直接损失,由劳务分包人承担,延误的工期不予顺延。

2. 施工验收

劳务分包人应确保所完成施工的质量符合约定的质量标准。劳务分包人施工完毕,应向工程承包人提交完工报告,通知工程承包人验收;工程承包人应当在收到劳务分包人的上述报告后 7 天内对劳务分包人施工成果进行验收,验收合格或者工程承包人在上述期限内未组织验收的,视为劳务分包人已经完成了约定工作。但工程承包人与发包人间的隐蔽工程验收结果或工程竣工验收结果表明劳务分包人施工质量不合格时,劳务分包人应负责无偿修复,不延长工期,并承担由此导致的工程承包人的相关损失。

3. 施工配合

劳务分包人应配合工程承包人对其工作进行的初步验收,以及工程承包人按发包人或建设行政主管部门要求进行的涉及劳务分包人工作内容、施工场地的检查、隐蔽工程验收及工程竣工验收;工程承包人或施工场地内第三方的工作必须与劳务分包人配合时,劳务分包人应按工程承包人的指令予以配合。除上述初步验收、隐蔽工程验收及工程竣工验收之外,劳务分包人因提供上述配合而发生的工期损失,费用由工程承包人承担。

(六)违约责任、索赔、争议

1. 违约责任

(1)当发生下列情况之一时,工程承包人应承担违约责任。

1)工程承包人违反约定,不按时向劳务分包人支付劳务报酬(违约责任:应按劳务分包人同期向银行贷款利率向劳务分包人支付拖欠劳务报酬的利息,并按拖欠金额向劳务分包人支付违约金);

2)工程承包人不履行或不按约定履行合同义务的其他情况(违约责任:应向劳务分包人支付违约金,工程承包人尚应赔偿因其违约给劳务分包人造成的经济损失,顺延延误的劳务分包人工作时间)。

(2)当发生下列情况之一时,劳务分包人应承担违约责任。

1)劳务分包人因自身原因延期交工的,每延误一日,应向工程承包人支付违约金;

2)劳务分包人施工质量不符合本合同约定的质量标准,但能够达到国家规定的最低标准时,劳务分包人应向工程承包人支付违约金;

3)劳务分包人不履行或不按约定履行合同的其他义务时,应向工程承包人支付违约金,劳务分包人尚应赔偿因其违约给工程承包人造成的经济损失,延误的劳务分包人工作时间不予顺延。

一方违约后,另一方要求违约方继续履行合同时,违约方承担上述违约责任后仍应继续履行合同。

2. 索赔

(1)在劳务作业实施过程中,如劳务分包人遇到不利外部条件等根据总(分)包合同可以索赔的情形出现,则工程承包人应该采取一切合理步骤,向发包人主张追加付款或延长工期。当索赔成功后,工程承包人应该将索赔所得的相应部分转交给劳务分包人。

(2)工程承包人未按约定履行自己的各项义务或发生错误,以及应由工程承包人承担责任的其他情况,造成工作时间延误和(或)劳务分包人不能及时得到合同报酬及劳务分包人的其他经济损失,劳务分包人可向工程承包人索赔。

3. 争议

工程承包人和劳务分包人在履行合同时发生争议,可以自行和解或要求有关主管部门调解,任何一方不愿和解、调解或和解、调解不成的,双方约定采用下列任一种方式解决争议。

(1)双方达成仲裁协议,向仲裁委员会申请仲裁。

(2)向有管辖权的人民法院起诉。

(七)其他

1. 不可抗力

不可抗力事件发生后,劳务分包人应立即通知工程承包人项目经理,并在力所能及的条件下迅速采取措施,尽力减少损失,工程承包人应协助劳务分包人采取措施。工程承包人项目经理认为劳务分包人应当暂停工作,劳务分包人应暂停工作。不可抗力事件结束后48小时内劳务分包人向工程承包人项目经理通报受害情况和损失情况,及预计清理和修复的费用。不可抗力事件持续发生,劳务分包人应每隔7天向工程承包人项目经理通报一次受害情况。不可抗力结束后14天内,劳务分包人应向工程承包人项目经理提交清理和修复费用的正式报告和有关资料。

因不可抗力事件导致的费用和延误的工作时间由双方按以下办法分别承担:

(1)工程本身的损害、因工程损害导致第三人人员伤亡和财产损失,以及运至施工场地用于劳务作业的材料和待安装的设备的损害,由工程承包人承担。

(2)工程承包人和劳务分包人的人员伤亡由其所在单位负责,并承担相应费用。

(3)劳务分包人自有的机械设备损坏及停工损失,由劳务分包人自行承担。

(4)工程承包人提供给劳务分包人使用的机械设备损坏,由工程承包人承担,但停工损失由劳务分包人自行承担。

(5)停工期间,劳务分包人应工程承包人项目经理要求留在施工场地的必要的管理人员及保卫人员的费用由工程承包人承担。

(6)工程所需清理、修复费用,由工程承包人承担。

(7)延误的工作时间相应顺延。

2. 文物和地下障碍物

在劳务作业中发现古墓、古建筑遗址等文物和化石或其他有考古、地质研究价值的物品时,劳务分包人应立即保护好现场并于4小时内以书面形式通知工程承包人项目经理,工程承包人项目经理应于收到书面通知后24小时内报告当地文物管理部门,工程承包人和劳务分包人按文物管理部门的要求采取妥善保护措施。工程承包人承担由此发生的费用,顺延合同工作时间。如劳务分包人发现后隐瞒不报或哄抢文物,致使文物遭受破坏,责任者依法承担相应责任。

劳务作业中发现影响工作的地下障碍物时,劳务分包人应于8小时内以书面形式通知工程承包人项目经理,同时提出处置方案。工程承包人项目经理收到处置方案后24小时内予以认可或提出修正方案,工程承包人承担由此发生的费用,顺延合同工作时间。所发现的地下障碍物有归属单位时,工程承包人应报请有关部门协同处置。

3. 合同解除

如果工程承包人不按照本合同的约定支付劳务报酬,劳务分包人可以停止工作。停止工作超过28天,工程承包人仍不支付劳务报酬,劳务分包人可以发出通知解除合同。

如在劳务分包人没有完全履行本合同义务之前,总包合同或专业分包合同终止,工程承包人应通知劳务分包人终止本合同。劳务分包人接到通知后尽快撤离现场,工程承包人应支付劳务分包人已完工程的劳务报酬,并赔偿因此而遭受的损失。

如因不可抗力致使本合同无法履行,或因一方违约或因发包人原因造成工程停建或缓建,致使合同无法履行的,工程承包人和劳务分包人可以解除合同。

合同解除后,劳务分包人应妥善做好已完工程和剩余材料、设备的保护和移交工作,按工程承包人要求撤出施工场地。工程承包人应为劳务分包人撤出提供必要条件,支付以上所发生的费用,并按合同约定支付已完工作劳务报酬。有过错的一方应当赔偿因合同解除给对方造成的损失。合同解除后,不影响双方在合同中约定的结算和清理条款的效力。

4. 合同终止

本合同正本两份,具有同等效力,由工程承包人和劳务分包人各执一份。

双方履行完合同全部义务,劳务报酬价款支付完毕,劳务分包人向工程承包人交付劳务作业成果,并经工程承包人验收合格后,本合同即告终止。

5. 补充条款

补充条款即补充除以上条款以外的其他条款。

三、劳务分包合同价款确定

劳务分包工程的发包人和劳务分包工程承包人必须在分包合同中明确约定劳务款的支付时间、结算方式以及保证按期支付的相应措施。

(一)劳务分包合同价款简介

1. 劳务分包合同价款确定的方式

发包人、承包人约定劳务分包合同价款计算方式时,应当在采用固定合同价款、建筑面积综合单价、工种工日单价、综合工日单价四种方式选择其一计算,不得采用"暂估价"方式约定合同总价。

(1)固定合同价款。固定合同价款是指在合同中确定一个完成全部劳务分包施工项目所应支付的劳务费用总价,总价被承包人接受以后,一般不得变动。

(2)建筑面积综合单价。建筑面积综合单价是指以建筑施工面积

（平方米）为计量单位，完成从进场到竣工全部劳务工作量的各工种工人应支付的工资和其他劳务费用的价格（元/平方米）。建筑面积综合单价一般适用于一个劳务分包单位承担绝大部分劳务工作的情况。建筑面积综合单价通常按地下结构、地上结构、初装修、水暖安装、电气安装、外墙面砖、外墙粉刷等分部分项工程分别计算平方米单价，也可以统一按建筑面积确定平方米单价，有时总包单位还规定将辅材、小型机具和劳保用品所需费用折算成平方米单价，包含在承包价中。按分项工程建筑面积确定承包价，具体计算公式如下：

每平方米建筑面积单价＝人工单价×完成每平方米建筑面积所需人工数量×(1＋管理费率＋利润率)×(1＋规费率)

劳务分包工程造价＝每平方米建筑面积单价×建筑面积

（3）工种工日单价。工种工日单价是指按不同作业工种划分的，每完成一个定额工日所应支付的工资价格（元/日），即按定额单价确定各工种的工日单价。

按住房和城乡建设部劳务分包资质所设定的13个工种，包括木工、砌筑、抹灰、石制作、油漆、钢筋、混凝土、脚手架、模板、焊接、水暖电安装、钣金、架线计算劳务分包工程造价，具体计算公式如下：

劳务分包单价＝人工单价×(1＋管理费率＋利润率)×(1＋规费率)

劳务分包工程造价＝劳务分包单价×人工数量

（4）综合工日单价。综合工日单价是指按工日计算（元/日），完成每个分部分项工程对所需使用的各工种应支付的综合劳务费价格。劳务费包含：工人工资、劳动保护费、管理费、各项保险费用、临设费用、文明施工环保费用、利润、税金；不包含以下内容：中小型施工机具、设备费、劳务作业周转费、低值易耗材料费。综合工日单价通常用于房建结构、装饰工程初装修、装饰工程精装修、机电设备安装、弱电安装、市政—市政管线、市政—市政道桥、市政—市政综合、园林等分部分项工程。

上述公式中，建筑面积按照国家标准《建筑工程建筑面积计算规范》(GB/T 50353—2005)的规定计算；人工单价、管理费、利润、规费等分别按照以下规定确定或计算：

（1）人工单价：参照工程所在地建设工程造价行政管理部门发布

的市场人工单价确定;

(2)管理费:以人工费为基础,其费率为 4%~7%,具体由劳务分包企业结合工程实际自主确定;

(3)利润:以人工费为基础,其费率为 3%~5%,具体由劳务分包企业结合工程实际自主确定;

(4)规费:包括社会保险费、外来工调配费、住房公积金等,严格按政府有关部门规定计算,列入不可竞争费。规费费率的计算公式:

1)以直接费为计算基础:

$$规费费率(\%) = \frac{\sum 规费缴纳标准 \times 每万元发承包价计算基数}{每万元发承包价中的人工费含量} \times 人工费占直接费的比例(\%)$$

2)以人工费和机械费合计为计算基础:

$$规费费率(\%) = \frac{\sum 规费缴纳标准 \times 每万元发承包价计算基数}{每万元发承包价中的人工费含量和机械费含量} \times 100\%$$

3)以人工费为计算基础:

$$规费费率(\%) = \frac{\sum 规费缴纳标准 \times 每万元发承包价计算基数}{每万元发承包价中的人工费含量} \times 100\%$$

2. 劳务分包合同价款的主要内容

劳务分包合同价款包括工人工资、文明施工及环保费中的人工费、管理费、劳动保护费、各项保险费、低值易耗材料费、工具用具费、利润等。

3. 劳务分包合同价款应分别约定和必须明确的内容

(1)发包人将工程劳务作业发包给一个承包人的,正负零以下工程、正负零以上结构、装修、设备安装工程等应分别约定。

(2)工人工资、管理费、工具用具费、低值易耗材料费等应分别约定。

(3)承包低值易耗材料的,应当明确材料价款总额,并明确材料款的支付时间、方式。

(4)劳务分包合同价格风险幅度范围应明确约定,超过风险幅度范围的,应当及时调整。

4. 劳务分包合同价款结算的时间限制

发包人、承包人应当在劳务分包合同中明确约定对劳务作业验收的时限以及劳务合同价款结算和支付的时限。

(1)发包人、承包人应当在每月 20 日前对上月完成劳务作业量及应支付的劳务分包合同价款予以书面确认,书面确认时限自发包人收到承包人报送的书面资料之日起计算,最长不得超过 3 日;发包人应当在书面确认后 5 日内支付已确认的劳务分包价款。

(2)总承包企业自收到劳务分包承包人依照约定提交的结算之日起 28 日内完成审核,并书面答复承包人;逾期不答复的,视为发包人同意承包人提交的结算资料。

5. 劳务分包合同价款支付的有关规定

(1)合同价款支付的时间限制。发包人、承包人应当在劳务分包合同中明确约定施工过程中劳务作业工作量的审核时限和劳务分包合同价款的支付时限。月度审核时限从发包人收到承包人报送的上月劳务作业量之日起计算,最长不得超过 3 日;支付时限从完成审核之日起计算,最长不得超过 5 日。

劳务分包工程完工,工程结算程序完成后,发包人应当自结算完成之日起 28 日内支付全部结算价款。

(2)农民工工资的支付。总承包企业和劳务企业必须每月支付一次劳务企业农民工的基本工资,企业工资月支付数额不得低于北京市最低工资标准,余下未支付部分在工程完工后或季度末、年末必须保证足额支付。

建筑施工企业应当在银行建立工资保证金专用账户,专项用于发生欠薪时支付农民工工资的应急保障。

(3)支付形式。分包合同价款的支付必须以银行转账的形式办理,付款时总包单位不得以现金方式向分包单位支付劳务费。如果分包单位是外地施工企业的,分包单位还必须向总包单位出具外地施工企业专用发票。

(4)对履行劳务分包合同价款的规定。

1)发包人不得以工程款未结算、工程质量纠纷等理由拖欠劳务分包合同价款。

2)发包人、承包人应当在每月月底前对上月完成劳务作业量及应支付的劳务分包合同价款予以书面确认,发包人应当在书面确认后

5 日内支付已确认的劳务分包合同价款。

3)承包人应当按照劳务分包合同的约定组织劳务作业人员完成劳务作业内容,在收到劳务分包合同价款后按照合同约定发放工资并将工资发放情况书面报送发包人。

(二)报价分析

1. 投标报价单价分析

单价是投标价格决定的重要因素,关系到投标的成败。在投标前对每个单项工程进行价格分析很有必要。

单价分析也可称为单价分解,就是对工程量表中所列项目的单价如何分析、计算和确定。或者说是研究如何计算不同项目的人工费、材料费、施工机具使用费、企业管理费、利润之后得出项目的单价。

有的招标文件要求投标者必须报送部分项目的单价分析表,而一般的招标文件不要求报单价分析。但投标者在投标时,除对于很有经验的、有把握的项目以外,必须对工程量大的、对工程成本起决定作用的、没有经验的和特殊的项目进行单价分析,以使投标报价建立在可靠的基础上。

2. 投标报价决策分析

报价决策就是确定投标报价的总水平。这是投标胜负的关键环节,通常由投标工作班子的决策人在主要参谋人员的协助下作出决策。

报价决策的工作内容如下:

(1)首先是计算基础标价,即根据工程量清单和报价项目单价表,进行初步测算,其间可能对某些项目的单价作必要的调整,形成基础标价。

(2)其次作风险预测和盈亏分析,即充分估计施工过程中的各种有关因素和可能出现的风险,预测对工程造价的影响程度。

(3)第三步测算可能的最高标价和最低标价,也就是测定基础标价可以上下浮动的界限,使决策人心中有数,避免凭主观愿望盲目压价或加大保险系数。

基础标价、可能的最低标价和最高标价可分别按下式计算：

$$基础标价 = \Sigma 报价项目 \times 单价$$
$$最低标价 = 基础标价 - (预期盈利 \times 修正系数)$$
$$最高标价 = 基础标价 + (风险损失 \times 修正系数)$$

考虑到在一般情况下，无论各种盈利因素或者风险损失，很少有可能在一个工程上百分之百地出现，所以应加一修正系数，这个系数凭经验一般取 0.5～0.7。

完成这些工作以后，决策人就可以靠自己的经验和智慧，做出报价决策。然后，方可编制正式报价单。

3. 投标报价宏观审核

报价是投标的核心，报价正确与否直接关系到投标的成败。为了增强报价的准确性，提高中标率和经济效益，除重视投标策略，加强报价管理以外，还应认真总结经验教训，采取相应对策从宏观角度对承包工程总报价进行控制。

总体报价是由各单项的价格组成的，在考虑某一具体项目的价格水平时，因所处的角度不同，所得出的结论也不相同，因此必须加强宏观审核，以便以宏观角度对报价进行审查，以提高报价的准确性，提高竞争能力。

宏观审核通常所采取的观察角度主要有以下几种：

(1)单位工程造价。将投标报价折合成单位工程造价，例如房屋工程按平方米造价；铁路、公路按公里造价；铁路桥梁、隧道按每延米造价；公路桥梁按桥面平方米造价等，并将该项目的单位工程造价与类似工程(或称参照对象)的单位工程造价进行比较，以判定报价水平的高低。

(2)单位工程用工用料正常指标。例如，我国铁路隧道施工部门根据所积累的大量施工经验，统计分析出的各类围岩隧道的每延米隧道用工、用料正常指标；房建部门对房建工程每平方米建筑面积所需劳力和各种材料的数量也都有一个合理的指数，可据此进行宏观控制。

(3)全员劳动生产率。全员劳动生产率是指全体人员每工日的生产价值。一定时期内，由于受企业一定的生产力水平所决定，具有相对稳定的全员劳动生产率水平。因而企业在承揽同类工程或机械化水平相近的项目时应具有相近的全员劳动生产率水平。

(4)各分项工程价值的正常比例。一个工程项目是由基础、墙体、楼板、屋面、装饰、水电、各种附属设备等分项工程构成的,它们在工程价值中都有一个合理的大体比例,承包商应将投标项目的各分项工程价值的比例与经验数值相比较。

(5)各类费用的正常比例。任何一个工程的费用都是由人工费、材料设备费、施工机械费、间接费等各类费用组成的,它们之间都应有一个合理的比例。

(6)个体分析整体综合。将整体报价进行分解,分摊至各个体项目上,与原个体项目价格相比较,发现差异、分析原因、合理调整,再将个体项目价格进行综合,形成新的总体价格,与原报价进行比较。如修建一条铁路,这是包含线、桥、隧、站场、房屋、通信信号等个体工程的综合工程项目,应首先对个体工程进行逐个分析,而后进行综合研究和控制。

(7)预测成本比较。将一个国家或地区的同类工程报价项目和中标项目的预测工程成本资料整理汇总贮存,作为下一轮投标报价的参考,可以衡量新项目报价的得失情况。

(8)综合定额估算法。本法是采用综合定额和扩大系数估算工程的工料数量及工程造价的一种方法,是在掌握工程实施经验和资料的基础上的一种估价方法。一般说来比较接近实际,尤其是在采用其他宏观指标对工程报价难以核准的情况下,该法更显出它较细致可靠的优点。

(9)企业内部定额估价法。根据企业的施工经验,确定企业在不同类型的工程项目施工中的工、料、机等的消耗水平,形成企业内部定额,并以此为基础计算工程估价。此方法不但是核查报价准确性的重要手段,也是企业内部承包管理、提高经营管理水平的重要方法。

综合运用上述方法与指标,就可以减少报价中的失误,不断提高报价水平。

四、劳务分包合同履约过程管理

(1)发包人、承包人应当建立健全劳务分包合同管理制度,明确劳务分包合同管理机构和管理人员。劳务分包合同管理人员应当经过业务培训,具备相应的从业能力。

发包人、承包人应当以工程项目为单位,设置劳务分包合同管理人员,负责劳务分包合同的日常管理。

(2)自劳务分包合同备案之日起至该劳务作业验收合格并结算完毕之日止,承包人应当根据劳务分包合同履行进度情况,于每月25日前在劳务分包合同管理信息系统上填报上个月劳务分包合同价款结算支付等合同履行数据。

发包人可以通过劳务分包合同管理信息系统对承包人填报的合同履行数据进行查询,如认为存在异议,应向承包人提出,承包人拒绝更正的,可向当地住房城乡建设委据实反映。

(3)发包人、承包人应当按照劳务分包合同约定,全面履行自己的义务。

发包人不得以工程款未结算、工程质量纠纷等理由拖延支付劳务分包合同价款。

承包人应当按照劳务分包合同的约定组织劳务作业人员完成劳务作业内容并将工资发放情况书面报送发包人。

发包人、承包人应当在每月月底前对上月完成劳务作业量及应支付的劳务分包合同价款予以书面确认,发包人应当按照相关规定支付已确认的劳务分包合同价款。

(4)对施工过程中发生工程变更及劳务分包合同约定允许调整的内容,发包人、承包人应当及时对工程变更事项及劳务分包合同约定允许调整的内容如实记录并履行书面签证手续。履行书面签证手续的人员应当为发包人、承包人的法定代表人或其授权人员。

在工程变更及劳务分包合同约定允许调整的内容确定后,工程变更及劳务分包合同约定允许调整的内容涉及劳务分包合同价款调整的,发包人、承包人应当及时确认相应的劳务分包合同价款。

经确认的变更部分的价款应当按进度与劳务分包合同价款一并支付。

发包人、承包人应当在劳务分包合同中约定,一方当事人拒绝履行书面签证手续的,另一方当事人应当向合同中约定的对方通讯地址送达书面资料;收到书面材料的当事人应当在 7 日内给予书面答复,逾期不答复的视为同意。

劳务分包合同中关于停工、窝工、临时性用工、现场罚款等的确认程序及支付方式按照本条规定执行。

(5)承包人应当在与发包人签订书面劳务分包合同并备案后进场施工。

发包人不得在未签订书面劳务分包合同并备案的情况下要求或允许承包人进场施工。

(6)承包人完成劳务分包合同约定的劳务作业内容后,应当书面通知发包人验收劳务作业内容,发包人应当在收到通知后3日内对劳务作业进行验收。

验收合格后,承包人应当及时向发包人递交书面结算资料,发包人应当自收到结算资料之日起 28 日内完成审核并书面答复承包人;逾期不答复的,视为发包人同意承包人提交的结算资料。

双方的结算程序完成后,发包人应当自结算完成之日起 28 日内支付全部结算价款。

发包人、承包人就同一劳务作业内容另行订立的劳务分包合同与经备案的劳务分包合同实质性内容不一致的,应当以备案的劳务分包合同作为结算劳务分包合同价款的依据。

(7)劳务作业全部内容经验收合格后,承包人应当按照劳务分包合同的约定及时将该劳务作业交付发包人,不得以双方存在争议为理由拒绝将该劳务作业交付发包人。

(8)在劳务分包合同履行过程中发生争议的,发包人、承包人应当自行协商解决,也可向有关行政主管部门申请调解;协商或调解不成的,应根据劳务分包合同约定的争议解决方式,向仲裁机构申请仲裁或者向人民法院起诉。

第二节 劳务分包作业管理

一、劳务分包队伍进出场管理

1. 劳务分包队伍的概念

劳务分包(企业)队伍是指具有合法经营资格和资质,能够按照合同约定完成相应劳务作业任务的劳务分包企业(组织)。同时要求施工作业队信誉良好、顾全大局,能服从项目经理部日常管理,与项目经理部配合融洽。积极配合政府和项目经理部妥善处理突发事件,保证社会稳定。

劳务分包队伍接到中标通知书后,与总承包企业签订劳务(专业)分包合同并签订《施工安全协议》、《总分包施工配合协议》、《水电费及其他费用协议》、《总分承包管理协议》、《安全生产协议》、《安全总交底》、《安全消防及环境管理责任书》、《治安综合治理责任书》等,双方责任和权力已明确。

劳务分包队伍是进行劳务分包的基本条件,搞好劳务队伍管理的发展,稳定劳务队伍,直接关系到劳务分包的根本利益。

2. 劳务分包队伍人员进场管理

企业要求下属单位或工程项目经理部按照先达标、后进场的原则,通过证件、表册检查,健全对务工人员的进场管理。劳务分包队伍人员在进场时必须符合以下规定:

(1)禁止使用未满16周岁和超过55周岁的人员,禁止使用在逃人员、身体或智力残疾人员及其他不适应施工作业的人员。

(2)工长、技术员部门负责人以及各专业安全管理人员等部门负责人应接受安全技术培训,并参加总承包方组织的安全考核。

(3)指定专职劳动用工管理人员对施工现场的人员实行动态管理,落实用工管理。

(4)签订好《劳动合同》,建立劳务分包队伍人员花名册台账,建立施工现场管理台账(如《工程管理人员登记表》和《现场工人登记表》),

对进出场人员信息及时跟踪,并将台账放在劳务项目管理机构备查,同时报送一份留存。

(5)特种作业人员的配备必须满足施工需要,并持有有效证件(原籍地、市级劳动部门颁发)和当地劳动部门核发的特种作业临时操作证,持证上岗。

3. 劳务分包队伍人员退场管理

劳务分包方退场有多种情况,但按照劳务分包队伍与总包方的意愿,可总体归纳成以下三种:

(1)正常终止合同。按照法律程序,合同履行完毕后,合同的效力已经终止,经双方协议,劳务分包队伍可以退场。如有其他协议或合同条款未履行完毕,如经双方协商可暂时退场,劳务分包队伍在合同期限内仍有义务履行自身的义务。

(2)被总承包方强制终止。总包方因某种原因终止合同,劳务分包队伍中途退场。劳务分包队伍可按照合同条款进行申诉,但如劳务分包企业有下列行为之一,属于劳务分包队伍违约在先、符合相关终止合同规定的除外:

1)发生事故隐瞒不报、漏报、晚报的;
2)连续三次检查出重大安全隐患并拒不整改的;
3)出现重大质量问题和安全事故的;
4)因劳资纠纷引发的群体性事件影响特别恶劣的;
5)发生群体违法行为、发生刑事案件造成不良影响的;
6)其他行为造成严重后果的。

(3)劳务分包队伍单方有退场意愿并提出的。施工过程中,分包单位因本单位原因,主动向总包单位提出终止合同的,因此而造成的一切损失均由分包单位承担,并且分包单位应提前三个月向总包单位提出退场申请并在施工阶段性完成后,与总包单位办理交接、清算工作。

二、劳务合同管理与分包策划

企业通过建立工程分包价格指导体系,按照不同工程类别和不同工种的劳务市场价格,制定劳务分包指导价,供下属单位或项目经理部合理确定劳务分包合同价格,有效控制劳务分包成本,避免盲目压

第七章 劳务分包管理

价导致劳务合同纠纷;通过推行劳务分包格式文本、实行劳务分包合同备案等方式规范企业与劳务分包队伍的行为,强化劳务分包合同的合法性和严肃性。同时建立劳务合同纠纷的协调机制,指导下属单位和工程项目部运用法律手段解决合同纠纷。

项目分包策划工作流程如图 7-1 所示。

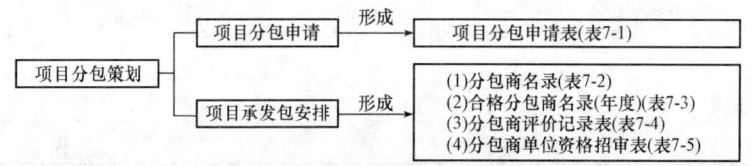

图 7-1 项目分包策划工作流程

表 7-1　　　　　　　　项目分包申请表

工程名称:××公寓　　　　　　　　　　　　　　　编号:×××

致:××监理公司(监理单位)

我方要求同意下列分包,我方证明执行这项分包工程的单位是有经验的、有能力胜任的,并且保证工程将按合同文件的规定进行。

承包单位(章):××建筑工程公司
项目经理:×××
日　　期:××年×月×日

附件:分包单位资质、经验、能力、信誉、财务、主要人员经历等资料

分包单位名称:××工程公司				分包人姓名:×××		
项目号	分包工程名称	单位	数量	单价/元	分包金额/元	占合同价的(%)
1	电气安装工程	m	8000.00	12.00	48000.00	38%
2	给水排水安装工程	m	1500.00	24.00	74000.00	46%
合　　计						

分包工程开工日期:××年×月×日　　分包工程预计竣工日期:××年×月×日

建设单位代表的意见: 　　同意 　　　　　建设单位代表:××× 　　　　　　　××年×月×日	总监理工程师审批意见: 　　同意 　　　　总监理工程师:××× 　　　　　××年×月×日

表 7-2　　　　　　　　　　分包商名录

编号：×××

分包商名称	负责人	资质等级	施工业绩	质量等级	备注
××建筑工程公司	×××	一级		优良	
××装饰装修工程公司	×××	一级		优良	
××机电安装工程公司	×××	一级		优良	

填表人：×××　　　　项目负责人：×××　　　　日　期：××年×月×日

表 7-3　　　　　　合格分包商名录（××年度）

编号：×××

序号	分包商名称	法定代表人	资质等级发证机关	资质证书登记号	营业执照注册号	注册资金/万元	地址/电话	备注
1	××建筑工程公司	×××	××市建委	××× ×××	××× ××	×××	×××	
2	××装饰装修工程公司	×××	××市建委	××× ×××	××× ×××	×××	×××	
3	××机电安装工程公司	×××	××市建委	××× ×××	××× ×××	×××	×××	

填表人：×××　　　　项目负责人：×××　　　　日　期：××年×月×日

第七章 劳务分包管理

表 7-4   分包商评价记录表

编号：×××

分包商名称	××建筑装饰装修工程有限公司
分包商地址/联系电话/传真	××市××区××路××号/×× ××××××/××××××××
所分包的项目（概述）	××公寓装饰装修工程施工
价格情况	适中
所完成的项目的质量	优良
是否按期完成所分包的项目	按期完成
其他合同条款的执行情况	良好
其他	

填表人：×××　　　项目负责人：×××　　　日　期：××年×月×日

表 7-5   分包单位资格报审表

工程名称：××工程　　　　　　　　　　　　　　　编号：×××

致：　××××监理公司　（监理单位）

经考察，我方认为拟选择的　××机电安装工程公司　（分包单位）具有承担下列工程的施工资质和施工能力，可以保证本工程项目按合同的规定进行施工。分包后，我方仍承担总包单位的全部责任。请予以审查和批准。

附：

(1) 分包单位资质材料：《建筑业企业资质证书》（复印件）、《企业法人营业执照》（副本）。

(2) 分包单位业绩材料。（近三年完成的与分包工程工作内容类似工程及工程质量的情况。）

分包工程名称（部位）	工程数量	拟分包工程合同额	分包工程占全部工程
电气安装工程		××万（人民币）	×%
给水排水安装工程		××万（人民币）	×%
合　　计		××万（人民币）	×%

承包单位（章）　×××建筑工程公司
项目经理　×××
日　期　××年×月×日

续表

监理单位审查意见:
　　该分包单位具备分包条件,同意分包。

　　　　　　　　　　　　　　　　　　　　负责人:×××
　　　　　　　　　　　　　　　　　　　　日　期:××年×月×日

建设单位审查意见:
　　同意分包

　　　　　　　　　　　　　　　　　　　　负责人:×××
　　　　　　　　　　　　　　　　　　　　日　期:××年×月×日

三、劳务分包质量管理

(一)劳务分包质量管理的定义

1. 质量管理的概念

质量管理是指确定质量方针、目标和职责并在质量体系中通过诸如质量策划、质量控制、质量保证和质量改进使其实施的全部管理职能的所有活动。通常包括制订质量方针和目标、确定岗位职责和权限、建立质量体系并使其有效运行。

2. 质量管理的原则

对项目而言,质量控制就是为了确保合同、规范所规定的质量标准所采取的一系列检测、监控措施、手段和方法。在进行项目质量管理过程中,应遵循以下原则:

(1)坚持"质量第一,用户至上"。社会主义商品经营的原则是"质量第一,用户至上"。建筑产品作为一种特殊的商品,使用年限较长,是"百年大计",直接关系到人民生命财产的安全。所以,工程项目在施工中应自始至终地把"质量第一,用户至上"作为质量控制的基本原则。

(2)"以人为核心"。人是质量的创造者,质量控制必须"以人为核心",把人作为控制的动力,调动人的积极性、创造性;增强人的责任感,树立"质量第一"观念;提高人的素质,避免人的失误;以人的工作质量保工序质量、保工程质量。

(3)"以预防为主"。"以预防为主",就是要从对质量的事后检查把关,转向对质量的事前控制、事中控制;从对产品质量的检查,转向对工作质量的检查、对工序质量的检查、对中间产品的质量检查。这是确保施工项目的有效措施。

(4)坚持质量标准、严格检查,一切用数据说话。质量标准是评价产品质量的尺度,数据是质量控制的基础和依据。产品质量是否符合质量标准,必须通过严格检查,用数据说话。

(5)贯彻科学、公正、守法的职业规范。建筑施工企业的项目经理,在处理质量问题过程中,应尊重客观事实、尊重科学,正直、公正,不持偏见;遵纪、守法,杜绝不正之风;既要坚持原则、严格要求、秉公办事,又要谦虚谨慎、实事求是、以理服人、热情帮助。

(二)劳务分包质量管理制度

劳务分包单位应建立并实施劳务分包质量管理制度,明确各管理层次和部门在分包质量管理活动中的职责和权限,加强分包质量过程管理,对分包项目施工质量管理策划、施工设计、施工准备、施工质量和服务予以控制。

(1)劳务分包队伍进场后,工程技术部应组织劳务人员进行工程质量标准、验收标准及施工规范学习,提高劳务人员的业务素质,确保工程质量。

(2)在施工前,工程技术部应对劳务队伍进行施工技术交底,并就交底内容双方签字确认形成书面交底材料。

(3)技术人员应加强责任心,做好充分准备,向接受交底的人员分发局面资料,进行技术交底。常用的技术交底方式有会议交底、书面交底和样板引路三种形式。

(4)现场施工技术检查制度。现场施工技术检查是工程技术部和技术人员进行现场施工管理工作的重要一环,各级工程技术人员应经常深入现场检查施工技术、工程质量、环境、职业健康安全措施执行情况,发现问题及时处理。严格按有关技术要求和安全操作规程进行施工,杜绝技术事故,确保工程质量和安全生产,并做好环境保护。

(5)为保证工程质量,认真按设计要求施工,隐蔽工程必须经过施工技术人员和质检人员检查,并经监理检查合格,签妥隐蔽工程检查证后,方可掩盖和继续施工。隐蔽工程检查职权范围按国家、行业标准规范和业主要求办理。

(6)填写施工日志。施工技术管理人员必须根据施工情况及时填写施工日志,填写内容包括:基本内容、工作内容、检验内容、检查内容、其他内容等五类。施工日志必须如实反映施工情况并按施工日志相关要求填写。

(三)制订劳务分包质量管理方针和质量目标

(1)质量方针。质量方针是由组织的最高管理者正式颁布的该组织总的质量宗旨和方向。

质量方针是组织总方针的一个组成部分,由最高管理者批准。它是组织的质量政策;是组织全体职工必须遵守的准则和行动纲领;是企业长期或较长时期内质量活动的指导原则,它反映了企业领导的质量意识和决策。

(2)质量目标。质量目标是与质量有关的、所追求或作为目的的事物。

质量目标应覆盖那些为了使产品满足要求而确定的各种需求。因此,质量目标一般是按年度提出的在产品质量方面要达到的具体目标。

质量方针是总的质量宗旨、总的指导思想,而质量目标是比较具体的、定量的要求。因此,质量目标应是可测的,并且应该与质量方针包括与持续改进的承诺相一致。

(四)劳务分包质量管理策划

质量策划是质量管理中致力于设定质量目标并规定必要的作业过程和相关资源以实现其质量目标的部分。

最高管理者应对实现质量方针、目标和要求所需的各项活动和资源进行质量策划,并且策划的输出应文件化。质量策划是质量管理中的筹划活动,是组织领导和管理部门的质量职责之一。组织要在市场竞争中处于优胜地位,就必须根据市场信息、用户反馈意见、国内外发展动向等因素,对老产品改进和新产品开发进行筹划。就研制什么样的产品,应具有什么样的性能,达到什么样的水平,提出明确的目标和要求,并进一步为如何达到这样的目标和实现这些要求从技术、组织等方面进行策划。

(五)劳务分包过程质量控制

质量控制是指为达到质量要求所采取的作业技术和活动。质量控制的对象是过程,控制的结果应能使被控制对象达到规定的质量要求。为使控制对象达到规定的质量要求,就必须采取适宜的有效的措施,包括作业技术和方法。

1. 提高质量意识

要提高所有参加工程项目施工的全体职工(包括分包单位和协作单位)的质量意识,特别是工程项目领导班子成员的质量意识,认识到"质量第一是个重大政策",树"百年大计,质量第一"的思想;要有对国家、对人民负责的高度责任感和事业心,把工程项目质量的优劣作为考核工程项目的重要内容,以优良的工程质量来提高企业的社会信誉和竞争能力。

2. 落实企业质量体系的各项要求,明确质量责任制

工程项目要认真贯彻落实本企业建立的文件化质量体系的各项要求,贯彻工程项目质量计划。工程项目领导班子成员、各有关职能部门或工作人员都要明确自己在保证工程质量工作中的责任,各尽其职,各负其责,以工作质量来保证工程质量。

3. 提高职工素质

这是搞好工程项目质量的基本条件。参加工程项目的职能人员是管理者,工人是操作者,都直接决定着工程项目的质量。必须努力提高参加工程项目职工的素质,加强职业道德教育和业务技术培训,提高施工管理水平和操作水平,努力创出第一流的工程质量。

4. 搞好工程项目质量管理的基础工作

主要包括质量教育、标准化、计量和质量信息工作。

(1)质量教育工作。要对全体职工进行质量意识的教育,使全体职工明确质量对国家四化建设的重大意义,质量与人民生活密切相关,质量是企业的生命。进行质量教育工作要持之以恒,有计划、有步骤地实施。

(2)标准化工作。对工程项目来说,从原材料进场到工程竣工验收,都要有技术标准和管理标准,要建立一套完整的标准化体系。技术标准是根据科学技术水平和实践经验,针对具有普遍性和重复出现的技术问题提出的技术准则。在工程项目施工中,除了要认真贯彻国家和上级颁发的技术标准、规范外,还应结合本工程的情况制定工艺标准,作为指导施工操作和工程质量要求的依据。管理标准是对各项管理工作的规定,如各项工作的办事守则、职责条例、规章制度等。

(3)计量工作。计量工作是保证工程质量的重要手段和方法。要采用法定计量单位,做好量值传递,保证量值的统一。对本工程项目中采用的各项计量器具,要建立台账,按国家和上级规定的周期,定期进行检定。

(4)质量信息工作。质量信息反映工程质量和各项管理工作的基本数据和情况。在工程项目施工中,要及时了解建设单位、设计单位、质量监督部门的信息,及时掌握各施工班组的质量信息,认真做好原始记录,如分项工程的自检记录等,便于项目经理和有关人员及时采取对策。

(六)劳务分包质量验收与评价

1. 劳务分包作业过程质量检查与验收

(1)劳务分包企业应建立并实施施工质量检查制度。

(2)劳务分包企业应对质量问题的分类、分级报告流程做出规定,按照要求分别报告工程建设有关方,并对各类质量问题的处理制定相应措施,经批准后实施。

(3)劳务分包企业应建立并实施质量问题处理制度,规定对发现质量问题进行有效控制的职责、权限和活动流程。

(4)劳务分包企业应保存质量问题的处理和验收记录,建立质量事故责任追究制度。

2. 劳务分包企业质量管理自查与评价

(1)劳务分包企业应建立质量管理自查与评价制度,对质量管理活动进行监督检查。

(2)劳务分包企业应对各管理层次的质量管理活动实施监督检

查,明确监督检查的职责、频度和方法。

(3)劳务分包企业应对质量管理体系实施年度审核和评价。

(4)劳务分包企业应建立和保存监督检查和审核的记录,并将所发现的问题及整改的结果作为质量管理改进的重要信息。

(七)劳务分包质量改进

质量改进是指质量管理中致力于提高有效性和效率的部分。

质量改进的目的是向组织自身和顾客提供更多的利益,如更低的消耗、更低的成本、更多的收益以及更新的产品和服务等。质量改进是通过整个组织范围内的活动和过程的效果以及效率的提高来实现的。质量改进是质量管理的一项重要组成部分或者说是支柱之一,它通常在质量控制的基础上进行。

(1)项目经理部应定期对项目质量状况进行检查、分析,向组织提出质量报告目前质量状况、发包人及其他相关方满意程度、产品要求的符合性以及项目经理部的质量改进措施。

(2)组织应对项目经理部进行检查、考核,定期进行内部审核,并将审核结果作为管理评审的输入,促进项目经理部的质量改进。

(3)组织应了解发包人及其他相关方对质量的意见,对质量管理体系进行审核,确定改进目标,提出相应措施并检查落实。

(八)劳务分包全面质量管理

全面质量管理是指一个组织以质量为中心,以全员参与为基础,目的在于通过让顾客满意和本组织所有成员及社会受益而达到长期成功的管理途径。

全面质量管理的特点是针对不同企业的生产条件、工作环境及工作状态等多方面因素的变化,把组织管理、数理统计方法以及现代科学技术、社会心理学、行为科学等综合运用于质量管理,建立适用和完善的质量工作体系,对每一个生产环节加以管理,做到全面运行和控制。通过改善和提高工作质量来保证产品质量;通过对产品的形成和使用全过程管理以全面保证产品质量;通过形成生产(服务)企业全员、全企业、全过程的质量工作系统,建立质量体系以保证产品质量始终满足用户需要,使企业用最少的投入获取最佳的效益。

四、劳务分包进度管理

(一)劳务分包进度管理的概念与任务

1. 劳务分包进度管理的概念

工程进度管理是根据工程项目的进度目标,编制经济合理的进度计划,并据以检查工程项目进度计划的执行情况,若发现实际执行情况与计划进度不一致,应及时分析原因,并采取必要的措施对原工程进度计划进行调整或修正的过程。工程进度管理的目的就是为了实现最优工期,多快好省地完成任务。

进度管理是一个动态、循环、复杂的过程,也是一项效益显著的工作。

2. 劳务分包进度管理的任务

施工项目进度管理是项目施工中的重点控制之一,它是保证施工项目按期完成,合理安排资源供应、节约工程成本的重要措施。建筑工程项目不同的参与方都有各自的进度控制的任务,但都应该围绕着投资者要早日发挥投资效益的总目标去展开。工程项目不同参与方的进度管理任务见表7-6。

表 7-6 工程项目参与方的进度管理任务

参与方名称	任 务	进度涉及时段
业主方	控制整个项目实施阶段的进度	设计准备阶段、设计阶段、施工阶段、物资采购阶段、动用前准备阶段
设计方	根据设计任务委托合同控制设计进度,并能满足施工、招投标、物资采购进度	设计阶段
施工方	根据施工任务委托合同控制施工进度	施工阶段
供货方	根据供货合同控制供货进度	物资采购阶段

(二)劳务分包进度管理体系

1. 项目进度计划系统

项目进度计划系统的内容主要有以下部分:

(1)施工准备工作计划。施工准备工作的主要任务是为建设工程的施工创造必要的技术和物资条件,统筹安排施工力量和施工现场。施工准备的工作内容通常包括:技术准备、物资准备、劳动组织准备、施工现场准备和施工场外准备。为落实各项施工准备工作,加强检查和监督,应根据各项施工准备工作的内容、时间和人员,编制施工准备工作计划。

(2)施工总进度计划。施工总进度计划是根据施工部署中施工方案和工程项目的开展程序,对全工地所有单位工程作出时间上的安排。其目的在于确定各单位工程及全工地性工程的施工期限及开竣工日期,进而确定施工现场劳动力、材料、成品、半成品、施工机械的需要数量和调配情况,以及现场临时设施的数量、水电供应量和能源、交通需求量。

(3)单位工程施工进度计划。单位工程施工进度计划是在既定施工方案的基础上,根据规定的工期和各种资源供应条件,遵循各施工过程的合理施工顺序,对单位工程中的各施工过程作出时间和空间上的安排,并以此为依据,确定施工作业所必需的劳动力、施工机具和材料供应计划。因此,合理安排单位工程施工进度,是保证在规定工期内完成符合质量要求的工程任务的重要前提。同时,为编制各种资源需要量计划和施工准备工作计划提供依据。

(4)分部分项工程进度计划。分部分项工程进度计划是针对工程量较大或施工技术比较复杂的分部分项工程,在依据工程具体情况所制定的施工方案基础上,对其各施工过程所作出的时间安排。如大型基础土方工程、复杂的基础加固工程、大体积混凝土工程、大型桩基工程、大面积预制构件吊装工程等,均应编制详细的进度计划,以保证单位工程施工进度计划的顺利实施。

此外,为了有效地控制建设工程施工进度,施工单位还应编制年度施工计划、季度施工计划和月(旬)作业计划,将施工进度计划逐层细化,形成一个旬保月、月保季、季保年的计划体系。

2. 项目进度管理目标体系

项目进度管理总目标是依据施工项目总进度计划确定的。对项目进度管理总目标进行层层分解,便形成实施进度管理、相互制约的目标体系。

项目进度目标是从总的方面对项目建设提出的工期要求,但在施工活动中,是通过对最基础的分部分项工程的施工进度管理来保证各单项(位)工程或阶段工程进度管理目标的完成,进而实现工程项目进度管理总目标的。因而需要将总进度目标进行一系列的从总体到细部、从高层次到基础层次的层层分解,一直分解到在施工现场可以直接调度控制的分部分项工程或作业过程的施工为止。在分解中,每一层次的进度管理目标都限定了下一级层次的进度管理目标,而较低层次的进度管理目标又是较高一级层次进度管理目标得以实现的保证,于是就形成了一个自上而下层层约束,由下而上级级保证,上下一致的多层次的进度管理目标体系,如可以按单位工程或分包单位分解为交工分目标,按承包的专业或按施工阶段分解为完工分目标,按年、季、月计划期分解为时间目标等,其结构框架如图 7-2 所示。

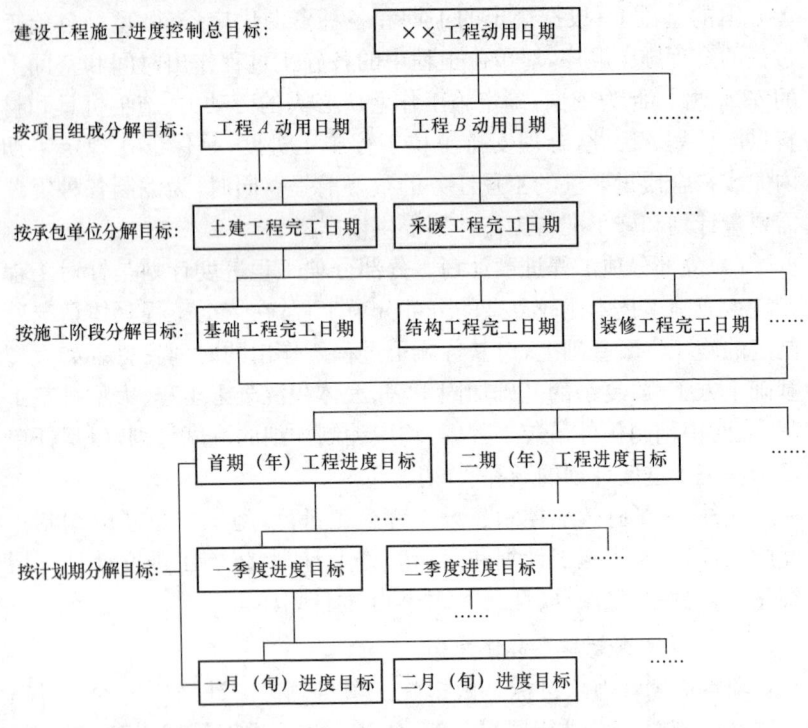

图 7-2 建设工程施工进度目标分解图

(三)进度过程控制

进度计划的实施就是用项目进度计划指导施工活动、落实和完成计划。项目进度计划逐步实施的进程就是项目逐步完成的过程。

为了保证施工项目进度计划的实施,并且尽量按照编制的计划时间逐步实现,工程项目进度计划的实施应按以下步骤进行:

1. 向执行者进行交底并落实责任

要把计划贯彻到项目经理部的每一个岗位,每一个职工,要保证进度的顺利实施,就必须做好思想发动工作和计划交底工作。项目经理部要把进度计划讲解给广大职工,让他们心中有数,并且要提出贯彻措施。针对贯彻进度计划中的困难和问题,同时提出克服这些困难和解决这些问题的方法和步骤。

为保证进度计划的贯彻执行,项目管理层和作业层都要建立严格的岗位责任制,要严肃纪律、奖罚分明,项目经理部内部积极推行生产承包经济责任制,贯彻按劳分配的原则,使职工群众的物质利益同项目经理部的经营成果结合起来,激发群众执行进度计划的自觉性和主动性。

2. 制定实施计划方案

进度计划执行者应制定工程项目进度计划的实施计划方案,具体来讲,就是编制详细的施工作业计划(表7-7)。

表7-7　　　　　　　　　工程项目形象进度审批表

工程名称:××工程　　　　　　　　　　　　　　　编号:×××

序号	项目名称	计划完成时间	计划投资/万元
1	完成招标,确定施工单位、监理单位	××年×月×日	×××
2	办理建设工程规划许可证	××年×月×日	×××
3	办理施工许可证		
4	项目开工		
5	基础完工		
6	主体封顶		
7	全面竣工,竣工验收合格		

填表人:×××　　　　审核人:×××　　　　填报日期:××年×月×日

由于施工活动的复杂性,在编制施工进度计划时,不可能考虑到施工过程中的一切变化情况,因而不可能一次安排好未来施工活动中的全部细节,所以施工进度计划还只能是比较概括的,很难作为直接下达施工任务的依据。因此,还必须有更为符合当时情况、更为细致具体的、短时间的计划,这就是施工作业计划。施工作业计划是根据施工组织设计和现场具体情况,灵活安排,平衡调度,以确保实现施工进度和上级规定的各项指标任务的具体的执行计划。

施工作业计划一般可分为月作业计划和旬作业计划。施工作业计划一般应包括以下三个方面的内容:

(1)明确本月(旬)应完成的施工任务,确定其施工进度。月(旬)作业计划应保证年、季度计划指标的完成,一般要按一定的规定填写作业计划表,见表 7-8。

表 7-8　　　　　　　　　月(旬)作业计划表

施工单位　　　　　　　　　　　　　　　　　　　年　季　月

编号	工程地点及名称	计量单位	月计划				上旬		中旬		下旬		形象进度要求									
			数量	单价	合价	定额	工天	数量	工天	数量	工天	数量	工天	26	27	28	29	30	31	1	2	…	23	24	25

编制　　年　　月　　日

(2)根据本月(旬)施工任务及其施工进度,编制相应的资源需要量计划。

(3)结合月(旬)作业计划的具体实施情况,落实相应的提高劳动生产率和降低成本的措施。

编制作业计划时,计划人员应深入施工现场,检查项目实施的实际进度情况,并且要深入施工队组,了解其实际施工能力,同时了解设计要求,把主观和客观因素结合起来,征询各有关施工队组的意见,进行综合平衡,修正不合时宜的计划安排,提出作业计划指标。最后,召开计划会议,通过施工任务书将作业计划落实并下达到施工队组。

3. 跟踪记录,收集实际进度数据

在计划任务完成的过程中,各级施工进度计划的执行者都要跟踪做好施工记录,记载计划中的每项工作开始日期、工作进度和完成日期,为施工项目进度检查分析提供信息,因此要求实事求是地记载,并填好有关图表。

收集数据的方式有两种:一是以报表的方式(表7-9);二是进行现场实地检查。收集的数据质量要高,不完整或不正确的进度数据将导致不全面或不正确的决策。

表 7-9　　　　　　　　　工程项目进度跟踪表

工程名称:××住宅楼　　　　　　　　　　　　　　编号:×××

工程编号	工程名称	工程类型	施工组别	开工日期	进度	进度简述或完成内容
001	电缆覆盖	覆盖	A组	5·25	90%	钢线全部打完,100P电缆差75m,50P电缆差166m。管道完成、电缆已基本完成
002	小对数电缆修复	小对数	B组	6.6	100%	完工

填表人:×××　　　　　　　　　　　　　填表日期:××年×月×日

收集到的施工项目实际进度数据,要进行必要的整理,按计划控制的工作项目进行统计,形成与计划进度具有可比性的数据、相同的量纲和形象进度。一般可以按实物工程量、工作量和劳动消耗量以及累计百分比整理和统计实际检查的数据,以便与相应的计划完成量相对比。

4. 将实际数据与计划进度对比

主要是将实际的数据与计划的数据进行比较,如将实际的完成量、实际完成的百分比与计划的完成量、计划完成的百分比进行比较。通常可利用表格形成或直接绘制比较图形来直观地反映实际与计划的差距。通过比较了解实际进度比计划进度拖后、超前还是与计划进度一致。

5. 做好施工中的调度工作

施工调度是指在施工过程中不断组织新的平衡,建立和维护正常的施工条件及施工程序所做的工作。主要任务是督促、检查工程项目计划和工程合同执行情况,调度物资、设备、劳力,解决施工现场出现的矛盾,协调内、外部的配合关系,促进和确保各项计划指标的落实。

(四)工程进度检查与调整

1. 施工进度计划检查

为了能够经常掌握项目的进度情况,在进度计划执行一段时间后就要检查实际进度是否按照计划进度顺利进行。进度控制人员应经常地、定期地跟踪检查施工实际进度情况,收集施工项目进度材料,统计整理和对比分析,研究实际进度与计划进度之间的偏差。

(1)跟踪检查施工实际进度。跟踪检查的主要工作是定期收集反映实际工程进度的有关数据。收集的方式有两种:报表的方式和现场实地检查。收集的数据应完整、正确,避免导致不全面或不正确的决策。

进度控制的效果与收集信息资料的时间间隔有关,不经常、定期地收集进度报表资料,就很难达到进度控制的效果。此外,进度检查的时间间隔还与工程项目的类型、规模、现场条件等多方面因素有关,可视工程进度的实际情况,每月、每半月或每周进行一次。在某些特殊情况下,甚至可能进行每日进度检查。

(2)整理统计检查数据。收集到的施工项目实际进度数据,要进行必要的整理,按计划控制的工作项目进行统计,形成与计划进度具有可比性的数据、相同的量纲和形象进度。一般可以按实物工程量、工作量和劳动消耗量以及累计百分率整理和统计实际检查的数据,以便与相应的计划完成量相对比。

(3)对比实际进度与计划进度。主要是将实际的数据与计划的数据进行比较,如将实际的完成量、实际完成的百分率与计划的完成量、计划完成的百分率进行比较。通常可利用表格形成各种进度比较报表或直接绘制比较图形直观地反映实际与计划的差距。通过比较,了解实际进度比计划进度拖后、超前还是与计划进度一致。

(4)施工项目进度检查结果的处理。施工项目进度检查的结果,按照检查报告制度的规定,形成进度控制报告向有关主管人员和部门汇报。进度控制报告是把检查比较的结果,有关施工进度现状和发展趋势,提供给项目经理及各级业务职能负责人的最简单的书面形式报告。

施工项目进度控制报告的基本内容如下:

1)对施工进度执行情况的综合描述。检查期的起止时间、当地气象及晴雨天数统计、计划目标及实际进度、检查期内施工现场主要大事记。

2)项目实施、管理、进度概况的总说明。施工进度、形象进度及简要说明;施工图纸提供进度;材料、物资、构配件供应进度;劳务记录及预测;日计划;对建设单位和施工者的工程变更指令、价格调整、索赔及工程款收支情况;停水、停电、事故发生及处理情况;实际进度与计划目标相比较的偏差状况及其原因分析;解决问题措施;计划调整意见等。

2. 施工进度计划的调整

施工进度计划的调整应依据施工进度计划检查结果,在进度计划执行发生偏离的时候,调整施工内容、工程量、起止时间、资源供应,或局部改变施工顺序,重新确认作业过程相互协作方式等工作关系,充分利用施工的时间和空间进行合理交叉衔接,并编制调整后的施工进度计划，以保证施工总目标的实现。

(1)缩短某些工作的持续时间。这种方法是不改变工作之间的逻辑关系，而是缩短某些工作的持续时间使施工进度加快，并保证实现计划工期的方法。具体做法是：

1)研究后续各工作持续时间压缩的可能性及其极限工作持续时间；

2)确定由于计划调整和采取必要措施而引起的各工作的费用变化率；

3)选择直接引起拖期的工作及紧后工作优先压缩，以免拖期影响扩大；

4)选择费用变化率最小的工作优先压缩，以求花费最小代价，满足既定工期要求；

5)综合考虑第3)、4)项，确定新的调整计划。

(2)改变某些工作间的逻辑关系。当工程项目实施中产生的进度偏差影响到总工期，且有关工作的逻辑关系允许改变时，可以改变关键线路和超过计划工期的非关键线路上的有关工作之间的逻辑关系，达到缩短工期的目的。例如，将顺序进行的工作改为平行作业、搭接作业以及分段组织流水作业等，都可以有效地缩短工期；对于大型群体工程项目，单位工程间的相互制约相对较小，可调幅度较大；对于单位工程内部，由于施工顺序和逻辑关系约束较大，可调幅度较小。

(3)资源供应的调整。对于因资源供应发生异常而引起进度计划执行问题，应采用资源优化方法对计划进行调整，或采取应急措施，使其对工期影响最小。

(4)增减施工内容。增减施工内容应做到不打乱原计划的逻辑关系，只对局部逻辑关系进行调整。在增减施工内容以后，应重新计算时间参数，分析对原网络计划的影响。当对工期有影响时，应采取调整措施，保证计划工期不变。

(5)增减工程量。增减工程量主要是指改变施工方案、施工方法，使工程量增加或减少。

(6)起止时间的改变。起止时间的改变应在相应的工作时差范围内进行：如延长或缩短工作的持续时间，或将工作在最早开始时间和最迟完成时间范围内移动。每次调整必须重新计算时间参数，观察该项调整对整个施工计划的影响。

(五)沟通与协调

1. 开工交底

劳务分包项目开工前，依据劳务分包合同、进度管理目标责任书，结合项目工程特点，劳务分包单位应组织劳务分包项目部进行有针对性的开工交底。

2. 例会制度

坚持每天召开一次碰头会，总结当天工程进度进展情况，布置下一天施工计划进度，并做好实际与计划进度对比，及时纠偏。每日参会人员由劳务分包项目负责人拟定，项目负责人可根据具体问题扩大参加例会人员范围。

3. 劳务队伍之间的协调

加强各工种的协调配合工作，各工序应穿插进行，尤其是后期装饰工程以及装饰与安装工程之间均要相互支持，协调一致，各专业应合理安排，做到有条不紊，避免窝工。施工方法正确，避免返工，确保工程进度有序进行。

严格实行限时解决问题的工作制度，减少人为因素造成的工期延误，采用书面文字进行工作联系，杜绝扯皮、推诿现象。各劳务队伍之间的问题可提交日例会中协调解决，为下一步工序开展提供工作条件。

五、劳务分包成本管理

(一)劳务分包成本与劳务成本管理的概念

1. 成本

成本是指建筑业企业以项目作为成本核算对象的施工过程中所耗费的生产资料转移价值和劳动者的必要劳动所创造的价值的货币形式。也是指某项目在施工中所发生的全部生产费用的总和，包括所消耗的主、辅材料,构配件,周转材料的摊销费或租赁费,施工机械的台班费或租赁费,支付给生产工人的工资、奖金以及项目经理部(或分公司、工程处)一级为组织和管理工程施工所发生的全部费用支出。项目成本不包括劳动者为社会所创造的价值(如税金和利润),也不应包括不构成工程项目价值的一切非生产性支出。明确这些,对研究项目成本的构成和进行项目成本管理是非常重要的。

成本是建筑业企业的产品成本,一般以项目的单位工程作为成本核算对象,通过各单位工程成本核算的综合来反映工程项目成本。

2. 成本管理

成本管理是企业的一项重要的基础管理,是指施工企业结合本行业的特点,以施工过程中直接耗费为原则,以货币为主要计量单位,对项目从开工到竣工所发生的各项收、支进行全面系统的管理,以实现项目施工成本最优化目的的过程。它包括落实项目施工责任成本,制定成本计划,分解成本指标,进行成本控制、成本核算、成本考核和成本监督的过程。

(二)劳务分包成本管理

1. 成本管理的内容

建筑项目成本管理的内容包括:成本计划、成本控制、成本核算、成本分析和成本考核等。建筑工程项目经理部在项目施工过程中对所发生的各种成本信息,通过有组织、有系统地进行计划、控制、核算和分析等工作,使工程项目系统内各种要素按照一定的目标运行,从而将工程项目的实际成本控制在预定的计划成本范围内。

(1)成本计划。项目成本计划是项目经理部对项目施工成本进行计划管理的工具。它是以货币形式编制工程项目在计划期内的生产费用、成本水平、成本降低率以及为降低成本所采取的主要措施和规划的书面方案,它是建立项目成本管理责任制、开展成本控制和核算的基础。一般来说,一个项目成本计划应包括从开工到竣工所必需的施工成本,它是降低项目成本的指导文件,是设立目标成本的依据。

(2)成本控制。项目成本控制是指在施工过程中,对影响项目成本的各种因素加强管理,并采取各种有效措施,将施工中实际发生的各种消耗和支出严格控制在成本计划范围内,随时揭示并及时反馈,严格审查各项费用是否符合标准、计算实际成本和计划成本之间的差异并进行分析,消除施工中的损失浪费现象,发现和总结先进经验。通过成本控制,使之最终实现甚至超过预期的成本节约目标。项目成本控制应贯穿在工程项目从招投标阶段开始直到项目竣工验收的全过程,它是企业全面成本管理的重要环节。

(3)成本核算。项目成本核算是指项目施工过程中所发生的各种费用和形式项目成本的核算。一是按照规定的成本开支范围对施工费用进行归集,计算出施工费用的实际发生额;二是根据成本核算对象,采用适当的方法,计算出该工程项目的总成本和单位成本。项目成本核算所提供的各种成本信息,是成本预测、成本计划、成本控制、成本分析和成本考核等各个环节的依据。因此,加强项目成本核算工作,对降低项目成本、提高企业的经济效益有积极的作用。

(4)成本分析。项目成本分析是在成本形成过程中,对项目成本进行的对比评价和剖析总结工作,它贯穿于项目成本管理的全过程,也就是说项目成本分析主要利用工程项目的成本核算资料(成本信息),与目标成本(计划成本)、预算成本以及类似的工程项目的实际成本等进行比较,了解成本的变动情况,同时也要分析主要技术经济指标对成本的影响,系统地研究成本变动的因素,检查成本计划的合理性,并通过成本分析,深入揭示成本变动的规律,寻找降低项目成本的途径,以便有效地进行成本控制。

(5)成本考核。成本考核是指在项目完成后,对项目成本形成中的各责任者,按项目成本目标责任制的有关规定,将成本的实际指标与计划、定额、预算进行对比和考核,评定项目成本计划的完成情况和各责任者的业绩,并以此给以相应的奖励和处罚。通过成本考核,做到有奖有惩,赏罚分明,才能有效地调动企业的每一个职工在各自的施工岗位上努力完成目标成本的积极性,为降低项目成本和增加企业的积累作出自己的贡献。

建筑工程项目成本管理中每一个环节都是相互联系和相互作用的。成本预测是成本决策的前提,成本计划是成本决策所确定目标的具体化。成本控制则是对成本计划的实施进行监督,保证决策的成本目标实现,而成本核算又是成本计划是否实现的最后检验,它所提供的成本信息又对下一个项目成本预测和决策提供基础资料。成本考核是实现成本目标责任制的保证和实现决策目标的重要手段。

2. 项目成本管理的原则

项目成本管理需要遵循以下六项原则:

(1)领导者推动原则。企业的领导者是企业成本的责任人,必然是工程项目施工成本的责任人。领导者应该制定项目成本管理的方针和目标,组织项目成本管理体系的建立和保持,创造使企业全体员工能充分参与项目施工成本管理、实现企业成本目标的良好内部环境。

(2)以人为本,全员参与原则。项目成本管理的每一项工作、每一个内容都需要相应的人员来完善,抓住本质,全面提高人的积极性和创造性,是搞好项目成本管理的前提。项目成本管理工作是一项系统工程,项目的进度管理、质量管理、安全管理、施工技术管理、物资管理、劳务管理、计划统计、财务管理等一系列管理工作都关联到项目成本,项目成本管理是项目管理的中心工作,必须让企业全体人员共同参与。只有如此,才能保证项目成本管理工作顺利地进行。

(3)目标分解,责任明确原则。项目成本管理的工作业绩最终要转化为定量指标,而这些指标的完成是通过上述各级各个岗位的工作实现的,为明确各级各岗位的成本目标和责任,就必须进行指标分解。企业确定工程项目责任成本指标和成本降低率指标,是对工程成本进行了一次目标分解。企业的责任是降低企业管理费用和经营费用,组织项目经理部完成工程项目责任成本指标和成本降低率指标。项目经理部还要对工程项目责任成本指标和成本降低率目标进行二次目标分解,根据岗位不同、管理内容不同,确定每个岗位的成本目标和所承担的责任。把总目标进行层层分解,落实到每一个人,通过每个指标的完成来保证总目标的实现。事实上每个项目管理工作都是由具体的个人来执行,执行任务而不明确承担的责任,等于无人负责,久而久之,形成人人都在工作,谁也不负责任的局面,企业无法搞好。

(4)管理层次与管理内容的一致性原则。项目成本管理是企业各项专业管理的一个部分,从管理层次上讲,企业是决策中心、利润中心,项目是企业的生产场地,是企业的生产车间,由于大部分的成本耗费在此发生,因而它也是成本中心。项目完成了材料和半成品在空间和时间上的流水,绝大部分要素或资源要在项目上完成价值转换,并要求实现增值,其管理上的深度和广度远远大于一个生产车间所能完成的工作内容,因此项目上的生产责任和成本责任是非常大的,为了完成或者实现工程管理和成本目标,就必须建立一套相应的管理制度,并授予相应的权力。因而相应的管理层次,它相对应的管理内容和管理权力必须相称和匹配,否则会发生责、权、利的不协调,从而导致管理目标和管理结果的扭曲。

(5)动态性、及时性、准确性原则。项目成本管理是为了实现项目成本目标而进行的一系列管理活动,是对项目成本实际开支的动态管理过程。由于项目成本的构成是随着工程施工的进展而不断变化的,因而动态性是项目成本管理的属性之一。进行项目成本管理是不断调整项目成本支出与计划目标的偏差,使项目成本支出基本与目标一致的过程。这就需要进行项目成本的动态管理,它决定了项目成本管理不是一次性的工作,而是项目全过程每日每时都在进行的工作。项目成本管理需要及时、准确地提供成本核算信息,不断反馈,为上级部门或项目经理进行项目成本管理提供科学的决策依据。如果这些信息的提供严重滞后,就起不到及时纠偏、亡羊补牢的作用。项目成本管理所编制的各种成本计划、消耗量计划,统计的各项消耗、各项费用支出,必须是实事求是的、准确的。如果计划的编制不准确,各项成本管理就失去了基准;如果各项统计不实事求是、不准确,成本核算就不能真实反映出虚盈或虚亏,只能导致决策失误。

(6)过程控制与系统控制原则。项目成本是由施工过程的各个环节的资源消耗形成的。因此,项目成本的控制必须采用过程控制的方法,分析每一个过程影响成本的因素,制订工作程序和控制程序,使之时时处于受控状态。

项目成本形成的每一个过程又是与其他过程互相关联的,一个过程成本的降低,可能会引起关联过程成本的提高。因此,项目成本的管理,必须遵循系统控制的原则,进行系统分析,制订过程的工作目标必须从全局利益出发,不能为了小团体的利益,损害了整体的利益。

3. 劳务分包成本管理的层次和职责

层次结构又称组织的纵向结构,即各管理层次的构成。在成本管理工作中,管理层次的多少,表明企业组织结构的纵向复杂程度。根据现在大多数建筑施工企业的管理体制,一般设置为三个层次,即公司层次(分公司或工程处层次)、项目层次和岗位层次。

管理人员的成本责任,不同于工作责任。有时工作责任已经完成,甚至还完成得相当出色,但成本责任却没有完成。因此,应该在原有职责分工的基础上,进一步明确成本管理责任,使每一个项目管理人员都有这样的认识:在完成工作责任的同时还要为降低成本精打细算,为节约成本开支严格把关。

(1)合同预算员。

1)根据合同内容、预算定额和有关规定,充分利用有利因素,编好施工图预算,为增收节支把好第一关;

2)深入研究合同规定的"开口"项目,在有关项目管理人员(如项目工程师、材料员等)的配合下,努力增加工程收入;

3)收集工程变更资料(包括工程变更通知单、技术核定单和按实结算的资料等),及时办理增加账,保证工程收入,及时收回垫付的资金;

4)参与对外经济合同的谈判和决策,以施工图预算和增加账为依据,严格控制经济合同的数量、单价和金额,切实做到"以收定支";

(2)财务成本员。

1)按照成本开支范围、费用开支标准和有关财务制度,严格审核各项成本费用,控制成本支出;

2)建立月度财务收支计划制度,根据施工生产的需要,平衡调度资金,通过控制资金使用,达到控制成本的目的;

3)建立辅助记录,及时向项目经理和有关项目管理人员反馈信息,以便对资源消耗进行有效的控制;

第七章 劳务分包管理

4)开展成本分析,特别是分部分项工程成本分析、月度成本综合分析和针对特定问题的专题分析,要做到及时向项目经理和有关项目管理人员反映情况,提出问题和解决问题的建议,以便采取针对性的措施来纠正项目成本的偏差;

5)在项目经理的领导下,协助项目经理检查、考核各部门、各单位乃至班组责任成本的执行情况,落实责、权、利相结合的有关规定。

(3)工程技术人员。

1)根据施工现场的实际情况,合理规划施工现场平面布置(包括机械布局,材料、构件的堆放场地,车辆进出现场的运输道路,临时设施的搭建数量和标准等),为文明施工、减少浪费创造条件;

2)严格执行工程技术规范和以预防为主的方针,确保工程质量,减少零星修补,消灭质量事故,不断降低质量成本;

3)根据工程特点和设计要求,运用自身的技术优势,采取实用、有效的技术组织措施和合理化建议,走技术和经济相结合的道路,为提高项目经济效益开拓新的途径;

4)严格执行安全操作规程,减少一般安全事故,消灭重大人身伤亡事故和设备事故,确保安全生产,将事故减少到最低限度。

(4)材料人员。

1)材料采购和构件加工,要选择质高、价低、运距短的供应(加工)单位。对到场的材料、构件要正确计量、认真验收,如遇质量差、量不足的情况,要进行索赔。切实做到:一要降低材料、构件的采购(加工)成本;二要减少采购(加工)过程中的管理消耗,为降低材料成本走好第一步;

2)根据项目施工的计划进度,及时组织材料、构件的供应,保证项目施工的顺利进行,防止因停工待料造成的损失。在构件加工的过程中,要按照施工顺序组织配套供应,以免因规格不齐造成施工间隙,浪费时间,浪费人力;

3)在施工过程中,严格执行限额领料制度,控制材料消耗;同时,还要做好余料的回收和利用,为考核材料的实际消耗水平提供正确的依据;

4)钢管脚手架和钢模板等周转材料,进出现场都要认真清点,正确核实并减少赔偿数量。使用后,要及时回收、整理、堆放,并及时退场,既可节省租费,又有利于场地整洁;还可加速周转,提高利用效率。

5)根据施工生产的需要,合理安排材料储备,减少资金的占用,提高资金使用效率。

(5)机械管理人员。

1)根据工程特点和施工方案,合理选择机械的型号规格,充分发挥机械的效能,节约机械费用;

2)根据施工需要,合理安排机械施工,提高机械利用率,减少机械费成本;

3)严格执行机械维修保养制度,加强平时的机械维修保养,保证机械完好,随时都能保持良好的状态在施工中正常运转,为提高机械作业、减轻劳动强度、加快施工进度发挥作用。

(6)行政管理人员。

1)根据施工生产的需要和项目经理的意图,合理安排项目管理人员和后勤服务人员,节约工资性支出;

2)认真执行费用开支标准和有关财务制度,控制非生产性开支;

3)管好行政办公用的财产物资,防止损坏和流失;

4)安排好生产后勤,在勤俭节约的前提下,满足职工群众的生活需要,安心为前方生产出力。

4. 劳务分包管理程序

项目成本管理应遵循下列程序:

(1)掌握生产要素的市场价格和变动状态。

(2)确定项目合同价。

(3)编制成本计划,确定成本实施目标。

(4)进行成本动态控制,实现成本实施目标。

(5)进行项目成本核算和工程价款结算,及时收回工程款。

(6)进行项目成本分析。

(7)进行项目成本考核,编制成本报告。

(8)积累项目成本资料。

项目的成本管理工作归纳为以下几个关键环节:成本预测、成本决策、成本计划、成本控制、成本核算、成本分析、成本考核等,其流程如图 7-3 所示。

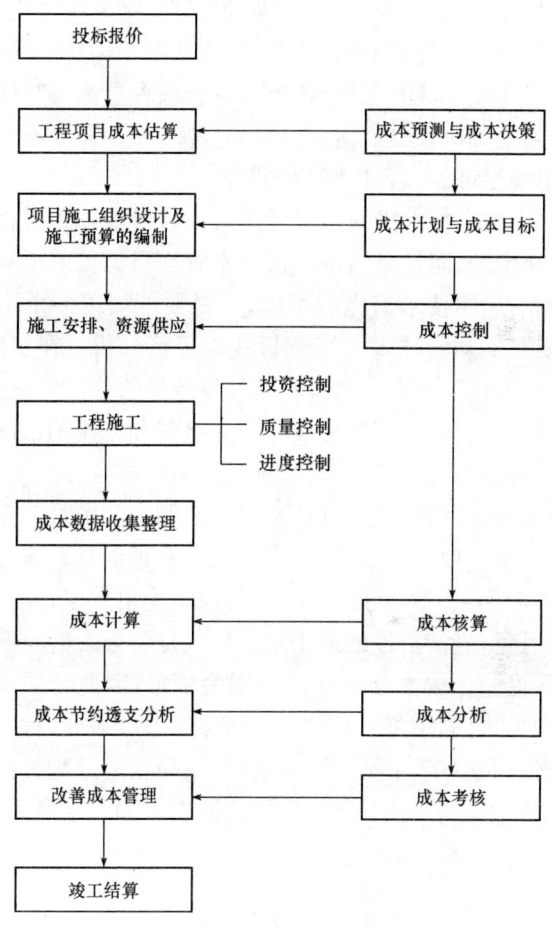

图 7-3 项目成本管理流程图

5. 成本管理措施

为了取得成本管理的理想成果,应当从多方面采取措施实施管理,通常可以将这些措施归纳为组织措施、技术措施、经济措施、合同措施四个方面。

(1)组织措施。组织措施是从项目成本管理的组织方面采取的措施,如实行项目经理责任制,落实项目成本管理的组织机构和人员,明确各级项目成本管理人员的任务和职能分工、权力和责任,编制本阶段项目成本控制工作计划和详细的工作流程图等。项目成本管理不仅是专业成本管理人员的工作,各级项目管理人员都负有成本控制责任。组织措施是其他各类措施的前提和保障,而且一般不需要增加什么费用,运用得当可以收到良好的效果。

(2)技术措施。技术措施不仅对解决项目成本管理过程中的技术问题是不可缺少的,而且对纠正项目成本管理目标偏差也有相当重要的作用。因此,运用技术措施的关键,一是要能提出多个不同的技术方案;二是要对不同的技术方案进行技术经济分析。在实践中,要避免仅从技术角度选定方案而忽视对其经济效果的分析论证。

(3)经济措施。经济措施是最易为人接受和采用的措施。管理人员应编制资金使用计划,确定、分解项目成本管理目标。

对项目成本管理目标进行风险分析,并制定防范性对策。通过偏差原因分析和未完项目成本预测,可发现一些可能导致未完项目成本增加的潜在问题,对这些问题应以主动控制为出发点,及时采取预防措施。由此可见,经济措施的运用绝不仅仅是财务人员的事情。

(4)合同措施。成本管理要以合同为依据,因此合同措施就显得尤为重要。对于合同措施从广义上理解,除了参加合同谈判、修订合同条款、处理合同执行过程中的索赔问题、防止和处理好与业主和分包商之间的索赔之外,还应分析不同合同之间的相互联系和影响,对每一个合同作总体和具体分析等。

(三)劳务分包成本控制

1. 成本控制的概念

成本控制是指项目经理部在项目成本形成的过程中,为控制人、机、材料消耗和费用支出,降低工程成本,达到预期的项目成本目标,所进行的成本预测、计划、实施、核算、分析、考核、整理成本资料与编制成本报告等一系列活动。

2. 成本控制的依据

(1)工程承包合同。施工成本控制要以工程承包合同为依据,围绕降低工程成本这个目标,从预算收入和实际成本两方面,努力挖掘增收节支潜力,以求获得最大的经济效益。

(2)施工成本计划。施工成本计划是根据施工项目的具体情况制定的施工成本控制方案,既包括预定的具体成本控制目标,又包括实现控制目标的措施和规划,是施工成本控制的指导文件。

(3)进度报告。进度报告提供了每一时刻工程实际完成量,工程施工成本实际支付情况等重要信息。施工成本控制工作正是通过实际情况与施工成本计划相比较,找出二者之间的差别,分析偏差产生的原因,从而采取措施改进以后的工作。此外,进度报告还有助于管理者及时发现工程实施中存在的隐患,并在事态还未造成重大损失之前采取有效措施,尽量避免损失。

(4)工程变更。在项目的实施过程中,由于各方面的原因,工程变更是很难避免的。工程变更一般包括设计变更、进度计划变更、施工条件变更、技术规范与标准变更、施工次序变更、工程数量变更等。一旦出现变更,工程量、工期、成本都必将发生变化,从而使得施工成本控制工作变得更加复杂和困难。因此,施工成本管理人员就应当通过对变更要求当中各类数据的计算、分析,随时掌握变更情况,包括已发生工程量、将要发生工程量、工期是否拖延、支付情况等重要信息,判断变更以及变更可能带来的索赔额度等。

(5)其他。除了上述几种施工成本控制工作的主要依据以外,有关施工组织设计、分包合同文本等也都是施工成本控制的依据。

3. 成本控制一般步骤

在确定了项目施工成本计划之后,必须定期地进行施工成本计划值与实际值的比较,当实际值偏离计划值时,分析产生偏差的原因,采取适当的纠偏措施,以确保施工成本控制目标的实现。其实施步骤如下:

(1)比较:按照某种确定的方式将施工成本计划值与实际值逐项进行比较,以发现施工成本是否已超支。

(2)分析:在比较的基础上,对比较的结果进行分析,以确定偏差的严重性及偏差产生的原因。这一步是施工成本控制工作的核心,其主要目的在于找出产生偏差的原因,从而采取有针对性的措施,减少或避免相同原因的再次发生或减少由此造成的损失。

(3)预测:根据项目实施情况估算整个项目完成时的施工成本。预测的目的在于为决策提供支持。

(4)纠偏:当工程项目的实际施工成本出现了偏差,应当根据工程的具体情况、偏差分析和预测的结果,采取适当的措施,以期达到使施工成本偏差尽可能小的目的。纠偏是施工成本控制中最具实质性的一步。只有通过纠偏,才能最终达到有效控制施工成本的目的。

(5)检查:是指对工程的进展进行跟踪和检查,及时了解工程进展状况以及纠偏措施的执行情况和效果,为今后的工作积累经验。

4. 成本控制方法

(1)利用偏差分析法进行成本控制。

1)在项目成本控制中,把施工成本的实际值与计划值的差异叫做施工成本偏差,即:

施工成本偏差＝已完工程实际施工成本－已完工程计划施工成本

已完工程实际施工成本＝已完工程量×实际单位成本

已完工程计划施工成本＝已完工程量×计划单位成本

结果为正,表示施工成本超支,结果为负,表示施工成本节约。但是,必须特别指出,进度偏差对施工成本偏差分析的结果有重要影响,如果不加考虑,就不能正确反映施工成本偏差的实际情况。如:某一阶段的施工成本超支,可能是由于进度超前导致的,也可能由于物价上涨导致。所以,必须引入进度偏差的概念。

进度偏差(Ⅰ)＝已完工程实际时间×已完工程计划时间

为了与施工成本偏差联系起来,进度偏差也可表示为:

进度偏差(Ⅱ)＝拟完工程计划施工成本－已完工程计划施工成本

所谓拟完工程计划施工成本,是指根据进度计划安排在某一确定时间内所应完成的工程内容的计划施工成本。即:

拟完工程计划施工成本＝拟完工程量(计划工程量)×计划单位成本

进度偏差为正值,表示工期拖延;结果为负值,表示工期提前。在实际应用时,为了便于工期调整,还需将用施工成本差额表示的进度偏差转换为所需要的时间。

2)偏差分析可采用不同的方法,常用的有表格法、横道图法和曲线法。

①表格法。表格法是进行偏差分析最常用的一种方法。它将项目编号、名称、各施工成本参数以及施工成本偏差数综合归纳入一张表格中,并且直接在表格中进行比较。由于各偏差参数都在表中列出,使得施工成本管理者能够综合地了解并处理这些数据。用表格法进行偏差分析具有如下优点:

a. 灵活、适用性强。可根据实际需要设计表格,进行增减项。

b. 信息量大。可以反映偏差分析所需的资料,从而有利于施工成本控制人员及时采取针对性措施,加强控制。

c. 表格处理可借助于计算机,从而节约大量数据处理所需的人力,并大大提高速度。

②横道图法。用横道图法进行项目成本偏差分析,是用不同的横道标识已完工程计划施工成本、拟完工程计划施工成本和已完工程实际施工成本,横道的长度与其金额成正比例,如图 7-4 所示。

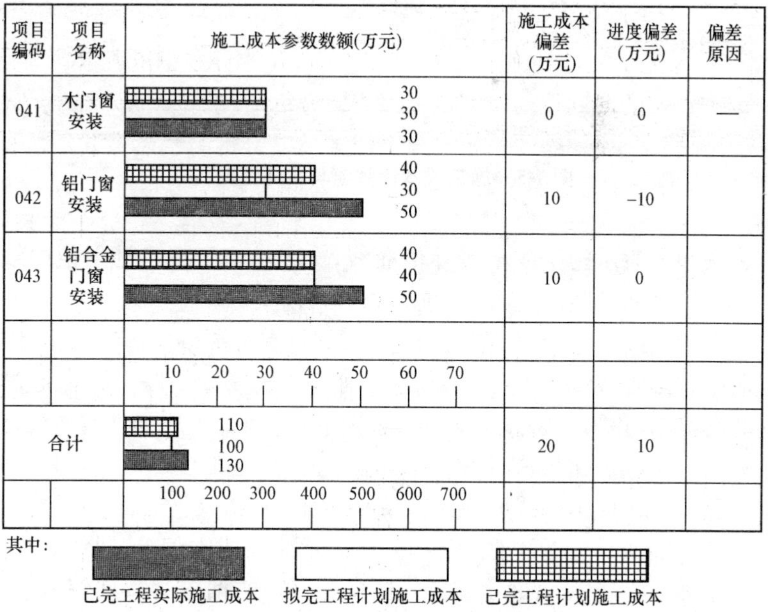

项目编码	项目名称	施工成本参数数额(万元)	施工成本偏差(万元)	进度偏差(万元)	偏差原因
041	木门窗安装	30 / 30 / 30	0	0	—
042	铝门窗安装	40 / 30 / 50	10	−10	
043	铝合金门窗安装	40 / 40 / 50	10	0	
合计		110 / 100 / 130	20	10	

其中:▓ 已完工程实际施工成本　□ 拟完工程计划施工成本　▦ 已完工程计划施工成本

图 7-4　横道图法的施工成本偏差分析

横道图法具有形象、直观、一目了然等优点,它能够准确表达出施工成本的绝对偏差,而且能一眼感受到偏差的严重性。但这种方法反映的信息量少,一般在项目的较高管理层应用。

③曲线法。曲线法,又称赢值法,是用项目成本累计曲线来进行施工成本偏差分析的一种方法,如图7-5所示。

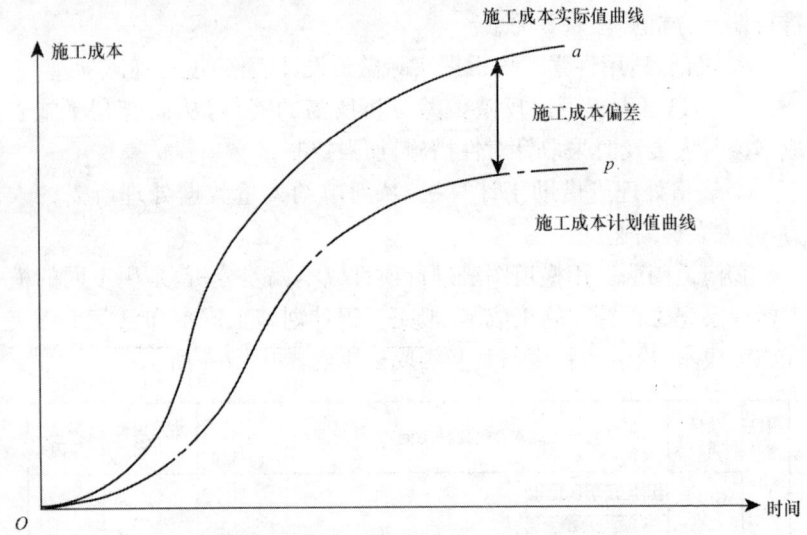

图7-5 施工成本计划值与实际值曲线

图中 a 表示施工成本实际值曲线,p 表示施工成本计划值曲线,两条曲线之间的竖向距离表示施工成本偏差。

在用曲线法进行施工成本偏差分析时,首先要确定施工成本计划值曲线。施工成本计划值曲线是与确定的进度计划联系在一起的。同时,也应考虑实际进度的影响,应当引入三条施工成本参数曲线,即已完工程实际施工成本曲线 a,已完工程计划施工成本曲线 b 和拟完工程计划施工成本曲线 p,如图7-6所示。

图中曲线 a 与曲线 b 的竖向距离表示施工成本偏差,曲线 b 与曲线 p 的水平距离表示进度偏差。图7-6反映的偏差为累计偏差。用曲线法进行偏差分析同样具有形象、直观的特点,但这种方法很难直接用于定量分析,只能对定量分析起一定的指导作用。

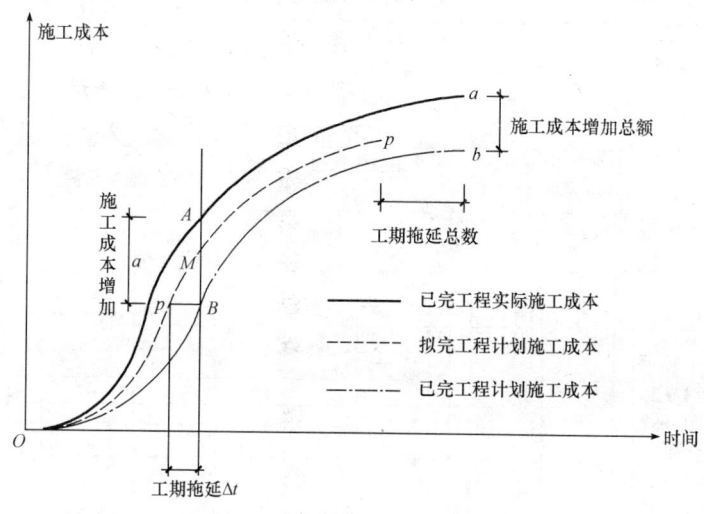

图 7-6 三种施工成本参数曲线

(2) 用成本分析表法控制成本。

成本分析表是成本控制的有效手段之一,包括月度成本分析表和最终成本控制报告表(表 7-10)。月度成本分析表又分直接成本分析表(表 7-11)和间接成本分析表(表 7-12)。月度直接成本分析表主要反映分部分项工程实际完成的实物量与成本相对应的情况,以及与预算成本和计划成本相对比的实际偏差和目标偏差,为分析偏差产生的原因和针对偏差采取相应措施提供依据。月度间接成本分析表主要反映间接成本的发生情况,以及与预算成本和计划成本相对比的实际偏差和目标偏差,为分析偏差产生的原因和针对偏差采取相应的措施提供依据。此外,还要通过间接成本占产值的比例来分析其支用水平。最终成本控制报告表主要是通过已完实物进度、已完产值和已完累计成本,联系尚需完成的实物进度,尚可上报的产品和还将发生的成本,进行最终成本预测,以检验实现成本目标的可能性,并可为项目成本控制提出新的要求。这种预测,工期短的项目应该每季度进行一次,工期长的项目可每半年进行一次。

表 7-10　　　　　　　　最终成本控制报告表

进度造价	已完主要实物进度预算造价	元	已完累计产值	元	到竣工尚有主要实物进度		预测最终工程造价	元		
					到竣工尚可报产值					
		到本月为止的累计成本			预计到竣工还将发生的成本		最终成本预测			
成本项目	预算成本 / 实际成本	降低额	降低率	预算成本 / 实际成本	降低额	降低率	预算成本	实际成本	降低额	降低率
甲	1　2	3=1-2	4=3÷1	5　6	7=5-6	8=7÷5	9=1+5	10=2+6	11=9-10	12=11÷9
一、直接成本										
1. 人工费										
2. 材料费										
其中:结构件周转材料费										
3. 机械使用费										
4. 措施费										
二、间接成本										
1. 现场管理人员工资										
2. 办公费										
3. 差旅交通费										
4. 固定资产使用费										
5. 物资消耗费										
6. 低值易耗品摊销费										
7. 财产保险费										
8. 检验试验费										
9. 工程保修费										
10. 工程排污费										
11. 其他										
三、合计										

第七章 劳务分包管理

表 7-11　　　　　月度直接成本分析表

项目名称_____　　　　年　月

分项工程编号	分项工程实物工序名称	实物单位	实物工程量				预算成本		计划成本		实际成本		实际偏差		目标偏差	
			计划		实际											
			本月	累计	本月	累计	本月	累计	本月	累计	本月	累计	本月	累计	本月	累计
甲	乙	丙	1	2	3	4	5	6	7	8	9	10	11=5−9	12=6−10	13=7−9	14=8−10

表 7-12　　　　　月度间接成本分析表

项目名称_____　　　　年　月　　　　　　　　　单位:元

间接成本编号	间接成本项目	产值		预算成本		计划成本		实际成本		实际偏差		目标偏差		占产值的百分数(%)	
		本月	累计	本月	累计	本月	累计	本月	累计	本月	累计	本月	累计	本月	累计
甲	乙	1	2	3	4	5	6	7	8	9=3−7	18=4−8	11=5−7	12=6−8	13=7÷1	14=8÷2

5. 劳务分包成本控制措施

(1)组织措施。组织是项目管理的载体,是目标控制的依托,是控制力的源泉。因此,在项目上,要从组织项目部人员的协作部门上入手,设置一个强有力的工程项目部和协作网络,保证工程项目的各项管理措施得以顺利实施。

1)项目经理是企业法人在项目上的全权代表,是项目成本管理的第一责任人。

项目经理全面组织项目部的成本管理工作,不仅要管好人、财、物,而且要管好工程的协调和工程的进度,保证工程项目的质量,取得一定的社会效益,同时,更重要的是要抓好劳务成本的控制,创造较好的经济效益。因此,选择经验丰富、能力强的项目经理,及时掌握和分析项目的盈亏状况,并迅速采取有效的管理措施是做好成本管理的第一步。

2)技术部门是整个工程项目施工技术和施工进度的负责部门。使用专业知识丰富、责任心强、有一定施工经验的工程师作为工程项目的技术负责人,可以确保技术部门在保证质量、按期完成任务的前提下,尽可能地采用先进的施工技术和施工方案,以求提高工程施工的效率,最大限度地降低工程成本。

3)经营部门主管合同实施和合同管理。配置外向型的工程师或懂技术的人员负责劳务进度款的申报和催款工作,处理施工赔偿问题,加强合同预算管理,增加劳务项目的合同外收入。经营部门的有效运作可以保证工程项目增收节支。

4)财务部门主管工程项目的财务工作。财务部门应随时分析项目的财务收支情况,及时为项目经理提供项目部的奖金状况,合理调度资金,减少资金使用费和其他不必要的费用支出。

项目部的其他部门和班组也要相应地精心设置和组织,力求工程施工中的每个环节和部门都能为项目管理的实施提供保证,为增收节支尽责尽职。

(2)技术措施。劳务分包项目成本管理的最终目的是提供高质量、低成本的建筑产品。采取先进的技术措施,走技术与经济相结合的道路,确定科学合理的施工方案和工艺技术,以技术优势来取得经济效益是降低项目成本的关键。

1)制订先进合理的施工方案和施工工艺,合理布置施工现场,不断提高工程施工工业化、现代化,以达到缩短工期、提高质量、降低成本的目的。

2)在施工过程中努力寻找、运用和推广各种消耗、提高工效的新工艺、新技术、新材料、新产品、新机械和其他能降低成本的技术革新措施,来提高经济效益。

3)加强施工过程中的技术质量检验制度和力度,严把质量关,提高工程质量,杜绝返工现象和损失,减少浪费。

(3)经济措施。按经济用途分析,劳务分包项目成本的构成包括直接成本和间接成本。

1)人工费用的控制。在企业与业主的合同签订后,应根据工程特点和施工范围确定劳务队伍。劳务分包队伍一般应通过招投标方式确定。

一般情况下,应按定额工日单价或平方米包干方式一次包死,尽量不留活口,以便管理。在施工过程中,必须严格按合同核定劳务分包费用,严格控制支出,并每月预结一次,发现超支现象应及时分析原因。同时,在施工过程中,要加强预控管理,防止合同外用工现象的发生。

2)材料费用的控制。材料费占工程成本的比例很大,因此降低成本的潜力最大。要降低材料费用,首先应抓住关键性的主要材料,它们虽然品种很少,但所占费用比重大,故抓住主要材料费用就抓住了重点,而且易于见到成效。降低材料费用的主要措施是做好材料采购的计划,减少各个环节的损耗;严格材料进场验收和限额领料的控制制度,减少浪费;建立结构材料消耗台账,时时监控材料的消耗和使用情况,制订并贯彻材料控制的各种相应措施,合理使用材料,注意工程余料的回收和再利用。

3)施工机械使用费的控制。凡是在确定成本目标时单独列出租赁的机械。在控制时也应按使用数量、使用时间、使用单价逐项进行控制。小型机械及电动工具购置及修理费采取由劳务队包干使用的方法进行控制,包干费应低于成本目标的要求。

4)构件加工费和分包工程费的控制。在市场经济体制下,钢门窗、木制成品、混凝土构件、金属构件和成型钢筋的加工,以及打桩、土方、吊装、安装、装饰和其他专项工程(如屋面防水等)的分包,都要通过经济合同来明确双方的权利和义务。在签订这些经济合同的时候,特别要坚持"以施工图预算控制合同金额"的原则,绝不允许合同金额超过施工图预算。根据部分工程的历史资料综合测算,上述各种合同金额的总和约占全部工程造价的55%~70%。由此可见,将构件加工和分包工程的合同金额控制在施工图预算以内,是十分重要的。如果能做到这一点,实现预期的成本目标,就有了相当大的把握。

(四)劳务分包成本核算

1. 成本核算的概念

成本核算是在项目法施工条件下诞生的,是企业探索适合行业特点管理方式的一个重要体现。它是建立在企业管理方式和管理水平基础上,适合施工企业特点的一个降低成本开支、提高企业利润水平的主要途径。

项目法施工的成本核算体系是以工程项目为对象,对施工生产过程中各项耗费进行的一系列科学管理活动。它对加强项目全过程管理、理顺项目各层经济关系、实施项目全过程经济核算、落实项目责任制、增进项目及企业的经济活力和社会效益、深化项目法施工有着重要作用。

2. 建筑工程项目成本核算的原则

项目成本核算应遵循以下原则:

(1)确认原则。在项目成本管理中对各项经济业务中发生的成本,都必须按一定的标准和范围加以认定和记录。只要是为了经营目的所发生的或预期要发生的,并要求得以补偿的一切支出,都应作为成本来加以确认。

(2)分期核算原则。施工生产是连续不断的,项目为了取得一定时期的项目成本,就必须将施工生产活动划分若干时期,并分期计算各期项目成本。

(3)实际成本核算原则。采用定额成本或者计划成本方法的,应当合理计算成本差异,月终编制会计报表时,调整为实际成本。

(4)权责发生制原则。凡是当期已经实现的收入和已经发生或应当负担的费用,不论款项是否收付,都应作为当期的收入或费用处理;凡是不属于当期的收入和费用,即使款项已经在当期收付,都不应作为当期的收入和费用。

(5)相关性原则。成本核算要为项目成本管理目标服务,成本核算不只是简单的计算问题,要与管理融于一体,算为管用。

(6)一贯性原则。项目成本核算所采用的方法一经确定,不得随意变动。

(7)划分收益性支出与资本性支出原则。划分收益性支出与资本性支出是指成本、会计核算应当严格区分收益性支出与资本性支出界限,以正确地计算当期损益。

(8)及时性原则。及时性原则是指项目成本的核算、结转和成本信息的提供应当在所要求的时期内完成。

(9)明晰性原则。明晰性原则是指项目成本记录必须直观、清晰、简明、可控、便于理解和利用,使项目经理和项目管理人员了解成本信息的内涵,弄懂成本信息的内容,便于信息利用,有效地控制本项目的成本费用。

(10)配比原则。配比原则是指营业收入与其对应的成本、费用应当相互配合。

(11)重要性原则。重要性原则是指对于成本有重大影响的业务内容,应作为核算的重点,力求精确,而对于那些不太重要的琐碎的经济业务内容,可以相对从简处理,不要事无巨细均作详细核算。

(12)谨慎原则。谨慎原则是指在市场经济条件下,在成本、会计核算中应当对项目可能发生的损失和费用,作出合理预计,以增强抵御风险的能力。

3. 建筑工程项目成本核算的方法

建筑工程项目成本核算方法是将各种产品的生产费用进行归集,以计算完工产品总成本和单位成本的方法。主要包括表格核算法和会计核算法两种。

(1)项目成本表格核算法。表格核算法是建立在内部各项成本核算基础上、各要素部门和核算单位定期采集信息,填制相应的表格,并通过一系列的表格,形成项目成本核算体系,作为支撑项目成本核算平台的方法。表格核算法一般有以下几个过程:

1)确定项目责任成本总额。首先根据确定"项目成本责任总额"分析项目成本收入的构成。

2)项目编制内控成本和落实岗位成本责任。在控制项目成本开支的基础上;在落实岗位成本考核指标的基础上,制订"项目内控成本"。

3)项目责任成本和岗位收入调整

4)确定当期责任成本收入。

5)确定当月的分包成本支出。

6)材料费用核算。

7)机械设备的核算。

8)现场实际发生的措施费开支的核算。

9)项目成本收支核算。

10)项目成本总收支的核算。

(2)项目成本会计核算法。会计核算法是指建立在会计核算基础上,利用会计核算所独有的借贷记账法和收支全面核算的综合特点,按项目成本内容和收支范围,组织项目成本核算的方法。

使用会计法核算项目成本时,项目成本直接在项目上进行核算称为直接核算,不直接在项目上进行核算的称为间接核算,介于直接核算与间接核算之间的是列账核算。

1)项目成本的直接核算。项目除及时上报规定的工程成本核算资料外,还要直接进行项目施工的成本核算,编制会计报表,落实项目成本的盈亏。项目不仅是基层财务核算单位,而且是项目成本核算的主要承担者。还有一种是不进行完整的会计核算,通过内部列账单的形式,利用项目成本台账,进行项目成本列账核算。

2)项目成本的间接核算。项目经理部不设置专职的会计核算部门,由项目有关人员按期、按规定的程序和质量向财务部门提供成本核算资料,委托企业在本项目成本责任范围内进行项目成本核算,落实当期项目成本盈亏。企业在外地设立分公司的,一般由分公司组织会计核算。

3)项目成本列账核算。项目成本列账核算是介于直接核算和间接核算之间的一种方法。项目经理部组织相对直接核算,正规的核算资料留在企业的财务部门。项目每发生一笔业务,其正规资料由财务部门审核存档后,与项目成本员办理确认和签认手续。项目凭此列账通知作为核算凭证和项目成本收支的依据,对项目成本范围的各项收支,登记台账会计核算,编制项目成本及相关的报表。企业财务部门按期以确认资料,对其审核。

(3)两种核算方法的并行运用。由于表格核算法便于操作和表格格式自由的特点,它可以根据我们管理方式和要求设置各种表式。使用表格法核算项目岗位成本责任,能较好地解决核算主体和载体的统一、和谐问题,便于项目成本核算工作的开展。并且随着项目成本核算工作的深入发展,表格的种类、数量、格式、内容、流程都在不断地发展和改进,以适应各个岗位的成本控制和考核。

总的说来,用表格核算法进行项目施工各岗位成本的责任考核和控制,用会计核算法进行项目成本核算,两者互补,相得益彰。

第三节 劳务费用结算与支付

一、劳务费结算支付要求

按国务院政策要求,应当做到劳务费月清月结或按分包合同约定执行;同时就监督劳务分包队伍对农民工工资月清月结或按劳动合同约定执行,确保农民工工资按时足额发放给本人。

劳务人员工资是指用人单位依据国家有关规定或劳动合同的约定,以货币形式直接支付给本单位劳动者的工资报酬,一般包括计时工资、计件工资、奖金、加班加点工资、津贴和补贴以及特殊情况下支付的工资等。现阶段劳务人员工资的计算方式主要有:

1. 计时工资

计时工资是指用人单位按照劳动者工作的时间来计算薪酬的工资支付形式。包括:

(1)小时计时工资:根据劳动者每小时的工资标准和实际工作小时数计算工资。

(2)日工资:根据劳动者的日工资标准和实际工作天数计算工资。

(3)月工资:根据规定的或约定的月工资标准支付工资。

2. 计件工资

根据劳动者生产的合格产品数量或完成的工作量,依据企业内部确定的计件工资单价计算并支付工资。

3. 奖金

奖金是指用人单位对劳动者在工作中的超额劳动和增收节支而给予的劳动报酬,从而鼓励劳动者为单位作出更大的贡献。包括生产奖、节约奖、超额完成任务奖以及其他奖金。

4. 加班加点工资

加班加点工资是指按照规定支付的加班工资和加点工资。加班,是指休息日和法定节假日上班的时间,加点是指每天超过8小时之外的上班时间。根据劳动法的相关规定,加班加点工资的支付标准为:①安排劳动者延长工作时间的,支付不低于工资的150%的工资报酬;②休息日安排劳动者工作又不能补休的,支付不低于工资的200%的工资报酬;③法定休息日安排劳动者工作的,支付不低于工资的300%的工资报酬。

5. 津贴和补贴

用人单位因一些特殊原因而支付给劳动者的津贴与补贴。如防暑降温费等。

6. 特殊情况下支付的工资

特殊情况下支付的工资是指劳动者在患病、工伤、婚丧假、事假、探亲假等情况下按照工资的一定比例支付的工资。

二、劳务费结算与支付工作程序

(1)总承包公司项目部负责进场务工人员实名制管理,负责现场人员花名册与工资发放表的核对,依据实际情况填报《劳务费兑付单》,附劳务分包企业农民工工资发放表上报审核。

(2)总承包公司负责审核劳务分包企业分包合同签订、备案情况，审核劳务费结算情况；根据预留资金情况制定兑付方案，决定支付额度。

(3)总承包公司负责审核《劳务费兑付单》以及分包企业工资发放表，确定无误并签认后，按规定向分包企业支付劳务费。

(4)当劳务费支付到劳务分包企业后，总承包公司相关项目部要监督分包企业将工资发放到农民工本人手中，限期收回有农民工本人签字的工资发放表一份，报总承包公司存档备查。

(5)总承包公司应对相关单位劳务费发放过程进行监督检查，及时纠正和处理劳务费发放中出现的违规问题，保证农民工工资支付到位。

(6)各总承包公司每月月末向其上属集团公司报送劳务费兑付情况表，准确反映劳务费兑付情况。

三、劳务费结算与兑付的制度要求

在签订劳务分包合同时，劳务分包工程的发包人和劳务分包的承包人必须在分包合同中明确约定劳务款的支付时间、结算方式以及保证按期支付的相应措施。

(1)按劳务分包合同约定，及时结算、支付劳务费，应当做到月结月清；总承包公司应监督劳务企业按劳动合同约定确保农民工工资足额发放。

(2)劳务费支付应当保证劳务企业每月支付农民工基本工资不低于当地最低工资标准，年底前做到100%支付。

(3)施工总承包公司、专业承包公司应当在工程项目所在地银行建立劳务费专用账户，专项用于支付劳务分包企业劳务费。专用账户的预留资金应当能保障按月拨付劳务分包企业使用的农民工工资。

第八章 劳务纠纷管理

第一节 劳务纠纷常见类型与特征

一、劳务纠纷的概念

劳务纠纷也称劳动争议,是指劳动法律关系双方当事人即劳动者和用人单位在执行劳动法律、法规或履行劳动合同过程中,就劳动权利和劳动义务或履行劳动合同、集体合同发生的争执。

劳动争议发生在劳动关系领域,具有特定的主体、内容和客体。

(1)劳动争议的主体,即劳动争议的当事人,劳动权利与义务的承受者。根据我国《劳动法》和《劳动争议处理条例》的规定,劳动争议的主体包括各类用人单位和职工。职工是指与用人单位订立了劳动合同、建立了劳动关系的全体劳动者,包括企业管理人员、专业技术人员和工人及外籍员工等;不包括公务员及全民所有制教育、医疗卫生、科研机构等事业单位中未与之建立劳动合同关系的教师、医务工作者和专业技术人员。

(2)劳动争议的内容,权利争议的内容涉及劳动权利与义务,发生在《劳动法》规定权利义务和劳动合同约定的条件范围内;利益争议的内容在法定权利义务之外。

(3)劳动争议客体,即劳动争议主体权利义务所指向的对象,包括行为,如解除劳动合同的通知;物质待遇,如工资、福利待遇等。

二、劳务纠纷的范围

劳动争议的范围,在不同的国家有不同的规定。根据《中华人民共和国劳动争议调解仲裁法》(以下简称《调解仲裁法》)第二条规定,劳动争议的范围是:

(1)因确认劳动关系发生的争议；
(2)因订立、履行、变更、解除和终止劳动合同发生的争议；
(3)因除名、辞退和辞职、离职发生的争议；
(4)因工作时间、休息休假、社会保险、福利、培训以及劳动保护发生的争议；
(5)因劳动报酬、工伤医疗费、经济补偿或者赔偿金等发生的争议；
(6)法律、法规规定的其他劳动争议。

三、劳务纠纷的特征

(1)劳务纠纷是劳动关系当事人之间的争议。劳动关系当事人，一方为劳动者；另一方为用人单位。不具有劳动法律关系主体身份者之间所发生的争议，不属于劳务纠纷。如果争议不是发生在劳动关系双方当事人之间，即使争议内容涉及劳动问题，也不构成劳动争议。

(2)劳务纠纷的内容涉及劳动权利和劳动义务，是为实现劳动关系而产生的争议。劳动关系是劳动权利义务关系，如果劳动者与用人单位之间不是为了实现劳动权利和劳动义务而发生的争议，就不属于劳动纠纷的范畴。劳动权利和劳动义务的内容非常广泛，包括就业、工资、工时、劳动保护、劳动保险、劳动福利、职业培训、民主管理、奖励惩罚等。

(3)劳动纠纷既可以表现为非对抗性矛盾，也可以表现为对抗性矛盾，而且，两者在一定条件下可以相互转化。在一般情况下，劳动纠纷表现为非对抗性矛盾，给社会和经济带来不利影响。

第二节 劳务纠纷常见类型

一、劳务分包合同纠纷

劳务分包合同纠纷主要分为两大类，一类系与劳务分包合同效力有关的纠纷；另一类为劳务分包合同违约纠纷。对于必须进行招标的劳务分包工程，还会出现劳务分包黑白合同纠纷。

(一)劳务分包合同效力纠纷

劳务分包合同效力纠纷是指合同双方当事人就劳务分包合同法律效力的有无发生的争议,一般合同一方主张劳务分包合同合法有效,对双方当事人具有法律拘束力,合同另一方主张合同无效,合同条款对合同双方没有法律拘束力。

任何一种合同均可能存在效力之争,劳务分包合同也不例外,甚至该类纠纷已经是劳务纠纷中的一大类。

1. 劳务分包合同的生效要件

劳务分包合同是建设工程合同的一种,认定其法律效力应该适用《合同法》关于合同效力的相关规定;同时签订劳务分包合同亦是一种民事法律行为,故劳务分包合同的法律效力认定也应适用《民法通则》关于民事法律行为效力的相关规定。

《合同法》第44条规定:依法成立的合同自成立时生效。

合同生效是指合同对双方当事人的法律约束力的开始。合同成立后,必须具备相应的法律条件才能生效,否则合同是无效的。合同生效应当具备下列条件:

(1)签订合同的当事人应具有相应的民事权利能力和民事行为能力,也就是主体要合法。在签订合同之前,要注意并审查对方当事人是否真正具有签订该合同的法定权利和行为能力,是否受委托以及委托代理的事项、权限等。

(2)意思表示真实。合同是当事人意思表示一致的结果,因此,当事人的意思表示必须真实。但是,意思表示真实是合同的生效条件而非合同的成立条件。意思表示不真实包括意思与表示不一致、不自由的意思表示两种。含有意思表示不真实的合同是不能取得法律效力的。如建设工程合同的订立,一方采用欺诈、胁迫的手段订立的合同,就是意思表示不真实的合同,这样的合同就欠缺生效的条件。

(3)合同的内容、合同所确定的经济活动必须合法,必须符合国家的法律、法规和政策要求,不得损害国家和社会公共利益。不违反法律或者社会公共利益,是合同有效的重要条件。所谓不违反法律或者社会公共利益,是就合同的目的和内容而言的。合同的目的,是指当事人订立合同的直接内心原因;合同的内容,是指合同中的权利义务及其指向的对象。不违反法律或者社会公共利益,实际上是对合同自由的限制。

2. 劳动分包合同的无效情形

无效合同,是指虽然已经成立但不具备法律规定的生效条件,不发生法律效力的合同。这里所说的不发生法律效力,是指不发生合同当事人缔约时所期望的法律效果,而不是指不发生任何法律后果。在合同无效的情况下,也会发生一定的民事法律后果,如返还财产、损害赔偿等。

无效合同在性质上是自始无效和绝对无效的合同,这是无效合同违法性的本质所决定的。对这类合同,当事人无须向法院或仲裁机构主张其无效,也不得履行,已经开始履行的,应立即停止履行。

根据《合同法》第五十二条的规定,有下列情形之一的劳务分包合同无效:(一)一方以欺诈、胁迫的手段订立合同,损害国家利益;(二)恶意串通,损害国家、集体或者第三人利益;(三)以合法形式掩盖非法目的;(四)损害社会公共利益;(五)违反法律、行政法规的强制性规定。最常见的劳务分包合同无效的情形如下:

(1)没有经营资格。没有经营资格是指没有从事建筑经营活动的资格。根据企业登记管理的有关规定,企业法人或者其他经济组织应当在经依法核准的经营范围内从事经营活动。《建筑市场管理规定》第十四条规定:"承包工程勘察、设计、施工和建筑构配件、非标准设备加工生产的单位(以下统称承包方),必须持有营业执照、资质证书或产品生产许可证、开户银行资信证明等证件,方准开展承包业务",对从事建设工程承包业务的企业明确提出了必须具备相应资质条件的要求。

另外,建设工程承包合同的标的是建设工程项目,工程的质量关系到人民生命和财产的安全,其发包和承包属于国家严格管制的范围,根据最高人民法院法发[1993]8号文件《全国经济审判工作座谈会纪要》的精神,凡承包人没有从事建筑经营活动资格而订立的合同应当认定无效。

(2)超越资质等级。《工程勘察和设计单位资格管理办法》和《工程勘察设计单位登记管理暂行办法》规定,工程勘察设计单位的资质等级分为甲、乙、丙、丁四级,不同资质等级的勘察设计单位承揽业务的范围有严格的区别;而根据《建筑业企业资质管理规定》,建筑安装企业应当按照《建筑业企业资质证书》所核定的承包工程范围从事工程承包活动,无《建筑业企业资质证书》或擅自超越《建筑业企业资质证书》所核定的承包工程范围从事承包活动的,由工程所在地县级以上人民政府建设行政主管部门给予警告、停工的处罚,并可处以罚款。

实践中有人认为,施工企业的资质等级不是固定不变的,如果施工企业虽未持有与所承揽的建设项目相适应的资质等级证书,但确已具备《施工企业资质等级标准》规定的可上浮与建设项目的要求相符的等级条件,具有完成施工任务、交付合格或优良工程的能力的,不应仅因为其资质条件在形式上存在欠缺而认定合同无效。这种看法是有一定道理的。但是,为了严格资质管理的规定,即使在这种情况下,承包企业仍应履行严格的审批手续,所订合同才具有法律效力。

《建筑业企业资质管理规定》规定,"少数市场信誉好、素质较高的企业,经征得业主同意和工程所在省、自治区、直辖市人民政府建设行政主管部门批准后,可适度超出所核定的承包工程范围承揽工程"。

(3)跨越省级行政区域承揽工程,但未办理审批许可手续。根据《建筑市场管理规定》第十五条的规定,跨省、自治区、直辖市承包工程或者分包工程、提供劳务的施工企业,应当持单位所在省、自治区、直辖市人民政府建设行政主管部门或者国务院有关主管部门出具的外出承包工程的证明和资质等级证书等证件,向工程所在省、自治区、直辖市人民政府建设行政主管部门办理核准手续,并到工商行政等机关办理有关手续。勘察、设计单位跨省承揽任务的,应依照《全国工程勘察、设计单位资格认证管理办法》的有关规定办理类似的许可手续。一些省、自治区、直辖市对外地企业到其行政区域内承揽工程,也有明确规定。如《广西壮族自治区建筑市场管理条件》第二十一条第一款规定:"本自治区行政区域外的承包方到本自治区承包建设工程的,应当按照国家和自治区有关规定,持有关证明文件到自治区建设行政主管部门办理审批手续。"又如第四十条规定:"承包单位违反本条例第二十一条规定的,由县级以上建设行政主管部门给予通报批评、责令停止建筑活动,并可处 10000 元以上 50000 元以下的罚款。"

《湖北省建筑市场管理实施办法》第三十条也规定:"凡进入该省承包工程、分包工程和提供劳务的企业,必须持有关证件到该省城乡建设厅办理审查注册登记手续后,方可到工程所在地从事施工生产活动。"

(4)违反国家、部门或地方基本建设计划。建设工程承包合同的显著特点之一就是合同的标的具有计划性,即工程项目的建设大多数必须经过国家、部门或者地方的批准。《建设工程施工合同管理办法》规定,工程项目已经列入年度建设计划的方可签订合同。《工程建设施工招标投标管理办法》和一些地方性法规如《广西壮族自治区建设工程施工招标投标管理条例》、《北京市建设工程施工招标投标管理暂行办法》等也有同样的规定。因此,凡依法应当报请国家和地方有关部门批准而未获批准,没有列入国家、部门和地方的基本建设计划而签订的合同,由于合同的订立没有合法依据,应当认定合同无效。

实践中,有的工程建设项目虽系根据经过批准的建设计划进行建设,但在建设过程中由于种种原因擅自增加投资,扩大建设规模。对于此类承包合同,应分别据情况认定合同的效力:如果在合同履行过程中或合同履行完毕后,建设单位擅自增加的建设计划经过有关部门确认,补办了有关审批手续的,应当确认合同的效力;如果建设计划中擅自增加的部分未取得有关部门的确认并补办有关审批手续,应当确认合同部分无效。

(5)未取得或者违反《建设工程规划许可证》的规定。《建设工程规划许可证》是新建、扩建、改建建筑物、构筑物和其他工程设施等申请办理开工许可手续的法定条件,由城市规划行政主管部门根据规划设计要求核发。没有该证或者违反该证的规定进行建设,影响城市规划但经批准尚可采取改正措施的,可维持合同的效力;严重影响城市规划的,因合同的标的系违法建筑而导致合同无效。

(6)未取得《建设用地规划许可证》。《中华人民共和国城市规划法》第三十一条规定,在城市规划区内进行建设,需要申请用地的,必须持国家批准建设项目的有关文件,向城市规划行政主管部门申请定点,由城市规划行政主管部门核定其用地位置和界限,提供规划设计条件,核发建设用地规划许可证。取得建设用地规划许可证是申请建设用地的法定条件。无证取得用地的,属非法用地,以此为基础而进行的工程建设显然属于违法建设合同即因内容违法而无效。

(7)未依法取得土地使用权。进行工程建设,必须合法取得土地使用权。任何单位和个人没有依法取得土地使用权(如未经批准或采取欺骗手段骗取批准)进行建设的,均属非法占用土地,合同的标的——建设工程为违法建筑物,导致合同无效。实践中,如果施工承包合同订立时,发包方尚未取得土地使用证的,应区别不同情况认定合同的效力;如果发包方已经取得《建设用地规划许可证》,并经土地管理部门审查批准用地,只是用地手续尚未办理完毕未能取得土地使用证的,不应因发包方用地手续在形式上存在欠缺而认定合同无效;如果未经审查批准用地的,合同无效。

(8)未依法办理报建手续。为了有效掌握建设规模,规范工程建设实施阶段程序管理,统一工程项目报建的有关规定,达到加强建筑市场管理的目的,原建设部于1994年颁布《工程建设项目报建管理办法》(简称《办法》),实行严格的报建制度。根据该《办法》的规定,"凡未报建的工程建设项目,不得办理招标投标手续和发放施工许可证,设计、施工单位不得承接该项工程的设计和施工任务"。

(9)未办理招标投标手续。《建筑市场管理规定》和《工程建设施工招标投标管理办法》规定:"凡政府和公有制企、事业单位投资的新建、改建、扩建和技术改造的工程项目,除某些不宜招标的军事、保密等工程,以及外商投资、国内私人投资、境外个人捐资和县级以上人民政府确认的抢险、救灾等工程可以不实行招投标以外,必须采取招标投标的方式确定施工单位。对于应实行招标投标确定施工单位而未实行即签订合同的,合同无效,如果工程尚未开工,不准开工;如果已经开工,则责令停止施工。"

(10)无效根据定标结果。依法实行招标投标确定施工单位的工程,招标单位应当与中标单位签订合同。中标是承包单位与发包单位签订合同的依据,如果定标结果是无效的,则所订合同因无合法基础而无效。

(11)非法转包。转包可分为全部工程整体转包与肢解工程转包两种基本形式。转包行为有损发包人的合法权益,扰乱建筑市场管理秩序,为《建筑法》等法律、法规和规章明文禁止。

(12) 不符合分包条件。承包人欲将所承包的工程分包的,应当征得发包人的同意,并且分包工程的承包人必须具备相应的资质等级条件。分包单位所承包的工程不得再行分包。凡违反规定分包的合同均属无效合同。

(13) 违法带资、垫资施工。合同内容违法是多方面的,实践中较为突出的是关于带资、垫资施工的约定。带资、垫资往往是发包方强行要求的,也有施工单位以带资、垫资作为竞争手段以达到能承揽工程的目的的情况。1996 年 6 月,原建设部、国家计委和财政部联合颁布了《关于严格禁止在工程建设中带资承包的通知》,指出这类行为不仅干扰了国家对固定资产投资的宏观调控和工程建设的正常进行,严重影响了投资效益的提高,也加重了建筑业企业生产经营的困难,必须禁止。并规定:"任何建设单位都不得以要求施工单位带资承包作为招标投标条件,更不得强行要求施工单位将此类内容写入工程承包合同"。"对于在工程建设过程中出现的资金短缺,应由建设单位自行筹集解决,不得要求施工单位垫款施工"。同时也规定:"施工单位不得以带资承包作为竞争手段承揽工程。"因此,凡是关于垫资、带资、垫款等约定的条款,都是无效的;以带资、垫资作为合同生效和履行的先决条件或者要求全部垫资的,合同无效,合同的双方当事人应当根据各自的过错,分别承担相应的民事责任。

实践中有人认为,以包工包料的方式承包的,可以要求施工单位先自行筹资、备料施工后结算,并认为这种承包方式不属于带资承包的范围。这种认识是错误的。以包工包料的形式发包,并不能改变建设单位在施工前支付备料款、施工过程中及时支付工程进度款的责任。

但应注意,关于禁止带资、垫资施工的规定也有例外,根据《关于严格禁止在工程建设中带资承包的通知》,外商投资建筑业企业依据我国有关规定,在我国境内带资承包工程是被允许的。

(14) 采取欺诈、胁迫的手段。这两种情形并不鲜见。一些不法分子虚构、伪造工程项目情况,以骗取财物为目的,引诱施工单位签订所谓"施工承包合同"。有的不法分子则强迫投资者将建设项目由其承包。凡此种种,不仅合同无效,而且极有可能触犯刑律。

(15)损害国家利益和社会公共利益。例如,以搞封建迷信活动为目的,建造庙堂、宗祠的合同即为无效合同。

(16)违反国家指令性建设计划。《合同法》第二百七十三条规定,国家重大建设工程合同的订立,应当符合国家规定的程序和国家批准的投资计划、可行性研究报告等要求。国家指令性计划对国家重大建设工程项目建设的作用不言而喻。

(二)劳务分包合同违约纠纷

劳务分包合同违约纠纷系指合同双方因合同一方未按劳务分包合同的约定全面适当地履行合同义务而发生的纠纷。劳务作业发包人最常见的违约行为是拒绝或迟延支付合同价款;而劳务作业承包人最常见的违约行为是劳务作业质量不合格或工期迟延。绝大多数劳务分包合同违约纠纷为以下三种情形之一。

1. 劳务作业发包人拒绝或迟延支付合同价款

《合同法》第二百六十九条规定:"建设工程合同是承包人进行工程建设,发包人支付价款的合同。建设工程合同包括工程勘察、设计、施工合同。"根据该条规定,劳务作业发包人最主要的合同义务就是按时足额支付合同价款;劳务作业发包人拒绝或迟延支付合同价款当然是违约行为。但是,劳务作业发包人拒绝或迟延支付合同价款的情况广泛存在,这也是引发劳务分包合同纠纷的最主要原因。

《合同法》第六十七条规定:"当事人互负债务,有先后履行顺序,先履行一方未履行的,后履行一方有权拒绝其履行要求。先履行一方履行债务不符合约定的,后履行一方有权拒绝其相应的履行要求。"根据该法律规定,在因劳务作业承包人原因导致的拒绝或迟延支付的情况下,劳务作业承包人违约在先,劳务作业发包人有权拒绝或迟延支付合同价款且无须因此向劳务作业承包人承担违约责任,而劳务作业承包人须就其违约行为向劳务作业发包人承担相应的违约责任。

相反,根据合同严守原则,如果劳务作业承包人按合同约定适当履行了相应的合同义务,劳务作业发包人应严格按合同约定履行付款义务。如劳务作业发包人无正当理由迟延支付工程款,应承担相应的法律后果:

(1)《司法解释》第十七条规定:"当事人对欠付工程价款利息计付标准有约定的,按照约定处理;没有约定的,按照中国人民银行发布的同期同类贷款利率计息。"《司法解释》第十八条规定:"利息从应付工程价款之日计付。当事人对付款时间没有约定或者约定不明的,下列时间视为应付款时间:(一)建设工程已实际交付的,为交付之日;(二)建设工程没有交付的,为提交竣工结算文件之日;(三)建设工程未交付,工程价款也未结算的,为当事人起诉之日。"

(2)《合同法》第二百八十三条规定:"发包人未按照约定的时间和要求提供原材料、设备、场地、资金、技术资料的,承包人可以顺延工程日期,并有权要求赔偿停工、窝工等损失。"需要注意的是,如果劳务作业发包人按合同约定支付的违约金或利息已经足以弥补劳务作业承包人停工窝工的损失,则劳务作业承包人不能再进行索赔。

(3)劳务作业发包人承担因此导致的合同解除的法律责任。《司法解释》第九条规定:"发包人具有下列情形之一,致使承包人无法施工,且在催告的合理期限内仍未履行相应义务,承包人请求解除建设工程施工合同的,应予支持:(一)未按约定支付工程价款的;(二)提供的主要建筑材料、建筑构配件和设备不符合强制性标准的。"

(4)劳务作业承包人有权要求对建设工程进行优先受偿。《合同法》第二百八十六条规定:"发包人未按照约定支付价款的,承包人可以催告发包人在合理期限内支付价款。发包人逾期不支付的,除按照建设工程的性质不宜折价、拍卖的以外,承包人可以与发包人协议将该工程折价,也可以申请人民法院将该工程依法拍卖。建设工程的价款就该工程折价或者拍卖的价款优先受偿。"

2. 劳务作业质量不合格

劳务分包合同的合同标的是建设工程施工过程中的劳务,劳务作业承包人提供的劳务应符合合同约定的质量标准。部分劳务分包合同纠纷是因为劳务作业承包人提供的劳务不符合合同约定的质量标准而引发的。

通常情况下,劳务分包合同双方会在合同中约定劳务作业质量不合格的违约责任;如果双方在合同中没有约定或约定不明,则合同双方应按《合同法》第二百八十一条的规定承担违约责任。《合同法》第二百八十一条规定:"因施工人的原因致使建设工程质量不符合约定的,发包人有权要求施工人在合理期限内无偿修理或者返工、改建。经过修理或者返工、改建后,造成逾期交付的,施工人应当承担违约责任。"《合同法》第二百八十二条规定:"因承包人的原因致使建设工程在合理使用期限内造成人身和财产损害的,承包人应当承担损害赔偿责任。"

根据上述规定,劳务作业质量不合格,劳务作业承包人须根据合同约定或法律规定向劳务作业发包人承担违约责任。如果劳务作业质量不合格导致建设工程在合理使用期内造成人身和财产损害的,劳务作业承包人还应当承担损害赔偿责任。

3. 劳务作业工期延误

工期延期是指由于非承包商的各种原因而造成工程的进度推迟,施工不能按原计划时间进行。大型的土木工程项目在施工过程中,由于工程规模大,技术复杂,受天气、水文地质条件等自然因素影响,又受到来自于社会的政治经济等人为因素影响,发生施工进度延期是比较常见的。施工延期的原因有时是单一的,有时又是多种因素综合交错形成。常见的施工延期多是由于劳务作业发包人、承包人及建设单位的工程变更、不可抗力等原因造成的。

(1)劳务作业发包人原因造成的工期延误:①在工程项目前期准备阶段,由于发包人没有及时完成征地、拆迁、安置等方面的有关前期工作,或未能及时取得有关部门批准的施工执照或准建手续等,造成现场交付时间推迟,承包商不能及时进驻现场施工,从而导致工程延期。②发包人未能按合同规定的时间和数量向承包商提供施工图纸,尤其是目前国内较多的边设计、边施工的项目,从而引起工期延误。③发包方拖延审批图纸、施工方案、计划等。④发包人拖延支付预付款或工程款。⑤发包人指定的分包商违约或延误。⑥发包人未能及时提供合同规定的材料或设备。⑦发包人拖延关键线路上工序掺假造成承包商下道工序施工延误。⑧发包人发布指令延误,或发布的指令打乱了承包商的施工计划。⑨发包人提供的设计数据或工程数据延误。⑩发包人的原因暂停施工导致的延误。⑪发包人设计变更或要求修改图纸,导致工程量增加。⑫发包人对工程质量的要求超出原合同的约定。⑬发包人要求增加额外工程。⑭发包人的其他变更指令导致工期延长等。

(2)劳务作业承包人的原因造成的工期延误。由劳务作业承包人引起的延期一般是其内部计划不周、组织协调不力、指挥管理不当等原因造成的,具体为:①施工组织不当,如出现窝工或停工待料现象。②质量不符合合同要求而造成的返工。③资源配置不足,如劳动力不足,机械设备不足或不配套,技术力量薄弱,管理水平低,缺乏流动资金等。④开工延误。⑤劳动生产率低。⑥承包商雇佣的分包商或供应商引起的延误等。

(3)建设单位应承担的风险。建设单位应承担的风险是指非建设单位原因造成的应由建设单位承担工期损失的风险。一般来说,建设单位应承担的风险主要包括文物和地下障碍物、古树名木、不利地下条件、指定分包延迟及扰民干扰。①不利地下条件是指承包人不能预见的对施工不利的水文、地质等地下条件。不论施工中出现的不利地下条件是招标文件、施工图纸和地质勘测资料中陈述错误的,还是上述文件中没有提及的,一般都是承包人难以预料的。按照公平原则和建设工程施工合同的承揽性质,此类风险应属于建设单位承担的风险。②文物和地下障碍物、古树名木情况类似于不利地下条件,由此等原因造成的工期延误顺延。③指定分包迟延。因指定专业分包人导致的工期延误损失应由建设单位承担。

(4)不可抗力和恶劣气候条件。①不可抗力是一项免责条款,是指买卖合同签订后,不是由于合同当事人的过失或疏忽,而是由于发生了合同当事人无法预见、无法预防、无法避免和无法控制的事件,以致不能履行或不能如期履行合同,发生意外事件的一方可以免除履行合同的责任或者推迟履行合同,在我国《民法通则》上,不可抗力是指"不能预见、不能避免和不能克服的客观情况"。不可抗力主要包括自然灾害,如台风、洪水、地震;政府行为,如征收、征用;社会异常事件,如罢工、骚乱等。②异常气候条件是指项目所在地30年一遇的罕见气候现象(包括温度、降水、降雪、风等)。异常恶劣的气候条件在项目专用合同条款中作具体规定:日降雨量大于50mm的雨日超过1天;日气温超过38℃的高温大于3天或日气温低于-20℃的严寒大于3天;造成工程损坏的冰雹和大雪灾害:日降雪量10mm及以上;其他异常恶劣气候灾害。

(5)工程变更或工程量增加。在实际施工过程中,工程变更和额外增加的工作一般会对工期造成不利影响;因为如果发生工程变更,一般会涉及等待变更指令、协商工程变更价款及提出施工方案等。所以一般认为在工程变更或工程量增加的情况下工期应予顺延。但是,如果工程变更不在关键线路上或增加的工程量比较少,一般工期不会因此受到影响的,工期不应顺延。

(三)劳务分包黑白合同纠纷

对于必须进行招标的劳务分包工程,合同双方为了规避建设行政主管机关对于中标合同备案审查,有时会就一项劳务分包工程签订实质内容不同的"黑白"两份合同;黑合同用于实际履行,白合同用于备案审查。黑白两份合同通常在合同价款、支付方式、工期、劳务作业质量标准等方面存在明显差异。

在这种情况下,合同双方在进行工程结算时有时会因合同依据的确定而发生争议,一般情况下,劳务作业承包人会主张合同价款高的白合同为工程结算依据,劳务作业发包人会主张合同价款低且实际履行的黑合同为工程结算依据。

而现行法律中,与"黑白合同"有关的规定有《招投标法》第四十六条和最高院《关于审理建设工程施工合同纠纷案件适用法律问题的解释》第二十一条。

最高院《关于审理建设工程施工合同纠纷案件适用法律问题的解释》第二十一条规定:"当事人就同一建设工程另行订立的建设工程施工合同与经过备案的中标合同实质性内容不一致的,应当以备案的中标合同作为结算工程价款的根据。"

建筑工程施工领域的"黑白合同",其表现形式有很多,按照不同的标准可以分为下面几种情形,对于这些"黑白合同"的法律效力要作具体分析:

(1)根据两份合同签订的时间先后顺序,"黑白合同"主要有两种表现形式:

1)"黑合同"产生于"白合同"之前的情形,在实际中又可以分为两种不同的情况。一是,建设单位在工程招标前与投标人进行实质性谈判,要求投标者承诺中标后按投标文件签订的合同不作实际履行,另行按招投标之前约定的条件签订合同并实际履行,以压低工程款或让施工单位垫资承包等;二是,建设单位在与施工单位直接签订建设工程合同后,由施工单位串通一些关系单位与招标单位配合进行徒具形式的招投标并签订双方明确不实际履行的合同,或者干脆连招投标形式都不要,而直接编造招投标文件和与招投标文件相吻合的合同,用以备案登记而不实际履行。

上述情况属于典型的虚假招投标,是串标行为,违反《合同法》第五十二条、《招标投标法》第四十三条、第五十五条的规定,所签订的无论是"黑合同"还是"白合同",均为无效合同。

2) 另一种情形是"黑合同"产生于"白合同"之后,即在发包人与承包人按招投标程序签订一份备案合同之后,再根据双方协商对备案合同进行实质内容变更,签订实际履行的私下协议或补充协议。此种情况,如果"白合同"的成立合法有效,是依据招投标文件、中标通知书签订的中标合同,建设方利用优势迫使承包方接受其不合理要求,订立与"白合同"实质性内容相背离的合同,或者承包方以优势迫使建设方签订,或者双方为了共同利益而签订,由此形成的合同即为"黑合同"。可见,在这种情况下,"黑合同"内容并不是合同双方的真实意愿。

依据《招投标法》第四十六条规定:招标人和中标人应当自中标通知书发出之日起30日内,按照招标文件和中标人的投标文件订立书面合同。招标人和中标人不得再行订立背离合同实质性内容的其他协议。而"黑合同"的签订违反了该条规定中的"招标人和中标人不得再行订立背离合同实质性内容的其他协议。""黑合同"因其内容违反这一规定而无效。

(2) 根据两份合同的价格高低,"黑白合同"存在以下两种情形。

1) "白合同"价格高于"黑合同"的价格,这种情况在建筑工程领域中最为普遍。由于建筑市场的买方市场格局,承包商为了获取工程,往往将工程价格压到远低于定额价格的程度,但建设行政主管部门对合同价格的审批却主要以定额为依据,如果建设方用双方按市场价格签订的合同去报批则很有可能因低于所谓的成本而被否决。因此,现实中双方往往达成一致,签订两份合同,即一份报批的"白合同",另一份是双方将要实际履行的合同。

2)"白合同"的价格低于"黑合同"的价格,这种情况主要在房地产开发领域中比较常见。根据《城市房地产开发经营管理条例》第23条规定,"房地产开发企业预售商品房,应当符合下列条件:……(三)按提供的预售商品房计算,投入开发建设的资金达到工程建设总投资的25%以上,并已确定施工进度和竣工交付日期;……"在实践中,房地产开发企业为了达到尽快预售商品房的目的,往往会与承包商签订两份合同,一份为报批的"白合同",此合同的价款较低,目的是为了尽快满足投资额25%的预售条件;另一份是双方准备实际履行的"黑合同",此合同的价款准确反映了市场情况,是双方真实意思的表示。房地产开发企业的这种规避法律的行为显然是违法的,但并未违反效力规定,我们应把对这种违法行为的行政处罚与对合同效力的认定区分开,不能因此而否认双方之间签订的"黑合同"的效力。

二、劳务分包中劳动争议纠纷

劳务分包中劳动争议纠纷是指发生在劳务分包过程中的劳动者和用人单位(包括劳务作业发包人和劳务作业承包人)就劳动权利和劳动义务关系所产生的争议。劳务分包中劳动争议主要有两种类型,一种是劳动者主张用人单位支付劳动报酬;另一种是劳动者主张用人单位承担工伤赔偿责任。

上述两种劳动争议纠纷大量产生的直接原因是劳务分包作业中的劳动者与劳务作业发包人或劳务作业承包人之间没有签订书面的劳动合同。劳动者主张与劳务作业发包人或劳务作业承包人之间存在劳动关系,而劳务作业发包人或劳务作业承包人否认与劳动者存在劳动关系。

1. 劳动者主张劳务作业发包人或劳务作业承包人支付劳动报酬

这种劳动争议主要是由以下两种原因造成的:

(1)劳务作业发包人为了降低用工成本选择与不具备用人资格的施工队伍的负责人(俗称"包工头")签订劳务分包合同。在劳务作业发包人没有按时向"包工头"支付劳务费用时,或者虽然劳务作业发包人按时支付了劳务费用但"包工头"由于其他原因没有按时向劳动者支付劳动报酬时,劳动者就会主张其与劳务作业发包人存在劳动关系并向劳务作业发包人索要劳动报酬,从而发生劳动争议。

(2)为了降低用工成本,具备劳务作业资质的劳务作业承包人选择不直接招募建筑工人并与其订立劳动合同,而是选择将劳务作业再次分包给小规模的不成建制的劳务作业班组长,由劳务作业班组长根据情况直接招募建筑工人。这样,当劳务作业班组长没有自劳务作业承包人处取得劳务费用或虽然取得劳务费用但没有按时支付给劳动者的,劳动者就会主张其与劳务作业承包人存在劳动关系并向劳务作业承包人索要劳动报酬,从而发生劳动争议。

2. 劳动者主张劳务作业发包人或劳务作业承包人承担工伤赔偿责任

众所周知,建筑行业是一个工伤发生几率很高的行业。所以《建筑法》第四十八条规定:"建筑施工企业应当依法为职工参加工伤保险缴纳工伤保险费。鼓励企业为从事危险作业的职工办理意外伤害保险,支付保险费。"虽然有上述法律规定,但还是有很多从事建筑业的劳动者没有参加工伤保险。当发生工伤事故时,受到人身伤害的劳动者就无法根据《工伤保险条例》从工伤保险基金中享受各种工伤保险待遇。劳动者为了维护自身的合法权益只能要求用人单位承担工伤赔偿责任。此类劳动争议的发生主张基于以下三种情况:

(1)具有劳务作业资质的劳务作业承包人怠于履行为劳动者参加工伤保险的义务,从而在工伤事故发生后导致该等纠纷的发生。

(2)劳务作业发包人为了降低用工成本将劳务作业发包给不具备用工主体资格的组织或自然人并与之签订劳务分包合同。该等组织和自然人由于不具备用工资格而无法为劳动者参加工伤保险,从而在工伤事故发生后产生纠纷。

(3)为了降低用工成本,具备劳务作业资质的劳务作业承包人不直接招募建筑工人并与其订立劳动合同,而是选择将劳务作业再次分包给小规模的不成建制的劳务作业班组长,由劳务作业班组长根据情况直接招募建筑工人。在这种情况下,不具备用人资格的劳务作业班组长当然无法给劳动者参加工伤保险,劳务作业承包人也不给劳动者参加工伤保险,一旦工伤事故发生,极易因赔偿问题产生纠纷。

第三节 劳务纠纷解决方式

劳务纠纷是一种民事纠纷。民事纠纷的解决方式主要包括协商、调解、仲裁和诉讼。这四种纠纷解决方式也是劳务纠纷的主要解决方式。

纠纷解决方式的正式选择对于劳务纠纷的妥善解决有着重要意义,适当的纠纷解决方式不仅能够以较低的成本在较短的时间内使劳务纠纷得到解决,平息纠纷各方内心的怨愤;而且能够使纠纷各方的关系恢复到纠纷发生前的状态,从而促进社会生产和社会和谐。

一、劳务纠纷解决原则

1. 有理有礼有节,争取协商调解

施工企业面临着众多争议而且又必须设法解决的困惑,不少企业都参照国际惯例,设置并逐步完善了自己的内部法律机构或部门,专职实施对争议的管理,这是企业进入市场之必须。要注意预防解决争议找法院打官司的单一思维,通过诉讼解决争议未必是最有效的方法。由于工程施工合同争议情况复杂,专业问题多,有许多争议法律无法明确规定,往往造成主审法官难以判断、无所适从。因此,要深入研究案情和对策,处理争议要有理有礼有节,能采取协商、调解、甚至争议评审方式解决争议的,尽量不要采取诉讼或仲裁方式。因为,通常情况,工程合同纠纷案件经法院几个月的审理,由于解决困难,法庭只能采取反复调解的方式,以求调解结案。

2. 重视诉讼、仲裁时效,及时主张权利

通过仲裁、诉讼的方式解决建设工程合同纠纷的,应当特别注意有关仲裁时效与诉讼时效的法律规定,在法定诉讼时效或仲裁时效内主张权利。

所谓时效制度是指一定的事实状态经过一定的期间之后即发生一定的法律后果的制度。民法上所称的时效,可分为取得时效和消灭时效,一定事实状态经过一定的期间之后即取得权利的,为取得时效;一定事实状态经过一定的期间之后即丧失权利的,为消灭时效。

法律确立时效制度的意义在于,首先是为了防止债权债务关系长期处于不稳定状态;其次是为了催促债权人尽快实现债权;再次,确立时效制度的积极意义还在于,可以避免债权债务纠纷因年长日久而难以举证,不便于解决纠纷。

所谓仲裁时效是指当事人在法定申请仲裁的期限内没有将其纠纷提交仲裁机关进行仲裁的,即丧失请求仲裁机关保护其权利的权利。在明文约定合同纠纷由仲裁机关仲裁的情况下,若合同当事人在法定提出仲裁申请的期限内没有依法申请仲裁的,则该权利人的民事权利不受法律保护,债务人可依法免于履行债务。

所谓诉讼时效,是指权利人在法定提起诉讼的期限内如不主张其权利,即丧失请求法院依诉讼程序强制债务人履行债务的权利。诉讼时效实质上就是消灭时效,诉讼时效期间届满后,债务人依法可免除其应负之义务。换言之,若权利人在诉讼时效期间届满后才主张权利的,丧失了胜诉权,其权利不受司法保护。

(1)关于仲裁时效期间和诉讼时效期间的计算问题。追索工程款、勘察费、设计费,仲裁时效期间和诉讼时效期间均为两年,从工程竣工之日起计算,双方对付款时间有约定的,从约定的付款期限届满之日起计算。

工程因建设单位的原因中途停工的,仲裁时效期间和诉讼时效期间应当从工程停工之日起计算。

工程竣工或工程中途停工,施工单位应当积极主张权利。实践中,施工单位提出工程竣工结算报告或对停工工程提出中间工程竣工结算报告,系施工单位主张权利的基本方式,可引起诉讼时效的中断。

追索材料款、劳务款,仲裁时效期间和诉讼时效期间亦为两年,从双方约定的付款期限届满之日起计算;没有约定期限的,从购方验收之日起计算,或从劳务工作完成之日起计算。

出售质量不合格的商品未声明的,仲裁时效期间和诉讼时效期间均为1年,从商品售出之日起计算。

(2)适用时效规定、及时主张自身权利的具体做法。根据《民法通则》的规定,诉讼时效因提起诉讼、债权人提出要求或债务人同意履行债务而中断。从中断时起,诉讼时效期间重新计算。因此,对于债权,具备申请仲裁或提起诉讼条件的,应在诉讼时效的期限内提请仲裁或提起诉讼。尚不具备条件的,应设法引起诉讼时效中断,具体办法有:

1)工程竣工后或工程中间停工的,应尽早向建设单位或监理单位提出结算报告;对于其他债权,亦应以书面形式主张债权,对于履行债务的请求,应争取到对方有关工作人员签名、盖章,并签署日期。

2)债务人不予接洽或拒绝签字盖章的,应及时将要求该单位履行债务的书面文件制作一式数份,自存至少一份备查后,将该文件以电报的形式或其他妥善的方式,即将请求履行债务的要求通知对方。

(3)主张债权已超过诉讼时效期间的补救办法。债权人主张债权超过诉讼时效期间的,除非债务人自愿履行,否则债权人依法不能通过仲裁或诉讼的途径使其履行。在这种情况下,应设法与债务人协商,并争取达成履行债务的协议。只要签订该协议,债权人仍可通过仲裁或诉讼途径使债务人履行债务。

3. 全面收集证据,确保客观充分

收集证据是一项十分重要的准备工作,根据法律规定和司法实践,收集证据应当遵守如下要求:

(1)为了及时发现和收集到充分、确凿的证据,在收集证据以前应当认真研究已有材料,分析案情,并在此基础上制定收集证据的计划、确定收集证据的方向、调查的范围和对象、应当采取的步骤和方法,同时还应考虑到可能遇到的问题和困难,以及解决问题和克服困难的办法等。

(2)收集证据的程序和方式必须符合法律规定。凡是收集证据的程序和方式违反法律规定的,例如,以贿赂的方式使证人作证的,或不经过被调查人同意擅自进行录音的等,所收集到的材料一律不能作为证据来使用。

(3)收集证据必须客观、全面。收集证据必须尊重客观事实,按照证据的本来面目进行收集,不能弄虚作假,断章取义,制造假证据。全面收集证据就是要收集能够收集到的、能够证明案件真实情况的全部证据,不能只收集对自己有利的证据。

(4)收集证据必须深入、细致。实践证明,只有深入、细致地收集证据,才能把握案件的真实情况,因此,收集证据必须杜绝粗枝大叶、马虎行事、不求甚解的做法。

(5)收集证据必须积极主动、迅速,证据虽然是客观存在的事实,但可能由于外部环境或外部条件的变化而变化,如果不及时予以收集,就有可能灭失。

4. 摸清财务状况,做好财产保全

(1)调查债务人的财产状况。对建设工程承包合同的当事人而言,提起诉讼的目的,大多数情况下是为了实现金钱债权,因此,必须在申请仲裁或者提起诉讼前调查债务人的财产状况,为申请财产保全做好充分准备。根据司法实践,调查债务人的财产范围应包括:

1)固定资产,如房地产、机器设备等,尽可能查明其数量、质量、价值,是否抵押等具体情况。

2)开户行、账号、流动资金的数额等情况。

3)有价证券的种类、数额等情况。

4)债权情况,包括债权的种类、数额、到期日等。

5)对外投资情况(如与他人合股、合伙创办经济实体),应了解其股权种类、数额等。

6)债务情况。债务人是否对他人尚有债务未予清偿,以及债务数额、清偿期限的长短等,都会影响到债权人实现债权的可能性。

7)此外,如果债务人系企业的,还应调查其注册资金与实际投入资金的具体情况,两者之间是否存在差额,以便确定是否请求该企业的开办人对该企业的债务在一定范围内承担清偿责任。

(2)做好财产保全。《民事诉讼法》第92条中规定:"人民法院对于可能因当事人一方的行为或者其他原因,使判决不能执行或者难以执行的案件,可以根据对方当事人的申请,作出财产保全的裁定;当事人没有提出申请的,人民法院在必要时也可以裁定采取财产保全措施。"第93条中同时规定:"利害关系人因情况紧急,不立即申请财产保全将会使其合法权益受到难以弥补的损害的,可以在起诉前向人民法院申请采取财产保全措施。"应当注意,申请财产保全,一般应当向人民法院提供担保,且起诉前申请财产保全的,必须提供担保。担保应当以金钱、实物或者人民法院同意的担保等形式实现,所提供的担保的数额应相当于请求保全的数额。

因此，申请财产保全的应当先作准备，了解保全财产的情况后，缜密做好以上各项工作后，即可申请仲裁或提起诉讼。

5. 聘请专业律师，尽早介入争议处理

施工单位不论是否有自己的法律机构，当遇到案情复杂难以准确判断的争议，应当尽早聘请专业律师，避免走弯路。目前，不少施工单位的经理抱怨，官司打赢了，得到的却是一纸空文，判决无法执行，这往往和起诉时未确定真正的被告和未事先调查执行财产并及时采取诉讼保全有关。施工合同争议的解决不仅取决于对行业情况的熟悉，很大程度上取决于诉讼技巧和正确的策略，而这些都是专业律师的专长。

二、解决劳务纠纷的合同内方法

1. 承担继续履约责任

承担继续履约责任也称强制继续履行、依约履行、实际履行，是指在一方违反合同时另一方有权要求其依据合同约定继续履行。

2. 按合同赔偿损失

按合同赔偿损失也称为违约赔偿损失，是指违约方因不履行或不完全履行合同义务而给对方造成损失，依照法律的规定或者按照当事人的约定应当承担赔偿损失的责任。

3. 支付违约金

支付违约金是指由当事人通过协商预先确定的、在违约发生后作出的独立于履行行为以外的给付，违约金是当事人事先协商好，其数额是预先确定的。违约金的约定虽然属于当事人所享有的合同自由的范围，但这种自由不是绝对的，而是受限制的。《合同法》第一百一十四条规定："约定的违约金低于造成的损失的，当事人可以请求人民法院或者仲裁机构予以增加；约定的违约金过分高于造成的损失的，当事人可以请求人民法院或者仲裁机构予以适当减少。"

4. 执行定金罚则

《合同法》第一百一十五条规定："当事人可以依照《中华人民共和国担保法》约定一方向对方给付定金作为债权的担保。债务人履行债务后，定金应当抵作价款或者收回。给付定金一方不履行约定的债务的,无权要求返还定金;收受定金方不履行约定的债务的,应当双倍返还定金。"因此,定金具有惩罚性,是对违约行为的惩罚。《担保法》规定定金的数额不得超过主合同标的额的20%,这一比例为强制性规定,当事人不得违反;如果当事人约定的定金比例超过了20%,并非整个定金条款无效,而只是超出部分无效。

三、解决劳务纠纷的合同外方法

(一)协商

1. 协商的概念

协商是由合同当事人双方在自愿互谅的基础上,按照法律、法规的规定,通过摆事实讲道理就争议事项达成一致意见的一种纠纷解决方式。实际上,在众多的劳务纠纷中,最后以仲裁或诉讼方式解决的纠纷数量所占比例并不大,更多的劳务纠纷是通过纠纷各方协商一致解决的。另外,在一般情况下,协商也是劳务纠纷各方解决争议的首选方式;通常情况下,劳务纠纷各方只会在协商不成时才会选择采取其他方式解决纠纷。

当事人以协商方式解决合同纠纷时,应当坚持依法协商;尊重客观事实;采取主动、抓住时机;采用书面和解协议书的原则。

2. 协商的特点

作为一种纠纷解决方式,协商具有如下特点:

(1)成本低。由于协商是纠纷各方自行进行的,没有第三方参与,协商方式、协商地点等均以纠纷各方的意愿为准,所以以协商方式解决纠纷成本非常低。

(2)效率高。由于协商没有第三方参与,程序上亦没有要求,以方便纠纷各方为原则;所以以协商方式解决纠纷的效率比较高。

(3)充分体现纠纷各方的意愿。以协商方式解决纠纷时,只要纠纷各方自愿同意并接受解决方案即可,不需要纠纷解决方案完全符合法律法规的规定;所以协商是纠纷各方的意志体现最全面最彻底的纠纷解决方式。

(4)最大限度地保护纠纷各方之间的感情和联系。在以协商方式解决纠纷时,协商一般是在友好的氛围下进行的,解决方案是纠纷各方自愿达成并接受的,纠纷各方在协商过程中一般会求同存异,避免伤害感情。

(5)纠纷解决的不确定性。以协商方式解决劳务纠纷不一定能够使纠纷获得解决。在劳务纠纷各方的要求差异过大,或纠纷各方不能相互妥协的情况下,劳务纠纷无法通过协商方式解决。

3. 劳动争议协商的形式

劳动争议协商的形式可以是灵活多样的。根据劳动争议的具体情况以及解决的难易程度,劳动争议协商主要有以下几种形式:

(1)即时协商。即时协商是指在劳动争议发生后,劳动者和用人单位马上进行协商,并在短时间内达成和解以解决劳动争议的方式。一般适用于简单劳动争议,即争议事实清楚、内容单一、标的不大且解决难度较小的劳动争议。

(2)协商会议。协商会议是指劳动争议双方当事人的代表通过召开会议进行共同协商以解决争议的方式。协商会议的方式较即时协商的方式要正式,由双方代表在会议上陈述各自一方的观点和理由,并提出解决争议的方案。一般适用于较复杂的劳动争议,即争议内容复杂、涉及人数较多且争议标的较大的劳动争议。

(3)集体合同争议协商。集体合同是企业工会代表职工与企业签订的有关保护职工劳动权益的协议。集体合同争议包括工会与企业因签订集体合同发生的争议和因履行集体合同发生的争议。根据《劳动法》的规定,在集体合同争议发生后,协商是解决争议的必经程序。

总之,合同当事人之间发生争议时,首先应当采取友好协商的方式解决纠纷,这种方式可以最大限度地减少由于纠纷而造成的损失,从而达到合同所涉及的权利得到实现的目的。此外,还可以节省人力、时间和财力,有利于双方往来的发展,提高社会信誉。

(二)调解

1. 调解的概念

调解是指合同当事人对合同所约定的权利、义务发生争议,不能达成和解协议时,在经济合同管理机关或有关机关、团体等的主持下,通过对当事人进行说服教育,促使双方互相作出适当的让步,平息争端,自愿达成协议,以求解决经济合同纠纷的方法。

调解的原则也是自愿、平等、合法。在实践中,依据调解人的不同,合同调解有民间调解、行政调解、仲裁机关调解和法庭调解。

2. 调解的特点

与其他纠纷解决方式相比,调解有如下特点:

(1)程序相对灵活。相对于仲裁和诉讼来说,调解无须遵循严格的程序。

(2)纠纷解决结果具有一定的合理性。因为解调人员一般是以中立的地位根据国家法律、法规以及社会公德对纠纷各方进行劝导并促使纠纷各方达成协议。

(3)在一定程度上保护纠纷当事人之间的感情,维持纠纷当事人之间的商业联系。

3. 劳务纠纷调解委员会调解规则

第一条 平等主体的自然人、法人和其他组织之间发生的劳务纠纷和与劳务有关的其他财产权益纠纷,可提交中国建筑业协会劳务纠纷调解委员会(以下简称本会)调解。

第二条 当事人同意将争议提交本会调解的,适用本调解规则。但当事人就调解程序或者调解适用的规则另有约定的,从其约定。

第三条 调解应当坚持当事人自愿的原则。

第四条 本会根据一方、双方或者多方当事人的申请受理调解案件。

第五条 当事人向本会申请调解,需要提交:

(一)调解申请书,内容包括:

1. 各方当事人的姓名或者名称、住所、邮政编码、电话号码、传真、电子邮件以及其他可能的快捷联系方式;

2. 调解请求及争议的事实。

(二)其认为适当的其他文件和证据材料,可以声明该部分文件和证据材料仅供调解员查阅。

(三)身份证明文件。

第六条 当事人申请调解时,应当按照本会确定的标准缴纳案件注册费用。

第七条 本会收到当事人的申请后,立即向各方当事人发送调解通知及本调解规则、调解员名册。

第八条 对方当事人收到调解通知后,需要在10日内向本会提交:

(一)是否同意将争议提交本会调解的书面意见;

(二)对对方调解请求的书面意见;

(三)其认为适当的文件和证据材料,可以声明该部分文件和证据材料仅供调解员查阅;

(四)身份证明文件。

第九条 当事人特别声明仅供调解员查阅的材料,需要提交一式一份。调解员人数超过一人的,增加相应份数。

当事人未明确声明仅供调解员查阅的材料,需要提交一式二份。当事人人数超过二人或者调解员人数超过一人,增加相应份数。

第十条 各方当事人在调解程序开始前已经达成将相关争议提交本会调解解决的协议,则对方当事人在本调解规则第八条规定的期限内不提交书面意见不影响调解程序的继续进行。

各方当事人在调解程序开始前未达成将相关争议提交本会调解解决的协议,则对方当事人在本调解规则第八条规定的期限内没有明确表示接受调解的,视为拒绝调解。对方当事人在期限届满后表示同意调解的,由本会决定是否继续调解程序。

第十一条 除非当事人另有约定,调解由一名调解员进行。

第十二条 本会设有推荐性调解员名册,供当事人选择调解员。当事人也可以在调解员名册外选择调解员。

在调解员名册外选择调解员的,当事人应当提交该调解员必要的联系方式。

各方当事人自收到调解通知之日起10日内不能共同选定一名调解员或者不能共同委托本会主任指定调解员的,视为不同意调解。当事人另有约定除外。

第十三条 各方当事人应当自收到本会发送的收费通知之日起5日内按照本会的调解收费标准各向本会预交同等比例的调解费用。当事人对于预交的比例另有约定的,从其约定。

当事人不预交调解费用，视为不同意调解。

第十四条 调解员接受选定或者指定的，知悉与案件当事人或者代理人存在可能导致当事人对其独立性、公正性产生怀疑的情形，应当书面披露。

第十五条 任何一方当事人申请更换调解员的，该调解员应当退出案件的调解。各方当事人应当在收到重新选定调解员的通知后10日内另行选定调解员。不能共同选定亦不能共同委托本会主任指定的，调解程序终结。

第十六条 当事人可以委托代理人参加调解，但应当向本会提交载明具体权限的授权委托书。

第十七条 除非当事人另有约定，调解不公开进行。调解过程不记笔录。

调解员、当事人及其代理人、证人、专家、本会工作人员以及其他参与调解过程的人员对于调解的一切事项负有保密义务。

调解员可以将一方当事人在另一方当事人不在场的情况下陈述的有关情况告知另一方当事人，以便另一方当事人作出相应说明。但作出陈述的一方当事人明确反对或者要求调解员予以保密的除外。

第十八条 调解员应当公平、公正对待各方当事人，协助当事人解决争议。

调解员可以在充分考虑案情、当事人意愿以及快速解决纠纷需要的情况下，采取其认为合适的方式进行调解，包括但不限于：

（一）单独或者同时会见当事人及其代理人进行调解；

（二）要求当事人补充提交材料和书面意见；

（三）要求当事人提出书面或者口头的解决争议的方案；

（四）征得当事人同意后，聘请有关专家就技术性问题提供咨询或者鉴定意见；

（五）提出解决争议的建议和意见。

第十九条 聘请有关专家参加调解工作的，当事人应当预交相关费用。

第二十条 调解在本会所在地进行。如果当事人另有约定，可以在其他地点进行。由此发生的费用，由当事人负担。

第二十一条 当事人可以约定调解期限;调解员经商得当事人同意后,也可以确定必要的调解期限。

当事人未约定且调解员亦未确定调解期限的,则调解员应当自接受选定或者指定后的 30 日内完成调解,当事人同意延期的除外。

第二十二条 经过调解,当事人达成一致意见的,签订和解协议。和解协议对各方当事人有约束力。

当事人可以向本会申请仲裁,请求仲裁庭依据和解协议的内容制作调解书或者裁决书。未达成仲裁协议的除外。

第二十三条 出现下列情形之一,调解程序终止:

(一)当事人达成和解协议;

(二)调解员认为调解已无成功的可能并书面声明终止调解程序;

(三)当事人一方或者双方声明终止调解程序;

(四)调解期限届满,但当事人同意延期的除外。

第二十四条 任何一方当事人均不得在之后的仲裁程序、司法程序或者其他任何程序中援引对方当事人或者调解员在调解过程中的任何陈述、意见、观点或建议,以及书面材料作为其请求、答辩或者反请求的依据。

当事人亦不能要求调解员在上述程序中作为证人。

第二十五条 除非当事人另有约定,调解员不得在之后就相同或者相关争议进行的仲裁程序、司法程序或者其他任何程序中作为仲裁员、法官,或者一方当事人的代理人。

第二十六条 调解费用以及经各方当事人同意收取的其他费用包括但不限于本调解规则第十九条、第二十条涉及的费用,由各方当事人平均分担。当事人另有约定的除外。

调解费用原则上按照本会制定的调解收费办法执行。当事人和调解员就调解员的报酬另有约定的,则该部分调解费用从其约定。

第二十七条 本调解规则由本会解释。

(三)仲裁

仲裁又称为公断,就是当发生合同纠纷而协商不成时,仲裁机构根据当事人的申请,对其相互之间的合同争议,按照仲裁法律规范的要求进行仲裁并作出裁决,从而解决合同纠纷的法律制度。

劳动争议仲裁作为处理劳动争议最基本的法律制度,在市场经济国家已普遍建立。在我国的劳动争议处理体制中,劳动争议仲裁作为诉讼前的法定必经程序,是处理劳动争议的一种主要方式,在实践中发挥着重要的作用。

1. 仲裁的原则

(1)自愿原则。解决合同争议是否选择仲裁方式以及选择仲裁机构本身并无强制力。当事人采用仲裁方式解决纠纷,应当贯彻双方自愿原则,达成仲裁协议。如有一方不同意进行仲裁的,仲裁机构即无权受理合同纠纷。

(2)公平合理原则。仲裁员应依法公平合理的进行裁决。

(3)仲裁依法独立进行原则。仲裁机构是独立的组织,相互间也无隶属关系。仲裁依法独立进行,不受行政机关、社会团体和个人的干涉。

(4)一裁终局原则。裁决作出后,当事人就同一纠纷再申请仲裁或者向人民法院起诉的,仲裁委员会或者人民法院不予受理(依据《仲裁法》规定撤销裁决的除外)。

2. 仲裁委员会

仲裁委员会是我国的仲裁机构。仲裁委员会可以在直辖市和省、自治区人民政府所在地的市设立,也可以根据需要在其他设区的市设立,不按行政区划层设立。仲裁委员会由主任1人、副主任2～4人和委员7～11人组成。仲裁委员会应当从公道正派的人员中聘任仲裁员。

仲裁委员会应当具备下列条件:

(1)有自己的名称、住所和章程;

(2)有必要的财产;

(3)有该委员会的组成人员;

(4)有聘任的仲裁员。

仲裁委员会独立于行政机关,与行政机关没有隶属关系,仲裁委员会之间也无隶属关系。

3. 仲裁协议

仲裁协议是纠纷当事人愿意将纠纷提交仲裁机构仲裁的协议。

仲裁协议包括合同中订立的仲裁条款和以其他书面方式在纠纷发生前或者纠纷发生后达成的请求仲裁的协议。

仲裁协议应具有下列内容：请求仲裁的意思表示；仲裁事项；选定仲裁委员会。

仲裁协议是合同的组成部分，是合同的内容之一。有下列情形之一的，仲裁协议无效：

(1)约定的事项超出法律规定的仲裁范围的；

(2)无民事行为能力人或者限制民事行为能力人订立的仲裁协议；

(3)一方采取胁迫手段，迫使对方订立仲裁协议的。

仲裁协议是仲裁机构对纠纷进行仲裁的先决条件，合同双方当事人均受仲裁协议的约束，仲裁协议排除了法院对纠纷的管辖权，仲裁机构应按照仲裁协议进行仲裁。

4. 仲裁程序

(1)仲裁申请和受理。当事人申请仲裁，应当向仲裁委员会递交仲裁协议或合同副本、仲裁申请书及副本。仲裁申请书应依据规范载明有关事项。当事人、法定代理人可以委托律师和其他代理人进行仲裁活动。

委托律师和其他代理人进行仲裁活动的，应当向仲裁委员会提交授权委托书。仲裁机构收到当事人的申请书，首先要进行审查，经审查符合申请条件的，应当在7天内立案，对不符合规定的，也应当在7天内书面通知申请人不予受理，并说明理由。申请人可以放弃或者变更仲裁请求。

被申请人可以承认或者反驳仲裁请求，有权提出反请求。

(2)仲裁庭的组成。当事人如果约定由3名仲裁员组成仲裁庭的，应当各自选定或者各自委托仲裁委员会主任指定一名仲裁员，第三名仲裁员由当事人共同选定或者共同委托仲裁委员会主任指定。第三名仲裁员是首席仲裁员。当事人也可约定由一名仲裁员组成仲裁庭。法律规定，当事人有权依据法律规定请求仲裁员回避。提出请求者应当说明理由，并在首次开庭前提出。回避事由在首次开庭后知道的，可以在最后一次开庭终结前提出。

(3)开庭和裁决。仲裁应当开庭进行。当事人协议不开庭的，仲裁庭可以根据仲裁申请书、答辩书以及其他材料作出裁决,仲裁不公开进行。当事人协议公开的,可以公开进行,但涉及国家秘密的除外。申请人经书面通知,无正当理由不到庭或者未经仲裁庭许可中途退庭的,可以视为撤回仲裁申请。

被申请人经书面通知,无正当理由不到庭或者未经仲裁庭许可中途退庭的,可以缺席裁决。

裁决应当按照多数仲裁员的意见作出,少数仲裁员的不同意见可以记入笔录。仲裁庭不能形成多数意见时,裁决应当按照首席仲裁员的意见作出。仲裁的最终结果以仲裁决定书给出。

(4)执行。仲裁委员会的裁决作出后,当事人应当履行。当一方当事人不履行仲裁裁决时,另一方当事人可以依照民事诉讼法的有关规定向人民法院申请执行,受申请人民法院应当执行。

被申请人提出证据证明仲裁裁决有下列情形之一的,经人民法院组成合议庭审查核实,裁定不予执行:

1)没有仲裁协议的;
2)裁决的事项不属于仲裁协议的范围或者仲裁委员会无权仲裁的;
3)仲裁庭的组成或者仲裁的程序违反法定程序的;
4)裁决所根据的证据是伪造的;
5)对方当事人隐瞒了足以影响公正裁决的证据的;
6)仲裁员在仲裁该案时有索贿受贿,徇私舞弊,枉法裁决行为的。

(四)诉讼

诉讼是指合同当事人依法请求人民法院行使审判权,审理双方之间发生的合同争议,作出有国家强制保证实现其合法权益、从而解决纠纷的审判活动。合同双方当事人如果未约定仲裁协议,则只能以诉讼作为解决争议的最终方式。

1. 诉讼管辖

(1)级别管辖

这是不同级别的人民法院受理第一审合同纠纷案件的权限分工。在全国有重大影响由最高人民法院受理;在本辖区内有重大影响由各省、自治区、直辖市高级人民法院受理;各省辖市、地区、自治州中级人民法院则受理在本辖区内有重大影响以及重大涉外的合同纠纷;除此之外的第一审合同纠纷案件,都由基层人民法院管辖。

(2)地域管辖

这是指同级人民法院在受理第一审合同纠纷案件时的权限分工。因合同纠纷提起的诉讼,由被告住所地或者合同履行地人民法院管辖。合同的双方当事人可以在书面合同中协议选择被告住所地、合同履行地、合同签订地、原告住所地、标的物所在地人民法院管辖。

2. 起诉条件

根据我国《民事诉讼法》规定,因为合同纠纷,向人民法院起诉的,必须符合以下条件:

(1)原告是与本案有直接利害关系的企事业单位、机关、团体或个体工商户、农村承包经营户;

(2)有明确的被告、具体的诉讼请求和事实依据;

(3)属于人民法院管辖范围和受诉人民法院管辖。

人民法院接到原告起诉状后,要审查是否符合起诉条件。符合起诉条件的,应于7天内立案,并通知原告;不符合起诉条件的,应于7天内通知原告不予受理,并说明理由。

3. 审判程序

(1)起诉与受理。符合起诉条件的起诉人首先应向人民法院递交起诉状,并按被告法人数目呈交副本。起诉状上应加盖本单位公章。案件受理时,应在受案后5天内将起诉状副本发送被告。被告应在收到副本后15天内提出答辩状。被告不提出答辩状时,并不影响法院的审理。

(2)诉讼保全。在诉讼过程中,人民法院对于可能因当事人一方的行为或者其他原因,使将来的判决难以执行或不能执行的案件,可以根据对方当事人的申请,或者依照职权作出诉讼保全的裁定。

(3)调查研究搜集证据。

立案受理后,审理该案人员必须认真审阅诉讼材料,进行调查研究和收集证据。证据主要有:书证;物证;视听资料;证人证言;当事人的陈述;鉴定结论;勘验笔录。

当事人对自己提出的主张,有责任提供证据。当事人及其诉讼代理人因客观原因不能自行收集的证据,或者人民法院认为审理案件需要的证据,人民法院应当调查收集。人民法院应当按照法定程序,全面地、客观地审查核实证据。

证据应当在法庭上出示,并由当事人互相质证。对涉及国家秘密、商业秘密和个人隐私的证据应当保密,需要在法庭出示的,不得在公开开庭时出示。经过法定程序公证证明的法律行为、法律事实和文书,人民法院应当作为认定事实的根据。但有相反证据足以推翻公证证明的除外。

书证应当提交原件。物证应当提交原物。提交原件或者原物确有困难的,可以提交复制品、照片、副本、节录本。提交外文书证,必须附有中文译本。

人民法院对视听资料,应当辨别真伪,并结合本案的其他证据,审查确定能否作为认定事实的根据。

(4)调解与审判。法院审理经济案件时,首先依法进行调解。如达成协议,则法院制定有法定内容的调解书。

调解未达成协议或调解书送达前有一方反悔时,人民法院应当及时判决。

在开庭审理前3天,法院应通知当事人和其他诉讼参与人,通过法庭上的调查和辩论,进一步审查证据、核对事实,以便根据事实与法律,作出公正合理的判决。

当事人不服地方人民法院第一审判决的,有权在判决书送达之日起15天内向上一级人民法院提起上诉。对第一审裁决不服的则应在10天内提起上诉。

第二审人民法院应当对上诉请求的有关事实和适用法律进行审查。经过审理,应根据不同情形,分别作出维持原判决、依法改判、发回原审人民法院重审的判决、裁定。

第二审判决是终审判决,当事人必须履行;否则法院将依法强制执行。

(5)执行。对于人民法院已经发生法律效力的调解书、判决书、裁定书,当事人应自动执行。不自动执行的,对方当事人可向原审法院申请执行。法院有权采取措施强制执行。

第九章 农民工权益保护

第一节 农民工的就业服务及享有权益

一、农民工的就业服务

据国家人力资源和社会保障部有关资料显示,截止至"十一五"期末,全国有1.5亿外出务工农民,其中新生代农民工有近1亿,是当今社会最大的流动群体。新生代农民工需要更为安全、稳定、有效的流动渠道,更为优质、专业的就业服务,更为快捷、有效的信息传递,更为公平、公正的就业环境。

在就业方面,主要矛盾是政府提供的公共就业服务资源与新生代农民工自身状况以及现实需求存在差距,导致新生代农民工实现就业过程中付出的成本过高。

《国务院关于转移农村劳动力保障农民工权益工作情况的报告》显示,国家相关部门正在落实积极的就业政策,拓宽农民工就业渠道。主要做法有:

——在编制国民经济和社会发展"十二五"规划时,始终把扩大就业摆在经济社会发展的突出位置,积极发展就业容量大的劳动密集型产业、服务业和各类所有制的中小型企业。

——在制定产业政策时,坚持把引导包括农民工在内的各类人员就业作为促进相关产业发展的重要目标,加大对现代农业和服务业的投入支持力度。

——壮大县域经济,加快小城镇建设,积极组织农民工参与农村公共设施和农田水利建设。

——实施"五缓四减三补贴"就业扶持政策。(即允许困难企业缓缴5项社会保险费,阶段性降低四项社会保险费率,使用结余的失业保障基金对不裁员的困难企业给予社保补贴和岗位补贴,使用就业专项资金支持困难企业开展在岗培训)。

二、农民工享有的权益

《中华人民共和国宪法》规定了劳动者的基本权利和义务。《劳动法》对劳动者的权利作出了具体而明确的规定,农民工作为劳动者的一部分,享有法律规定的一切权益。

劳动者享有平等就业和选择职业的权利、取得劳动报酬的权利、休息休假的权利、获得劳动安全卫生保护的权利、接受职业技能培训的权利、享受社会保险和福利的权利、提请劳动争议处理的权利以及法律规定的其他劳动权利。

1. 享有平等就业和选择职业的权利

平等就业和选择职业是公民劳动权的首要条件和基本要求。劳动是人类赖以生存和发展的基础,是人类社会生活的第一需要,是劳动者的一项基本权利。劳动者只有通过劳动就业,获得一定的工作,才能实现劳动的权利;而劳动者选择职业的权利,是平等就业权利的体现,即劳动者在就业时,不会因民族、种族、性别、宗教信仰不同而受到用人单位的歧视;选择职业时,有权选择适合自己的才能、爱好、兴趣的职业。

2. 取得劳动报酬的权利

用人单位应当按月以货币形式支付给劳动者本人工资,不得无故拖欠或克扣工资。劳动者在法定节假日、婚丧假期间及社会活动期间也应当有权利取得工资。劳动报酬包括工资和其他合法劳动收入,是劳动者用自己的劳动换来的应有的物质利益。劳动者作为劳动主体有权从事劳动,为社会创造财富,并有权享受劳动的成果。劳动报酬不但对劳动者具有生活保障的意义,还是社会对劳动者劳动的承认和评价。

3. 休息休假的权利

休息休假是指劳动者在法律规定的时间里不必从事生产和工作,自由支配自己时间的活动,即有权在规定的工作时间以上自行支配时间。用人单位应保证劳动者每周至少休息1天,每日工作不应超过8

小时,平均每周工作不应超过 40 小时。如果用人单位由于生产需要而延长工作时间,应与劳动者协商,每天最长不超过 3 小时。用人单位还得保证劳动者的法定节假日、职工探亲假、年休假等。

劳动需要休息,休息是为了更好地劳动,是继续劳动必不可少的条件。劳动者只有真正享有休息权,才能恢复劳动中消耗的体力和智力,更加精神饱满地投入新的劳动。休假是劳动者享受休息权的一种表现形式。

4. 获得劳动安全卫生保护的权利

劳动安全卫生是指劳动者在劳动生产过程中,生命安全和身心健康所得到的有效保护。劳动者的安全和健康受法律的保护。劳动者在安全卫生的情况下进行劳动是基本权利。劳动者如果在生命、健康没有保障的情况下工作,对于劳动者来讲,劳动权就是毫无意义的。

用人单位必须建立、健全劳动安全卫生制度,严格执行国家劳动安全卫生规程和标准,对劳动者进行劳动安全卫生教育,防止劳动过程中的事故,减少职业危害。用人单位还必须为劳动者提供符合国家规定的劳动安全卫生条件和必要的劳动防护用品,对从事有职业危害作业的劳动者应当定期进行健康检查。

劳动者对用人单位管理人员违章指挥、强令冒险作业,有权拒绝执行;对危害生命安全和身体健康的行为,有权提出批评、检举和控告。

5. 接受职业技能培训的权利

在从事一份工作时,劳动者应具有相应的技术业务知识和实际操作技能,这些都需通过职业技能培训获得。职业技能培训权利是劳动者从事劳动工作和社会生产活动本身的客观需求,特别是在现代化大生产的条件下,劳动者不仅要掌握熟练的生产技能,而且要懂得有关的业务知识。用人单位应当建立职业培训制度,按照国家规定提取和使用职业培训经费,根据本单位实际,有计划地对劳动者进行职业培训。

6. 提请劳动争议处理的权利

提请劳动争议处理是劳动者维护自己合法劳动权益的有效途径和保障措施。发生劳动争议就意味着劳动者的权利有可能被侵犯。在发生劳动争议时,劳动者有权提请劳动争议委员会、劳动争议仲裁委员会调解和仲裁,甚至向人民法院起诉。劳动者应该了解有关法律、法规,在自己的权益受到侵犯时,敢于并善于用法律的武器保护自己的权益。

7. 享受社会保险和福利的权利

享受社会保险和福利是指劳动者在年老、患病、工伤、失业、生育和丧失劳动能力的情况下有获得物质帮助和补偿的权利,是享受劳动报酬权的延伸和补充。用人单位和劳动者必须依法参加社会保险,缴纳社会保险费。

8. 其他权利

根据我国法律、法规的规定,劳动者还有依法组织和参加工会的权利、参与民主管理的权利、依法解除劳动合同的权利等。上述这些权利,既是对劳动者身心健康、生命安全的保护,也是进一步发展生产,使企业和劳动者都获得利益的保证。

我国最低就业年龄为 16 周岁,严禁使用童工,对违反规定招用了童工的单位或个人,由劳动部门责令其将童工送回原居住地,所用费用全部由用人单位负担,并视情节给予行政处分或罚款。

第二节 农民工权益保护

一、农民工工资保障

农民工是我国改革开放和工业化、城镇化进程中涌现的一支新型劳动大军。他们户籍仍在农村,主要从事非农产业,有的在农闲季节外出务工、亦工亦农,流动性强,有的长期在城市就业,已成为产业工人的重要组成部分。大量农民进城务工或在乡镇企业就业,对我国现代化建设作出了重大贡献。

近些年来,农民工工资拖欠问题一直是全社会关注的焦点,尤其是建筑行业,属于劳动密集型行业,为农民工解决了大量岗位,同时建筑行业农民工欠薪问题也就成了焦点中的焦点。为维护建设领域农民工合法报酬权益,规范建设领域农民工工资支付行为,预防和解决建筑业企业拖欠或克扣农民工工资问题。2004年,原劳动和社会保障部与原建设部联合下发了《建设领域农民工工资支付管理暂行办法》(劳社部发[2004]22号)。

各级劳动和社会保障行政部门应会同建设行政主管部门积极探索建立解决建筑业企业拖欠或克扣农民工工资问题的长效机制,大力推进农民工工资支付监控制度及信用制度建设,在有条件的地区探索建立工资支付保障制度。要加强同各级工会组织、企业联合会、企业家协会(企业组织)的协调和沟通,指导、推动企业建立集体协商制度,充分发挥劳动关系三方协商机制在解决拖欠或克扣农民工工资问题中的作用。

1. 各级劳动和社会保障行政部门的规定

《建设领域农民工工资支付管理暂行办法》规定如下:

一、本办法适用于在中华人民共和国境内的建筑业企业(以下简称企业)和与之形成劳动关系的农民工。

本办法所指建筑业企业,是指从事土木工程、建筑工程、线路管道设备安装工程、装修工程的新建、扩建、改建活动的企业。

二、县级以上劳动和社会保障行政部门负责企业工资支付的监督管理,建设行政主管部门协助劳动和社会保障行政部门对企业执行本办法的情况进行监督检查。

三、企业必须严格按照《劳动法》、《工资支付暂行规定》和《最低工资规定》等有关规定支付农民工工资,不得拖欠或克扣。

四、企业应依法通过集体协商或其他民主协商形式制定内部工资支付办法,并告知本企业全体农民工,同时抄报当地劳动和社会保障行政部门与建设行政主管部门。

五、企业内部工资支付办法应包括以下内容:支付项目、支付标准、支付方式、支付周期和日期、加班工资计算基数、特殊情况下的工资支付以及其他工资支付内容。

六、企业应当根据劳动合同约定的农民工工资标准等内容,按照依法签订的集体合同或劳动合同约定的日期按月支付工资,并不得低于当地最低工资标准。具体支付方式可由企业结合建筑行业特点在内部工资支付办法中规定。

七、企业应将工资直接发放给农民工本人,严禁发放给"包工头"或其他不具备用工主体资格的组织和个人。

企业可委托银行发放农民工工资。

八、企业支付农民工工资应编制工资支付表,如实记录支付单位、支付时间、支付对象、支付数额等工资支付情况,并保存两年以上备查。

九、工程总承包企业应对劳务分包企业工资支付进行监督,督促其依法支付农民工工资。

十、业主或工程总承包企业未按合同约定与建设工程承包企业结清工程款,致使建设工程承包企业拖欠农民工工资的,由业主或工程总承包企业先行垫付农民工被拖欠的工资,先行垫付的工资数额以未结清的工程款为限。

十一、企业因被拖欠工程款导致拖欠农民工工资的,企业追回的被拖欠工程款,应优先用于支付拖欠的农民工工资。

十二、工程总承包企业不得将工程违反规定发包、分包给不具备用工主体资格的组织或个人,否则应承担清偿拖欠工资连带责任。

十三、企业应定期如实向当地劳动和社会保障行政部门及建设行政主管部门报送本单位工资支付情况。

十四、企业违反国家工资支付规定拖欠或克扣农民工工资的,记入信用档案,并通报有关部门。

建设行政主管部门可依法对其市场准入、招投标资格和新开工项目施工许可等进行限制,并予以相应处罚。

十五、企业应按有关规定缴纳工资保障金,存入当地政府指定的专户,用于垫付拖欠的农民工工资。

十六、农民工发现企业有下列情形之一的,有权向劳动和社会保障行政部门举报:

(一)未按照约定支付工资的;

(二)支付工资低于当地最低工资标准的;

(三)拖欠或克扣工资的;

(四)不支付加班工资的;

(五)侵害工资报酬权益的其他行为。

十七、各级劳动和社会保障行政部门依法对企业支付农民工工资情况进行监察,对违法行为进行处理。企业在接受监察时应当如实报告情况,提供必要的资料和证明。

十八、农民工与企业因工资支付发生争议的,按照国家劳动争议处理有关规定处理。

对事实清楚、不及时裁决会导致农民工生活困难的工资争议案件,以及涉及农民工工伤、患病期间工资待遇的争议案件,劳动争议仲裁委员会可部分裁决;企业不执行部分裁决的,当事人可依法向人民法院申请强制执行。

2. 国务院对农民工工资的保障规定

2006年,国务院又下发了《关于解决农民工问题的若干意见》(国发[2006]5号),对农民工工资水平偏低和拖欠问题进行管理。

(1)建立农民工工资支付保障制度。严格规范用人单位工资支付行为,确保农民工工资按时足额发放给本人,做到工资发放月清月结或按劳动合同约定执行。建立工资支付监控制度和工资保证金制度,从根本上解决拖欠、克扣农民工工资问题。劳动保障部门要重点监控农民工集中的用人单位工资发放情况。对发生过拖欠工资的用人单位,强制在开户银行按期预存工资保证金,实行专户管理。切实解决政府投资项目拖欠工程款问题。所有建设单位都要按照合同约定及时拨付工程款项,建设资金不落实的,有关部门不得发放施工许可证,不得批准开工报告。对重点监控的建筑施工企业实行工资保证金制度。加大对拖欠农民工工资用人单位的处罚力度,对恶意拖欠、情节严重的,可依法责令停业整顿、降低或取消资质,直至吊销营业执照,并对有关人员依法予以制裁。各地方、各单位都要继续加大工资清欠力度,并确保不发生新的拖欠。

(2)合理确定和提高农民工工资水平。规范农民工工资管理,切实改变农民工工资偏低、同工不同酬的状况。各地要严格执行最低工资制度,合理确定并适时调整最低工资标准,制定和推行小时最低工资标准。制定相关岗位劳动定额的行业参考标准。用人单位不得以实行计件工资为由拒绝执行最低工资制度,不得利用提高劳动定额变相降低工资水平。严格执行国家关于职工休息休假的规定,延长工时和休息日、法定假日工作的,要依法支付加班工资。农民工和其他职工要实行同工同酬。国务院有关部门要加强对地方制定、调整和执行最低工资标准的指导监督。各地要科学确定工资指导线,建立企业工资集体协商制度,促进农民工工资合理增长。

二、农民工社会保险

社会保险即社会保障,是指国家通过立法强制建立社会保险基金,对参加劳动关系的劳动者在丧失劳动能力或失业时给予必要的特别帮助的制度如失业、疾病、事故、衰老、死亡等,或是保障基本得生存资源如教育、医疗等。社会保险不以盈利为目的。社会保险主要是通过筹集社会保险基金,并在一定范围内对社会保险基金实行统筹调剂至劳动者遭遇劳动风险对其给予必要的帮助,社会保险对劳动者提供的是基本生活保障,只要劳动者符合享受社会保险的条件,即或者与用人单位建立了劳动关系,或者已按规定缴纳各项社会保险费,即可享受社会保险待遇。社会保险是社会保障制度中的核心内容。

长期以来,我国一直由各地方政府自行制定社会保险政策,造成各地政策不一,社会保险关系无法接续。《中华人民共和国社会保险法》是继《中华人民共和国劳动合同法》、《中华人民共和国就业促进法》、《劳动争议调解仲裁法》之后,在保障和改善民生领域又一部支架性法律,是新中国成立以来第一部社会保险制度的综合性法律,是党和政府履行"让人人享有社会保障"承诺的法律保证。

《中华人民共和国社会保险法》从法律上明确国家建立基本养老、基本医疗和工伤、失业、生育等社会保险制度,并对确立基本养老保险关系转移接续制度,提高基本养老保险基金统筹层次,建立新型农村社会养老保险制度、城镇居民养老保险制度和新型农村合作医疗制度等作出原则规定。

《中华人民共和国社会保险法》的实施,对于加快建立覆盖城乡居民的社会保障体系,具有重大意义。

(一)社会保险的覆盖范围

依据《中华人民共和国社会保险法》条文规定,社会保险的覆盖范围如下:

第二条 国家建立基本养老保险、基本医疗保险、工伤保险、失业保险、生育保险等社会保险制度,保障公民在年老、疾病、工伤、失业、生育等情况下依法从国家和社会获得物质帮助的权利。

第四条 中华人民共和国境内的用人单位和个人依法缴纳社会保险费,有权查询缴费记录、个人权益记录,要求社会保险经办机构提供社会保险咨询等相关服务。

个人依法享受社会保险待遇,有权监督本单位为其缴费情况。

第十条 职工应当参加基本养老保险,由用人单位和职工共同缴纳基本养老保险费。

无雇工的个体工商户、未在用人单位参加基本养老保险的非全日制从业人员以及其他灵活就业人员可以参加基本养老保险,由个人缴纳基本养老保险费。

公务员和参照公务员法管理的工作人员养老保险的办法由国务院规定。

第二十三条 职工应当参加职工基本医疗保险,由用人单位和职工按照国家规定共同缴纳基本医疗保险费。

无雇工的个体工商户、未在用人单位参加职工基本医疗保险的非全日制从业人员以及其他灵活就业人员可以参加职工基本医疗保险,由个人按照国家规定缴纳基本医疗保险费。

第三十三条 职工应当参加工伤保险,由用人单位缴纳工伤保险费,职工不缴纳工伤保险费。

第四十四条 职工应当参加失业保险,由用人单位和职工按照国家规定共同缴纳失业保险费。

第五十三条 职工应当参加生育保险,由用人单位按照国家规定缴纳生育保险费,职工不缴纳生育保险费。

第九十五条 进城务工的农村居民依照本法规定参加社会保险。

(二)社会保险的待遇和享受条件

1. 基本养老保险待遇

依据《中华人民共和国社会保险法》条文规定,基本养老保险待遇规定如下:

第十五条 基本养老金由统筹养老金和个人账户养老金组成。

基本养老金根据个人累计缴费年限、缴费工资、当地职工平均工资、个人账户金额、城镇人口平均预期寿命等因素确定。

第十六条 参加基本养老保险的个人,达到法定退休年龄时累计缴费满十五年的,按月领取基本养老金。

参加基本养老保险的个人,达到法定退休年龄时累计缴费不足十五年的,可以缴费至满十五年,按月领取基本养老金;也可以转入新型农村社会养老保险或者城镇居民社会养老保险,按照国务院规定享受相应的养老保险待遇。

第十七条 参加基本养老保险的个人,因病或者非因工死亡的,其遗属可以领取丧葬补助金和抚恤金;在未达到法定退休年龄时因病或者非因工致残或完全丧失劳动能力的,可以领取病残津贴。所需资金从基本养老保险基金中支付。

第二十一条 新型农村社会养老保险待遇由基础养老金和个人账户养老金组成。

参加新型农村社会养老保险的农村居民,符合国家规定条件的,按月领取新型农村社会养老保险待遇。

2. 基本医疗保险待遇

依据《中华人民共和国社会保险法》条文规定,基本医疗保险待遇规定如下:

第二十六条 职工基本医疗保险、新型农村合作医疗和城镇居民基本医疗保险的待遇标准按照国家规定执行。

第二十七条 参加职工基本医疗保险的个人,达到法定退休年龄时累计缴费达到国家规定年限的,退休后不再缴纳基本医疗保险费,按照国家规定享受基本医疗保险待遇;未达到国家规定年限的,可以缴费至国家规定年限。

第二十八条 符合基本医疗保险药品目录、诊疗项目、医疗服务设施标准以及急诊、抢救的医疗费用,按照国家规定从基本医疗保险基金中支付。

第三十条 下列医疗费用不纳入基本医疗保险基金支付范围:

(一)应当从工伤保险基金中支付的;

(二)应当由第三人负担的;

(三)应当由公共卫生负担的;

(四)在境外就医的。

医疗费用依法应当由第三人负担,第三人不支付或者无法确定第三人的,由基本医疗保险基金先行支付。基本医疗保险基金先行支付后,有权向第三人追偿。

第三十二条 个人跨统筹地区就业的,其基本医疗保险关系随本人转移,缴费年限累计计算。

3. 工伤保险待遇

依据《中华人民共和国社会保险法》条文规定,工伤保险待遇规定如下:

第三十六条 职工因工作原因受到事故伤害或者患职业病,且经工伤认定的,享受工伤保险待遇;其中,经劳动能力鉴定丧失劳动能力的,享受伤残待遇。

工伤认定和劳动能力鉴定应当简捷、方便。

第三十八条 因工伤发生的下列费用,按照国家规定从工伤保险基金中支付:

(一)治疗工伤的医疗费用和康复费用;

(二)住院伙食补助费;

(三)到统筹地区以外就医的交通食宿费;

(四)安装配置伤残辅助器具所需费用;

(五)生活不能自理的,经劳动能力鉴定委员会确认的生活护理费;

(六)一次性伤残补助金和一至四级伤残职工按月领取的伤残津贴;

(七)终止或者解除劳动合同时,应当享受的一次性医疗补助金;

(八)因工死亡的,其遗属领取的丧葬补助金、供养亲属抚恤金和因工死亡补助金;

(九)劳动能力鉴定费。

第三十九条 因工伤发生的下列费用,按照国家规定由用人单位支付:

(一)治疗工伤期间的工资福利;

（二）五级、六级伤残职工按月领取的伤残津贴；

（三）终止或者解除劳动合同时，应当享受的一次性伤残就业补助金。

第四十条 工伤职工符合领取基本养老金条件的，停发伤残津贴，享受基本养老保险待遇。基本养老保险待遇低于伤残津贴的，从工伤保险基金中补足差额。

第四十二条 由于第三人的原因造成工伤，第三人不支付工伤医疗费用或者无法确定第三人的，由工伤保险基金先行支付。工伤保险基金先行支付后，有权向第三人追偿。

第四十三条 工伤职工有下列情形之一的，停止享受工伤保险待遇：

（一）丧失享受待遇条件的；

（二）拒不接受劳动能力鉴定的；

（三）拒绝治疗的。

4. 失业保险待遇

依据《中华人民共和国社会保险法》条文规定，失业保险待遇规定如下：

第四十五条 失业人员符合下列条件的，从失业保险基金中领取失业保险金：

（一）失业前用人单位和本人已经缴纳失业保险费满一年的；

（二）非因本人意愿中断就业的；

（三）已经进行失业登记，并有求职要求的。

第四十六条 失业人员失业前用人单位和本人累计缴费满一年不足五年的，领取失业保险金的期限最长为十二个月；累计缴费满五年不足十年的，领取失业保险金的期限最长为十八个月；累计缴费十年以上的，领取失业保险金的期限最长为二十四个月。重新就业后，再次失业的，缴费时间重新计算，领取失业保险金的期限与前次失业应当领取而尚未领取的失业保险金的期限合并计算，最长不超过二十四个月。

第四十八条 失业人员在领取失业保险金期间，参加职工基本医疗保险，享受基本医疗保险待遇。

失业人员应当缴纳的基本医疗保险费从失业保险基金中支付，个人不缴纳基本医疗保险费。

第四十九条 失业人员在领取失业保险金期间死亡的,参照当地对在职职工死亡的规定,向其遗属发给一次性丧葬补助金和抚恤金。所需资金从失业保险基金中支付。

个人死亡同时符合领取基本养老保险丧葬补助金、工伤保险丧葬补助金和失业保险丧葬补助金条件的,其遗属只能选择领取其中的一项。

第五十一条 失业人员在领取失业保险金期间有下列情形之一的,停止领取失业保险金,并同时停止享受其他失业保险待遇:

(一)重新就业的;

(二)应征服兵役的;

(三)移居境外的;

(四)享受基本养老保险待遇的;

(五)无正当理由,拒不接受当地人民政府指定部门或者机构介绍的适当工作或者提供的培训的。

第五十二条 职工跨统筹地区就业的,其失业保险关系随本人转移,缴费年限累计计算。

5. 生育保险待遇

依据《中华人民共和国社会保险法》条文规定,生育保险待遇规定如下:

第五十四条 用人单位已经缴纳生育保险费的,其职工享受生育保险待遇;职工未就业配偶按照国家规定享受生育医疗费用待遇。所需资金从生育保险基金中支付。

生育保险待遇包括生育医疗费用和生育津贴。

第五十五条 生育医疗费用包括下列各项:

(一)生育的医疗费用;

(二)计划生育的医疗费用;

(三)法律、法规规定的其他项目费用。

第五十六条 职工有下列情形之一的,可以按照国家规定享受生育津贴:

(一)女职工生育享受产假;

(二)享受计划生育手术休假;

(三)法律、法规规定的其他情形。

生育津贴按照职工所在用人单位上年度职工月平均工资计发。

三、农民工工伤认定

随着工业化推进和城镇化提速,农民工正逐步成为产业工人的主体,也是城市劳动力的重要构成。特别是建筑行业的农民工,大多承担苦、累、脏、险的工作,极易发生工伤事故。工伤事故发生后如何进行鉴定,如何保障农民工的切身利益,已成为仅次于工资纠纷的第二大突出矛盾。为此,2011年1月,对《工伤保险条例》进行了修改,修改后的《工伤保险条例》对这一问题有了明确规定。

(一)工伤保险的覆盖范围

《工伤保险条例》第二条规定:"中华人民共和国境内的企业、事业单位、社会团体、民办非企业单位、基金会、律师事务所、会计师事务所等组织和有雇工的个体工商户(以下称用人单位)应当依照本条例规定参加工伤保险,为本单位全部职工或者雇工(以下称职工)缴纳工伤保险费。

中华人民共和国境内的企业、事业单位、社会团体、民办非企业单位、基金会、律师事务所、会计师事务所等组织的职工和个体工商户的雇工,均有依照本条例的规定享受工伤保险待遇的权利。"

(二)工伤认定情形

《工伤保险条例》第十四条、第十五条、第十六条对工伤认定有明确规定。

《工伤保险条例》第十四条规定职工有下列情形之一的,应当认定为工伤:

(1)在工作时间和工作场所内,因工作原因受到事故伤害的;

(2)工作时间前后在工作场所内,从事与工作有关的预备性或者收尾性工作受到事故伤害的;

(3)在工作时间和工作场所内,因履行工作职责受到暴力等意外伤害的;

(4)患职业病的;

(5)因工外出期间,由于工作原因受到伤害或者发生事故下落不明的;

(6)在上下班途中,受到非本人主要责任的交通事故或者城市轨道交通、客运轮渡、火车事故伤害的;

(7)法律、行政法规规定应当认定为工伤的其他情形。

《工伤保险条例》第十五条规定职工有下列情形之一的,视同工伤:

(1)在工作时间和工作岗位,突发疾病死亡或者在48小时之内经抢救无效死亡的;

(2)在抢险救灾等维护国家利益、公共利益活动中受到伤害的;

(3)职工原在军队服役,因战、因公负伤致残,已取得革命伤残军人证,到用人单位后旧伤复发的。

职工有前款第(1)项、第(2)项情形的,按照本条例的有关规定享受工伤保险待遇;职工有前款第(3)项情形的,按照本条例的有关规定享受除一次性伤残补助金以外的工伤保险待遇。

但《工伤保险条例》第十六条也明确规定职工符合本条例第十四条、第十五条的规定,但是有下列情形之一的,不得认定为工伤或者视同工伤:

(1)故意犯罪的;

(2)醉酒或者吸毒的;

(3)自残或者自杀的。

(三)工伤认定申请

1. 工伤认定申请时限

职工发生事故伤害或者按照职业病防治法规定被诊断、鉴定为职业病,所在单位应当自事故伤害发生之日或者被诊断、鉴定为职业病之日起30日内,向统筹地区社会保险行政部门提出工伤认定申请。遇有特殊情况,经报社会保险行政部门同意,申请时限可以适当延长。

用人单位未按前款规定提出工伤认定申请的,工伤职工或者其近亲属、工会组织在事故伤害发生之日或者被诊断、鉴定为职业病之日起1年内,可以直接向用人单位所在地统筹地区社会保险行政部门提出工伤认定申请。

2. 提出工伤认定申请应提交的材料

依据《工伤保险条例》第十八条规定,提出工伤认定申请应当提交下列材料:

(1)工伤认定申请表;

(2)与用人单位存在劳动关系(包括事实劳动关系)的证明材料;

(3)医疗诊断证明或者职业病诊断证明书(或者职业病诊断鉴定书)。

工伤认定申请表应当包括事故发生的时间、地点、原因以及职工伤害程度等基本情况。

工伤认定申请人提供材料不完整的,社会保险行政部门应当一次性书面告知工伤认定申请人需要补正的全部材料。申请人按照书面告知要求补正材料后,社会保险行政部门应当受理。

3. 工伤认定受理

社会保险行政部门受理工伤认定申请后,根据审核需要可以对事故伤害进行调查核实,用人单位、职工、工会组织、医疗机构以及有关部门应当予以协助。职业病诊断和诊断争议的鉴定,依照职业病防治法的有关规定执行。对依法取得职业病诊断证明书或者职业病诊断鉴定书的,社会保险行政部门不再进行调查核实。职工或者其近亲属认为是工伤,用人单位不认为是工伤的,由用人单位承担举证责任。

社会保险行政部门应当自受理工伤认定申请之日起60日内作出工伤认定的决定,并书面通知申请工伤认定的职工或者其近亲属和该职工所在单位。

社会保险行政部门对受理的事实清楚、权利义务明确的工伤认定申请,应当在15日内作出工伤认定的决定。

作出工伤认定决定需要以司法机关或者有关行政主管部门的结论为依据的,在司法机关或者有关行政主管部门尚未作出结论期间,作出工伤认定决定的时限中止。

社会保险行政部门工作人员与工伤认定申请人有利害关系的,应当回避。

(四)工伤保险待遇

《工伤保险条例》对工伤保险待遇规定如下:

第三十条 职工因工作遭受事故伤害或者患职业病进行治疗,享受工伤医疗待遇。

职工治疗工伤应当在签订服务协议的医疗机构就医,情况紧急时可以先到就近的医疗机构急救。

治疗工伤所需费用符合工伤保险诊疗项目目录、工伤保险药品目录、工伤保险住院服务标准的,从工伤保险基金支付。工伤保险诊疗项目目录、工伤保险药品目录、工伤保险住院服务标准,由国务院社会保险行政部门会同国务院卫生行政部门、食品药品监督管理部门等部门规定。

职工住院治疗工伤的伙食补助费,以及经医疗机构出具的证明,报经办机构同意,工伤职工到统筹地区以外就医所需的交通、食宿费用从工伤保险基金支付,基金支付的具体标准由统筹地区人民政府规定。

工伤职工治疗非工伤引发的疾病,不享受工伤医疗待遇,按照基本医疗保险办法处理。

工伤职工到签订服务协议的医疗机构进行工伤康复的费用,符合规定的,从工伤保险基金支付。

第三十一条 社会保险行政部门作出认定为工伤的决定后发生行政复议、行政诉讼的,行政复议和行政诉讼期间不停止支付工伤职工治疗工伤的医疗费用。

第三十二条 工伤职工因日常生活或者就业需要,经劳动能力鉴定委员会确认,可以安装假肢、矫形器、假眼、假牙和配置轮椅等辅助器具,所需费用按照国家规定的标准从工伤保险基金支付。

第三十三条 职工因工作遭受事故伤害或者患职业病需要暂停工作接受工伤医疗的,在停工留薪期内,原工资福利待遇不变,由所在单位按月支付。

停工留薪期一般不超过 12 个月。伤情严重或者情况特殊,经设区的市级劳动能力鉴定委员会确认,可以适当延长,但延长不得超过 12 个月。工伤职工评定伤残等级后,停发原待遇,按照本章的有关规定享受伤残待遇。工伤职工在停工留薪期满后仍需治疗的,继续享受工伤医疗待遇。

生活不能自理的工伤职工在停工留薪期需要护理的,由所在单位负责。

第三十四条 工伤职工已经评定伤残等级并经劳动能力鉴定委员会确认需要生活护理的,从工伤保险基金按月支付生活护理费。

生活护理费按照生活完全不能自理、生活大部分不能自理或者生活部分不能自理3个不同等级支付,其标准分别为统筹地区上年度职工月平均工资的50%、40%或者30%。

第三十五条 职工因工致残被鉴定为一级至四级伤残的,保留劳动关系,退出工作岗位,享受以下待遇:

(一)从工伤保险基金按伤残等级支付一次性伤残补助金,标准为:一级伤残为27个月的本人工资,二级伤残为25个月的本人工资,三级伤残为23个月的本人工资,四级伤残为21个月的本人工资;

(二)从工伤保险基金按月支付伤残津贴,标准为:一级伤残为本人工资的90%,二级伤残为本人工资的85%,三级伤残为本人工资的80%,四级伤残为本人工资的75%。伤残津贴实际金额低于当地最低工资标准的,由工伤保险基金补足差额;

(三)工伤职工达到退休年龄并办理退休手续后,停发伤残津贴,按照国家有关规定享受基本养老保险待遇。基本养老保险待遇低于伤残津贴的,由工伤保险基金补足差额。

职工因工致残被鉴定为一级至四级伤残的,由用人单位和职工个人以伤残津贴为基数,缴纳基本医疗保险费。

第三十六条 职工因工致残被鉴定为五级、六级伤残的,享受以下待遇:

(一)从工伤保险基金按伤残等级支付一次性伤残补助金,标准为:五级伤残为18个月的本人工资,六级伤残为16个月的本人工资;

(二)保留与用人单位的劳动关系,由用人单位安排适当工作。难以安排工作的,由用人单位按月发给伤残津贴,标准为:五级伤残为本人工资的70%,六级伤残为本人工资的60%,并由用人单位按照规定为其缴纳应缴纳的各项社会保险费。伤残津贴实际金额低于当地最低工资标准的,由用人单位补足差额。

经工伤职工本人提出,该职工可以与用人单位解除或者终止劳动关系,由工伤保险基金支付一次性工伤医疗补助金,由用人单位支付一次性伤残就业补助金。一次性工伤医疗补助金和一次性伤残就业补助金的具体标准由省、自治区、直辖市人民政府规定。

第三十七条 职工因工致残被鉴定为七级至十级伤残的,享受以下待遇:

(一)从工伤保险基金按伤残等级支付一次性伤残补助金,标准为:七级伤残为13个月的本人工资,八级伤残为11个月的本人工资,九级伤残为9个月的本人工资,十级伤残为7个月的本人工资;

(二)劳动、聘用合同期满终止,或者职工本人提出解除劳动、聘用合同的,由工伤保险基金支付一次性工伤医疗补助金,由用人单位支付一次性伤残就业补助金。一次性工伤医疗补助金和一次性伤残就业补助金的具体标准由省、自治区、直辖市人民政府规定。

第三十八条 工伤职工工伤复发,确认需要治疗的,享受本条例第三十条、第三十二条和第三十三条规定的工伤待遇。

第三十九条 职工因工死亡,其近亲属按照下列规定从工伤保险基金领取丧葬补助金、供养亲属抚恤金和一次性工亡补助金:

(一)丧葬补助金为6个月的统筹地区上年度职工月平均工资;

(二)供养亲属抚恤金按照职工本人工资的一定比例发给由因工死亡职工生前提供主要生活来源、无劳动能力的亲属。标准为:配偶每月40%,其他亲属每人每月30%,孤寡老人或者孤儿每人每月在上述标准的基础上增加10%。核定的各供养亲属的抚恤金之和不应高于因工死亡职工生前的工资。供养亲属的具体范围由国务院社会保险行政部门规定;

(三)一次性工亡补助金标准为上一年度全国城镇居民人均可支配收入的20倍。

伤残职工在停工留薪期内因工伤导致死亡的,其近亲属享受本条第一款规定的待遇。

一级至四级伤残职工在停工留薪期满后死亡的,其近亲属可以享受本条第一款第(一)项、第(二)项规定的待遇。

第四十条 伤残津贴、供养亲属抚恤金、生活护理费由统筹地区社会保险行政部门根据职工平均工资和生活费用变化等情况适时调整。调整办法由省、自治区、直辖市人民政府规定。

第四十一条 职工因工外出期间发生事故或者在抢险救灾中下落不明的,从事故发生当月起 3 个月内照发工资,从第 4 个月起停发工资,由工伤保险基金向其供养亲属按月支付供养亲属抚恤金。生活有困难的,可以预支一次性工亡补助金的 50%。职工被人民法院宣告死亡的,按照本条例第三十九条职工因工死亡的规定处理。

第四十二条 工伤职工有下列情形之一的,停止享受工伤保险待遇:

(一)丧失享受待遇条件的;

(二)拒不接受劳动能力鉴定的;

(三)拒绝治疗的。

第四十三条 用人单位分立、合并、转让的,承继单位应当承担原用人单位的工伤保险责任;原用人单位已经参加工伤保险的,承继单位应当到当地经办机构办理工伤保险变更登记。

用人单位实行承包经营的,工伤保险责任由职工劳动关系所在单位承担。

职工被借调期间受到工伤事故伤害的,由原用人单位承担工伤保险责任,但原用人单位与借调单位可以约定补偿办法。

企业破产的,在破产清算时依法拨付应当由单位支付的工伤保险待遇费用。

第四十四条 职工被派遣出境工作,依据前往国家或者地区的法律应当参加当地工伤保险的,参加当地工伤保险,其国内工伤保险关系中止;不能参加当地工伤保险的,其国内工伤保险关系不中止。

第四十五条 职工再次发生工伤,根据规定应当享受伤残津贴的,按照新认定的伤残等级享受伤残津贴待遇。

四、农民工的其他权益保护

《劳动合同法》第十七条规定:"劳动合同除应必备劳动合同期限、劳动报酬、社会保险条款,还当必备工作内容和工作地点、工作时间和休息休假、劳动保护、劳动条件和职业防护条款"。

(一)工作内容和工作地点

工作内容是指工作岗位和工作任务或职责,是用人单位使用劳动者的目的,也是劳动者通过自己的劳动取得劳动报酬的缘由。劳动合同中的工作内容条款应当规定得明确具体,便于遵照执行。如果劳动合同没有约定工作内容或约定的工作内容不明确,用人单位将可以自由支配劳动者,随意调整劳动者的工作岗位,难以发挥劳动者所长,也很难确定劳动者的劳动报酬,造成劳动关系的极不稳定,因此工作内容是必不可少的。

工作地点是劳动者从事劳动合同中所规定的工作内容的地点,是劳动合同的履行地,它关系到劳动者的工作环境、生活环境以及劳动者的就业选择,劳动者有权在与用人单位建立劳动关系时知悉自己的工作地点。

(二)工作时间和休息休假

工作时间是指劳动时间在企业、事业、机关、团体等单位中,必须用来完成其所担负的工作任务的时间。一般由法律规定劳动者在一定时间内(工作日、工作周)应该完成的工作任务,以保证最有效地利用工作时间,不断的提高工作效率。《劳动法》第四十一条规定:用人单位由于生产经营需要,经与工会和劳动者协商后可以延长工作时间,一般每日不得超过 1 小时;因特殊原因需要延长工作时间的,在保障劳动者身体健康的条件下延长工作时间每日不得超过 3 小时,但是每月不得超过 36 小时。因此,用人单位不得随意延长劳动者的工作时间或安排劳动者加班。即使是劳动者本人愿意,用人单位也不得违反法律法规的规定。

休息休假是指企业、事业、机关、团体等单位的劳动者按规定不必进行工作,而自行支配的时间。休息休假的权利是每个国家的公民都应享受的权利。《劳动法》第三十八条规定:"用人单位应当保证劳动者每周至少休息一日。"

(三)劳动保护、劳动条件和职业防护

在劳动生产过程中,存在着各种不安全、不卫生因素,如不采取措施加以保护,将会发生工伤事故。建筑施工可能发生高空坠落、物体打击和碰撞等。劳动保护就是为了防止在劳动过程中发生安全事故,要求用人单位必须采取各种措施来保障劳动者的生命安全和健康。

《劳动法》明确规定：

第五十三条 劳动安全卫生设施必须符合国家规定的标准。

第五十六条 劳动者对用人单位管理人员违章指挥、强令冒险作业，有权拒绝执行；对危害生命安全和身体健康的行为，有权提出批评、检举和控告。

第九十三条 用人单位强令劳动者违章冒险作业，发生重大伤亡事故，造成严重后果的，对责任人员依法追究刑事责任。

职业危害是指用人单位的劳动者在职业活动中，因接触职业性有害因素如粉尘、放射性物质和其他有毒、有害物质等而对生命健康所引起的危害。根据《职业病防治法》第三十条的规定，用人单位与劳动者订立劳动合同时，应当将工作过程中可能产生的职业病危害及其后果、职业病防护措施和待遇等如实告知劳动者，并在劳动合同中写明，不得隐瞒或者欺骗。

职业病防治法中还规定了用人单位在职业病防护中的义务："用人单位应当为劳动者创造符合国家职业卫生标准和卫生要求的工作环境和条件，并采取措施保障劳动者获得职业卫生保护；应当建立、健全职业病防治责任制，加强对职业病防治的管理，提高职业病防治水平，对本单位产生的职业病危害承担责任；必须采用有效的职业病防护设施，并为劳动者提供个人使用的职业病防护用品；应当对劳动者进行上岗前的职业卫生培训和在岗期间的定期职业卫生培训，普及职业卫生知识，督促劳动者遵守职业病防治法律、法规、规章和操作规程，指导劳动者正确使用职业病防护设备和个人使用的职业病防护用品。"

(四)女职工和未成年工特殊保护

国家对女职工和未成年工实行特殊劳动保护。

1. 女职工劳动保护

(1)禁止安排女职工从事矿山井下、国家规定的第四级体力劳动强度的劳动和其他禁忌从事的劳动。

(2)不得安排女职工在经期从事高处、低温、冷水作业和国家规定的第三级体力劳动强度的劳动。

(3)不得安排女职工在怀孕期间从事国家规定的第三级体力劳动

强度的劳动和孕期禁忌从事的劳动。对怀孕七个月以上的女职工,不得安排其延长工作时间和夜班劳动。

(4)女职工生育享受不少于九十天的产假。

(5)不得安排女职工在哺乳未满一周岁的婴儿期间从事国家规定的第三级体力劳动强度的劳动和哺乳期禁忌从事的其他劳动,不得安排其延长工作时间和夜班劳动。

2. 未成年工劳动保护

未成年工是指年满十六周岁未满十八周岁的劳动者。由于未成年工正处在身体发育的重要时期,因此对未成年工的保护主要是针对未成年工的特点及接受教育的需要采取的特殊劳动保护措施,主要有以下两方面:

(1)不得安排未成年工从事矿山井下、有毒有害、国家规定的第四级体力劳动强度的劳动和其他禁忌从事的劳动。

(2)用人单位应当对未成年工定期进行健康检查。

第三节 农民工权益保护监督与保障

一、农民工合法权益受损的现状

1. 就业受限制

绝大多数流动农民只能在非正式市场寻找就业机会,从事的是城市人不愿干的"脏、累、粗"工作。但是,随着近年来城市下岗工人的增多,城市就业压力加大,对原来不愿意做的一些工作,现在城市人也开始加入到竞争的行列中来。同时有些城市出于三个方面需要,出台了禁止和限制外来人口特别是农村外来人口在某些岗位就业的政策:

(1)从保护本地人就业角度出发;

(2)从促进下岗失业人员再就业角度出发;

(3)从城市文明卫生角度出发。

2. 劳动报酬常被克扣和拖欠

农民工合法权益受到侵害最突出的表现通常是雇用方拖欠、克扣农民工的劳动报酬。拖欠农民工工资最多的行业主要集中在建筑业、装修装饰业、餐饮业、制衣业。

3. 劳动关系不稳定，责重权轻

在一些企业，尤其是在一些非公有制企业中，用人单位不与农民工签订劳动合同，即使签订了合同，也是规定农民工的义务多，责任多，相应的权利却很少。有些农民工是通过"托关系"或找"黑职介"介绍的工作，与用人单位达成口头用工约定。一旦发生劳动、工资等方面的纠纷，农民工往往拿不出有效的法律依据来维护自己的权利。

4. 社会保险没保障

农民工是以工资性收入为主要生活来源的，一旦遭遇风险，就不能再依靠土地来获得保护。但是，在实际生活中只有城镇居民才能享受到养老、医疗等社会保险，农民工一般享受不到这些保障。一些用人单位，特别是个体和私营企业要么不给农民工投保，要么为了应付检查只给少部分农民工投保，要么避重就轻只投个别保险，而回避其他几个险种。有的即使是高危企业也只是随意购买一些商业意外人身伤害保险应付了事。

5. 生存环境恶劣，缺乏保障

由于历史和现实的原因，农民工的生产、生活条件极其恶劣。

(1)生产环境简陋，职业健康危害严重。农民工绝大部分集中在劳动密集型企业，从事苦、脏、累、险的工作。一些企业生产设施简陋，缺乏起码的劳动保护。不少农民工从事有毒有害的工种，接触对人体有直接或潜在损伤的物质，没有防护用品，不懂防护知识，更没有接受过防护培训，得了职业病也不明白是怎么回事。在一些高风险工作岗位，由于缺乏劳动保护和劳动环境监测而导致恶性工伤事故发生的案例屡见不鲜。

(2)农民工生活条件艰苦，基础设施欠缺。农民工常常集中居住，席地而坐，随铺而卧，一身土，一身泥，十天半月也洗不上一次澡，粗茶淡饭，吃饱就行，繁重的体力劳动得不到足够的营养补充，以透支健康为代价维持生计。

6. 休息休假无保证

农民工加班加点现象较为普遍，而加班工资，远远低于国家标准，有的甚至不发加班工资。

二、农民工合法权益未得到保障的主要原因

农民工的合法权益受损状况反映了目前我国农民工合法权益保障中存在的突出问题,农民工的合法权益受到损害的原因,有以下几个方面。

1. 从劳动力市场看

从劳动力市场看,我国劳动力将长期处于供大于求的状况。造成农民工劳动关系不稳定最为直接的原因是我省长期面临着的劳动力市场供大于求的矛盾。农民工大量涌入城镇,更加加剧了就业竞争的激烈程度。缺乏竞争优势的农民工在如此激烈的竞争中能够找到一个饭碗实属不易,因此在用人单位侵犯其合法权益时,农民工往往只能忍气吞声,没有讨价还价的余地。此外,现行相关法律法规对用人单位与劳动者形成劳动关系时不签订书面劳动合同的法律责任也未作出行之有效的规定,不利于劳动合同制度的完善,也不利于劳动者在权益受到侵害时及时举证。

2. 从社会因素看

从社会因素看,劳动力市场用工双方的社会地位决定了农民工处于不利的地位:

(1)农村人口接受教育的机会和程度远远低于城市居民,从而限定了农民工大多只能从事"次级劳动力市场"的职业,产生职业歧视。

(2)在企业中劳动者工作量相同的情况下,农民工的收入明显低于城市居民的收入。在一些国有企业中,农民工往往承担着负荷最重的体力劳动,但大多数农民工的收入仅相当于正式职工的一半甚至更少。由此可见,农民工在劳动力市场的初次分配中只能获得比城市居民少得多的份额,形成了"同工不同酬"的现象。

(3)在同一个企业中,城市和农村两种户籍身份的职工在政治上、经济上的待遇不同,企业对他们的管理方式也不同,前者有各种优待,后者则受到歧视性的对待。农民工身份的职工被统称为"临时工",不仅不能享有与正式职工同等的劳动报酬和劳保福利,不能享有公平竞

争上岗,评优晋升的机会,而且随时都有可能被裁减辞退,从而形成了"同工不同权"的现象。

(4)多数农民工的工作时间超出法定范围,休息休假的权利得不到保证,尤其是在一些实行计件工资制度的企业,企业主常常制定在法定劳动时间内根本不可能完成的生产定额,被迫加班加点而得不到加班工资或超工作量补贴,这就形成了农民工与城市居民"同工不同时"强烈反差。

(5)在一些私营企业中,企业主随意打骂农民工,动辄对农民工进行搜身检查,以罚跪、禁闭等非法手段处罚农民工,以扣发工资、辞退等手段恐吓农民工,严重地损伤了农民工的人格尊严。

3. 从执法上看

一方面劳动法还不够完善,在保护农民工权益方面还存在缺陷;另一方面一些地方在价值取向上,过分迁就企业主的利益,使农民工合法权益得不到及时、有效的保护。

4. 从农民工自身看

农民工虽然生活在城市,但他们的生活圈子仍然建立在"亲缘"和"地缘"关系上,没有建立起以"业缘"关系为纽带的社交网络,仍然是城市生活的"陌生人"。一旦在生活上遇到困难或在工作上需要与雇用方协商的事情,往往不知所措,也得不到社会救助。

从以上分析可以看出,农民工这一特定的社会群体,就其社会阶层而言应该属于以工资为主要收入来源的劳动者,就其为社会作出的贡献而言也不亚于生活在城市中的社会群体,但他们所承受的生活压力和困苦程度却远远高于其他的社会群体。根据市场分配原理,在社会初次分配中获得利益较少的群体应该在再次分配中得到适当补偿,从而实现社会公平。然而,农民工在初次分配中受到了不公正的待遇,在再次分配(诸如社会保障、子女入托入学等)时又被排除在体系之外,由此形成的社会不公现象确实不容忽视。

5. 从社会保障、社会救助系统看

从社会保障、社会救助系统看,制度不够完善。随着社会保障制度的逐渐确立,城市市民已基本实现了社会保险,而农民工往往不在保险

对象之列,低收入的农民工不仅随时可能处在失业状况,而且没有社会救助系统的支持,成了生活在城市中却又享受不到居民权利的无保障人群。同时,社会保险还没有实现全国统筹,而农民工流动性很大,在甲地参保后,要想转到乙地,操作起来很困难,不利于农民工参保。

三、保护农民工合法权益的主要措施

1. 充分认识解决好农民工问题的重大意义

(1)农民工问题事关我国经济和社会发展全局。农民工分布在国民经济各个行业,在加工制造业、建筑业、采掘业及环卫、家政、餐饮等服务业中已占从业人员半数以上,是推动我国经济社会发展的重要力量。农民外出务工,为城市创造了财富,为农村增加了收入,为城乡发展注入了活力,成为工业带动农业、城市带动农村、发达地区带动落后地区的有效形式,同时促进了市场导向、自主择业、竞争就业机制的形成,为改变城乡二元结构、解决"三农"问题闯出了一条新路。返乡创业的农民工,带回资金、技术和市场经济观念,直接促进社会主义新农村建设。进一步做好农民工工作,对于改革发展稳定的全局和顺利推进工业化、城镇化、现代化都具有重大意义。

(2)维护农民工权益是需要解决的突出问题。近年来,党中央、国务院高度重视农民工问题,制定了一系列保障农民工权益和改善农民工就业环境的政策措施,各地区、各部门做了大量工作,取得了明显成效。但农民工面临的问题仍然十分突出。主要是:工资偏低,被拖欠现象严重;劳动时间长,安全条件差;缺乏社会保障,职业病和工伤事故多;培训就业、子女上学、生活居住等方面也存在诸多困难;经济、政治、文化权益得不到有效保障。这些问题引发了不少社会矛盾和纠纷。解决好这些问题,直接关系到能否维护社会公平正义,保持社会和谐稳定。

(3)解决农民工问题是建设中国特色社会主义的战略任务。农业劳动力向非农产业和城镇转移,是世界各国工业化、城镇化的普遍趋势,也是农业现代化的必然要求。我国农村劳动力数量众多,在工业化、城镇化加快发展的阶段,越来越多的富余劳动力将逐渐转移出来,大量农民工在城乡之间流动就业的现象在我国将长期存在。必须从我国国情出发,顺应工业化、城镇化的客观规律,引导农村富余劳动力

向非农产业和城镇有序转移。我们要站在建设中国特色社会主义事业全局和战略的高度,充分认识解决好农民工问题的重要性、紧迫性和长期性。

2. 做好农民工工作的指导思想和基本原则

(1)指导思想。以邓小平理论和"三个代表"重要思想为指导,按照落实科学发展观和构建社会主义和谐社会的要求,坚持解放思想,实事求是,与时俱进;坚持从我国国情出发,统筹城乡发展;坚持以人为本,认真解决涉及农民工利益的问题。着力完善政策和管理,推进体制改革和制度创新,逐步建立城乡统一的劳动力市场和公平竞争的就业制度,建立保障农民工合法权益的政策体系和执法监督机制,建立惠及农民工的城乡公共服务体制和制度,拓宽农村劳动力转移就业渠道,保护和调动农民工的积极性,促进城乡经济繁荣和社会全面进步,推动社会主义新农村建设和中国特色的工业化、城镇化、现代化健康发展。

(2)基本原则。

1)公平对待,一视同仁。尊重和维护农民工的合法权益,消除对农民进城务工的歧视性规定和体制性障碍,使他们和城市职工享有同等的权利和义务。

2)强化服务,完善管理。转变政府职能,加强和改善对农民工的公共服务和社会管理,发挥企业、社区和中介组织作用,为农民工生活与劳动创造良好环境和有利条件。

3)统筹规划,合理引导。实行农村劳动力异地转移与就地转移相结合。既要积极引导农民进城务工,又要大力发展乡镇企业和县域经济,扩大农村劳动力在当地转移就业。

4)因地制宜,分类指导。输出地和输入地都要有针对性地解决农民工面临的各种问题。鼓励各地区从实际出发,探索保护农民工权益、促进农村富余劳动力有序流动的办法。

5)立足当前,着眼长远。既要抓紧解决农民工面临的突出问题,又要依靠改革和发展,逐步解决深层次问题,形成从根本上保障农民工权益的体制和制度。

3. 抓紧解决农民工工资偏低和拖欠问题

参照本章第二节相关内容进行。

4. 依法规范农民工劳动管理

(1) 严格执行劳动合同制度。所有用人单位招用农民工都必须依法订立并履行劳动合同,建立权责明确的劳动关系。严格执行国家关于劳动合同试用期的规定,不得滥用试用期侵犯农民工权益。劳动保障部门要制定和推行规范的劳动合同文本,加强对用人单位订立和履行劳动合同的指导和监督。任何单位都不得违反劳动合同约定损害农民工权益。

(2) 依法保障农民工职业安全卫生权益。各地要严格执行国家职业安全和劳动保护规程及标准。企业必须按规定配备安全生产和职业病防护设施。强化用人单位职业安全卫生的主体责任,要向新招用的农民工告知劳动安全、职业危害事项,发放符合要求的劳动防护用品,对从事可能产生职业危害作业的人员定期进行健康检查。加强农民工职业安全、劳动保护教育,增强农民工自我保护能力。从事高危行业和特种作业的农民工要经专门培训、持证上岗。有关部门要切实履行职业安全和劳动保护监管职责。发生重大职业安全事故,除惩处直接责任人和企业负责人外,还要追究政府和有关部门领导的责任。

(3) 切实保护女工和未成年工权益,严格禁止使用童工。用人单位要依法保护女工的特殊权益,不得以性别为由拒绝录用女工或提高女工录用标准,不得安排女工从事禁忌劳动范围工作,不得在女工孕期、产期、哺乳期降低其基本工资或单方面解除劳动合同。招用未成年工的用人单位,应当在工种、劳动时间、劳动强度和保护措施等方面严格执行国家有关规定。对介绍和使用童工的违法行为要从严惩处。

5. 搞好农民工就业服务和培训

(1) 逐步实行城乡平等的就业制度。统筹城乡就业,改革城乡分割的就业管理体制,建立城乡统一、平等竞争的劳动力市场,逐步形成市场经济条件下促进农村富余劳动力转移就业的机制,为城乡劳动者提供平等的就业机会和服务。各地区、各部门要进一步清理和取消各种针对农民工进城就业的歧视性规定和不合理限制,清理对企业使用农民工的行政审批和行政收费,不得以解决城镇劳动力就业为由清退和排斥农民工。

(2)进一步做好农民转移就业服务工作。各级人民政府要把促进农村富余劳动力转移就业作为重要任务。要建立健全县乡公共就业服务网络,为农民转移就业提供服务。城市公共职业介绍机构要向农民工开放,免费提供政策咨询、就业信息、就业指导和职业介绍。输出地和输入地要加强协作,开展有组织的就业、创业培训和劳务输出。鼓励发展各类就业服务组织,加强就业服务市场监管。依法规范职业中介、劳务派遣和企业招用工行为。严厉打击以职业介绍或以招工为名坑害农民工的违法犯罪活动。

(3)加强农民工职业技能培训。各地要适应工业化、城镇化和农村劳动力转移就业的需要,大力开展农民工职业技能培训和引导性培训,提高农民转移就业能力和外出适应能力。扩大农村劳动力转移培训规模,提高培训质量。继续实施好农村劳动力转移培训阳光工程。完善农民工培训补贴办法,对参加培训的农民工给予适当培训费补贴。推广"培训券"等直接补贴的做法。充分利用广播电视和远程教育等现代手段,向农民传授外出就业基本知识。重视抓好贫困地区农村劳动力转移培训工作。支持用人单位建立稳定的劳务培训基地,发展订单式培训。输入地要把提高农民工岗位技能纳入当地职业培训计划。要研究制定鼓励农民工参加职业技能鉴定、获取国家职业资格证书的政策。

(4)落实农民工培训责任。完善并认真落实全国农民工培训规划。劳动保障、农业、教育、科技、建设、财政、扶贫等部门要按照各自职能,切实做好农民工培训工作。强化用人单位对农民工的岗位培训责任,对不履行培训义务的用人单位,应按国家规定强制提取职工教育培训费,用于政府组织的培训。充分发挥各类教育、培训机构和工青妇组织的作用,多渠道、多层次、多形式地开展农民工职业培训。建立由政府、用人单位和个人共同负担的农民工培训投入机制,中央和地方各级财政要加大支持力度。

(5)大力发展面向农村的职业教育。农村初、高中毕业生是我国产业工人的后备军,要把提高他们的职业技能作为职业教育的重要任务。支持各类职业技术院校扩大农村招生规模,鼓励农村初、高中毕业生接受正规职业技术教育。通过设立助学金、发放助学贷款等方式,帮助家庭困难学生完成学业。加强县级职业教育中心建设。有条件的普通中学可开设职业教育课程。加强农村职业教育师资、教材和实训基地建设。

6. 积极稳妥地解决农民工社会保障问题

(1)高度重视农民工社会保障工作。根据农民工最紧迫的社会保障需求,坚持分类指导、稳步推进,优先解决工伤保险和大病医疗保障问题,逐步解决养老保障问题。农民工的社会保障,要适应流动性大的特点,保险关系和待遇能够转移接续,使农民工在流动就业中的社会保障权益不受损害;要兼顾农民工工资收入偏低的实际情况,实行低标准进入、渐进式过渡,调动用人单位和农民工参保的积极性。

(2)依法将农民工纳入工伤保险范围。各地要认真贯彻落实《工伤保险条例》。所有用人单位必须及时为农民工办理参加工伤保险手续,并按时足额缴纳工伤保险费。在农民工发生工伤后,要做好工伤认定、劳动能力鉴定和工伤待遇支付工作。未参加工伤保险的农民工发生工伤,由用人单位按照工伤保险规定的标准支付费用。当前,要加快推进农民工较为集中、工伤风险程度较高的建筑行业、煤炭等采掘行业参加工伤保险。建筑施工企业同时应为从事特定高风险作业的职工办理意外伤害保险。

(3)抓紧解决农民工大病医疗保障问题。各统筹地区要采取建立大病医疗保险统筹基金的办法,重点解决农民工进城务工期间的住院医疗保障问题。根据当地实际合理确定缴费率,主要由用人单位缴费。完善医疗保险结算办法,为患大病后自愿回原籍治疗的参保农民工提供医疗结算服务。有条件的地方,可直接将稳定就业的农民工纳入城镇职工基本医疗保险。农民工也可自愿参加原籍的新型农村合作医疗。

(4)探索适合农民工特点的养老保险办法。抓紧研究低费率、广覆盖、可转移的,并能够与现行的养老保险制度衔接的农民工养老保险办法。有条件的地方,可直接将稳定就业的农民工纳入城镇职工基本养老保险。已经参加城镇职工基本养老保险的农民工,用人单位要继续为其缴费。劳动保障部门要抓紧制定农民工养老保险关系异地转移与接续的办法。

7. 切实为农民工提供相关公共服务

(1) 把农民工纳入城市公共服务体系。输入地政府要转变思想观念和管理方式，对农民工实行属地管理。要在编制城市发展规划、制定公共政策、建设公用设施等方面，统筹考虑长期在城市就业、生活和居住的农民工对公共服务的需要，提高城市综合承载能力。要增加公共财政支出，逐步健全覆盖农民工的城市公共服务体系。

(2) 保障农民工子女平等接受义务教育。输入地政府要承担起农民工同住子女义务教育的责任，将农民工子女义务教育纳入当地教育发展规划，列入教育经费预算，以全日制公办中小学为主接收农民工子女入学，并按照实际在校人数拨付学校公用经费。城市公办学校对农民工子女接受义务教育要与当地学生在收费、管理等方面同等对待，不得违反国家规定向农民工子女加收借读费及其他任何费用。输入地政府对委托承担农民工子女义务教育的民办学校，要在办学经费、师资培训等方面给予支持和指导，提高办学质量。输出地政府要解决好农民工托留在农村子女的教育问题。

(3) 加强农民工疾病预防控制和适龄儿童免疫工作。输入地要加强农民工疾病预防控制工作，强化对农民工健康教育和聚居地的疾病监测，落实国家关于特定传染病的免费治疗政策。要把农民工子女纳入当地免疫规划，采取有效措施提高国家免疫规划疫苗的接种率。

(4) 进一步搞好农民工计划生育管理和服务。实行以输入地为主、输出地和输入地协调配合的管理服务体制。输入地政府要把农民工计划生育管理和服务经费纳入地方财政预算，提供国家规定的计划生育、生殖健康等免费服务项目和药具。用人单位要依法履行农民工计划生育相关管理服务责任。输出地要做好农民工计划生育宣传、教育和技术服务工作，免费发放《流动人口婚育证明》，及时向输入地提供农民工婚育信息。加强全国流动人口计划生育信息交换平台建设。

(5) 多渠道改善农民工居住条件。有关部门要加强监管，保证农民工居住场所符合基本的卫生和安全条件。招用农民工数量较多的企业，在符合规划的前提下，可在依法取得的企业用地范围内建设农民工集体宿舍。农民工集中的开发区和工业园区，可建设统一管理、供企业租用的员工宿舍，节约利用土地。加强对城乡结合部农民工聚居地区的规划、建设和管理,提高公共基础设施保障能力。各地要把长期在城市就业与生活的农民工居住问题,纳入城市住宅建设发展规划。有条件的地方,城镇单位聘用农民工,用人单位和个人可缴存住房公积金,用于农民工购买或租赁自住住房。

8. 健全维护农民工权益的保障机制

(1)保障农民工依法享有的民主政治权利。招用农民工的单位,职工代表大会要有农民工代表,保障农民工参与企业民主管理权利。农民工户籍所在地的村民委员会,在组织换届选举或决定涉及农民工权益的重大事务时,应及时通知农民工,并通过适当方式行使民主权利。有关部门和单位在评定技术职称、晋升职务、评选劳动模范和先进工作者等方面,要将农民工与城镇职工同等看待。依法保障农民工人身自由和人格尊严,严禁打骂、侮辱农民工的非法行为。

(2)深化户籍管理制度改革。逐步地、有条件地解决长期在城市就业和居住农民工的户籍问题。中小城市和小城镇要适当放宽农民工落户条件;大城市要积极稳妥地解决符合条件的农民工户籍问题,对农民工中的劳动模范、先进工作者和高级技工、技师以及其他有突出贡献者,应优先准予落户。具体落户条件,由各地根据城市规划和实际情况自行制定。改进农民工居住登记管理办法。

(3)保护农民工土地承包权益。土地不仅是农民的生产资料,也是他们的生活保障。要坚持农村基本经营制度,稳定和完善农村土地承包关系,保障农民工土地承包权益。不得以农民进城务工为由收回承包地,纠正违法收回农民工承包地的行为。农民外出务工期间,所承包土地无力耕种的,可委托代耕或通过转包、出租、转让等形式流转土地经营权,但不能撂荒。农民工土地承包经营权流转,要坚持依法、自愿、有偿的原则,任何组织和个人不得强制或限制,也不得截留、扣缴或以其他方式侵占土地流转收益。

(4)加大维护农民工权益的执法力度。强化劳动保障监察执法,加强劳动保障监察队伍建设,完善日常巡视检查制度和责任制度,依法严厉查处用人单位侵犯农民工权益的违法行为。健全农民工维权举报投诉制度,有关部门要认真受理农民工举报投诉并及时调查处理。加强和改进劳动争议调解、仲裁工作。对农民工申诉的劳动争议案件,要简化程序、加快审理,涉及劳动报酬、工伤待遇的要优先审理。起草、制定和完善维护农民工权益的法律、法规。

(5)做好对农民工的法律服务和法律援助工作。要把农民工列为法律援助的重点对象。对农民工申请法律援助,要简化程序,快速办理。对申请支付劳动报酬和工伤赔偿法律援助的,不再审查其经济困难条件。有关行政机关和行业协会应引导法律服务机构和从业人员积极参与涉及农民工的诉讼活动、非诉讼协调及调解活动。鼓励和支持律师和相关法律从业人员接受农民工委托,并对经济确有困难而又达不到法律援助条件的农民工适当减少或免除律师费。政府要根据实际情况安排一定的法律援助资金,为农民工获得法律援助提供必要的经费支持。

(6)强化工会维护农民工权益的作用。用人单位要依法保障农民工参加工会的权利。各级工会要以劳动合同、劳动工资、劳动条件和职业安全卫生为重点,督促用人单位履行法律法规规定的义务,维护农民工合法权益。充分发挥工会劳动保护监督检查的作用,完善群众性劳动保护监督检查制度,加强对安全生产的群众监督。同时,充分发挥共青团、妇联组织在农民工维权工作中的作用。

9. 促进农村劳动力就地就近转移就业

(1)大力发展乡镇企业和县域经济,扩大当地转移就业容量。这是农民转移就业的重要途径。各地要依据国家产业政策,积极发展就业容量大的劳动密集型产业和服务业,发展农村二、三产业和特色经济,发展农业产业化经营和农产品加工业;落实发展乡镇企业和非公有制经济的政策措施,吸纳更多的农村富余劳动力在当地转移就业。有关部门要抓紧研究制定扶持县域经济发展的相关政策,增强县域经济活力。

(2)引导相关产业向中西部转移,增加农民在当地就业机会。积极引导东部相关产业向中西部转移,有利于促进农村劳动力就地就近转移就业,也有利于形成东中西良性互动、共同发展的格局。要在产业政策上鼓励大中城市、沿海发达地区的劳动密集型产业和资源加工型企业向中西部地区转移。中西部地区要在有利于节约资源和保护环境的前提下,主动承接产业转移,为当地农村劳动力转移就业创造良好环境。

(3)大力开展农村基础设施建设,促进农民就业和增收。按照建设社会主义新农村的要求,统筹规划城乡公共设施建设。各级人民政府要切实调整投资结构,把对基础设施建设投入的重点转向农村,改善农村生产生活条件,带动农村经济发展和繁荣。加快形成政府支持引导、社会资金参与、农民劳动积累相结合的农村建设投入机制。农村基础设施建设要重视利用当地原材料和劳动力,注重建设能够增加农民就业机会和促进农民直接增收的中小型项目。

(4)积极稳妥地发展小城镇,提高产业集聚和人口吸纳能力。按照循序渐进、节约用地、集约发展、合理布局的原则,搞好小城镇规划和建设。加大对小城镇建设的支持力度,完善公共设施。继续实施小城镇经济综合开发示范项目。发展小城镇经济,引导乡镇企业向小城镇集中。采取优惠政策,鼓励、吸引外出务工农民回到小城镇创业和居住。

10. 加强和改进对农民工工作的领导

(1)切实把解决农民工问题摆在重要位置。解决好涉及农民工利益的问题,是各级人民政府的重要职责。各级人民政府要切实把妥善解决农民工问题作为一项重要任务,把统筹城乡就业和促进农村劳动力转移纳入国民经济和社会发展中长期规划和年度计划。做好农民工工作的主要责任在地方,各地都要制定明确的工作目标、任务和措施,并认真落实。地方各级人民政府要建立农民工管理和服务工作的经费保障机制,将涉及农民工的劳动就业、计划生育、子女教育、治安管理等有关经费,纳入正常的财政预算支出范围。

(2)完善农民工工作协调机制。国务院建立农民工工作联席会议制度,统筹协调和指导全国农民工工作。联席会议由国务院有关部门和工会、共青团、妇联等有关群众团体组成,联席会议办公室设在劳动保障部。各有关部门要各司其职、分工负责,检查督促对农民工的各项政策的落实。地方人民政府也应建立相应的协调机制,切实加强对农民工工作的组织领导。输出地和输入地的基层组织要加强协调沟通,共同做好农民工的教育、引导和管理工作。

(3)引导农民工全面提高自身素质。农民工是我国产业大军中的一支重要力量。农民工的政治思想、科学文化和生产技能水平,直接关系到我国产业素质、竞争力和现代化水平,必须把全面提高农民工素质放在重要地位。要引导和组织农民工自觉接受就业和创业培训，接受职业技术教育，提高科学技术文化水平，提高就业、创业能力。要在农民工中开展普法宣传教育，引导他们增强法制观念，知法守法，学会利用法律、通过合法渠道维护自身权益。开展职业道德和社会公德教育，引导他们爱岗敬业、诚实守信，遵守职业行为准则和社会公共道德。开展精神文明创建活动，引导农民工遵守交通规则、爱护公共环境、讲究文明礼貌，培养科学文明健康的生活方式。进城就业的农民工要努力适应城市工作、生活的新要求，遵守城市公共秩序和管理规定，履行应尽义务。

(4) 发挥社区管理服务的重要作用。要建设开放型、多功能的城市社区，构建以社区为依托的农民工服务和管理平台。鼓励农民工参与社区自治，增强作为社区成员的意识，提高自我管理、自我教育和自我服务能力。发挥社区的社会融合功能，促进农民工融入城市生活，与城市居民和谐相处。完善社区公共服务和文化设施，城市公共文化设施要向农民工开放，有条件的企业要设立农民工活动场所，开展多种形式的业余文化活动，丰富农民工的精神生活。

(5) 加强和改进农民工统计管理工作。充分利用和整合统计、公安、人口计生等部门的资源，推进农民工信息网络建设，实现信息共享，为加强农民工管理和服务提供准确、及时的信息。输入地和输出地要搞好农民工统计信息交流和工作衔接。

(6) 在全社会形成关心农民工的良好氛围。社会各方面都要树立理解、尊重、保护农民工的意识，开展多种形式的关心帮助农民工的公益活动。新闻单位要大力宣传党和国家关于农民工的方针政策，宣传农民工在改革开放和现代化建设中的突出贡献和先进典型，加强对保障农民工权益情况的舆论监督。对优秀农民工要给予表彰奖励。总结、推广各地和用人单位关心、善待农民工的好做法、好经验，提高对农民工的服务和管理水平。

各地区、各部门要认真贯彻国家关于解决农民工问题的各项法律法规和政策规定，按照本文件的要求，结合实际抓紧制定和完善配套措施及具体办法，积极研究解决工作中遇到的新问题，确保涉及农民工的各项政策措施落到实处。

第十章　劳务统计和劳务资料管理

第一节　劳务统计

一、建筑劳动统计

(一)建筑企业从业人员及职工统计

建筑企业要从事施工生产活动,必须要有一定的劳动力作保证。充分、合理地组织建筑企业劳动力是提高劳动生产率、降低工程成本的重要途径。准确统计从业人员的人数及构成,是检查企业劳动力配备是否合理的依据。

1. 建筑企业从业人员和职工人数统计的作用

(1)反映建筑企业人员和职工数量、素质及其构成情况,为国家宏观调控和各级劳动部门管理提供基本资料。

(2)为制定劳动法规、政策,深化劳动制度改革提供科学依据。

(3)为挖掘劳动潜力,开发劳动力市场提供分析资料。

2. 建筑企业从业人员及职工人数统计的注意事项

建筑企业从业人员,是指在建筑企业中工作并取得劳动报酬的全部人员,包括职工和其他人员两部分。建筑企业从业人员指标反映了企业实际参加生产或工作的全部劳动力情况。

(1)统计建筑企业从业人员人数时应注意的问题:

1)必须在本单位从事一定社会劳动并取得劳动报酬。从业人员既包括职工,也包括拿补差的离退休人员和拿外币的外方人员,但不包括以下人员:

①勤工俭学的在校学生;

②在建筑企业中考察、实习、劳动锻炼的人员;

③参加建筑施工生产劳动的军工；

④兼职人员、从事第二职业的人员以及临时访问、讲学和从事某一课题(或任务)进行短期(半年以内)研究或工作的人员。

2)从业人员所从事的工作既可以是单位的主要经济业务，也可以是为主要经济业务服务或相关联的其他服务性业务。因此，从业人员既包括主营单位的从业人员，也包括企业、事业单位所兴办的第三产业和附营单位的从业人员，不包括建筑业整建制使用外包施工队伍和将项目分包给外单位所使用的人员。

(2)统计建筑企业职工人数时应注意的问题：

建筑企业职工统计中不包括下列人员：

1)乡镇企业从业人员。

2)私营企业从业人员。

3)城镇个体劳动者。

4)离休、退休、退职人员。

5)再就业的离退休人员。

6)民办教师。

7)其他按有关规定不列入职工统计范围的人员：

①实行个人承包离职经营，不再由原单位支付工资的人员；但汽车司机个人承包后，仍使用原单位汽车的或个人承包者仍使用单位设备、由单位提供任务、材料的人员，应仍按职工统计。

②从单位领取原材料，在自己家中进行生产的家庭工。

③发包给其他单位半成品加工、装配、包装等工作所使用的人员；发包给其他单位的拆洗缝补、房屋修缮、装卸、搬运、短途运输等工作所使用的人员；承包本单位工程或运输业务，其劳动力不由本单位直接组织安排的农村搬运工人、建筑队等人员。

④经省、自治区、直辖市批准从农村就近招用，参加铁路、公路、输油输气管线、水利等大型土石方工程工作，工作结束后立即辞退，不得调往新施工地区的民工；但其他以"民工"名义，从农村招收的参加一般建筑的人员，应列入"职工"中统计。

⑤参加建筑企业生产劳动的军工和勤工俭学的在校学生以及大中专、技工学校的实习生。

⑥经单位批准停薪留职、保留企业职工身份的人员(如自费上大学、出国探亲及离开企业自谋出路等人员)。

3. 建筑企业从业人员和职工人数统计的原则

建筑企业要本着"不重不漏"的前提进行统计,一般遵循以下原则:

(1)谁发工资谁统计。所谓谁发工资谁统计,一般是指谁负担工资或劳动报酬谁统计。在全部职工统计中,对于借调人员、代培人员、带工资学习人员、援外人员和出国劳务人员、企业内退养人员和待业人员等,均应由支付工资的单位统计。

(2)谁发基本工资谁统计。有的人同时在两个或者两个以上的单位工作并领取工资,但一般情况下,只能在一个单位领取基本工资,则该人员由发放基本工资的单位统计。

(3)职工档案所在单位统计。如果按上述办法仍不能解决某职工由哪个单位统计时,可先确定该职工的档案在哪个单位,则该职工的档案所在单位应优先统计。

对于新招收的人员,从其报到参加工作之日起,不论是否发放了当月的工资,即应统计为本单位职工。对于自然减员、参军(包括参军后原单位仍发给部分生活费或者补贴的人员)、不带工资上学的人员,从离开之日起不再统计为本单位的职工。对于调往其他单位的人员,调离单位从停发工资之月起不统计为职工,调入单位从发放工资之月起统计为本单位职工。

(二)劳动时间使用情况统计

1. 工人劳动时间的构成

劳动时间是衡量劳动量的尺度。在劳动统计中,劳动时间通常是以"工日"和"工时"作为计量单位。1个工人作业1天(8小时)的时间算作1个工日,作业1个小时算作1个工时。

按一定标志对劳动时间进行分组,可以反映劳动时间的构成情况。建筑企业生产工人的劳动时间按其性质分组分为:可利用的劳动时间、未利用的劳动时间和实际利用的劳动时间。

(1)日历工日数。日历工日数是指报告期内每天(包括节假日)实有工人人数之和。它是建筑企业在报告期内拥有的劳动时间总数。在实际工作中,报告期的日历日数,也常用其平均人数乘以日历日数计算。

(2)公休工日数、实际公休工日数和公休日加班工日数。公休工日数也称制度公休工日数,是指国家或者建筑企业规定的节假日等公休日中每天实有工人人数之和。在制度公休日中,每天实际休息的工人人数之和,为实际公休工日数。在制度公休日中,如果工人未休息而加班,凡一个工人加班满一个轮班的,计算为一个"公休日加班工日"(加班不满一个轮班,按加点计算)。公休日加班工日数是实际作业工日的一个组成部分。

报告期内公休日数,也可用报告期平均工人数乘以制度公休日数计算。公休日加班工日数,可根据加班记录汇总得到。用制度公休工日数减去公休日加班工日数,就得到实际公休工日数。

(3)制度工日(时)数。制度工日数是指按国家(或企业)规定,工人必须工作的最大可能利用的劳动时间,是考核企业劳动时间利用好坏的基础,是企业制定劳动计划和生产计划的重要依据。

我国目前执行是每日工作8小时,每周工作40小时的5天工作制度。

制度工日(工时)数=日历工日(工时)数-公休节假日工日(工时)数

制度工时=制度工作工日×劳动日标准长度

(4)出勤工日数和全日缺勤工日数。出勤工日数是指在制度规定应工作的工日(工时)中,生产工人实际出勤的工日(工时)数,是企业实际可能利用的劳动时间。工人到班后不论是否工作或者工作时间长短,都算出勤。出勤工日数是报告期制度工作日中每天出勤工人人数之和。它是建筑企业在报告期内实际可能利用的劳动时间总数,等于制度工日数减去全日缺勤工日数。

缺勤工日数,是指按制度规定工人应当到班参加生产,但由于工人自身的原因(如病假、产假、事假、探亲假、婚丧、工伤假、旷工等)未能到班,缺勤满一个轮班的称为全日缺勤。全日缺勤工日数是报告期内每天全日缺勤工人人数之和。

出勤工日数和全日缺勤工日数,均可根据考勤记录逐步汇总得到。两者之和应等于报告期制度工日数。因此,出勤工日数等于制度工日数减去全日缺勤工日数。缺勤工日数等于每天全日缺勤人数相加之和。

$$出勤工日数=制度工日数-全日缺勤工日数$$

(5)全日停工工日(工时)数。全日停工工日数是指在制度规定的工作日内出勤后,由于原材料缺乏、电力不足、等待图纸、设计变更、气候影响等原因未能工作的工日数之和。工人停工后被调做其他非生产性工作,仍应作停工工日计算。但是,由于事先预知的原因(如计划停电),建筑企业将工作日与公休日调换使用,工人在工作日休息不算停工,以后在公休日工作也不算加班。企业的停工工日数等于每天全日停工的工人数相加之和。停工工时等于每天每人停工小时数相加之和。

(6)非生产工日(工时)数。非生产工日数是指生产工人执行国家或社会义务以及经企业指定从事其他非生产性活动而不从事生产的工日(工时)数。如参加选举、防汛、抗旱、开会、听报告、参观、学习等而未参加本单位生产的工日数之和。非生产工日数是出勤工日,但不作为实际作业工日,也不作为停工工日。非生产工日(工时)等于在报告期内工人参加非生产活动时间的总和。

(7)制度内实际工作工日数。制度内实际工作工日数是指在制度规定工人应参加生产的时间内,工人实际工作的工日数。其计算公式为:

$$制度内实际工作工日(工时)数=实际工作工日(工时)数\\-公休日加班工日(工时)数$$

(8)实际工作工日数。实际工作工日数是指报告期内每天实际参加生产的工人人数之和,而不管工人在各天中工作时间的长短。它包括制度内实际作业工日数和公休日加班工日数。用公式表示为:

$$实际工作工日数=制度工作工日数-缺勤工日数-非生产工日数$$

或

$$实际工作工日数=公休日加班工日数+制度内实际工作工日数$$

(9)实际工作工时数。实际工作工时数是指工人实际参加作业的工时数之和。它是把实际工作工日数,按制度工作日长度(8h)换算成工时数,加上由于延长工作时间的加点工时数,再减去非全日缺勤、公假、停工工时数。

2. 劳动时间平衡表的编制与运用

为了全面反映建筑企业生产工人的全部劳动资源的利用情况,分析未被利用的原因,以便改善劳动管理,充分利用劳动资源,可以在劳动时间核算的基础上编制劳动时间平衡表。

劳动时间平衡表格式见表 10-1。

表 10-1　　　　　　　建筑企业生产工人劳动时间平衡表

年　月　　　　　　　　　　　工日

项目	劳动时间资源工日数	项目	劳动时间耗用去向	
			工日数	比重/%
(一)日历工日数 (二)制度工作工日数		(一)制度内实际工作工日数 (二)因正当理由未利用的工日数 其中:(1)病假 　　　(2)事假 　　　(3)探亲假、婚丧假 　　　(4)工伤假 　　　(5)产假 　　　(6)公假 (三)浪费的工日数 其中:1. 停工工日数 　　　(1)原材料不足 　　　(2)动力不足 　　　(3)没有生产任务 　　　(4)设备检修 　　　2. 旷工 　　　3. 迟到早退		
最大可能劳动时间(制度工时数)	合计加班加点工时(工日)数			100

(三)从业人员劳动报酬和职工收入统计

1. 从业人员劳动报酬及其构成统计

(1)从业人员劳动报酬是指各建筑企业在一定时期内直接支付给本企业全部从业人员的劳动报酬总额,包括职工工资总额和本企业其他从业人员劳动报酬两部分。

职工工资总额指各单位在一定时期内直接支付给本单位全部职工的劳动报酬总额。该定义包含了以下内容:

1)职工工资是劳动报酬总额。因此包括了各种劳动报酬,如奖金、津贴、补贴等。

2)工资总额是支付给职工的工资总额。凡是统计为职工的劳动者的劳动报酬均应统计,凡不是支付给职工的,如支付给退离休人员的劳动报酬就不应计入职工工资总额。

3)职工工资总额是支付给本单位职工的劳动报酬,因此按"谁发工资谁统计"的原则,工资总额统计与人数统计口径是一致的。

4)工资总额是直接支付给职工的劳动报酬,这是强调"直接支付",即这个单位确定了支付标准,核算了工资额并发放工资,应统计为工资总额。

5)工资总额是一定时期直接支付给职工的劳动报酬,是一个时期指标。工资总额是指年、季、月的工资总额。因此,工资总额应有时期的概念,即某年、某月工资总额。各单位在统计时,均应按实发数统计。但对逢节假日提前预发下月的工资仍统计在应发月中。若补发工资的当月工资总额变动较大时,应在统计表中加注说明。

其他从业人员劳动报酬指企业在一定时期内直接支付给本单位其他从业人员的全部劳动报酬,包括支付给聘用离退休人员、外方人员、港澳台人员和领取补贴人员等的劳动报酬总额。

(2)职工工资总额的计算原则。

1)职工工资总额的计算原则应以直接支付给职工的全部劳动报酬为依据。企业支付给职工的劳动报酬以及其他根据有关规定支付的工资,不论是计入成本的还是不计入成本的,不论是以货币形式支付的还是以实物形式支付的,均应列入工资总额的计算范围。

2)企业在统计月、季、年的工资总额时,均应按实发数计算,但对逢节日提前预发的工资,仍统计在应发月的工资总额。因补发调整工资影响当月工资总额变动较大时,应在统计表中加注说明,对跨年度发放的奖金和工资都应统计在实发的年度内。

(3)职工工资总额构成。职工工资总额由计时工资、计件工资、奖金、津贴和补贴、加班加点工资、其他工资等部分构成。

1)计时工资。指按计时工资标准和工作时间支付给个人的劳动报酬。

2)计件工资。指对已做的工作按计件单价支付的劳动报酬。

3)奖金。指支付给职工的超额劳动报酬和增收节支的劳动报酬。

4)津贴和补贴。指为了补偿职工特殊或者额外的劳动消耗和因其他特殊原因支付给职工的津贴,以及为了保证职工工资水平不受物价影响支付给职工的物价补贴。

5)加班加点工资。指对法定节假日和公休日工作的职工,以及在正常工作日以外延长工作时间的职工按规定支付的加班工资和加点工资。

6)其他工资。指其他根据国家规定支付的工资。如附加工资、保留工资以及调整工资补发的上年度工资等。需注意的是,工资总额应包括单位为职工建立的养老保险基金、住房和医疗基金等个人账户中从个人工资中扣减的部分。

2. 职工收入指标统计

(1)职工平均工资。职工平均工资是指在一定时期内平均每一职工实得的工资数额,它是反映职工工资水平的主要指标。有关工资统计指标主要有两个:一个是职工工资总额;另一个是职工平均工资。由于目前职工范围不断变化,而使工资总额这一总量指标使用时难以与有关经济指标进行科学对比,而职工平均工资则基本排除了上述问题,因此,平均工资是研究工资政策,进行对比分析,编制工资计划和反映职工生活水平的重要指标,其计算公式为:

$$职工平均工资 = \frac{报告期实际支付的职工工资总额}{报告期职工平均人数}$$

平均工资可按全部职工计算,也可按各类人员分别计算。但无论就哪种范围计算,都必须遵守工资总额与平均人数计算口径一致的原则。分子是某一时期资料,分母也必须是同一时期的资料。因此,分母只能用平均人数,而不能用期末人数。同时,时期也必须一致。否则,就不能正确地反映平均工资水平。

(2)职工平均实际工资。职工平均实际工资是指扣除物价变动因素后的职工平均工资,其计算公式为:

$$职工平均实际工资 = \frac{报告期职工平均工资}{报告期职工消费价格指数}$$

职工消费价格指数是反映城市居民家庭用于各类生活消费和服务项目价格水平相对变动趋势及程度的经济指数。

(3)职工平均工资指数。职工平均工资指数是指报告期职工平均工资与基期平均工资的比率,反映不同时期职工货币工资水平变动的情况。其计算公式为:

$$职工平均工资指数 = \frac{报告期职工平均工资}{基期职工平均工资} \times 100\%$$

(4)职工平均实际工资指数。职工平均实际工资指数是反映职工实际工资的变动方向和变动程度的指数,表明职工实际工资水平提高或者降低的程度。其计算公式为:

$$职工平均实际工资指数 = \frac{报告期职工平均工资指数}{报告期居民消费价格指数} \times 100\%$$

(5)职工工资外收入比重统计。它是反映职工工资外收入与总收入对比关系的指标。其计算公式为:

$$职工工资外收入比重 = \frac{职工工资外收入额}{职工工资总额 + 工资外收入额} \times 100\%$$

(6)其他指标统计。

1)下岗职工生活费。下岗职工生活费是指用人单位支付给下岗职工的生活补贴费用。根据国家对下岗职工的有关政策,下岗职工生活费应包括中央财政拨付的下岗职工生活保障费、当地劳动和社会保障部门返还的失业保险金和企业自筹的费用等。

2)内部退养职工生活费。内部退养职工生活费是指接近正常退休年龄,但因各种原因退出工作岗位并办理了内退手续的职工,在正式办理退休手续前,按月从单位领取的生活费。

3. 企业人工成本统计

(1)企业人工成本统计范围。人工成本统计范围包括职工工资总额、福利费用、保险费、劳动保护费用、职工住房费和其他人工成本等。

1)职工工资总额。指各单位在一定时期内直接支付给本单位全部职工的劳动报酬总额。

2)福利费。指国家和各单位为改善职工的物质和文化生活条件，减轻职工日常生活事务负担，帮助职工解决职工个人无力解决或难于解决的实际生活问题所支付的各种费用。

3)劳动保险费。指职工因患病、负伤、残废、生育、年老、死亡，暂时或永久丧失劳动能力时，根据有关规定给予资助的一切费用。

4)劳动保护费用。指企业购买职工在劳动中实际使用的劳动用品、保健用品等一切费用支出。

5)职工住房费用。指企业为职工建造或购买的职工宿舍每年所提取的折旧费用，企业支付给职工住房补贴(包括租房费用)和实行住房制度改革后企业给职工缴纳的住房公积金等费用支出。

6)其他人工成本。指不包括在以上各项中的其他人工成本项目，如用工会经费为职工所支付的其他费用等。

(2)企业人工成本分析。企业人工成本分析通常以一年为单位。

1)从业人员人均人工成本。

$$从业人员人均人工成本 = \frac{从业人员人工成本总额}{从业人员平均人数}$$

2)人工成本占成本费用总额的比重。

$$人工成本占成本费用总额比重 = \frac{从业人员人工成本总额}{成本费用总额} \times 100\%$$

3)各类人工成本项目占人工成本总额的比重。

$$各类人工成本项目占人工成本总额比重 = \frac{各类人工成本费用}{企业人工成本总额} \times 100\%$$

4)社会保险费用占企业人工成本比重。

$$社会保险费用占企业人工成本比重 = \frac{社会保险费用}{企业人工成本} \times 100\%$$

5)人工成本总增长分析。

$$人工成本增加率 = \left(\frac{报告期人工成本总量}{基期人工成本总量} - 1\right) \times 100\%$$

6) 平均人工成本增长分析。

$$平均人工成本增长率 = \left(\frac{报告期平均人工成本}{基期平均人工成本} - 1\right) \times 100\%$$

(四) 建筑企业保险福利费用统计

1. 保险费与福利费

保险费与福利费用是企业根据法律和国家的有关规定，为解决职工和离休、退休、退职人员需要，在工资以外实际支付给职工和离休、退休、退职人员个人及用于集体的劳动保险和福利费用的总称。

(1) 职工保险福利费用统计。

保险福利费用是消费基金的组成部分。它是按照社会保障原则，根据国家、企业的财力及社会集体和职工的个人需要支付的。实际上是对职工工资的重要补充，已经成为职工实际收入的一个重要的组成部分。它与工资的原则性区别在于它不属于劳动报酬，在一定程度上具有按需分配性质。

1) 职工社会保险费用总额指标。指企业实际为职工缴纳的各种社会保险费用。其具体包括职工养老保险、医疗保险、失业保险、工伤保险以及计划生育保险等费用。

2) 职工福利费用总额指标。指企业在工资以外实际支付给职工个人以及用于集体的福利费用的总称。其主要包括企业支付给职工的冬季取暖费(也包括实际支付给享受集体供暖的职工个人部分)、医疗卫生费、计划生育补贴、生活困难补助、文体宣传费、集体福利设施和集体福利事业补贴费以及丧葬抚恤救济费、防暑降温费、职工探亲路费等。

该指标资料来源于两个方面：一是企业净利润分配中公益金里用于集体福利设施的费用；二是职工福利费(不包括上缴给社会保险机构的医疗保险费用)。

(2) 离退休、退职人员及其保险福利费用统计。

1) 离休。指达到国家规定的年龄和条件，离开生产或工作岗位，办理离休手续享受离休待遇的人员。

2) 退休。指达到国家规定的年龄和条件,退出生产或工作岗位,办理退休手续享受退休待遇的人员。

3) 退职。指职工本人自愿或因丧失工作能力,又不具备退休条件而办理离职手续享受相应待遇的人员。

4) 离退休、退职人员平均人数指标。指报告期每天平均拥有的离退休、退职人员的人数,反映了报告期离退休、退职人员人数的一般规模和总水平。其计算方法同职工平均人数的计算。

5) 离休、退休、退职人员保险福利费用总额指标。指社会保险机构或者企业实际支付给离休、退休、退职人员的保险福利费用的总称。其包括退职生活费、医疗卫生费、交通费补贴、丧葬抚恤救济费、冬季取暖补贴、离退休人员的易地安家费、生活困难补助费、护理费、书报费、洗理费、少数民族补贴以及由老干部活动经费开支的旅游费用等。

2. 企业保险福利费的统计分析

(1) 职工人均享有保险福利费费用。一般用每个职工或全部人员(包括职工和离休、退休、退职人员)所享受的保险福利费用来反映保险福利费支出的水平。

$$平均每个职工所享受的保险福利费用 = \frac{某时期职工保险福利费用总和}{同时期职工平均人数}$$

(2) 离休、退休、退职人员平均保险福利费用。

$$平均离休、退休、退职人员享受的保险福利费用 = \frac{某时期离休、退休、退职人员保险福利费用总和}{同时期离休、退休、退职人员平均人数}$$

(3) 人均全部人员所享受的保险福利费用。

$$人均全部人员所享受的保险福利费用 = \frac{某时期全部保险福利费用}{同期全部人员}$$

(4) 各项保险福利费占保险福利费用总额的比重。

$$各项保险福利费占保险福利费用总额的比重 = \frac{各项保险福利费用}{保险福利费用总额} \times 100\%$$

二、统计资料整理

统计资料的整理就是根据统计研究任务与要求,对统计调查得来的各项原始资料进行科学的加工与汇总,使其系统化,从而得出能反映被研究现象整体特征的综合资料;或对已加工过的综合资料进行再加工的过程。

统计资料整理是统计调查的继续,也是统计分析的前提,在整个统计工作过程中具有重要作用。

1. 统计资料的审核

在统计调查时,由于各种原因,统计资料可能会出现差错。因此,为了保证统计资料的质量,就必须在资料整理一开始,就对资料进行一次全面的审核,这样才能保证整理后的资料正确无误。

对统计资料进行审核,主要是审核原始资料的准确性、及时性、全面性、系统性。审核资料的准确性,就是检查所有总体单位的资料是否准确无误;审核资料的及时性,就是检查所有报告单位的资料是否都按规定的时间上报;审核资料的全面性,就是检查所有报告单位的资料是否齐全;审核资料的系统性,就是检查有关指标是否反映事物的内在联系,有无互相矛盾的现象,统计资料在时间上是否前后联系。

审核数字资料的正确性,主要是从逻辑方面的计算进行。

(1)逻辑审查,检查资料是否合理。如库存物资不能出现负值;平均单价不能过大过小;客观条件变化不大而本期数字与上期、去年同期相差悬殊等不符合逻辑的现象。

(2)计算审查,通过重新计算,审查表内数字是否有错误,计量单位是否与规定相符,计算方法是否符合规定等。

2. 统计分组

统计分组是根据统计研究的任务和对象的特点,将所研究的问题按照某种分组标志,把统计总体分为若干组成部分。

(1)统计分组的作用可以归纳为以下三个方面:

1)可以将复杂的社会经济现象划分为性质不同的各种类型。社会经济现象是错综复杂的,各现象之间有共同性的一面,也有特殊性的一面。如将建筑企业按经济成分不同划分为公有经济、非公有经济两大类别或国有经济、集体经济、私有经济、港澳台经济、外商经济五种类型,以便分析各类建筑企业在建筑经济中的地位和作用。

2)可以分析总体中各个组成部分的结构情况。总体是由大量总体单位组成,总体的构成可以表明事物的内部各部分比重和比例关系,也可以揭示总体的基本性质和特征,在将其划分为不同类型的基础上,计算出各种类型在总体中所占的比重,用以反映总体的内部结构和发展变化。

3)可以揭示现象之间的依存关系。任何事物总是相互联系、互相依存的,一个现象的变化常是另一现象的变化原因或结果。统计要研究这种依存关系,就必须运用统计分组的方法。例如劳动生产率的提高可以使成本降低;施肥量多少、耕作深度影响农作物产量等。一般按相关现象中的影响因素进行分组,然后分别计算出每组被影响因素的综合指标。

(2)统计分组的类型。统计分组是否科学,能否正确反映总体的性质和特征,关键在于正确选择分组的标志。因为,任何事物都有许多标志可以表现,如果标志选择不当,分组整理的结果必然不能正确反映总体的性质特征。前面讲过,标志按其特征不同,可以分为品质标志和数量标志两类,而统计分组又是根据某一标志进行的。所以,统计分组可分为按品质标志分组和按数量标志分组两个基本类型。

1)按品质标志分组,是选择反映事物属性差异的品质标志为分组标志,并在品质标志的变异范围内划定各组界限,将总体划分为若干个性质不同的组成部分。有的比较简单,比如职工按"性别"标志分成男、女两组;按"岗位性质"分成生产人员和非生产人员两组等。有的就比较复杂,比如部门分组,产品分组,就要综合考虑产品用途、使用材料和生产技术等多个标志来进行分组,我们通常把这种分组称为分类。

2)按数量标志分组,是选择反映事物数量的标志,也就是选择变量,并用变量值划分各组来进行统计分组的,这是统计分组研究最常用的方法。

3. 统计汇总

统计资料的汇总,是按照汇总方案的要求,把总体单位分别归纳到所确定的各组内,并计算出总体单位数和标志总量的一项工作。

统计资料的汇总,是一项繁重而细致的工作,必须有一定的组织形式并不断改进汇总技术,以保证统计资料汇总的准确性和及时性。汇总技术主要有手工汇总和电子计算机汇总。

手工汇总常用的方法有划记法、过录法、折叠法、卡片法；运用电子计算机汇总大致有如下步骤：编程序、编码、数据录入、数据编辑、计算与制表。

4. 统计表

统计表是表现统计资料的一种重要形式。因为，统计汇总后得到的统计数字是分散的，数字之间不能直接观察到它们之间的联系。为此，把汇总的资料，根据研究任务的需要，填写到适当的表格内，这种表现统计资料的表格，叫做统计表。

统计表能有条理地排列统计资料，使人们阅读时一目了然；容易检查数字的完整性和正确性，便于阅读；与文字叙述相比简明易懂，节省篇幅；便于积累统计资料。为了能更好地发挥统计表的作用，在编制统计表时，应注意以下几点：

(1)统计表的标题一定要能概括表中的内容，字简意赅。总标题下方，一般应表明统计表资料所属的时间。

(2)统计表的内容应当简明扼要，层次清楚，使人一目了然，便于观察分析。

(3)统计表中各栏内容的编排应当合理，或按时间先后顺序，或按局部到整体顺序，便于计算。

(4)填写数字资料时，一定要对准数位，一则排列整齐，二则便于汇总。遇有相同资料时，要一一写出数字，不能用"同上"、"同左"或"ⅠⅠⅠⅠ"等表示。没有数字的空格，可以用短横线"—"填充。

(5)统计表的格式设计，一般采用长方形。上下基线一般用粗实线，左右两端一般不画线，以使表格开阔舒展。

5. 统计图

统计图是统计资料的又一重要表现形式。它是利用几何图形、形象图等表明统计指标及其对比关系，从而显示出统计指标所反映社会经济现象的规模、结构、发展趋势和依存关系等。用统计图表现统计资料具有通俗易懂、具体、生动、形象的特点，所以它很受欢迎。

常用的统计图有条形图、平面图、曲线图和象形图等。

(1)条形图。条形图是以相同宽度的纵条形或横条形的长短来比较统计指标数值大小的统计图。条形图又分为横式条形图(带形图)和纵式条形图(柱形图)两类。条形图制作简单,便于比较,所以应用也最广泛。

(2)平面图。平面图是以圆形、正方形、长方形等几何图形面积的大小,来表示统计指标数值和总体内部结构情况的一种统计图。平面图绘制不如条形图简单,但平面图在表达总体内部结构以及反映面积资料时,显得对比鲜明而生动。

(3)曲线图。曲线图是利用曲线的升降来表明指标变化形态的统计图。它是表明生产计划进度、动态和发展趋势的主要图形,对于反映事物发展变化的规律性,有着重要的作用。

(4)象形图。象形图是根据实物形象绘制几何图形的基本方法,选用实物形象,经过美术加工,来表示统计资料的一种统计图。它生动活泼,引人入胜,使观者容易得到鲜明而深刻的印象,给人以直觉感。象形图的种类也很多,比如单位象形图、长度象形图、平面象形图和形象化指标图等。象形图常用来对比资料和用于劳动竞赛评比方面。

6. 统计地图

统计地图是以地图为背景,利用各种不同的几何图形和不同线纹或色彩,表明和比较事物在各地区的分布状况的一种图形。它是一般的图与统计图形的结合,能反映现象的地理位置以及与其他自然条件的关系。其绘图方法是,先画一张简明地图作背景,然后根据统计资料在地图上的位置绘出点、圆和线纹等相应的统计图形。

常用的统计地图有单圆统计地图和多点统计地图。单圆统计地图是以圆点的大小来表示指标数值大小及其在地区分布状况的一种图形,绘制时在各地区画一个圆,圆面积的大小由该地区的指标数值决定;多点统计地图是以圆点的多少来表示事物数量在各地区的分布状况的一种图形,特点是所有圆点的大小相同。注意在图例中注明一个圆点所代表的指标数值。

三、统计分析

统计分析,是根据统计研究的目的,透过统计指标之间的联系,综合运用各种分析方法和统计指标,对已取得的统计资料和具体情况进行综合而深入地分析研究,从而揭示事物的内在联系及其规律性的一项重要工作。它是统计工作中非常重要的阶段,是提供统计研究成果的阶段。

1. 明确分析目的,确定分析题目

确定统计分析的目的,是为了有的放矢,防止为分析而分析。任何统计分析的进行,都服从于研究问题的需要,都有着具体的目的和要求;同时,只有明确了统计分析的目的和要求;才能具体地确定分析研究中所要解决的主要问题,以便决定所需资料和采用的指标,从而能对统计分析的目的和要求作出正确的回答。因此,确定统计分析的目的和要求,是进行统计分析工作必须要解决的一个首要问题。

2. 拟定分析提纲

拟定分析提纲,是指事先预料一下可能涉及的问题以及围绕这些问题需要准备哪些资料。统计分析提纲具体表现为统计分析的题目。如果不拟定提纲,分析工作就不知从何处入手。问题抓不准,就不能集中而全面地说明要研究问题的情况,也就达不到统计分析的目的和要求。拟定分析提纲,一般包括:分析研究的对象、内容;确定所需资料的来源;分析的重点内容;利用哪些统计指标;采用什么分析方法;整个分析过程的实际步骤和分工。做到有的放矢,防止盲目性。

3. 搜集资料、整理资料,对统计资料进行审核鉴别和再加工,并编制统计分析表

根据统计分析的要求,采用多种分析方法搜集资料。资料是多方面的,包括日常积累的历史资料和专门搜集的新资料,本单位以及与分析问题相关的外单位资料,同行业、国内外的先进水平资料等。统计资料的准确性,是保证统计分析质量的关键。因此,必须对搜集的统计资料进行整理、审查和评价,鉴定资料是否真实,是否具有可比性和代表性。最后编制统计分析表。

4. 对统计资料进行比较分析

在统计资料进行鉴别的基础上,进行深入细致的对照比较,探明问题的症结,从事物的内在联系中寻求现象发展的规律性及现象之间的相互联系与差别,使统计分析达到由量到质的目的。

5. 作出结论、提出建议,并形成统计分析报告

统计分析的结论是统计分析结果的概括说明,必须正确、完整,具有充分的依据,所提的建议必须切实可行。统计分析的结论、建议用书面形式来表现,形成统计分析报告,它是统计分析的最后程序。统计分析报告的内容,取决于分析的题目和内容。什么问题是分析报告的重点,就侧重写什么问题。例如,分析计划完成情况,就要分析超额完成计划的原因,未完成计划的原因和存在的问题,并提出改进措施;分析劳动生产率提高的情况,就需要说明劳动生产率提高的水平,影响劳动生产率提高的因素及其作用程度以及如何进一步挖潜革新,提高劳动生产率的建议等。做到紧扣主题,从分析现象总体的基本数量入手,结合有关情况和事实,进行科学归纳、总结,做到有材料、有事例、有观点、有建议,中心突出,简明扼要、层次清晰、观点和材料统一。

写统计分析报告时,还应注意以下几点:

(1)报告内容,要根据分析的目的要求,抓住问题的关键,重点突出。

(2)报告中的观点与材料要统一,要用充分必要的材料说明观点,不能空泛议论而没有材料,也不能罗列大堆数字而没有观点。

(3)报告要层次分明,概念清楚,内容充实,前后一致,顺理成章,简练明了。

(4)语言要通俗生动,言简意明,避免繁琐冗长,反对说空话、大话和假话。

附件:中华人民共和国统计法

中华人民共和国统计法

中华人民共和国主席令(第十五号)

(1983年12月8日第六届全国人民代表大会常务委员会第三次会议通过。根据1996年5月15日第八届全国人民代表大会常务委员会第十九次会议《关于修改〈中华人民共和国统计法〉的决定》修正。

2009年6月27日第十一届全国人民代表大会常务委员会第九次会议修订）

第一章 总 则

第一条 为了科学、有效地组织统计工作,保障统计资料的真实性、准确性、完整性和及时性,发挥统计在了解国情国力、服务经济社会发展中的重要作用,促进社会主义现代化建设事业发展,制定本法。

第二条 本法适用于各级人民政府、县级以上人民政府统计机构和有关部门组织实施的统计活动。

统计的基本任务是对经济社会发展情况进行统计调查、统计分析,提供统计资料和统计咨询意见,实行统计监督。

第三条 国家建立集中统一的统计系统,实行统一领导、分级负责的统计管理体制。

第四条 国务院和地方各级人民政府、各有关部门应当加强对统计工作的组织领导,为统计工作提供必要的保障。

第五条 国家加强统计科学研究,健全科学的统计指标体系,不断改进统计调查方法,提高统计的科学性。

国家有计划地加强统计信息化建设,推进统计信息搜集、处理、传输、共享、存储技术和统计数据库体系的现代化。

第六条 统计机构和统计人员依照本法规定独立行使统计调查、统计报告、统计监督的职权,不受侵犯。

地方各级人民政府、政府统计机构和有关部门以及各单位的负责人,不得自行修改统计机构和统计人员依法搜集、整理的统计资料,不得以任何方式要求统计机构、统计人员及其他机构、人员伪造、篡改统计资料,不得对依法履行职责或者拒绝、抵制统计违法行为的统计人员打击报复。

第七条 国家机关、企业事业单位和其他组织以及个体工商户和个人等统计调查对象,必须依照本法和国家有关规定,真实、准确、完整、及时地提供统计调查所需的资料,不得提供不真实或者不完整的统计资料,不得迟报、拒报统计资料。

第八条 统计工作应当接受社会公众的监督。任何单位和个人有权检举统计中弄虚作假等违法行为。对检举有功的单位和个人应当给予表彰和奖励。

第九条 统计机构和统计人员对在统计工作中知悉的国家秘密、商业秘密和个人信息,应当予以保密。

第十条 任何单位和个人不得利用虚假统计资料骗取荣誉称号、物质利益或者职务晋升。

第二章 统计调查管理

第十一条 统计调查项目包括国家统计调查项目、部门统计调查项目和地方统计调查项目。

国家统计调查项目是指全国性基本情况的统计调查项目。部门统计调查项目是指国务院有关部门的专业性统计调查项目。地方统计调查项目是指县级以上地方人民政府及其部门的地方性统计调查项目。

国家统计调查项目、部门统计调查项目、地方统计调查项目应当明确分工,互相衔接,不得重复。

第十二条 国家统计调查项目由国家统计局制定,或者由国家统计局和国务院有关部门共同制定,报国务院备案;重大的国家统计调查项目报国务院审批。

部门统计调查项目由国务院有关部门制定。统计调查对象属于本部门管辖系统的,报国家统计局备案;统计调查对象超出本部门管辖系统的,报国家统计局审批。

地方统计调查项目由县级以上地方人民政府统计机构和有关部门分别制定或者共同制定。其中,由省级人民政府统计机构单独制定或者和有关部门共同制定的,报国家统计局审批;由省级以下人民政府统计机构单独制定或者和有关部门共同制定的,报省级人民政府统计机构审批;由县级以上地方人民政府有关部门制定的,报本级人民政府统计机构审批。

第十三条 统计调查项目的审批机关应当对调查项目的必要性、可行性、科学性进行审查,对符合法定条件的,作出予以批准的书面决定,并公布;对不符合法定条件的,作出不予批准的书面决定,并说明理由。

第十四条 制定统计调查项目,应当同时制定该项目的统计调查制度,并依照本法第十二条的规定一并报经审批或者备案。

统计调查制度应当对调查目的、调查内容、调查方法、调查对象、调查组织方式、调查表式、统计资料的报送和公布等作出规定。

统计调查应当按照统计调查制度组织实施。变更统计调查制度的内容,应当报经原审批机关批准或者原备案机关备案。

第十五条 统计调查表应当标明表号、制定机关、批准或者备案文号、有效期限等标志。

对未标明前款规定的标志或者超过有效期限的统计调查表,统计调查对象有权拒绝填报;县级以上人民政府统计机构应当依法责令停止有关统计调查活动。

第十六条 搜集、整理统计资料,应当以周期性普查为基础,以经常性抽样调查为主体,综合运用全面调查、重点调查等方法,并充分利用行政记录等资料。

重大国情国力普查由国务院统一领导,国务院和地方人民政府组织统计机构和有关部门共同实施。

第十七条 国家制定统一的统计标准,保障统计调查采用的指标涵义、计算方法、分类目录、调查表式和统计编码等的标准化。

国家统计标准由国家统计局制定,或者由国家统计局和国务院标准化主管部门共同制定。

国务院有关部门可以制定补充性的部门统计标准,报国家统计局审批。部门统计标准不得与国家统计标准相抵触。

第十八条 县级以上人民政府统计机构根据统计任务的需要,可以在统计调查对象中推广使用计算机网络报送统计资料。

第十九条 县级以上人民政府应当将统计工作所需经费列入财政预算。

重大国情国力普查所需经费,由国务院和地方人民政府共同负担,列入相应年度的财政预算,按时拨付,确保到位。

第三章 统计资料的管理和公布

第二十条 县级以上人民政府统计机构和有关部门以及乡、镇人民政府,应当按照国家有关规定建立统计资料的保存、管理制度,建立健全统计信息共享机制。

第二十一条 国家机关、企业事业单位和其他组织等统计调查对象,应当按照国家有关规定设置原始记录、统计台账,建立健全统计资料的审核、签署、交接、归档等管理制度。

统计资料的审核、签署人员应当对其审核、签署的统计资料的真实性、准确性和完整性负责。

第二十二条 县级以上人民政府有关部门应当及时向本级人民政府统计机构提供统计所需的行政记录资料和国民经济核算所需的财务资料、财政资料及其他资料,并按照统计调查制度的规定及时向本级人民政府统计机构报送其组织实施统计调查取得的有关资料。

县级以上人民政府统计机构应当及时向本级人民政府有关部门提供有关统计资料。

第二十三条 县级以上人民政府统计机构按照国家有关规定,定期公布统计资料。

国家统计数据以国家统计局公布的数据为准。

第二十四条 县级以上人民政府有关部门统计调查取得的统计资料,由本部门按照国家有关规定公布。

第二十五条 统计调查中获得的能够识别或者推断单个统计调查对象身份的资料,任何单位和个人不得对外提供、泄露,不得用于统计以外的目的。

第二十六条 县级以上人民政府统计机构和有关部门统计调查取得的统计资料,除依法应当保密的外,应当及时公开,供社会公众查询。

第四章 统计机构和统计人员

第二十七条 国务院设立国家统计局,依法组织领导和协调全国的统计工作。

国家统计局根据工作需要设立的派出调查机构,承担国家统计局布置的统计调查等任务。

县级以上地方人民政府设立独立的统计机构,乡、镇人民政府设置统计工作岗位,配备专职或者兼职统计人员,依法管理、开展统计工作,实施统计调查。

第二十八条　县级以上人民政府有关部门根据统计任务的需要设立统计机构,或者在有关机构中设置统计人员,并指定统计负责人,依法组织、管理本部门职责范围内的统计工作,实施统计调查,在统计业务上受本级人民政府统计机构的指导。

第二十九条　统计机构、统计人员应当依法履行职责,如实搜集、报送统计资料,不得伪造、篡改统计资料,不得以任何方式要求任何单位和个人提供不真实的统计资料,不得有其他违反本法规定的行为。

统计人员应当坚持实事求是,恪守职业道德,对其负责搜集、审核、录入的统计资料与统计调查对象报送的统计资料的一致性负责。

第三十条　统计人员进行统计调查时,有权就与统计有关的问题询问有关人员,要求其如实提供有关情况、资料并改正不真实、不准确的资料。

统计人员进行统计调查时,应当出示县级以上人民政府统计机构或者有关部门颁发的工作证件;未出示的,统计调查对象有权拒绝调查。

第三十一条　国家实行统计专业技术职务资格考试、评聘制度,提高统计人员的专业素质,保障统计队伍的稳定性。

统计人员应当具备与其从事的统计工作相适应的专业知识和业务能力。

县级以上人民政府统计机构和有关部门应当加强对统计人员的专业培训和职业道德教育。

第五章　监督检查

第三十二条　县级以上人民政府及其监察机关对下级人民政府、本级人民政府统计机构和有关部门执行本法的情况,实施监督。

第三十三条　国家统计局组织管理全国统计工作的监督检查,查处重大统计违法行为。

县级以上地方人民政府统计机构依法查处本行政区域内发生的统计违法行为。但是,国家统计局派出的调查机构组织实施的统计调查活动中发生的统计违法行为,由组织实施该项统计调查的调查机构负责查处。

法律、行政法规对有关部门查处统计违法行为另有规定的,从其规定。

第三十四条 县级以上人民政府有关部门应当积极协助本级人民政府统计机构查处统计违法行为,及时向本级人民政府统计机构移送有关统计违法案件材料。

第三十五条 县级以上人民政府统计机构在调查统计违法行为或者核查统计数据时,有权采取下列措施:

(一)发出统计检查查询书,向检查对象查询有关事项;

(二)要求检查对象提供有关原始记录和凭证、统计台账、统计调查表、会计资料及其他相关证明和资料;

(三)就与检查有关的事项询问有关人员;

(四)进入检查对象的业务场所和统计数据处理信息系统进行检查、核对;

(五)经本机构负责人批准,登记保存检查对象的有关原始记录和凭证、统计台账、统计调查表、会计资料及其他相关证明和资料;

(六)对与检查事项有关的情况和资料进行记录、录音、录像、照相和复制。

县级以上人民政府统计机构进行监督检查时,监督检查人员不得少于二人,并应当出示执法证件;未出示的,有关单位和个人有权拒绝检查。

第三十六条 县级以上人民政府统计机构履行监督检查职责时,有关单位和个人应当如实反映情况,提供相关证明和资料,不得拒绝、阻碍检查,不得转移、隐匿、篡改、毁弃原始记录和凭证、统计台账、统计调查表、会计资料及其他相关证明和资料。

第六章 法 律 责 任

第三十七条 地方人民政府、政府统计机构或者有关部门、单位的负责人有下列行为之一的,由任免机关或者监察机关依法给予处分,并由县级以上人民政府统计机构予以通报:

(一)自行修改统计资料、编造虚假统计数据的;
(二)要求统计机构、统计人员或者其他机构、人员伪造、篡改统计资料的;
(三)对依法履行职责或者拒绝、抵制统计违法行为的统计人员打击报复的;
(四)对本地方、本部门、本单位发生的严重统计违法行为失察的。

第三十八条 县级以上人民政府统计机构或者有关部门在组织实施统计调查活动中有下列行为之一的,由本级人民政府、上级人民政府统计机构或者本级人民政府统计机构责令改正,予以通报;对直接负责的主管人员和其他直接责任人员,由任免机关或者监察机关依法给予处分:
(一)未经批准擅自组织实施统计调查的;
(二)未经批准擅自变更统计调查制度的内容的;
(三)伪造、篡改统计资料的;
(四)要求统计调查对象或者其他机构、人员提供不真实的统计资料的;
(五)未按照统计调查制度的规定报送有关资料的。

统计人员有前款第三项至第五项所列行为之一的,责令改正,依法给予处分。

第三十九条 县级以上人民政府统计机构或者有关部门有下列行为之一的,对直接负责的主管人员和其他直接责任人员由任免机关或者监察机关依法给予处分:
(一)违法公布统计资料的;
(二)泄露统计调查对象的商业秘密、个人信息或者提供、泄露在统计调查中获得的能够识别或者推断单个统计调查对象身份的资料的;
(三)违反国家有关规定,造成统计资料毁损、灭失的。

统计人员有前款所列行为之一的,依法给予处分。

第四十条 统计机构、统计人员泄露国家秘密的,依法追究法律责任。

第四十一条 作为统计调查对象的国家机关、企业事业单位或者其他组织有下列行为之一的,由县级以上人民政府统计机构责令改正,给予警告,可以予以通报;其直接负责的主管人员和其他直接责任人员属于国家工作人员的,由任免机关或者监察机关依法给予处分:

(一)拒绝提供统计资料或者经催报后仍未按时提供统计资料的;

(二)提供不真实或者不完整的统计资料的;

(三)拒绝答复或者不如实答复统计检查查询书的;

(四)拒绝、阻碍统计调查、统计检查的;

(五)转移、隐匿、篡改、毁弃或者拒绝提供原始记录和凭证、统计台账、统计调查表及其他相关证明和资料的。

企业事业单位或者其他组织有前款所列行为之一的,可以并处五万元以下的罚款;情节严重的,并处五万元以上二十万元以下的罚款。

个体工商户有本条第一款所列行为之一的,由县级以上人民政府统计机构责令改正,给予警告,可以并处一万元以下的罚款。

第四十二条 作为统计调查对象的国家机关、企业事业单位或者其他组织迟报统计资料,或者未按照国家有关规定设置原始记录、统计台账的,由县级以上人民政府统计机构责令改正,给予警告。

企业事业单位或者其他组织有前款所列行为之一的,可以并处一万元以下的罚款。

个体工商户迟报统计资料的,由县级以上人民政府统计机构责令改正,给予警告,可以并处一千元以下的罚款。

第四十三条 县级以上人民政府统计机构查处统计违法行为时,认为对有关国家工作人员依法应当给予处分的,应当提出给予处分的建议;该国家工作人员的任免机关或者监察机关应当依法及时作出决定,并将结果书面通知县级以上人民政府统计机构。

第四十四条 作为统计调查对象的个人在重大国情国力普查活动中拒绝、阻碍统计调查,或者提供不真实或者不完整的普查资料的,由县级以上人民政府统计机构责令改正,予以批评教育。

第四十五条 违反本法规定,利用虚假统计资料骗取荣誉称号、物质利益或者职务晋升的,除对其编造虚假统计资料或者要求他人编造虚假统计资料的行为依法追究法律责任外,由作出有关决定的单位或者其上级单位、监察机关取消其荣誉称号,追缴获得的物质利益,撤销晋升的职务。

第四十六条　当事人对县级以上人民政府统计机构作出的行政处罚决定不服的,可以依法申请行政复议或者提起行政诉讼。其中,对国家统计局在省、自治区、直辖市派出的调查机构作出的行政处罚决定不服的,向国家统计局申请行政复议;对国家统计局派出的其他调查机构作出的行政处罚决定不服的,向国家统计局在该派出机构所在的省、自治区、直辖市派出的调查机构申请行政复议。

第四十七条　违反本法规定,构成犯罪的,依法追究刑事责任。

第七章　附　则

第四十八条　本法所称县级以上人民政府统计机构,是指国家统计局及其派出的调查机构、县级以上地方人民政府统计机构。

第四十九条　民间统计调查活动的管理办法,由国务院制定。

中华人民共和国境外的组织、个人需要在中华人民共和国境内进行统计调查活动的,应当按照国务院的规定报请审批。

利用统计调查危害国家安全、损害社会公共利益或者进行欺诈活动的,依法追究法律责任。

第五十条　本法自2010年1月1日起施行。

第二节　劳务管理资料收集、整理

一、劳务管理资料的种类与内容

1. 总承包公司管理资料和基本内容

(1)劳务分包合同。

1)劳务分包合同应当由双方企业法定代表人或授权委托人签字并加盖企业公章,不得使用分公司、项目经理部印章;

2)劳务分包合同不得包括大型机械、周转性材料租赁和主要材料采购内容;

3)发包人、承包人约定劳务分包合同价款计算方式时,不得采用

"暂估价"方式约定合同总价。

(2)中标通知书和新队伍引进考核表。

项目部劳务员必须按照下述规定,保存好中标通知书和新队伍引进考核表备查:

1)单项工程劳务合同估算价50万以上的须进行招投标选择队伍;

2)新劳务企业、作业队伍引进须进行项目推荐、公司考察、综合评价和建筑集团公司审批手续。

(3)劳务费结算台账和支付凭证。

劳务费结算台账和支付凭证是反映总承包方是否按规定及时结算和支付分包方劳务费的依据,也是检查劳务分包企业劳务作业人员能否按时发放工资的依据。

发包人、承包人就同一劳务作业内容另行订立的劳务分包合同与经备案的劳务分包合同实质性内容不一致的,应当以备案的劳务分包合同作为结算劳务分包合同价款的依据。

(4)人员增减台账。

项目部劳务管理人员根据劳务分包企业现场实际人员变动情况登记造册,是保证进入现场分包人员接受安全教育、持证上岗、合法用工的基础管理工作,必须每日完成人员动态管理,建安总承包施工企业、项目经理部应当按照"八统一"标准做好施工人员实名管理。

(5)农民工夜校资料。

总承包单位必须建立"农民工夜校",将农民工教育培训工作纳入企业教育管理体系,其管理资料有:

1)"农民工夜校"组织机构及人员名单;

2)"农民工夜校"管理制度;

3)农民工教育师资队伍名录及证书、证明;

4)"农民工夜校"培训记录。

(6)日常检查记录。

1)项目部劳务员对分包方进场人员日常检查记录,是判定分包方该项目实际使用人员与非实际使用人员的重要资料;

2)各项目经理部日常用工检查制度和劳务例会记录。
(7)劳务作业队伍考评表。
1)《劳务作业队伍考评表》;
2)对作业队伍相关月度检查、季度考核、年度评价、分级评价的相关资料及报表。
(8)突发事件应急预案。
1)项目部突发事件应急预案;
2)定期检测、评估、监控及相应措施的资料记录。
(9)建筑集团公司和本公司管理文件汇编。
(10)劳务员岗位证书。
(11)行业和企业对劳务企业和施工作业队的综合评价资料。

2. 分包企业管理资料和基本内容

(1)劳务作业人员花名册和身份证明。

1)劳务分包企业提供的进入施工现场人员花名册,是总承包单位掌控进场作业人员自然情况的重要材料。花名册必须包含姓名、籍贯、年龄、身份证号码、岗位证书编号、工种等重要信息。花名册也是总承包方在处理分包方劳务纠纷时识别是否参与发包工程施工作业的依据。因此,劳务员必须将劳务分包企业人员花名册和身份证明作为重要文件收集保管。

2)劳务分包企业提供的进入施工现场人员花名册,必须由劳务分包企业审核盖章,必须由劳务分包企业所属省建管处审核盖章,必须由当地建设主管部门审核盖章,必须与现场作业人员实名相符。

3)《中华人民共和国劳动合同法》第七条规定:"用人单位自用工之日起即与劳动者建立劳动关系。"用人单位应当建立职工名册备查。

(2)劳务作业人员劳动合同。

(3)劳务作业人员工资表和考勤表。

1)劳务作业人员工资表和考勤表,是劳务分包企业进场作业人员实际发生作业行为工资分配的证明,也是总承包单位协助劳务分包企业处理劳务纠纷的依据。因此,劳务作业人员工资表和考勤表应该作为劳务管理重要资料存档备查。

2)《北京市建筑施工企业劳动用工和工资支付管理暂行规定》第十二条规定:"建筑施工企业应当对劳动者出勤情况进行记录,作为发放工资的依据,并按照工资支付周期编制工资支付表,不得伪造、变造、隐匿、销毁出勤记录和工资支付表。"

(4)施工作业人员岗位技能证书。

(5)施工队长备案手册。

劳务企业在承揽劳务分包工程时,应当向劳务发包企业提供《建筑业企业档案管理手册》(以下简称《手册》),《手册》中应当包括拟承担该劳务分包工程施工队长的有关信息。劳务企业也可自愿到建设行政主管部门领取《建筑业企业劳务施工队长证书》。劳务发包企业不得允许《手册》中未记录的劳务企业施工队长进场施工。

(6)劳务分包合同及劳务作业人员备案证明。

1)劳务分包合同备案证和劳务作业人员备案证是建设行政主管部门和总承包企业对总承包单位发包分包工程及进场作业人员的管理证明,凡是未办理合同备案和人员备案的分包工程及人员,均属违法分包和非法用工;

2)发包人应当在劳务分包合同订立后 7 日内,到建设行政主管部门办理劳务分包合同及在京施工人员备案。

(7)劳务员岗位证书。

劳务员岗位证书是总承包单位和劳务分包企业施工现场劳务管理岗位人员经培训上岗从事劳务管理工作的证明。各项目部必须按照建设行政主管部门和总承包企业要求设置专兼职劳务员,经培训持证上岗。

(8)行业和企业对劳务企业和施工作业队的信用评价资料。

1)建筑行业劳务企业施工作业队信用评价等级名录;

2)行业协会颁发的《建筑业施工作业队信用等级证书》。

二、劳务资料管理

建立五个档案盒,分别为《工程资料管理》、《总包单位管理》、《劳务分包单位管理》、《劳务人员管理》和《劳务人员工资管理》。

1. 工程资料管理

五个档案盒之一——工程资料管理。档案盒内目录与具体内容要求,见表10-2。

表10-2　　　　　　　　　　工程资料管理

序号	档案盒内目录	具体内容要求
1	工程团体人身伤害保险	从安全报监中复印存档
2	上级主管部门及公司例行检查记录及整改措施	公司月检及季度评分资料、上级主管部门检查资料及整改回执,存档备查
3	项目部对分包方例行检查记录及整改措施	项目周检中应包含劳务检查内容,将周检资料存档
4	项目劳务月报	报公司的劳务月报

2. 总包单位管理

五个档案盒之二——总包单位管理。档案盒内目录与具体内容要求,见表10-3。

表10-3　　　　　　　　　　总包单位管理

序号	档案盒内目录	具体内容要求
1	总包单位管理	存放总包单位的资质等整套资料(包括总包企业营业执照、税务登记证、资质证书、安全生产许可证、外地企业信用登记证,每证加盖公章)及总包合同
2	现场管理人员花名册	现场实际管理人员花名册
3	现场管理人员上岗证	现场实际管理人员上岗证
4	现场管理人员劳动合同、社保	现场实际管理人员的劳动合同及社保(加盖公章)(人力资源)
5	现场管理人员身份证复印件	现场实际管理人员身份证复印件(人力资源)
6	现场管理人员考勤	现场实际管理人员考勤
7	其他	分包款拨付证明等

3. 劳务分包单位管理

五个档案盒之三——劳务分包单位管理。档案盒内目录与具体内容要求,见表10-4。

表10-4　　　　　　　　劳务分包单位管理

序号	档案盒内目录	具体内容要求
1	劳务分包登记表、劳务分包公示牌	劳务分包登记表为监理单位对劳务分包单位的认可证明,此表须加盖劳务单位、总包单位、监理或甲方公章,劳务分包公示牌,应有监理单位填写,内容工整齐全
2	劳务分包单位资料	存放分包单位的资质等整套资料[包括分包企业营业执照、税务登记证、资质证书、安全生产许可证、法人证明书(法人授权委托书)、外地企业信用登记证,每证加盖公章]及劳务分包合同
3	劳务分包管理人员管理	分包管理人员花名册
		身份证复印件存档
		劳动合同——劳务公司与管理人员签订的合同(应有劳务公司法人签字),劳动合同加盖劳务公司公章
		社保——劳务公司为其管理人员所投社保证明复印件加盖公章存档
		管理人员岗位证书(五大员)原件、复印件盖公章存档
		劳务工长证书原件存档,数量不足应及时办理

4. 劳务人员管理

五个档案盒之四——劳务人员管理。档案盒内目录与具体内容要求,见表10-5。

表10-5　　　　　　　　劳务人员管理

序号	档案盒内目录	具体内容要求
1	劳务人员花名册登记	劳务人员花名册登记表
2	劳动合同、身份证	劳动合同须100%签订一式三份,(分包单位须盖公章、委托代理人签字,农民工签字摁手印),身份证复印件存档
3	持证上岗管理、考勤记录管理	上岗证办理(100%办理),考勤表格
4	宿舍信息卡	宿舍信息卡(标准化示范工地)

5. 劳务人员工资管理

五个档案盒之五——劳务人员工资管理。档案盒内目录与具体内容要求,见表 10-6。

表 10-6　　　　　　劳务人员工资管理

序号	档案盒内目录	具体内容要求
1	农民工工资管理制度	发放制度、监控制度、应急预案(建立公司级及项目部级)
2	总、分包企业及项目部清欠机构电话公示	应将总、分包企业及项目部清欠机构电话进行公示
3	月度农民工工资结算	月度农民工工资结算
4	工资发放表	工资发放表(工资发放表须附"银行返盘文件")
5	个人工资台账	个人工资台账
6	退场工资结算	退场工资结算
7	农民工工资公示	公示加盖劳务公司公章的"银行返盘文件";无返盘文件,公示工资发放表

第三节　劳务管理资料档案编制

一、劳务管理资料档案编制要求

(1)劳务资料必须真实准确,与实际情况相符。资料尽量使用原件,为复印件时需注明原件存在位置。

(2)劳务资料要保证字迹清晰、图样清晰、表格整洁,签字盖章手续完备。要印版的资料,签名栏须手签。照片采用照片档案相册管理,要求图像清晰,文字说明准确。

(3)归档的资料要求配有档案目录,档案资料必须真实、有效、完整。

(4)按照"一案一卷"的档案资料管理原则进行规范整理,按照形成规律和特点,区别不同价值,便于保管和利用。

二、劳务管理资料档案保管

(1)劳务管理资料档案最低保存年限:合同协议类8年,文件记录类8年,劳务费发放类8年,统计报表类5年。

(2)档案柜架摆放要科学和便于查找。要定期进行档案的清理核对工作,做到账物相符,对破损或变质的档案要及时进行修补和复制。

(3)要定期对保管期限已满的档案进行鉴定,准确地判定档案的存毁。档案的鉴定工作,应在档案分管负责人的领导下,由相关业务人员组成鉴定小组,对确无保存价值的档案提出销毁意见,进行登记造册,经主管领导审批后销毁。

(4)档案管理人员要认真做好劳务档案的归档工作。劳务档案现代化管理应与企业信息化建设同步发展,列入办公自动化系统并同步进行,不断提高档案管理水平。

(5)档案资料应使用统一规格的文件盒、文件夹进行管理保存。

附　录

附录一

中华人民共和国劳动法

中华人民共和国主席令第二十八号

第一章　总　则

第一条　为了保护劳动者的合法权益,调整劳动关系,建立和维护适应社会主义市场经济的劳动制度,促进经济发展和社会进步,根据宪法,制定本法。

第二条　在中华人民共和国境内的企业、个体经济组织(以下统称用人单位)和与之形成劳动关系的劳动者,适用本法。

国家机关、事业组织、社会团体和与之建立劳动合同关系的劳动者,依照本法执行。

第三条　劳动者享有平等就业和选择职业的权利、取得劳动报酬的权利、休息休假的权利、获得劳动安全卫生保护的权利、接受职业技能培训的权利、享受社会保险和福利的权利、提请劳动争议处理的权利以及法律规定的其他劳动权利。

劳动者应当完成劳动任务,提高职业技能,执行劳动安全卫生规程,遵守劳动纪律和职业道德。

第四条　用人单位应当依法建立和完善规章制度,保障劳动者享有劳动权利和履行劳动义务。

第五条　国家采取各种措施,促进劳动就业,发展职业教育,制定劳动标准,调节社会收入,完善社会保险,协调劳动关系,逐步提高劳动者的生活水平。

第六条　国家提倡劳动者参加社会义务劳动,开展劳动竞赛和合理化建议活动,鼓励和保护劳动者进行科学研究、技术革新和发明创造,表彰和奖励劳动模范和先进工作者。

第七条 劳动者有权依法参加和组织工会。

工会代表和维护劳动者的合法权益,依法独立自主地开展活动。

第八条 劳动者依照法律规定,通过职工大会、职工代表大会或者其他形式,参与民主管理或者就保护劳动者合法权益与用人单位进行平等协商。

第九条 国务院劳动行政部门主管全国劳动工作。

县级以上地方人民政府劳动行政部门主管本行政区域内的劳动工作。

第二章 促进就业

第十条 国家通过促进经济和社会发展,创造就业条件,扩大就业机会。

国家鼓励企业、事业组织、社会团体在法律、行政法规规定的范围内兴办产业或者拓展经营,增加就业。

国家支持劳动者自愿组织起来就业和从事个体经营实现就业。

第十一条 地方各级人民政府应当采取措施,发展多种类型的职业介绍机构,提供就业服务。

第十二条 劳动者就业,不因民族、种族、性别、宗教信仰不同而受歧视。

第十三条 妇女享有与男子平等的就业权利。在录用职工时,除国家规定的不适合妇女的工种或者岗位外,不得以性别为由拒绝录用妇女或者提高对妇女的录用标准。

第十四条 残疾人、少数民族人员、退出现役的军人的就业,法律、法规有特别规定的,从其规定。

第十五条 禁止用人单位招用未满十六周岁的未成年人。

文艺、体育和特种工艺单位招用未满十六周岁的未成年人,必须依照国家有关规定,履行审批手续,并保障其接受义务教育的权利。

第三章 劳动合同和集体合同

第十六条 劳动合同是劳动者与用人单位确立劳动关系、明确双方权利和义务的协议。

建立劳动关系应当订立劳动合同。

第十七条 订立和变更劳动合同,应当遵循平等自愿、协商一致的原则,不得违反法律、行政法规的规定。

劳动合同依法订立即具有法律约束力,当事人必须履行劳动合同规定的义务。

第十八条 下列劳动合同无效:

(一)违反法律、行政法规的劳动合同;

(二)采取欺诈、威胁等手段订立的劳动合同。

无效的劳动合同,从订立的时候起,就没有法律约束力。确认劳动合同部分无效的,如果不影响其余部分的效力,其余部分仍然有效。

劳动合同的无效,由劳动争议仲裁委员会或者人民法院确认。

第十九条 劳动合同应当以书面形式订立,并具备以下条款:

(一)劳动合同期限;

(二)工作内容;

(三)劳动保护和劳动条件;

(四)劳动报酬;

(五)劳动纪律;

(六)劳动合同终止的条件;

(七)违反劳动合同的责任。

劳动合同除前款规定的必备条款外,当事人可以协商约定其他内容。

第二十条 劳动合同的期限分为有固定期限、无固定期限和以完成一定的工作为期限。

劳动者在同一用人单位连续工作满十年以上,当事人双方同意续延劳动合同的,如果劳动者提出订立无固定期限的劳动合同,应当订立无固定期限的劳动合同。

第二十一条 劳动合同可以约定试用期。试用期最长不得超过六个月。

第二十二条 劳动合同当事人可以在劳动合同中约定保守用人单位商业秘密的有关事项。

第二十三条 劳动合同期满或者当事人约定的劳动合同终止条件出现,劳动合同即行终止。

第二十四条 经劳动合同当事人协商一致,劳动合同可以解除。

第二十五条 劳动者有下列情形之一的,用人单位可以解除劳动合同:
(一)在试用期间被证明不符合录用条件的;
(二)严重违反劳动纪律或者用人单位规章制度的;
(三)严重失职,营私舞弊,对用人单位利益造成重大损害的;
(四)被依法追究刑事责任的。

第二十六条 有下列情形之一的,用人单位可以解除劳动合同,但是应当提前三十日以书面形式通知劳动者本人:
(一)劳动者患病或者非因工负伤,医疗期满后,不能从事原工作也不能从事由用人单位另行安排的工作的;
(二)劳动者不能胜任工作,经过培训或者调整工作岗位,仍不能胜任工作的;
(三)劳动合同订立时所依据的客观情况发生重大变化,致使原劳动合同无法履行,经当事人协商不能就变更劳动合同达成协议的。

第二十七条 用人单位濒临破产进行法定整顿期间或者生产经营状况发生严重困难,确需裁减人员的,应当提前三十日向工会或者全体职工说明情况,听取工会或者职工的意见,经向劳动行政部门报告后,可以裁减人员。

用人单位依据本条规定裁减人员,在六个月内录用人员的,应当优先录用被裁减的人员。

第二十八条 用人单位依据本法第二十四条、第二十六条、第二十七条的规定解除劳动合同的,应当依照国家有关规定给予经济补偿。

第二十九条 劳动者有下列情形之一的,用人单位不得依据本法第二十六条、第二十七条的规定解除劳动合同:
(一)患职业病或者因工负伤并被确认丧失或者部分丧失劳动能力的;
(二)患病或者负伤,在规定的医疗期内的;
(三)女职工在孕期、产期、哺乳期内的;
(四)法律、行政法规规定的其他情形。

第三十条 用人单位解除劳动合同,工会认为不适当的,有权提出意见。如果用人单位违反法律、法规或者劳动合同,工会有权要求重新处理；劳动者申请仲裁或者提起诉讼的，工会应当依法给予支持和帮助。

第三十一条 劳动者解除劳动合同，应当提前三十日以书面形式通知用人单位。

第三十二条 有下列情形之一的，劳动者可以随时通知用人单位解除劳动合同：

（一）在试用期内的；

（二）用人单位以暴力、威胁或者非法限制人身自由的手段强迫劳动的；

（三）用人单位未按照劳动合同约定支付劳动报酬或者提供劳动条件的。

第三十三条 企业职工一方与企业可以就劳动报酬、工作时间、休息休假、劳动安全卫生、保险福利等事项，签订集体合同。集体合同草案应当提交职工代表大会或者全体职工讨论通过。

集体合同由工会代表职工与企业签订；没有建立工会的企业，由职工推举的代表与企业签订。

第三十四条 集体合同签订后应当报送劳动行政部门；劳动行政部门自收到集体合同文本之日起十五日内未提出异议的，集体合同即行生效。

第三十五条 依法签订的集体合同对企业和企业全体职工具有约束力。职工个人与企业订立的劳动合同中劳动条件和劳动报酬等标准不得低于集体合同的规定。

第四章 工作时间和休息休假

第三十六条 国家实行劳动者每日工作时间不超过八小时、平均每周工作时间不超过四十四小时的工时制度。

第三十七条 对实行计件工作的劳动者，用人单位应当根据本法第三十六条规定的工时制度合理确定其劳动定额和计件报酬标准。

第三十八条 用人单位应当保证劳动者每周至少休息一日。

第三十九条 企业因生产特点不能实行本法第三十六条、第三十八条规定的，经劳动行政部门批准，可以实行其他工作和休息办法。

第四十条 用人单位在下列节日期间应当依法安排劳动者休假：

(一)元旦;
(二)春节;
(三)国际劳动节;
(四)国庆节;
(五)法律、法规规定的其他休假节日。

第四十一条 用人单位由于生产经营需要,经与工会和劳动者协商后可以延长工作时间,一般每日不得超过一小时;因特殊原因需要延长工作时间的,在保障劳动者身体健康的条件下延长工作时间每日不得超过三小时,但是每月不得超过三十六小时。

第四十二条 有下列情形之一的,延长工作时间不受本法第四十一条的限制:

(一)发生自然灾害、事故或者因其他原因,威胁劳动者生命健康和财产安全,需要紧急处理的;

(二)生产设备、交通运输线路、公共设施发生故障,影响生产和公众利益,必须及时抢修的;

(三)法律、行政法规规定的其他情形。

第四十三条 用人单位不得违反本法规定延长劳动者的工作时间。

第四十四条 有下列情形之一的,用人单位应当按照下列标准支付高于劳动者正常工作时间工资的工资报酬:

(一)安排劳动者延长工作时间的,支付不低于工资的百分之一百五十的工资报酬;

(二)休息日安排劳动者工作又不能安排补休的,支付不低于工资的百分之二百的工资报酬;

(三)法定休假日安排劳动者工作的,支付不低于工资的百分之三百的工资报酬。

第四十五条 国家实行带薪年休假制度。

劳动者连续工作一年以上的,享受带薪年休假。具体办法由国务院规定。

第五章 工 资

第四十六条 工资分配应当遵循按劳分配原则,实行同工同酬。

工资水平在经济发展的基础上逐步提高。国家对工资总量实行宏观调控。

第四十七条　用人单位根据本单位的生产经营特点和经济效益,依法自主确定本单位的工资分配方式和工资水平。

第四十八条　国家实行最低工资保障制度。最低工资的具体标准由省、自治区、直辖市人民政府规定,报国务院备案。

用人单位支付劳动者的工资不得低于当地最低工资标准。

第四十九条　确定和调整最低工资标准应当综合参考下列因素:

(一)劳动者本人及平均赡养人口的最低生活费用;

(二)社会平均工资水平;

(三)劳动生产率;

(四)就业状况;

(五)地区之间经济发展水平的差异。

第五十条　工资应当以货币形式按月支付给劳动者本人。不得克扣或者无故拖欠劳动者的工资。

第五十一条　劳动者在法定休假日和婚丧假期间以及依法参加社会活动期间,用人单位应当依法支付工资。

第六章　劳动安全卫生

第五十二条　用人单位必须建立、健全劳动安全卫生制度,严格执行国家劳动安全卫生规程和标准,对劳动者进行劳动安全卫生教育,防止劳动过程中的事故,减少职业危害。

第五十三条　劳动安全卫生设施必须符合国家规定的标准。

新建、改建、扩建工程的劳动安全卫生设施必须与主体工程同时设计、同时施工、同时投入生产和使用。

第五十四条　用人单位必须为劳动者提供符合国家规定的劳动安全卫生条件和必要的劳动防护用品,对从事有职业危害作业的劳动者应当定期进行健康检查。

第五十五条　从事特种作业的劳动者必须经过专门培训并取得特种作业资格。

第五十六条　劳动者在劳动过程中必须严格遵守安全操作规程。

劳动者对用人单位管理人员违章指挥、强令冒险作业,有权拒绝执行;对危害生命安全和身体健康的行为,有权提出批评、检举和控告。

第五十七条 国家建立伤亡事故和职业病统计报告和处理制度。县级以上各级人民政府劳动行政部门、有关部门和用人单位应当依法对劳动者在劳动过程中发生的伤亡事故和劳动者的职业病状况,进行统计、报告和处理。

第七章　女职工和未成年工特殊保护

第五十八条 国家对女职工和未成年工实行特殊劳动保护。

未成年工是指年满十六周岁未满十八周岁的劳动者。

第五十九条 禁止安排女职工从事矿山井下、国家规定的第四级体力劳动强度的劳动和其他禁忌从事的劳动。

第六十条 不得安排女职工在经期从事高处、低温、冷水作业和国家规定的第三级体力劳动强度的劳动。

第六十一条 不得安排女职工在怀孕期间从事国家规定的第三级体力劳动强度的劳动和孕期禁忌从事的劳动。对怀孕七个月以上的女职工,不得安排其延长工作时间和夜班劳动。

第六十二条 女职工生育享受不少于九十天的产假。

第六十三条 不得安排女职工在哺乳未满一周岁的婴儿期间从事国家规定的第三级体力劳动强度的劳动和哺乳期禁忌从事的其他劳动,不得安排其延长工作时间和夜班劳动。

第六十四条 不得安排未成年工从事矿山井下、有毒有害、国家规定的第四级体力劳动强度的劳动和其他禁忌从事的劳动。

第六十五条 用人单位应当对未成年工定期进行健康检查。

第八章　职业培训

第六十六条 国家通过各种途径,采取各种措施,发展职业培训事业,开发劳动者的职业技能,提高劳动者素质,增强劳动者的就业能力和工作能力。

第六十七条 各级人民政府应当把发展职业培训纳入社会经济发展的规划,鼓励和支持有条件的企业、事业组织、社会团体和个人进行各种形式的职业培训。

第六十八条 用人单位应当建立职业培训制度,按照国家规定提取和使用职业培训经费,根据本单位实际,有计划地对劳动者进行职业培训。

从事技术工种的劳动者,上岗前必须经过培训。

第六十九条 国家确定职业分类,对规定的职业制定职业技能标准,实行职业资格证书制度,由经过政府批准的考核鉴定机构负责对劳动者实施职业技能考核鉴定。

第九章　社会保险和福利

第七十条 国家发展社会保险事业,建立社会保险制度,设立社会保险基金,使劳动者在年老、患病、工伤、失业、生育等情况下获得帮助和补偿。

第七十一条 社会保险水平应当与社会经济发展水平和社会承受能力相适应。

第七十二条 社会保险基金按照保险类型确定资金来源,逐步实行社会统筹。用人单位和劳动者必须依法参加社会保险,缴纳社会保险费。

第七十三条 劳动者在下列情形下,依法享受社会保险待遇:

(一)退休;

(二)患病、负伤;

(三)因工伤残或者患职业病;

(四)失业;

(五)生育。

劳动者死亡后,其遗属依法享受遗属津贴。

劳动者享受社会保险待遇的条件和标准由法律、法规规定。

劳动者享受的社会保险金必须按时足额支付。

第七十四条 社会保险基金经办机构依照法律规定收支、管理和运营社会保险基金,并负有使社会保险基金保值增值的责任。

社会保险基金监督机构依照法律规定,对社会保险基金的收支、管理和运营实施监督。

社会保险基金经办机构和社会保险基金监督机构的设立和职能由法律规定。

任何组织和个人不得挪用社会保险基金。

第七十五条 国家鼓励用人单位根据本单位实际情况为劳动者建立补充保险。

国家提倡劳动者个人进行储蓄性保险。

第七十六条 国家发展社会福利事业,兴建公共福利设施,为劳动者休息、休养和疗养提供条件。

用人单位应当创造条件,改善集体福利,提高劳动者的福利待遇。

第十章 劳动争议

第七十七条 用人单位与劳动者发生劳动争议,当事人可以依法申请调解、仲裁、提起诉讼,也可以协商解决。

调解原则适用于仲裁和诉讼程序。

第七十八条 解决劳动争议,应当根据合法、公正、及时处理的原则,依法维护劳动争议当事人的合法权益。

第七十九条 劳动争议发生后,当事人可以向本单位劳动争议调解委员会申请调解;调解不成,当事人一方要求仲裁的,可以向劳动争议仲裁委员会申请仲裁。当事人一方也可以直接向劳动争议仲裁委员会申请仲裁。对仲裁裁决不服的,可以向人民法院提起诉讼。

第八十条 在用人单位内,可以设立劳动争议调解委员会。劳动争议调解委员会由职工代表、用人单位代表和工会代表组成。劳动争议调解委员会主任由工会代表担任。

劳动争议经调解达成协议的,当事人应当履行。

第八十一条 劳动争议仲裁委员会由劳动行政部门代表、同级工会代表、用人单位方面的代表组成。劳动争议仲裁委员会主任由劳动行政部门代表担任。

第八十二条 提出仲裁要求的一方应当自劳动争议发生之日起六十日内向劳动争议仲裁委员会提出书面申请。仲裁裁决一般应在收到仲裁申请的六十日内作出。对仲裁裁决无异议的,当事人必须履行。

第八十三条 劳动争议当事人对仲裁裁决不服的,可以自收到仲裁裁决书之日起十五日内向人民法院提起诉讼。一方当事人在法定期限内不起诉又不履行仲裁裁决的,另一方当事人可以申请人民法院强制执行。

第八十四条 因签订集体合同发生争议,当事人协商解决不成的,当地人民政府劳动行政部门可以组织有关各方协调处理。

因履行集体合同发生争议,当事人协商解决不成的,可以向劳动争议仲裁委员会申请仲裁;对仲裁裁决不服的,可以自收到仲裁裁决书之日起十五日内向人民法院提起诉讼。

第十一章 监督检查

第八十五条 县级以上各级人民政府劳动行政部门依法对用人单位遵守劳动法律、法规的情况进行监督检查,对违反劳动法律、法规的行为有权制止,并责令改正。

第八十六条 县级以上各级人民政府劳动行政部门监督检查人员执行公务,有权进入用人单位了解执行劳动法律、法规的情况,查阅必要的资料,并对劳动场所进行检查。

县级以上各级人民政府劳动行政部门监督检查人员执行公务,必须出示证件,秉公执法并遵守有关规定。

第八十七条 县级以上各级人民政府有关部门在各自职责范围内,对用人单位遵守劳动法律、法规的情况进行监督。

第八十八条 各级工会依法维护劳动者的合法权益,对用人单位遵守劳动法律、法规的情况进行监督。

任何组织和个人对于违反劳动法律、法规的行为有权检举和控告。

第十二章 法律责任

第八十九条 用人单位制定的劳动规章制度违反法律、法规规定的,由劳动行政部门给予警告,责令改正;对劳动者造成损害的,应当承担赔偿责任。

第九十条 用人单位违反本法规定,延长劳动者工作时间的,由劳动行政部门给予警告,责令改正,并可以处以罚款。

第九十一条 用人单位有下列侵害劳动者合法权益情形之一的,由劳动行政部门责令支付劳动者的工资报酬、经济补偿,并可以责令支付赔偿金:

(一)克扣或者无故拖欠劳动者工资的;
(二)拒不支付劳动者延长工作时间工资报酬的;
(三)低于当地最低工资标准支付劳动者工资的;
(四)解除劳动合同后,未依照本法规定给予劳动者经济补偿的。

第九十二条 用人单位的劳动安全设施和劳动卫生条件不符合国家规定或者未向劳动者提供必要的劳动防护用品和劳动保护设施的,由劳动行政部门或者有关部门责令改正,可以处以罚款;情节严重的,提请县级以上人民政府决定责令停产整顿;对事故隐患不采取措施,致使发生重大事故,造成劳动者生命和财产损失的,对责任人员比照刑法第一百八十七条的规定追究刑事责任。

第九十三条 用人单位强令劳动者违章冒险作业,发生重大伤亡事故,造成严重后果的,对责任人员依法追究刑事责任。

第九十四条 用人单位非法招用未满十六周岁的未成年人的,由劳动行政部门责令改正,处以罚款;情节严重的,由工商行政管理部门吊销营业执照。

第九十五条 用人单位违反本法对女职工和未成年工的保护规定,侵害其合法权益的,由劳动行政部门责令改正,处以罚款;对女职工或者未成年工造成损害的,应当承担赔偿责任。

第九十六条 用人单位有下列行为之一,由公安机关对责任人员处以十五日以下拘留、罚款或者警告;构成犯罪的,对责任人员依法追究刑事责任:

(一)以暴力、威胁或者非法限制人身自由的手段强迫劳动的;
(二)侮辱、体罚、殴打、非法搜查和拘禁劳动者的。

第九十七条 由于用人单位的原因订立的无效合同,对劳动者造成损害的,应当承担赔偿责任。

第九十八条 用人单位违反本法规定的条件解除劳动合同或者故意拖延不订立劳动合同的,由劳动行政部门责令改正;对劳动者造成损害的,应当承担赔偿责任。

第九十九条 用人单位招用尚未解除劳动合同的劳动者,对原用人单位造成经济损失的,该用人单位应当依法承担连带赔偿责任。

第一百条 用人单位无故不缴纳社会保险费的,由劳动行政部门责令其限期缴纳,逾期不缴的,可以加收滞纳金。

第一百零一条 用人单位无理阻挠劳动行政部门、有关部门及其工作人员行使监督检查权,打击报复举报人员的,由劳动行政部门或者有关部门处以罚款;构成犯罪的,对责任人员依法追究刑事责任。

第一百零二条 劳动者违反本法规定的条件解除劳动合同或者违反劳动合同中约定的保密事项,对用人单位造成经济损失的,应当依法承担赔偿责任。

第一百零三条 劳动行政部门或者有关部门的工作人员滥用职权、玩忽职守、徇私舞弊,构成犯罪的,依法追究刑事责任;不构成犯罪的,给予行政处分。

第一百零四条 国家工作人员和社会保险基金经办机构的工作人员挪用社会保险基金,构成犯罪的,依法追究刑事责任。

第一百零五条 违反本法规定侵害劳动者合法权益,其他法律、法规已规定处罚的,依照该法律、行政法规的规定处罚。

第十三章 附 则

第一百零六条 省、自治区、直辖市人民政府根据本法和本地区的实际情况,规定劳动合同制度的实施步骤,报国务院备案。

第一百零七条 本法自1995年1月1日起施行。

附录二

国务院关于加强职业培训促进就业的意见

国发〔2010〕36号

各省、自治区、直辖市人民政府,国务院各部委、各直属机构:

改革开放以来,我国职业培训工作取得了显著成效,职业培训体系初步建立,政策措施逐步完善,培训规模不断扩大,劳动者职业素质和就业能力得到不断提高,对促进就业和经济社会发展发挥了重要作用。与此同时,职业培训工作仍不适应社会经济发展、产业结构调整和劳动者素质提高的需要,职业培训的制度需要进一步健全、工作力度需要进一步加大、针对性和有效性需要进一步增强。为认真落实《国家中长期人才发展规划纲要(2010—2020年)》、《国家中长期教育改革和发展规划纲要(2010—2020年)》要求,全面提高劳动者职业技能水平,加快技能人才队伍建设,现就加强职业培训促进就业提出如下意见:

一、充分认识加强职业培训的重要性和紧迫性

(一)加强职业培训是促进就业和经济发展的重大举措。职业培训是提高劳动者技能水平和就业创业能力的主要途径。大力加强职业培训工作,建立健全面向全体劳动者的职业培训制度,是实施扩大就业的发展战略,解决就业总量矛盾和结构性矛盾,促进就业和稳定就业的根本措施;是贯彻落实人才强国战略,加快技能人才队伍建设,建设人力资源强国的重要任务;是加快经济发展方式转变,促进产业结构调整,提高企业自主创新能力和核心竞争力的必然要求;也是推进城乡统筹发展,加快工业化和城镇化进程的有效手段。

(二)明确职业培训工作的指导思想和目标任务。职业培训工作的指导思想是:深入贯彻落实科学发展观,以服务就业和经济发展为宗旨,坚持城乡统筹、就业导向、技能为本、终身培训的原则,建立覆盖对象广泛、培训形式多样、管理运作规范、保障措施健全的职业培训工作新机制,健全面向全体劳动者的职业培训制度,加快培养数以亿计的高素质技能劳动者。

当前和今后一个时期,职业培训工作的主要任务是:适应扩大就业规模、提高就业质量和增强企业竞争力的需要,完善制度、创新机制、加大投入,大规模开展就业技能培训、岗位技能提升培训和创业培训,切实提高职业培训的针对性和有效性,努力实现"培训一人、就业一人"和"就业一人、培训一人"的目标,为促进就业和经济社会发展提供强有力的技能人才支持。"十二五"期间,力争使新进入人力资源市场的劳动者都有机会接受相应的职业培训,使企业技能岗位的职工得到至少一次技能提升培训,使每个有培训愿望的创业者都参加一次创业培训,使高技能人才培训满足产业结构优化升级和企业发展需求。

二、大力开展各种形式的职业培训

(三)健全职业培训制度。适应城乡全体劳动者就业需要和职业生涯发展要求,健全职业培训制度。要统筹利用各类职业培训资源,建立以职业院校、企业和各类职业培训机构为载体的职业培训体系,大力开展就业技能培训、岗位技能提升培训和创业培训,贯通技能劳动者从初级工、中级工、高级工到技师、高级技师的成长通道。

(四)大力开展就业技能培训。要面向城乡各类有就业要求和培训愿望的劳动者开展多种形式就业技能培训。坚持以就业为导向,强化实际操作技能训练和职业素质培养,使他们达到上岗要求或掌握初级以上职业技能,着力提高培训后的就业率。对农村转移就业劳动者和城镇登记失业人员,要重点开展初级技能培训,使其掌握就业的一技之长;对城乡未继续升学的应届初高中毕业生等新成长劳动力,鼓励其参加1－2个学期的劳动预备制培训,提升技能水平和就业能力;对企业新录用的人员,要结合就业岗位的实际要求,通过师傅带徒弟、集中培训等形式开展岗前培训;对退役士兵要积极开展免费职业技能培训;对职业院校学生要强化职业技能和从业素质培养,使他们掌握中级以上职业技能。鼓励高等院校大力开展职业技能和就业能力培训,加强就业创业教育和就业指导服务,促进高校毕业生就业。

(五)切实加强岗位技能提升培训。适应企业产业升级和技术进步的要求,进一步健全企业职工培训制度,充分发挥企业在职业培训工作中的重要作用。鼓励企业通过多种方式广泛开展在岗职工技能提升培训和高技能人才培训。要结合技术进步和产业升级对职工技能水平的要求,通过在岗培训、脱产培训、业务研修、技能竞赛等多种形式,加快提升企业在岗职工的技能水平。鼓励企业通过建立技能大师工作室和技师研修制度、自办培训机构或与职业院校联合办学等方式,结合企业技术创新、技术改造和技术项目引进,大力培养高技能人才。鼓励有条件的企业积极承担社会培训任务,为参加职业培训人员提供实训实习条件。

(六)积极推进创业培训。依托有资质的教育培训机构,针对创业者特点和创业不同阶段的需求,开展多种形式的创业培训。要扩大创业培训范围，鼓励有创业要求和培训愿望、具备一定创业条件的城乡各类劳动者以及处于创业初期的创业者参加创业培训。要通过规范培训标准、提高师资水平、完善培训模式，不断提高创业培训质量；要结合当地产业发展和创业项目，根据不同培训对象特点，重点开展创业意识教育、创业项目指导和企业经营管理培训，通过案例剖析、考察观摩、企业家现身说法等方式，提高受培训者的创业能力。要强化创业培训与小额担保贷款、税费减免等扶持政策及创业咨询、创业孵化等服务手段的衔接，健全政策扶持、创业培训、创业服务相结合的工作体系，提高创业成功率。

三、切实提高职业培训质量

（七）大力推行就业导向的培训模式。根据就业需要和职业技能标准要求，深化职业培训模式改革，大力推行与就业紧密联系的培训模式，增强培训针对性和有效性。在强化职业技能训练的同时，要加强职业道德、法律意识等职业素质的培养，提高劳动者的技能水平和综合职业素养。全面实行校企合作，改革培训课程，创新培训方法，引导职业院校、企业和职业培训机构大力开展订单式培训、定向培训、定岗培训。面向有就业要求和培训愿望城乡劳动者的初级技能培训和岗前培训，应根据就业市场需求和企业岗位实际要求，开展订单式培训或定岗培训；面向城乡未继续升学的应届初高中毕业生等新成长劳动力的劳动预备制培训，应结合产业发展对后备技能人才需求，开展定向培训。

（八）加强职业技能考核评价和竞赛选拔。各地要切实加强职业技能鉴定工作，按统一要求建立健全技能人才培养评价标准，充分发挥职业技能鉴定在职业培训中的引导作用。各级职业技能鉴定机构要按照国家职业技能鉴定有关规定和要求，为劳动者提供及时、方便、快捷的职业技能鉴定服务。完善企业技能人才评价制度，指导企业结合国家职业标准和企业岗位要求，开展企业内职业技能评价工作。在职业院校中积极推行学历证书与职业资格证书"双证书"制度。充分发挥技能竞赛在技能人才培养中的积极作用，选择技术含量高、通用性广、从业人员多、社会影响大的职业广泛开展多层次的职业技能竞赛，为发现和选拔高技能人才创造条件。

(九)强化职业培训基础能力建设。依托现有各类职业培训机构及培训设施,加大职业培训资源整合力度,加强职业培训体系建设,提高职业培训机构的培训能力。在产业集中度高的区域性中心城市,提升改造一批以高级技能培训为主的职业技能实训基地;在地级城市,提升改造一批以中、高级技能培训为主的职业技能实训基地;在经济较发达的县市,提升改造一批以初、中级技能培训为主的职业技能实训基地,面向社会提供示范性技能训练和鉴定服务。完善职业分类制度,加快国家职业技能标准和鉴定题库的开发与更新,为职业培训和鉴定提供技术支持。加强职业培训师资队伍建设,依托有条件的大中型企业和职业院校,开展师资培训,加快培养既能讲授专业知识又能传授操作技能的教师队伍。实行专兼职教师制度,建立和完善职业培训教师在职培训和到企业实践制度。根据职业培训规律和特点,加强职业培训特别是高技能人才培训的课程体系、培训计划大纲以及培训教材的开发。

(十)切实加强就业服务工作。加强覆盖城乡的公共就业服务体系建设,为各类劳动者提供完善的职业培训政策信息咨询、职业指导和职业介绍等服务,定期公布人力资源市场供求信息,引导各类劳动者根据市场需求,选择适合自身需要的职业培训。基层劳动就业和社会保障公共服务平台要了解、掌握培训需求,收集、发布培训信息,积极动员组织辖区内各类劳动者参加职业培训和职业技能鉴定,及时提供就业信息和就业指导,协助落实相关就业扶持政策,促进其实现就业。

(十一)鼓励社会力量开展职业培训工作。各地要根据国家有关法律法规规定,明确民办职业培训机构的师资、设备、场地等基本条件,鼓励和引导社会力量开展职业培训,在师资培养、技能鉴定、就业信息服务、政府购买培训成果等方面与其他职业培训机构同等对待。同时,要依法加强对各类民办职业培训机构招生、收费、培训等环节的指导与监管,进一步提高民办职业培训机构办学质量,推动民办职业培训健康发展。

(十二)完善政府购买培训成果机制。各地要建立培训项目管理制度,完善政府购买培训成果机制,按照"条件公开、自愿申请、择优认定、社会公示"的原则,制定承担政府补贴培训任务的培训机构的基本条件、认定程序和管理办法,组织专家进行严格评审,对符合条件的向社会公示。要严格执行开班申请、过程检查、结业审核三项制度。鼓励地方探索第三方监督机制,委托有资质的社会中介组织对培训机构的培训质量及资金使用情况进行评估。

四、加大职业培训资金支持力度

(十三)完善职业培训补贴政策。城乡有就业要求和培训愿望的劳动者参加就业技能培训或创业培训,培训合格并通过技能鉴定取得初级以上职业资格证书(未颁布国家职业技能标准的职业应取得专项职业能力证书或培训合格证书),根据其获得职业资格证书或就业情况,按规定给予培训费补贴;企业新录用的符合职业培训补贴条件的劳动者,由企业依托所属培训机构或政府认定培训机构开展岗前培训的,按规定给予企业一定的培训费补贴。对通过初次职业技能鉴定并取得职业资格证书或专项职业能力证书的,按规定给予一次性职业技能鉴定补贴。对城乡未继续升学的应届初高中毕业生参加劳动预备制培训,按规定给予培训费补贴的同时,对其中农村学员和城市家庭经济困难学员给予一定生活费补贴。

(十四)加大职业培训资金投入。各级政府对用于职业培训的各项补贴资金要加大整合力度,具备条件的地区,统一纳入就业专项资金,统筹使用,提高效益。各级财政要加大投入,调整就业专项资金支出结构,逐步提高职业培训支出比重。有条件的地区要安排经费,对职业培训教材开发、师资培训、职业技能竞赛、评选表彰等基础工作给予支持。由失业保险基金支付的各项培训补贴按相关规定执行。

(十五)落实企业职工教育经费。企业要按规定足额提取并合理使用企业职工教育经费,职工教育经费的60%以上应用于一线职工的教育和培训,企业职工在岗技能提升培训和高技能人才培训所需费用从职工教育经费列支。企业应将职工教育经费的提取与使用情况列为厂务公开的内容,定期或不定期进行公开,接受职工代表的质询和全体职工的监督。对自身没有能力开展职工培训,以及未开展高技能人才培训的企业,县级以上地方人民政府可依法对其职工教育经费实行统筹,人力资源社会保障部门会同有关部门统一组织培训服务。

(十六)加强职业培训资金监管。各地人力资源社会保障部门要会同财政部门加强对职业培训补贴资金的管理,明确资金用途、申领拨付程序和监管措施。2012年底前,各省(区、市)地级以上城市要依托公共就业服务信息系统建立统一的职业培训信息管理平台,对承担培训任务的培训机构进行动态管理,对参训人员实行实名制管理,不断提高地区之间信息共享程度。要根据当地产业发展规划、就业状况以及企业用人需要,合理确定并向社会公布政府补贴培训的职业(工种),每人每年只能享受一次职业培训补贴。要按照同一地区、同一工种补贴标准统一的原则,根据难易程度、时间长短和培训成本,以职业资格培训期限为基础,科学合理地确定培训补贴标准。根据培训对象特点和培训组织形式,在现有补贴培训机构方式的基础上,积极推进直补个人、直补企业等职业培训补贴方式,有条件的地区可以探索发放培训券(卡)的方式。要采取切实措施,对补贴对象审核、资金拨付等重点环节实行公开透明的办法,定期向全社会公开资金使用情况,审计部门依法加强对职业培训补贴资金的审计,防止骗取、挪用、以权谋私等问题的发生,确保资金安全,审计结果依法向社会公告。监察部门对重大违纪违规问题的责任人进行责任追究,涉及违法的移交司法机关处理。

五、加强组织领导

(十七)完善工作机制。地方各级人民政府、各有关部门要进一步提高对职业培训工作重要性的认识,进一步增强责任感和紧迫感,从全局和战略的高度,切实加强职业培训工作。要把职业培训工作作为促进就业工作的一项重要内容,列入重要议事日程,定期研究解决工作中存在的问题。要建立在政府统一领导下,人力资源社会保障部门统筹协调,发展改革、教育、科技、财政、住房城乡建设、农业等部门各司其职、密切配合,工会、共青团、妇联等人民团体广泛参与的工作机制,共同推动职业培训工作健康协调可持续发展。

(十八)科学制定培训规划。各地要根据促进就业和稳定就业的要求,在综合考虑当地劳动者职业培训实际需求、社会培训资源和能力的基础上,制定中长期职业培训规划和年度实施计划,并纳入本地区经济社会和人才发展总体规划。各地人力资源社会保障部门要结合本地区产业结构调整和发展状况、企业用工情况,对劳动力资源供求和培训需求信息等进行统计分析,并定期向社会发布。充分发挥行业主管部门和行业组织在职业培训工作中的作用,做好本行业技能人才需求预测,指导本行业企业完善职工培训制度,落实职业培训政策措施。

(十九)加大宣传表彰力度。进一步完善高技能人才评选表彰制度,并对在职业培训工作中作出突出贡献的机构和个人给予表彰。充分运用新闻媒体,广泛开展主题宣传活动,大力宣传各级党委、政府关于加强职业培训工作的方针政策,宣传技能成才和成功创业的典型事迹,宣传优秀职业院校和职业培训机构在职业培训方面的特色做法和显著成效,营造尊重劳动、崇尚技能、鼓励创造的良好氛围。

国务院
二〇一〇年十月二十日

附录三

关于在建筑工地创建农民工业余学校的通知

(建人〔2007〕82号)

各省、自治区、直辖市建设厅(建委)、文明办、教育厅(教委)、工会、共青团,新疆生产建设兵团建设局、文明办、教育局、工会、共青团,山东、江苏省建管局,中央管理的建筑施工企业:

近年来,杭州、青岛、北京等地按照科学发展观和构建社会主义和谐社会的要求,坚持以人为本、教育优先,在建筑工地设立农民工业余学校,通过农民工业余学校把农民工组织起来,对农民工进行安全教育、技术培训、权益保护、思想和文化教育等服务,取得了显著成效。为贯彻落实《中共中央关于构建社会主义和谐社会若干重大问题的决定》和《国务院关于解决农民工问题的若干意见》精神,加强对建筑业农民工的组织管理和教育培训,提高农民工政治和业务素质,维护农民工权益,丰富农民工文化生活,保证工程质量和安全生产,促进社会和谐稳定,经商国务院农民工工作联席会议办公室同意,建设部、中央文明办、教育部、全国总工会、共青团中央决定,推广杭州、青岛、北京等地经验,在建筑工地创建农民工业余学校。现就有关事项通知如下：

一、建筑面积或工程造价达到一定规模的工程项目，工程开工后要依托施工现场设立农民工业余学校，负责本企业农民工培训工作，报当地建设行政主管部门备案。具体标准由各省（自治区、直辖市）建设行政主管部门根据当地实际情况确定。面向社会开展培训的，报当地教育行政部门审批。

二、农民工业余学校由工程项目承包企业负责组建和管理，工程项目部具体负责教育培训的组织实施工作。专业分包和劳务分包企业要积极配合承包企业，组织农民工参加教育培训。建设单位也要对农民工业余学校的建设予以支持。

三、农民工业余学校主要依托施工现场，利用施工现场的食堂、会议室或活动室等现有场地，也可选择在农民工集中居住的场所设立，一般要有相对固定的培训场地，配置黑板、桌椅、电视机、DVD等基本教学设施，并悬挂"××工地农民工业余学校"标识。

四、农民工业余学校的教育培训内容要按照工程进度和农民工的实际需要确定，重点是安全知识、法律法规、文明礼仪、社会公德、职业道德、卫生防疫、操作技能等内容。培训方法要灵活多样，注重实效。

五、农民工业余学校的师资队伍主要由企业负责人、技术管理人员和高技能人员组成。当地建设行政主管部门要积极协调劳动、教育、卫生、公安、文化、工会等部门和单位的负责人和有关专家，担任农民工业余学校兼职教师。建筑类或开设建筑类专业的职业院校、社区教育机构要主动支持本地农民工业余学校的教学、培训活动，选派优秀教师担任农民工业余学校兼职教师。

六、农民工业余学校的建设费用主要由工程承包企业负担，可在建设工程安全生产费、企业职工教育培训费和建筑意外伤害保险费中安排。要积极拓宽资金渠道，争取各类资金，支持农民工业余学校的建设和教育培训活动。

七、工程承包企业要制定农民工业余学校的培训、师资、管理、考核等规章制度，积极发挥农民工业余学校的综合作用。要通过农民工业余学校，推动基层党团组织建设和工会组织建设，开展健康向上的文体活动，丰富农民工业余文化生活。

八、各级建设、文明办、教育、工会、共青团等部门和单位要积极创造条件，采取有效措施，加强对农民工业余学校创建工作的指导，鼓励和支持企业创建农民工业余学校。建设行政主管部门要将农民工业余学校的创建情况，作为企业安全质量标准化工作、优质工程评选的重要指标。

九、切实加强对农民工业余学校创建工作的组织领导。建设、文明办、教育、工会、共青团等部门和单位要加强协调，密切配合，形成工作合力，落实工作责任，加强督促检查，共同做好农民工业余学校创建工作。要加强对农民工业余学校创建工作的舆论宣传工作，营造全社会关爱农民工的良好环境。

各省、自治区、直辖市建设厅（建委）、文明办、教育厅（教委）、总工会、共青团等部门和单位，要在今年年底前将创建农民工业余学校的实施情况分别报建设部、中央文明办、教育部、全国总工会和共青团中央。

中华人民共和国建设部
中央精神文明建设指导委员会
中华人民共和国教育部
中华全国总工会
中国共产主义青年团中央委员会
二〇〇七年三月二十日

附录四

《建设工程施工劳务分包合同（示范文本）》

(GF—2003—0214)

工程承包人[施工总承包人或专业工程承（分）包人]：_____

劳务分包人：_____

依照《中华人民共和国合同法》、《中华人民共和国建筑法》及其他有关法律、行政法规，遵循平等、自愿、公平和诚实信用的原则，鉴于（以下简称为"发包人"）与工程承包人已经签订施工总承包合同或专业承(分)包合同[以下称为"总(分)包合同"],双方就劳务分包事项协商达成一致,订立本合同。

1. 劳务分包人资质情况

资质证书号码:＿＿＿＿＿＿＿＿＿＿＿＿＿＿＿＿＿＿＿＿＿

发证机关:＿＿＿＿＿＿＿＿＿＿＿＿＿＿＿＿＿＿＿＿＿＿＿

资质专业及等级:＿＿＿＿＿＿＿＿＿＿＿＿＿＿＿＿＿＿＿＿

复审时间及有效期:＿＿＿＿＿＿＿＿＿＿＿＿＿＿＿＿＿＿＿

2. 劳务分包工作对象及提供劳务内容

工程名称:＿＿＿＿＿＿＿＿＿＿＿＿＿＿＿＿＿＿＿＿＿＿＿

工程地点:＿＿＿＿＿＿＿＿＿＿＿＿＿＿＿＿＿＿＿＿＿＿＿

分包范围:＿＿＿＿＿＿＿＿＿＿＿＿＿＿＿＿＿＿＿＿＿＿＿

提供分包劳务内容:＿＿＿＿＿＿＿＿＿＿＿＿＿＿＿＿＿＿＿

3. 分包工作期限

开始工作日期:＿＿年＿＿月＿＿日,结束工作日期:＿＿年＿＿月＿＿日,总日历工作天数为:＿＿天。

4. 质量标准

工程质量:按总(分)包合同有关质量的约定、国家现行的《建筑安装工程施工及验收规范》和《建筑安装工程质量评定标准》,本工作必须达到质量评定等级。

5. 合同文件及解释顺序

组成本合同的文件及优先解释顺序如下。

(1)本合同。

(2)本合同附件。

(3)本工程施工总承包合同。

(4)本工程施工专业承(分)包合同。

6. 标准规范

除本工程总(分)包合同另有约定外,本合同适用标准规范如下:

(1)＿＿＿＿＿＿＿＿＿＿＿＿＿＿＿＿＿＿＿＿＿＿＿＿＿。

(2)＿＿＿＿＿＿＿＿＿＿＿＿＿＿＿＿＿＿＿＿＿＿＿＿＿。

7. 总(分)包合同

7.1 工程承包人应提供总(分)包合同(有关承包工程的价格细

节除外),供劳务分包人查阅。当劳务分包人要求时,工程承包人应向劳务分包人提供一份总包合同或专业分包合同(有关承包工程的价格细节除外)的副本或复印件。

7.2 劳务分包人应全面了解总(分)包合同的各项规定(有关承包工程的价格细节除外)。

8. 图纸

8.1 工程承包人应在劳务分包工作开工____天前,向劳务分包人提供图纸____套,以及与本合同工作有关的标准图套。

9. 项目经理

9.1 工程承包人委派的担任驻工地履行本合同的项目经理为_____,职务:_____,职称:_____。

9.2 劳务分包人委派的担任驻工地履行本合同的项目经理为_____,职务:_____,职称:_____。

10. 工程承包人义务

10.1 组建与工程相适应的项目管理班子,全面履行总(分)包合同,组织实施施工管理的各项工作,对工程的工期和质量向发包人负责。

10.2 除非本合同另有约定,工程承包人完成劳务分包人施工前期的下列工作并承担相应费用:

(1)在_____年____月____日前向劳务分包人交付具备本合同项下劳务作业开工条件的施工场地,具备开工条件的施工场地交付要求为:_____。

(2)在_____年____月____日前完成水、电、热、电讯等施工管线和施工道路,并满足完成本合同劳务作业所需的能源供应、通讯及施工道路畅通的时间和质量要求。

(3)在_____年____月____日前向劳务分包人提供相应的工程地质和地下管网线路资料。

(4)在_____年____月____日前完成办理下列工作手续(包括各种证件、批件、规费,但涉及劳务分包人自身的手续除外):_____。

(5)在_____年____月____日前向劳务分包人提供相应的水准点与坐标控制点位置,其交验要求与保护责任为:_____。

(6) 在_____年___月___日前向劳务分包人提供下列生产、生活临时设施：_____，其交验要求与保护责任为：_____。

10.3 负责编制施工组织设计，统一制定各项管理目标，组织编制年、季、月施工计划、物资需用量计划表，实施对工程质量、工期、安全生产、文明施工、计量析测、实验化验的控制、监督、检查和验收。

10.4 负责工程测量定位、沉降观测、技术交底，组织图纸会审，统一安排技术档案资料的收集整理及交工验收。

10.5 统筹安排、协调解决非劳务分包人独立使用的生产、生活临时设施、工作用水、用电及施工场地。

10.6 按时提供图纸，及时交付应供材料、设备，所提供的施工机械设备、周转材料、安全设施保证施工需要。

10.7 按本合同约定，向劳务分包人支付劳动报酬。

10.8 负责与发包人、监理、设计及有关部门联系，协调现场工作关系。

11. 劳务分包人义务

11.1 对本合同劳务分包范围内的工程质量向工程承包人负责，组织具有相应资格证书的熟练工人投入工作；未经工程承包人授权或允许，不得擅自与发包人及有关部门建立工作联系；自觉遵守法律法规及有关规章制度。

11.2 劳务分包人根据施工组织设计总进度计划的要求，每月底前天提交下月施工计划，有阶段工期要求的提交阶段施工计划。必要时按工程承包人要求提交旬、周施工计划，以及与完成上述阶段、时段施工计划相应的劳动力安排计划，经工程承包人批准后严格实施。

11.3 严格按照设计图纸、施工验收规范、有关技术要求及施工组织设计精心组织施工，确保工程质量达到约定的标准；科学安排作业计划，投入足够的人力、物力，保证工期；加强安全教育，认真执行安全技术规范，严格遵守安全制度，落实安全措施，确保施工安全；加强现场管理，严格执行建设主管部门及环保、消防、环卫等有关部门对施工现场的管理规定，做到文明施工；承担由于自身责任造成的质量修改、返工、工期拖延、安全事故、现场脏乱造成的损失及各种罚款。

11.4 自觉接受工程承包人及有关部门的管理、监督和检查；接受工程承包人随时检查其设备、材料保管、使用情况,及其操作人员的有效证件、持证上岗情况;与现场其他单位协调配合,照顾全局。

11.5 按工程承包人统一规划堆放材料、机具,按工程承包人标准化工地要求设置标牌,搞好生活区的管理,做好自身责任区的治安保卫工作。

11.6 按时提交报表、完整的原始技术经济资料,配合工程承包人办理交工验收。

11.7 做好施工场地周围建筑物、构筑物和地下管线和已完工程部分的成品保护工作,因劳务分包人责任发生损坏,劳务分包人自行承担由此引起的一切经济损失及各种罚款。

11.8 妥善保管、合理使用工程承包人提供或租赁给劳务分包人使用的机具、周转材料及其他设施。

11.9 劳务分包人须服从工程承包人转发的发包人及工程师的指令。

11.10 除非本合同另有约定,劳务分包人应对其作业内容的实施、完工负责,劳务分包人应承担并履行总(分)包合同约定的、与劳务作业有关的所有义务及工作程序。

12. 安全施工与检查

12.1 劳务分包人应遵守工程建设安全生产有关管理规定,严格按安全标准进行施工,并随时接受行业安全检查人员依法实施的监督检查,采取必要的安全防护措施,消除事故隐患。由于劳务分包人安全措施不力造成事故的责任和因此而发生的费用,由劳务分包人承担。

12.2 工程承包人应对其在施工场地的工作人员进行安全教育,并对他们的安全负责。工程承包人不得要求劳务分包人违反安全管理的规定进行施工。因工程承包人原因导致的安全事故,由工程承包人承担相应责任及发生的费用。

13. 安全防护

13.1 劳务分包人在动力设备、输电线路、地下管道、密封防震车间、易燃易爆地段以及临街交通要道附近施工时,施工开始前应向工程承包人提出安全防护措施,经工程承包人认可后实施,防护措施费用由工程承包人承担。

13.2 实施爆破作业,在放射、毒害性环境中工作(含储存、运输、使用)及使用毒害性、腐蚀性物品施工时,劳务分包人应在施工前10天以书面形式通知工程承包人,并提出相应的安全防护措施,经工程承包人认可后实施,由工程承包人承担安全防护措施费用。

13.3 劳务分包人在施工现场内使用的安全保护用品(如安全帽、安全带及其他保护用品),由劳务分包人提供使用计划,经工程承包人批准后,由工程承包人负责供应。

14. 事故处理

14.1 发生重大伤亡及其他安全事故,劳务分包人应按有关规定立即上报有关部门并报告工程承包人,同时按国家有关法律、行政法规对事故进行处理。

14.2 劳务分包人和工程承包人对事故责任有争议时,应按相关规定处理。

15. 保险

15.1 劳务分包人施工开始前,工程承包人应获得发包人为施工场地内的自有人员及第三人人员生命财产办理的保险,且不需劳务分包人支付保险费用。

15.2 运至施工场地用于劳务施工的材料和待安装设备,由工程承包人办理或获得保险,且不需劳务分包人支付保险费用。

15.3 工程承包人必须为租赁或提供给劳务分包人使用的施工机械设备办理保险,并支付保险费用。工程承包人自行投保的范围(内容)为:_____。

15.4 劳务分包人必须为从事危险作业的职工办理意外伤害保险,并为施工场地内自有人员生命财产和施工机械设备办理保险,支付保险费用。劳务分包人自行投保的范围(内容)为:_____。

15.5 保险事故发生时,劳务分包人和工程承包人有责任采取必要的措施,防止或减少损失。

16. 材料、设备供应

16.1 劳务分包人应在接到图纸后____天内,向工程承包人提交材料、设备、构配件供应计划(具体表式见附件一);经确认后,工程承包人应按供应计划要求的质量、品种、规格、型号、数量和供应时间等组织货源并及时交付;需要劳务分包人运输、卸车的,劳务分包人必须及时进行,费用另行约定。如质量、品种、规格、型号不符合要求,劳务分包人应在验收时提出,工程承包人负责处理。

16.2 劳务分包人应妥善保管、合理使用工程承包人供应的材料、设备。因保管不善发生丢失、损坏,劳务分包人应赔偿,并承担因此造成的工期延误等发生的一切经济损失。

16.3 工程承包人委托劳务分包人采购下列低值易耗性材料(列明名称、规格、数量、质量或其他要求)。

_____采购材料费用为:_____(单价)
_____采购材料费用为:_____(单价)
_____采购材料费用为:_____(单价)
_____采购材料费用为:_____(单价)

16.4 工程承包人委托劳务分包人采购低值易耗性材料的费用,由劳务分包人凭采购凭证,另加____%的管理费向工程承包人报销。

17. 劳务报酬

17.1 本工程的劳务报酬可采用下列任何一种方式计算。

(1)固定劳务报酬(含管理费)。

(2)约定不同工种劳务的计时单价(含管理费),按确认的工时计算。

(3)约定不同工作成果的计件单价(含管理费),按确认的工程量计算。

17.2 本工程的劳务报酬,除本合同17.6条款规定的情况外,均为一次包死,不再调整。

17.3 采用第(1)种方式计价的,劳务报酬共计_____元。

17.4 采用第(2)种方式计价的,不同工种劳务的计时单价分别为:

_____,单价为_____元;
_____,单价为_____元;
_____,单价为_____元;
_____,单价为_____元;
_____,单价为_____元。

17.5 采用第(3)种方式计价的,不同工作成果的计件单价分别为:

_____,单价为_____元;
_____,单价为_____元;
_____,单价为_____元;
_____,单价为_____元;
_____,单价为_____元。

17.6 在下列情况下,固定劳务报酬或单价可以调整。

(1)以本合同约定价格为基准,市场人工价格的变化幅度超过____%,按变化前后价格的差额予以调整。

(2)后续法律及政策变化,导致劳务价格变化的,按变化前后价格的差额予以调整。

(3)双方约定的其他情形:_____。

18. 工时及工程量的确认

18.1 采用固定劳务报酬方式的,施工过程中不计算工时和工程量。

18.2 采用按确定的工时计算劳务报酬的,由劳务分包人每日将提供劳务人数报工程承包人,由工程承包人确认。

18.3 采用按确认的工程量计算劳务报酬的,由劳务分包人按月(或旬、日)将完成的工程量报工程承包人,由工程承包人确认。对劳务分包人未经工程承包人认可,超出设计图纸范围和因劳务分包人原因造成返工的工程量,工程承包人不予计量。

19. 劳务报酬的中间支付

19.1 采用固定劳务报酬方式支付劳务报酬的,劳务分包人与工程承包人约定按下列方法支付。

(1)合同生效即支付预付款____元。

(2)中间支付:

第一次支付时间为_____年___月___日,支付____元;

第二次支付时间为_____年___月___日,支付____元;

……

19.2 采用计时单价或计件单价方式支付劳务报酬的,劳务分包人与工程承包人双方约定支付方法为_____。

19.3 本合同确定调整的劳务报酬、工程变更调整的劳务报酬及其他条款中约定的追加劳务报酬,应与上述劳务报酬同期调整支付。

20. 施工机具、周转材料供应

20.1 工程承包人提供给劳务分包人劳务作业使用的机具、设备,性能应满足施工的要求,及时运入场地,安装调试完毕,运行良好后交付劳务分包人使用。周转材料、低值易耗材料(由工程承包人依据本合同委托劳务分包人采购的除外)应按时运入现场交付劳务分包人,保证施工需要。如需要劳务分包人运输、卸车、安拆调试时,费用另行约定。

20.2 工程承包人应提供施工使用的机具、设备一览表见附件二。

20.3 工程承包人应提供的周转材料、低值易耗材料一览表见附件三。

21. 施工变更

21.1 施工中如发生对原工作内容进行变更,工程承包人项目经理应提前7天以书面形式向劳务分包人发出变更通知,并提供变更的相应图纸和说明。劳务分包人按照工程承包人(项目经理)发出的变更通知及有关要求,进行下列需要的变更。

(1)更改工程有关部分的标高、基线、位置和尺寸。

(2)增减合同中约定的工程量。

(3)改变有关的施工时间和顺序。

(4)其他有关工程变更需要的附加工作。

21.2 因变更导致劳务报酬的增加及造成的劳务分包人损失,由工程承包人承担,延误的工期相应顺延;因变更减少工程量,劳务报酬应相应减少,工期相应调整。

21.3 施工中劳务分包人不得对原工程设计进行变更。因劳务分包人擅自变更设计发生的费用和由此导致工程承包人的直接损失,由劳务分包人承担,延误的工期不予顺延。

21.4 因劳务分包人自身原因导致的工程变更,劳务分包人无权要求追加劳务报酬。

22. 施工验收

22.1 劳务分包人应确保所完成施工的质量,应符合本合同约定的质量标准。劳务分包人施工完毕,应向工程承包人提交完工报告,通知工程承包人验收;工程承包人应当在收到劳务分包人的上述报告后 7 天内对劳务分包人施工成果进行验收,验收合格或者工程承包人在上述期限内未组织验收的,视为劳务分包人已经完成了本合同约定工作。但工程承包人与发包人间的隐蔽工程验收结果或工程竣工验收结果表明劳务分包人施工质量不合格时,劳务分包人应负责无偿修复,不延长工期,并承担由此导致的工程承包人的相关损失。

22.2 全部工程竣工(包括劳务分包人完成工作在内)一经发包人验收合格,劳务分包人对其分包的劳务作业的施工质量不再承担责任,在质量保修期内的质量保修责任由工程承包人承担。

23. 施工配合

23.1 劳务分包人应配合工程承包人对其工作进行的初步验收,以及工程承包人按发包人或建设行政主管部门要求进行的涉及劳务分包人工作内容、施工场地的检查、隐蔽工程验收及工程竣工验收;工程承包人或施工场地内第三方的工作必须劳务分包人配合时,劳务分包人应按工程承包人的指令予以配合。除上述初步验收、隐蔽工程验收及工程竣工验收之外,劳务分包人因提供上述配合而发生的工期损失和费用由工程承包人承担。

23.2 劳务分包人按约定完成劳务作业,必须由工程承包人或施工场地内的第三方进行配合时,工程承包人应配合劳务分包人工作或确保劳务分包人获得该第三方的配合,且工程承包人应承担因此而发生的费用。

24. 劳务报酬最终支付

24.1 全部工作完成,经工程承包人认可后 14 天内,劳务分包人向工程承包人递交完整的结算资料,双方按照本合同约定的计价方式,进行劳务报酬的最终支付。

24.2 工程承包人收到劳务分包人递交的结算资料后 14 天内进行核实,给予确认或者提出修改意见。工程承包人确认结算资料后 14 天内向劳务分包人支付劳务报酬尾款。

24.3 劳务分包人和工程承包人对劳务报酬结算价款发生争议时,按本合同关于争议的约定处理。

25. 违约责任

25.1 当发生下列情况之一时,工程承包人应承担违约责任。

(1)工程承包人违反本合同第 19 条、第 24 条的约定,不按时向劳务分包人支付劳务报酬。

(2)工程承包人不履行或不按约定履行合同义务的其他情况。

25.2 工程承包人不按约定核实劳务分包人完成的工程量或不按约定支付劳务报酬或劳务报酬尾款时,应按劳务分包人同期向银行贷款利率向劳务分包人支付拖欠劳务报酬的利息,并按拖欠金额向劳务分包人支付每日_____‰的违约金。

25.3 工程承包人不履行或不按约定履行合同的其他义务时,应向劳务分包人支付违约金元,工程承包人尚应赔偿因其违约给劳务分包人造成的经济损失,顺延延误的劳务分包人工作时间。

25.4 当发生下列情况之一时,劳务分包人应承担违约责任。

(1)劳务分包人因自身原因延期交工的,每延误一日,应向工程承包人支付_____元的违约金。

(2)劳务分包人施工质量不符合本合同约定的质量标准,但能够达到国家规定的最低标准时,劳务分包人应向工程承包人支付的违约金。

(3)劳务分包人不履行或不按约定履行合同的其他义务时,应向工程承包人支付违约金元,劳务分包人尚应赔偿因其违约给工程承包人造成的经济损失,延误的劳务分包人工作时间不予顺延。

25.5 一方违约后,另一方要求违约方继续履行合同时,违约方承担上述违约责任后仍应继续履行合同。

26. 索赔

26.1 工程承包人根据总(分)包合同向发包人递交索赔意向通知或其他资料时,劳务分包人应予以积极配合,保持并出示相应资料,以便工程承包人能遵守总(分)包合同。

26.2 在劳务作业实施过程中,如劳务分包人遇到不利外部条件等根据总(分)包合同可以索赔的情形出现,则工程承包人应该采取一切合理步骤,向发包人主张追加付款或延长工期。当索赔成功后,工程承包人应该将索赔所得的相应部分转交给劳务分包人。

26.3 当本合同的一方向另一方提出索赔时,应有正当的索赔理由,并有索赔事件发生时有效的相应证据。

26.4 工程承包人未按约定履行自己的各项义务或发生错误,以及应由工程承包人承担责任的其他情况,造成工作时间延误和(或)劳务分包人不能及时得到合同报酬及劳务分包人的其他经济损失,劳务分包人可按下列程序以书面形式向工程承包人索赔。

(1)索赔事件发生后 21 天内,向工程承包人项目经理发出索赔意向通知。

(2)发出索赔意向通知后 21 天内,向工程承包人项目经理提出延长工作时间和(或)补偿经济损失的索赔报告及有关资料。

(3)工程承包人项目经理在收到劳务分包人送交的索赔报告和有关资料后,于 21 天内给予答复,或要求劳务分包人进一步补充索赔理由和证据。

(4)工程承包人项目经理在收到劳务分包人送交的索赔报告和有关资料后 21 天内未予答复或未对劳务分包人作进一步要求,视为该项索赔已经认可。

(5)当该项索赔事件持续进行时,劳务分包人应当阶段性地向工程承包人发出索赔意向,在索赔事件终了后 21 天内,向工程承包人项目经理送交索赔的有关资料和最终索赔报告。索赔答复程序与(3)、(4)规定相同。

26.5 劳务分包人未按约定履行自己的各项义务或发生错误,给工程承包人造成经济损失,工程承包人可按上述程序和时限以书面形式向劳务分包人索赔。

27. 争议

27.1 工程承包人和劳务分包人在履行合同时发生争议,可以自行和解或要求有关主管部门调解,任何一方不愿和解、调解或和解、调解不成的,双方约定采用下列第_____种方式解决争议。

(1)双方达成仲裁协议,向仲裁委员会申请仲裁。

(2)向有管辖权的人民法院起诉。

27.2 发生争议后,除非出现下列情况,双方都应继续履行合同,保持工作连续,保护好已完工作成果。

(1)单方违约导致合同确已无法履行,双方协议终止合同。

(2)调解要求停止合同工作,且为双方接受。

(3)仲裁机构要求停止合同工作。

(4)法院要求停止合同工作。

28. 禁止转包或再分包

28.1 劳务分包人不得将本合同项下的劳务作业转包或再分包给他人。否则,劳务分包人将依法承担责任。

29. 不可抗力

29.1 本合同中不可抗力的定义与总包合同中的定义相同。

29.2 不可抗力事件发生后,劳务分包人应立即通知工程承包人项目经理,并在力所能及的条件下迅速采取措施,尽力减少损失,工程承包人应协助劳务分包人采取措施。工程承包人项目经理认为劳务分包人应当暂停工作,劳务分包人应暂停工作。不可抗力事件结束后48小时内劳务分包人向工程承包人项目经理通报受害情况和损失情况,及预计清理和修复的费用。不可抗力事件持续发生,劳务分包人应每隔7天向工程承包人项目经理通报一次受害情况。不可抗力结束后14天内,劳务分包人应向工程承包人项目经理提交清理和修复费用的正式报告和有关资料。

29.3 因不可抗力事件导致的费用和延误的工作时间由双方按以下办法分别承担。

(1)工程本身的损害、因工程损害导致第三人人员伤亡和财产损失,以及运至施工场地用于劳务作业的材料和待安装的设备的损害,由工程承包人承担。

(2)工程承包人和劳务分包人的人员伤亡由其所在单位负责,并承担相应费用。

(3)劳务分包人自有机械设备损坏及停工损失,由劳务分包人自行承担。

(4)工程承包人提供给劳务分包人使用的机械设备损坏,由工程承包人承担,但停工损失由劳务分包人自行承担。

(5)停工期间,劳务分包人应工程承包人项目经理要求留在施工场地的必要的管理人员及保卫人员的费用由工程承包人承担。

(6)工程所需清理、修复费用,由工程承包人承担。

(7)延误的工作时间相应顺延。

29.4 因合同一方迟延履行合同后发生不可抗力的,不能免除迟延履行方的相应责任。

30. 文物和地下障碍物

30.1 在劳务作业中发现古墓、古建筑遗址等文物和化石或其他有考古、地质研究价值的物品时,劳务分包人应立即保护好现场并于4小时内以书面形式通知工程承包人项目经理,工程承包人项目经理应于收到书面通知后24小时内报告当地文物管理部门,工程承包人和劳务分包人按文物管理部门的要求采取妥善保护措施。工程承包人承担由此发生的费用,顺延合同工作时间。如劳务分包人发现后隐瞒不报或哄抢文物,致使文物遭受破坏,责任者依法承担相应责任。

30.2 劳务作业中发现影响工作的地下障碍物时,劳务分包人应于8小时内以书面形式通知工程承包人项目经理,同时提出处置方案。工程承包人项目经理收到处置方案后24小时内予以认可或提出修正方案,工程承包人承担由此发生的费用,顺延合同工作时间。所发现的地下障碍物有归属单位时,工程承包人应报请有关部门协同处置。

31. 合同解除

31.1 如果工程承包人不按照本合同的约定支付劳务报酬,劳务分包人可以停止工作。停止工作超过28天,工程承包人仍不支付劳务报酬,劳务分包人可以发出通知解除合同。

31.2 如在劳务分包人没有完全履行本合同义务之前,总包合同或专业分包合同终止,工程承包人应通知劳务分包人终止本合同。劳务分包人接到通知后尽快撤离现场,工程承包人应支付劳务分包人已完工程的劳务报酬,并赔偿因此而遭受的损失。

31.3 如因不可抗力致使本合同无法履行,或因一方违约或因发包人原因造成工程停建或缓建,致使合同无法履行的,工程承包人和劳务分包人可以解除合同。

31.4 合同解除后,劳务分包人应妥善做好已完工程和剩余材料、设备的保护和移交工作,按工程承包人要求撤出施工场地。工程承包人应为劳务分包人撤出提供必要条件,支付以上所发生的费用,并按合同约定支付已完工作劳务报酬。有过错的一方应当赔偿因合同解除给对方造成的损失。合同解除后,不影响双方在合同中约定的结算和清理条款的效力。

32. 合同终止

32.1 双方履行完合同全部义务,劳务报酬价款支付完毕,劳务分包人向工程承包人交付劳务作业成果,并经工程承包人验收合格后,本合同即告终止。

33. 合同份数

33.1 本合同正本两份,具有同等效力,由工程承包人和劳务分包人各执一份;本合同副本_____份,工程承包人执_____份,劳务分包人执_____份。

34. 补充条款

_____
_____
_____
_____

35. 合同生效

合同订立时间:_____年___月___日。

合同订立地点:_____。

本合同双方约定_____后生效。

附件一:工程承包人供应材料、设备、构配件计划;
附件二:工程承包人提供施工机具、设备一览表;
附件三:工程承包人提供周转、低值易耗材料一览表。

工程承包人:(公章)	劳务分包人:(公章)
住　　　所:_____	住　　　所:_____
法定代表人:_____	法定代表人:_____
委托代理人:_____	委托代理人:_____
开 户 银 行:_____	开 户 银 行:_____
账　　　号:_____	账　　　号:_____
邮政编码:_____	邮政编码:_____

附件一　　　　工程承包人供应材料、设备、构配件计划

序号	品种	规格型号	单位	数量	单价	质量等级	供应时间	送达地点	备注

附件二　　　　工程承包人提供施工机具、设备一览表

序号	品种	规格型号	单位	数量	供应时间	送达地点	备注

附件三　　工程承包人提供周转、低值易耗材料一览表

序号	品种	规格型号	单位	数量	供应时间	送达地点	备注

附录五

关于加强建设等行业农民工劳动合同管理的通知

(劳社部发〔2005〕9号)

各省、自治区、直辖市劳动和社会保障厅(局)、建设厅(建委)、总工会：

为贯彻落实《国务院办公厅关于进一步做好改善农民进城就业环境工作的通知》(国办发〔2004〕92号)精神,加强建设等行业农民工劳动合同管理,维护农民工的合法权益,现就有关问题通知如下：

一、高度重视农民工劳动合同管理工作

通过劳动合同确立用人单位与农民工的劳动关系,是维护农民工合法权益的重要措施。各级劳动保障部门要以使用农民工较集中的建筑、餐饮、加工等行业为重点,明确农民工劳动合同管理工作职责,切实把农民工劳动合同管理工作摆到重要日程。建设等行业行政主管部门和工会组织要协助劳动保障部门采取有力措施推进劳动合同制度的落实,不断完善劳动合同管理政策,推动各类用人单位依法与农民工签订劳动合同,提高劳动合同签订率。要指导和督促用人单位加强内部劳动合同管理,依据国家有关法律法规,建立健全劳动合同管理制度,实现劳动合同动态管理。

二、规范签订劳动合同行为

用人单位使用农民工,应当依法与农民工签订书面劳动合同,并向劳动保障行政部门进行用工备案。签订劳动合同应当遵循平等自愿、协商一致的原则,用人单位不得采取欺骗、威胁等手段与农民工签订劳动合同,不得在签订劳动合同时收取抵押金、风险金。

劳动合同必须由具备用工主体资格的用人单位与农民工本人直接签订,不得由他人代签。建筑领域工程项目部、项目经理、施工作业班组、包工头等不具备用工主体资格,不能作为用工主体与农民工签订劳动合同。

三、完善劳动合同内容

用人单位与农民工签订劳动合同,应当包括以下条款：

(一)劳动合同期限。经双方协商一致,可以采取有固定期限、无

固定期限或以完成一定的工作任务为期限三种形式。无固定期限劳动合同要明确劳动合同的终止条件。有固定期限的劳动合同,应当明确起始和终止时间。双方在劳动合同中可以约定试用期。劳动合同期限半年以内的,一般不约定试用期;劳动合同期限半年以上1年以内的,试用期不得超过30日;劳动合同期限1至2年的,试用期不得超过60日;劳动合同期限2年以上的,试用期最多不得超过6个月。

(二)工作内容和工作时间。劳动合同中要明确农民工的工种、岗位和所从事工作的内容。工作时间要按照国家规定执行,法定节日应安排农民工休息。如需安排农民工加班或延长工作时间的,必须按规定支付加班工资。建筑业企业根据生产特点,按规定报劳动保障行政部门批准后,可对部分工种岗位实行综合计算工时工作制。

(三)劳动保护和劳动条件。用人单位要按照安全生产有关规定,为农民工提供必要的劳动安全保护及劳动条件。在农民工上岗前要对其进行安全生产教育。施工现场必须按国家建筑施工安全生产的规定,采取必要的安全措施。用人单位为农民工提供的宿舍、食堂、饮用水、洗浴、公厕等基本生活条件应达到安全、卫生要求,其中建筑施工现场要符合《建筑施工现场环境与卫生标准》(JGJ 146—2004)。

(四)劳动报酬。在劳动合同中要明确工资以货币形式按月支付,并约定支付的时间、标准和支付方式。用人单位根据行业特点,经过民主程序确定具体工资支付办法的,应在劳动合同中予以明确,但按月支付的工资不得低于当地政府规定的最低工资标准。已建立集体合同制度的单位,工资标准不得低于集体合同规定的工资标准。

(五)劳动纪律。在劳动合同中明确要求农民工遵守的用人单位有关规章制度,应当依法制定。用人单位应当在签订劳动合同前告知农民工。

(六)违反劳动合同的责任。劳动合同中应当约定违约责任,一方违反劳动合同给对方造成经济损失的,要按《劳动法》等有关法律规定承担赔偿责任。

根据不同岗位的特点,用人单位与农民工协商一致,还可以在劳动合同中约定其他条款。

四、指导用人单位建立健全劳动合同管理制度

各级劳动保障部门要会同建设等行业行政主管部门和工会组织,积极指导用人单位依法建立健全内部劳动合同管理制度。用人单位要对劳动合同签订、续订、变更、终止和解除等各个环节制定具体管理规定,经职代会或职工大会讨论通过后执行。要指定专职或兼职人员负责劳动合同管理工作,建立劳动合同管理台账,实行动态管理。

对履行劳动合同情况,特别是工资支付、保险福利、加班加点等有关情况要有书面记录。对终止解除劳动合同的农民工,用人单位应当结清工资,并出具终止解除劳动合同证明。

五、加大劳动保障监察执法和劳动争议处理工作力度

各级劳动保障部门要加强劳动保障监察执法工作,充实劳动保障监察人员,加大对用人单位招用农民工签订劳动合同情况的监督检查力度。要公布举报投诉电话,及时处理举报投诉案件。对不按规定与农民工签订劳动合同的用人单位,要依法责令其纠正。

要加强劳动争议仲裁机构和仲裁员队伍建设,切实解决用人单位与农民工因履行劳动合同发生的争议。要加强劳动争议调解工作,及时化解纠纷。对申诉到劳动争议仲裁机构的劳动争议,要在条件允许的情况下依法采取简易程序,做到快立案、快审案、快结案。对涉及用人单位拖欠工资、工伤待遇的争议要优先受理、裁决。对生活困难的农民工,减免应由农民工本人负担的仲裁费用,切实解决农民工申诉难的问题。

六、加强对农民工劳动合同管理的组织领导

各级劳动保障部门、建设等行业行政主管部门和工会组织,要认真贯彻落实国办发〔2004〕92号文件精神,各司其职,各负其责,加强配合,建立健全工作目标责任制,完善工作协调机制,共同做好农民工劳动合同签订和管理的组织领导工作。要加强劳动保障法律、法规的宣传,增强用人单位和农民工的劳动合同意识,促进劳动合同制度全面实施。省级劳动保障行政部门要会同建设等行业行政主管部门制订适合不同行业特点的农民工劳动合同范本,指导督促用人单位与农民工签订劳动合同,切实提高劳动合同签订率。各级工会组织要积极指导、帮助农民工与用人单位签订劳动合同,加强对劳动合同履行情况

的监督；要推进使用农民工的企业开展平等协商签订集体合同，切实维护广大农民工的合法权益。

中华人民共和国劳动和社会保障部
中华人民共和国建设部
中华全国总工会
二〇〇五年四月十八日

附录六

工程分包与劳务用工管理制度

第一章 总 则

第一条 为认真贯彻《安全生产法》和《建设工程安全生产管理条例》，坚持"安全第一，预防为主"的方针，使工程分包安全管理和劳务用工安全管理做到规范、受控。

第二条 为了统一和规范项目部范围内分包和劳务用工管理工作，降低劳务使用成本，提高经济效益，规范管理行为，根据集团公司对劳务分包管理的程序和原则的要求，结合经理部的实际情况，特制定本管理制度。

第三条 工程分包和劳务用工的安全管理，坚持依法管理，以责论处的原则。

第四条 凡在建工程分包和劳务用工等有关活动及实施监督管理的所有部门和人员，必须遵守本制度。

第二章 工程分包的资质审查

第五条 工程分包是指将专业分包、工序分包、施工作业分包等。本项目严禁各分部工程分包、转包（业主要求的除外），从事分包的分包方必须具有法人资格的施工队伍（以下简称分包队伍），具备完成工程分包任务的能力，具备相应的资质条件和良好的信誉。

第六条 分包队伍应提供证明其资质条件的有效文件：

1. 企业法人营业执照；
2. 法人代表证书或法人委托授权书；

3. 建筑业企业资质证书；
4. 安全资格证书；
5. 税务登记证；
6. 施工所在地施工许可证。

第七条 分包队伍必须提供以下相关资料：
1. 企业简介、设备、人力资源及资产、财务状况；
2. 近三年完成主要工程项目情况及业绩；
3. 施工现场负责人的有效资格证件。

第三章 工程分包安全施工管理

第八条 从事工程分包的分包队伍经批准确认后，与分包队伍签订工程分包施工合同，所签订合同中应明确安全生产管理协议，明确各自的安全生产责任、权利、义务。

第九条 相关职能部门对分包队伍的安全生产进行监督管理，督促分包队伍做到：

1. 分包队伍进场7天内，必须提交第六条、第七条所规定的文件资料，并按规定设置安全机构或配备专职安全员。

土建类施工项目，现场施工人员在100人以上，非土建类施工项目（金属结构制作安装、基础处理支护、玻璃幕墙、水电安装等）现场施工人员50人以上，应设安全机构，配备专职安全员，现场施工人员未到达上述条件的，可不设安全机构，应设专职安全员，30人以下的可设兼职安全员。

2. 分包队伍将现场施工人员登记造册，并将名册上报项目部备案，现场施工人员不得随意调换、冒名顶替，如有人员发生变动，须向项目部相关部门作出书面报告说明。

3. 分包队伍应对参加现场施工人员进行安全教育，使施工人员掌握基本的安全知识和安全技能方能上岗，特种作业人员应具有相应的操作资格，并持证上岗。

4. 分包队伍所承担的施工项目必须编制施工方案，并含有施工安全技术措施，该方案经项目部、监理、建设单位审查或专家论证批准后，方可实施。

5. 分包队伍在施工前,必须自上而下进行安全技术交底,保证所有施工人员对工程特点、作业场所和工作环境及安全技术措施有知情权。

6. 分包队伍应自行组织和参加项目部的安全检查,对查出的安全隐患立即整改。

7. 分包队伍应参加项目部的安全生产会议,并组织好本队伍的安全生产会议和安全活动。

8. 分包队伍的主要负责人、技术负责人、安全员必须具有相应资格,并持证上岗。

第十条 项目部对分包队伍的安全施工生产实行监督式、介入式、指导式管理,严禁"以包代管"。

第四章 劳务用工安全管理

第十一条 劳务用工是指在充分配置内部人力资源、劳动力仍有缺口的情况下,为完成承建工程项目所使用具有相应施工资质的外部劳务法人企业(以下称劳务分包队伍)的劳务分包队伍或项目部招用的当地劳动行政主管部门允许务工人员。

第十二条 劳务分包队伍的使用实行"准入"和"年审"制度。

第十三条 劳务分包队伍的选择

1. 凡具有集团公司及各子公司范围内的合格《外部劳务队伍准入证》的劳务分包队伍,及公司每年发布的《合格分包商名录》均可作为选择对象。

2. 选择时原则上实行公开竞标选劳务分包队伍,做到公平竞争,择优录用。

3. 对不具备公开竞争条件选择劳务队伍的,必须坚持集体研究决定,不允许个人指定。对劳务分包队伍的选择过程,包括同意、反对意见都要记录在案。

第十四条 劳务分包队伍的选择,按照招、议标方式和程序,选择合格的劳务分包队伍,由项目部统一组织具体实施。

第十五条 劳务分包合同的签订与管理

签订劳务分包合同及补充协议严格执行《中华人民共和国合同

法》在平等、自愿、协商一致的基础上,由项目部经理和具有合格《外部劳务队伍准入证》的劳务分包队伍法人或法人委托人签订合同及补充协议。

第十六条 劳务分包队伍的管理

1. 对进场的劳务分包队伍要列入本项目编制序列认真进行管理,相关职能部门负责对进场劳务分包队伍人员进行登记,并检查劳务分包队伍进场人员是否与劳务分包合同条款相符。特别是对其技术工人的资格审查,特殊工种人员必须具备国家认可机构颁发的有效证件,严禁特殊工种无证作业。

2. 相关职能部门要指导、监督并督促劳务分包队伍与劳务人员一一签订正式用工合同,签订完毕后,劳务分包队伍要将用工合同上报一份给经理部备案。严禁用工合同由劳务分包队伍负责人、包工头等不具备用工主体资格的单位或个人与劳务人员签订劳动合同。

3. 相关职能部门要定期、不定期对劳务分包队伍用工及劳动合同签订情况进行抽检,确保劳务人员的正常权益能够得到保障。对检查过程中发现的问题则要要求劳务分包队伍限期整改,并随时抽检,对屡教不改的劳务分包队伍要坚决清理退场。

4. 劳务分包队伍中劳务人员的工资由项目部代发,每月初由劳务分包队伍做好上月劳务人员的工资清单(加盖单位公章及法人或委托授权人签字)报项目部,项目部审核、确认后直接发放给每个劳务人员的手中。劳务分包队伍中劳务人员的工资款额从劳务分包队伍上月的劳务款项中扣除。

5. 相关职能部门对劳务用工实行动态管理、规范管理、程序管理,要建立劳务用工合同管理台账或数据信息库,及时协调、处理好劳务分包队伍与劳务人员之间的争议。

第十七条 招用务工人员的选择

1. 招用务工人员必须身体健康,患有职业禁忌症者,严禁使用。
2. 对未满16周岁的未成年人严禁招用。
3. 招用务工人员由项目部统一录用,严禁私自使用。

第十八条 招用务工人员的劳动合同签订

与招用务工人员签订劳动合同,劳动合同中应有劳务人员必须遵守的安全生产法律、法规和安全生产规章制度,严格遵守安全文明施工规定和安全操作规程等内容,并明确各自的职责。

第十九条 招用务工人员的管理

1. 招用务工人员纳入项目部统一编制,进行登记造册,由项目部统一安排工作,严禁随意使用。

2. 招用务工人员编入班组管理,由有安全生产经验的人员带班管理,参加班组的一切安全生产活动。

3. 由安全部门对招用务工人员进行入场岗前安全教育,进行必需的施工技术和安全技能知识的教育,按所从事的岗位进行培训后,方可上岗。

4. 从事其特殊作业岗位的务工人员,必须具有特种作业资格,持证上岗。

5. 确保招用务工人员劳动防护用品的正常使用。

6. 为招用务工人员缴纳意外伤害保险。

第五章 附 则

第二十条 本制度未明之处,执行国家、地方政府及有关部门法律、法规关于工程分包和劳务用工的规定。

第二十一条 本制度解释权归本项目部。

第二十二条 本制度自下文之日起执行。

参 考 文 献

[1] 行业标准.JGJ/T 250-2011 建筑与市政工程施工现场专业人员职业标准[S].北京:中国建筑工业出版社,2011.
[2] 杨燕绥.新劳动法概论[M].北京:清华大学出版社,2008.
[3] 李瑜青.劳动纠纷仲裁与诉讼[M].上海:上海社会科学院出版社,2007.
[4] 周建国.工程项目管理基础[M].北京:人民交通出版社,2007.
[5] 真金,赵阳,李赞祥.建筑业人力资源管理[M].北京:北京理工大学出版社,2009.
[6] 张德.人力资源开发与管理[M].北京:清华大学出版社,2001.
[7] 吴涛.现代建筑企业管理[M].北京:中国建筑工业出版社,2012.
[8] 刘伊生.建筑企业管理[M].北京:北方交通大学出版社,2003.

发展出版传媒　服务经济建设
传播科技进步　满足社会需求

我们提供

图书出版、图书广告宣传、企业定制出版、团体用书、会议培训、其他深度合作等优质、高效服务。

编辑部	图书广告	出版咨询	图书销售
010-68343948	010-68361706	010-68343948	010-68001605

jccbs@hotmail.com　　www.jccbs.com.cn

China Building Materials Press

（版权专有，盗版必究。未经出版者预先书面许可，不得以任何方式复制或抄袭本书的任何部分。举报电话：010-68343948）